本书为吉林省哲学社会科学基金项目（重点委托项目）「满族历史文化研究」（2011AWT02）结项成果、教育部人文社会科学重点研究基地重大项目「明清时期的周边认知与多民族统一国家的建构——以东南海疆、东北边疆的统合为中心」（16JJD770008）的阶段性成果。

清代八旗驻防与东北社会变迁

刁书仁 —— 著

科学出版社
北京

内 容 简 介

本书以清代东北驻防八旗为研究对象，探讨驻防八旗与东北社会变迁之间的关系。东北作为满族龙兴之地，清廷对其实行特殊的管理体制。这种体制经历清初八旗一元军政体制，因汉人大量流入，变为旗民二重体制，至清末才实施州县制。与此相适应，旗人、民人共同开发了这片沃土，尤其汉族民人冲破清廷的封禁对东北的开发，不仅将关内生产方式带到关外，且对东北社会变迁有深刻的影响。清廷统治者视东北为龙兴之地，试图保留满族的某些特征，而满族民众受汉族文化的冲击，不断克服自身固有的特征，其表现与清廷统治者的意愿相背。东北社会正是通过这种对立统一的复杂矛盾过程逐渐变迁的。

本书适合对满族历史、东北开发史感兴趣的读者阅读参考。

图书在版编目（CIP）数据

清代八旗驻防与东北社会变迁/刁书仁著. —北京：科学出版社，2017.12
ISBN 978-7-03-056233-3

Ⅰ. ①清… Ⅱ. ①刁… Ⅲ. ①八旗兵-军事史-研究-东北地区-清代 ②社会变迁-研究-东北地区 Ⅳ. ①E294.9 ②K293

中国版本图书馆 CIP 数据核字（2017）第 323874 号

责任编辑：耿 雪 / 责任校对：贾娜娜
责任印制：张 伟 / 封面设计：润一文化

科学出版社 出版
北京东黄城根北街 16 号
邮政编码：100717
http://www.sciencep.com

北京虎彩文化传播有限公司 印刷
科学出版社发行 各地新华书店经销
*
2017 年 12 月第 一 版 开本：720 × 1000 B5
2019 年 1 月第二次印刷 印张：19
字数：340 000

定价：89.00 元

（如有印装质量问题，我社负责调换）

前 言

“清代八旗驻防与东北社会变迁”的选题构想于十几年前，但刚刚动笔之际，因笔者调到南方工作而停滞。2008年初，笔者调到东北师范大学历史文化学院工作后，又萌发完成此选题的想法。这样用了八九年时间才完成这部书稿。

笔者于20世纪80年代末期在东北师范大学学习期间，就十分注重东北史的学习，后在母校东北师范大学明清史研究所攻读硕士学位时，以东北旗地作为研究对象，完成硕士学位论文《论嘉道以前的东北旗地》。毕业后，围绕这一领域继续学习研究，先后在《中国史研究》《清史研究》《社会科学战线》《史学集刊》等刊物上发表相关论文多篇，在学界引起较好的反响。《清代八旗驻防与东北社会变迁》是在上述学术研究的基础上完成的。

本书以清代东北驻防八旗为研究对象，通过六章内容探讨东北驻防八旗与东北社会变迁之间的相互关系。

第一章，清代东北八旗驻防体制。重点探讨清代东北行政管理体制的特点及其变化。清代东北地区为满族龙兴之地，清廷对其实行有别于关内的体制，这种体制变化大致经历了三个阶段：清初实行驻防八旗一元化体制；由于汉族民人大量流入东北地区，管理民人的民治机构随之设置，即实行旗系、民系双重体制；清末由旗民双重管理体制转变为与关内同样的州县体制。

第二章，清代东北八旗驻防旗地。清朝八旗土地制度是中国历史上颇具特色的土地制度，其形成与八旗牛录制和当时女真的社会组织有密切关系，其发展又与清朝统治的不断巩固密不可分，其瓦解与清朝统治衰微相联系。因此，八旗土地制度演变的历史就成为清朝兴衰史的重要组成部分。以往学界的研究多偏重关内旗地的研究，而对东北旗地，尤其是东北驻防八旗旗地尚无人做专门研究。本章以东北八期驻防旗地为研究对象，对旗地的产生、发展和消亡的历史，以及与清朝统治下的东北社会政治、经济、民族诸方面的关系进行了综合研究，提出了一些自己的认识。笔者认为，满族进入辽东以后至康熙中叶以前的东北八旗驻防旗地具有以下三个特征：第一，旗地的所有权属于清政府。旗地由政府拨授，驻防旗丁不得随意挑选；拨授的旗地按等级分配；驻防旗丁对分拨的土地只有使用权，没有所有权和支配土地的权利。第二，驻防旗丁对清朝国家有严格的隶属关系。清初国家分配给驻防旗丁的土地，是以受地旗兵服徭役为前提的。清廷通过驻防八旗的佐领组织，将旗丁束缚在土地上，驻防旗丁在“政治上成为地域的简单附属物”（马克思语）。第三，驻防旗丁向国家服役贡赋。清前期东北八旗驻防旗地的上述特征，有其历史必然性，是由满族本身社会发展特点决定的。满族入关前后，社会形态具有多元性，既受明朝汉族、蒙古族、朝鲜族等民族影响，社会经济迅速发展，同时又保留着氏族制的残余。因而上述特征是以八旗满洲贵族军事联盟形式出现的八旗政治体制在经济关系中的必然反映。康熙中叶以降，东北八旗驻防旗地发生了重要变化，主要表现出如下特征：第一，驻防旗地的所有权性质由国家所有向旗丁私有转化。康熙中叶以后，驻防旗丁自垦地增多，土地的私有性质日益加强。这种私有土地的不断增加，反映驻防旗地所有权由国家所有向旗丁私有转化的历史趋势。第二，驻防旗丁与清朝国家的隶属关系逐渐削弱。这种变化，仍通过八旗佐领对驻防旗丁某些限制的放松加以考察；而驻防旗丁身份地位的变化，从租者与佃者结成的关系来看，经济强制突出了，超经济强制削弱了。第三，驻防旗地的剥削形态，由租赋合一转为租赋分离，旗地所有者向国家交纳赋税，向租佃者征收地租，地租形态由分成租到定额租，直至货币地租。东北八旗驻防旗地上述变化的直接原因：一是驻防旗丁在原额旗地外，自行开垦了许多土地，即自开旗地。这种土地与驻防旗丁所得原额地性质不同，是旗人的私有地，反映驻防旗地所有权由国有向旗人私有转化的历史趋势。二是关内汉人流入东北，满汉之间互相交往，对旗地生产关系的变化产生重要影响，从而引起旗地结构的变化，使旗地的生产关系与关内汉族土地生产关系趋于一致。这里必须强调指出的是，旗地生产关系的上述变化，是在矛盾对立统一中逐渐实现的。一方面，满族进入与其民族文化有很大差别的环境，总是设法保留本民族的一些特点；另一方面，满族民众生活在汉族的文化环境中，受到汉族文化的熏陶，渐失满族习俗，表现出与清廷统治者意愿相背离，这是历史发展的必然。

第三章，东北驻防八旗生计与旗地的补救措施。清中叶以后，由于汉族民人出关，旗地买卖盛行，旗地逐渐向民地转化，清廷为保护旗人的生计，一方面厉行封禁，禁止流民流入；另一方面对旗人红册地采取补救措施。清廷对旗地的补救，主要从两个方面着手：一是对旗人红册地继续进行强化，防止其遭破坏；二是新设各种旗地。新设旗地的土地来源：一是清廷从牧厂、马厂等空旬闲荒地中拨出，由官控制，招旗人或民人佃种，征收租银；二是将旗人或旗人招民私垦的土地，即红册地以外的旗地，通过国家政权的力量，查丈出来强行没入官有，让旗人佃种。义仓地、随缺地、马厂地、伍田地、公田养育兵地属于前者；旗余地、银米兼征加赋地、旗升科地属于后者。新设旗地与旗人红册地相比，在土地所有权上存在明显不同。旗人红册地是清廷法律上承认的“本旧日旗人之私业”，“实系私产并非官地”。新设旗地纯属官地，由政府保留旗地所有权，只赋予旗人占有权与使用权。因此，乾嘉时期东北新设旗地所有权由政府所有，招佃征租、严禁买卖是其重要特征。

第四章，驻防旗人与民人对东北的开发。清代东北土地大体分为旗地、民地、蒙地，旗人、民人、蒙民共同开发了这片沃野千里的土地，尤其是汉族民人对东北的开发。书中将汉族民人对东北的开发分为三个时期：第一时期，清初辽东招民开垦至康熙初年，即清廷积极鼓励汉族民人到东北开垦土地时期。这种招垦活动对辽东地区的土地开发、经济的恢复起了积极作用。第二时期，雍乾嘉道时期，汉族民人冲破封禁，对东北开发的深入时期。如果说顺康时期东北的开发还处于浅层次的话，那么严格意义上的开发则是在雍乾嘉道时期流民冲破封禁的开发。东北是清朝的龙兴之地，清廷为保留满族淳朴尚武的习俗，维护旗人生计，并独占东北丰富特产资源，在有清一代，除清初曾实行招民开垦的政策外，都通过政治强力对东北严加封禁。然而，清中叶以来，由于关内人口骤增，土地严重不足，加上地主高利贷的盘剥与自然灾害结合在一起，迫使数以万计的农民从土地上被排挤走，而地广人稀的东北必然成为关内汉族民人寻求生路的乐土。大量的史料证明，这一时期汉族民人开垦土地的数量不断增加，说明清廷封禁时期，流民非但未减少，反而有所增加。第三时期，咸同以后东北土地由局部开垦到全面放垦，东北进入全面的开发时期。18 世纪末至 19 世纪初，清朝步入衰弱期，西方列强恃武力打开中国的大门，迫使清廷签订一系列不平等条约，清朝面临空前的危机。当时，朝廷一些有识之士，无不大声疾呼，加强边务，开禁实边。在这种背景下，清廷遂放弃封禁政策，使东北的土地得到全面开垦。书中梳理了汉族民人流入东北的流向及规律：清代关内汉族民人流入东北呈现出由南到北，即从奉天省到吉林省再到黑龙江省的趋势。顺康雍时期，流民主要集聚在奉天省，即以奉天府为中心；乾隆以后流民流向发生变化，柳条边外的吉林地区流民迅速增多，一跃为关外各地之冠；咸同以后流民开始大量流入黑龙江地区。书中在突出旗人、民人及各族人民共同开发这一主线的基础上，更加彰显汉族民人对东北的开发及影响，汉族民人冲破封禁进入东北对东北的开发，实际上就是将关内先进文化传入关外的过程，必然对东北社会变迁产生深刻的影响。

第五章，东北八旗围场、牧厂及其开放。有清一代“国语骑射”作为清朝的基本国策，为保留满洲八旗“国语骑射”的特技，清廷先后在东北设置盛京围场、吉林围场、黑龙江围场和大凌河牧厂、盘蛇驿牧厂、养息牧厂等八旗牧厂。八旗围场、牧厂与有清一代相始终，它们作为清代八旗制度的组成部分，是首崇满洲既定国策的重要体现。这种政策的直接后果是使广阔的山野长期处于人迹鲜至、与世隔绝的状态，客观上延缓了东北地区经济的发展。咸同年间，东北面临内忧外患、财政枯竭的危机，清廷最后允准招民开放八旗围场、牧丁。八旗围场、牧厂地的开放标志着清廷首崇满洲政策的失败。同时，八旗围场、牧厂地的开放加速了官荒旗产向民地转化，改变了东北土地占有关系格局。综观东北土地占有关系主要有三，即官地、旗地、民地。所谓官地，即国有土地。国有土地在东北土地占有关系中居主导地位，直至清季，“考其总数，实占全省地亩之大半”。八旗围场、牧厂地就是由清廷直接控制的国有地，这种土地与关内高度发展的地主制经济比，应该说是一种落后的经济形态。清季八旗围场、牧厂地的开放，实质为关外国有土地向地主经济私有制转化。在开放中，清廷对所领地亩准其“每亩缴价库平银一两二钱，照章请领新照，永定执业”。土地由国有向私有转化，表明东北地区土地所有制关系与关内地主经济趋于一致，这种转化带来东北社会的变迁，就历史发展的进程而言是进步的。

第六章，附论。收录近年发表的与本书主旨密切相关的七篇论文作为附论。

八旗与东北社会变迁的研究是非常有价值的研究课题，上述研究只是做一些初步的探索，将本书作为笔者在探索这一问题过程中的足迹，期望有更多的学者关注并投入此问题的研究。书中可能存在诸多问题，望师友批评指正。

在本书的出版过程中，承蒙科学出版社的帮助，为本书出版费力颇多，在此深表感谢。博士研究生张月莹、张澍、张雅婧、张钟月等做了大量的史料复核工作，在此表示感谢。

刁书仁

2017年10月

目　录

第一章 清代东北八旗驻防体制

第一节　清初东北的军政体制

清代东北为满族的发祥重地，清朝初期清廷对其实施有别于关内的行政管理体制，这种体制为军政合一的八旗一元化体制。

一、从盛京总管到三将军的设置

顺治元年（1644 年），清兵入关，定鼎北京，清廷以盛京为陪都，设置驻防八旗进行管理。时“以正黄旗内大臣何洛会为盛京总管，左翼以镶黄旗梅勒章京阿哈尼堪统之，右翼以正红旗梅勒章京硕詹统之”[①]。每旗设满洲协领 1 员、章京 4 员，蒙古、汉军章京各 1 员，驻防盛京。同年，任命梭木拜为锦州城城守官、额蒙格为宁远城城守官、丹达礼为新城城守官、伊勒慎为牛庄城城守官、清善为岫岩城城守官。此外，东京（今辽宁省辽阳市）、盖州、耀州、海州、鞍山、广城六城以满汉章京“率兵驻防”。[②]顺治三年，清廷改盛京总管为昂邦章京，“以梅勒章京叶克书为昂邦章京，镇守盛京”[③]，并颁镇守总管之印。康熙元年（1662 年），昂邦章京改镇守辽东等处将

① 《清世祖实录》卷 7，顺治元年八月丁巳，北京：中华书局，1985 年，第 75 页。

② 据《清世祖实录》卷 7，顺治元年八月丁巳条载：“又以傅喀纳为雄耀城城守官，仍设满洲章京三员，汉军章京一员。以梭木拜为锦州城守官、额蒙格为宁远城城守官、拜楮喀为凤凰城城守官，每城仍各设满洲章京二员、汉军章京一员；胡世塔为兴京城守官、爱汤阿为义州城守官、丹达礼为新城城守官、伊勒慎为牛庄城守官、青善为岫岩城城守官。每城复合设满洲章京一员、汉军章京一员；东京、盖州、耀州、海州、鞍山、广城，每城各设满洲章京一员、汉军章京一员，率兵驻防。”

③ 《清世祖实录》卷 26，顺治三年五月癸亥，北京：中华书局，1985 年，第 221 页。

军。[1]康熙四年（1665年），辽东将军改为镇守奉天等处将军。[2]乾隆十二年（1747年），镇守奉天等处将军改为镇守盛京等处将军。盛京将军为奉天地区军政总管。其职责是“镇抚留都，安辑旗民，董率文武。凡军师卒戍，田庄粮糈之籍，疆域之广轮，关梁之要隘，咸周知其数，以时简稽而修饬之”[3]。盛京将军所辖疆域：东至兴京边280余里吉林乌拉界；西至山海关800余里山海卫界；南至金州南镇730余里海界；北至开原边260余里；东南至镇江城540余里朝鲜界；西南至海800余里；东北至威远堡230余里永吉州界；西北至九官台门50余里蒙古界。[4]

盛京将军下设副都统，初设2员，后增至3员。奉天副都统分辖兴京城、辽阳城、牛庄城、开原城、铁岭城、抚顺城；熊岳副都统分辖盖平城、复州城、宁海城、旅顺城、岫岩城、凤凰城；锦州副都统分辖大小凌河、宁远城、中前所城、中后所城、广宁城、巨流河城、白旗堡城、小黑山城、义州城等。各重要城堡、关门设城守尉、协领、佐领、防御等官率兵驻扎，分别隶属各驻防副都统管辖。此外，沿奉天省与吉林省和蒙古交界的柳条边，设有法库、威远堡、英额、旺清、碱厂、叆河、凤凰城、松岭、新台、梨树沟、白石嘴、明水塘、彰武台、白土厂、清河、九关台等16处边门，皆派官率兵防守。分辖于各有关地方驻防官，皆由盛京将军管辖。[5]

吉林将军的设置与俄国势力出现在黑龙江流域有密切关系。清廷为防御俄国势力入侵，着意加强吉林地区的边防力量。顺治九年（1652年），清廷“命梅勒章京沙尔虎达，甲喇章京海塔、尼噶礼统官兵驻防宁古塔”[6]。下辖佐领8员、骁骑8员。康熙元年，清廷“改昂邦章京为镇守宁古塔等处将军”，并改梅勒章京为副都统。[7]康熙十五年，清廷迁徙宁古塔将军于吉林乌拉（今吉林省吉林市）。据高士奇《扈从东巡日录》载：“康熙十五年春，移宁古塔将军驻镇于此，建木为城，倚江而居，所统新旧满洲兵二千名，并徙直省

①《奉天通志》卷29《大事二十九·清三·圣祖上》，沈阳：东北文史丛书编辑委员会，1983年，第556页。

②《奉天通志》卷29《大事二十九·清三·圣祖上》，沈阳：东北文史丛书编辑委员会，1983年，第558页。

③《清朝通典》卷36《职官十四·盛京将军》，杭州：浙江古籍出版社，1988年，第2215页。

④乾隆元年版《盛京通志》卷12《疆域》，北京图书馆藏。

⑤乾隆元年版《盛京通志》卷12《疆域》，北京图书馆藏。

⑥《清世祖实录》卷66，顺治九年七月丁亥，北京：中华书局，1985年，第518页。

⑦《吉林通志》卷60《职官志三·国朝》，台北：文海出版社，1965年，第3897页。

流人数千户居此。修造战舰四十余艘……日习水战，以备老羌。”[①]同年，宁古塔设八旗副都统，管辖黑龙江下游及乌苏里以东地区。此时，宁古塔已于旧城东南约50里筑新城（今黑龙江省宁安市），“以松木为墙，中实以土”，城周二里半，而且，“城高地深，人民繁庶，畜产遍野，耕农之地，在城外十里”。[②]可见，宁古塔渐次得到开发。

宁古塔将军迁到吉林乌拉后，吉林乌拉遂取代宁古塔的位置成为政治、经济、军事中心，并于吉林乌拉城增设吉林副都统，与将军衙门同城驻防，合署办公。吉林将军为吉林地方最高官员，初为一品，由满洲、蒙古副都统内“列名题补”。将军的职责是“镇守吉林乌拉等处地方，缮固镇戍，绥和军民，秩祀山川，辑宁边境”[③]。将军以下分设吉林、宁古塔、三姓、伯都讷、阿勒楚喀五个副都统。副都统所在，皆设兵驻守，置协领、参领、佐领、防御等官，各视兵数多寡，定额有差，以掌巡防稽察之事。康熙三十一年（1692年），清廷筑伯都讷城。是年四月，清廷命在“白（伯）都讷地方，修造木城一座，将席北、卦尔察、打虎儿内拣选强壮者二千名，令其披甲，即住所造新城”，设副都统管辖。[④]副都统辖协领2员、佐领12员、防御8员、骁骑校12员，所辖八旗驻防800余名。[⑤]雍正九年（1731年），清廷设三姓副都统。三姓作为清朝北方的军事重镇，与其他各城的副都统不同的是，三姓副都统衙门通过姓、乡两级组织管理黑龙江下游及部分乌苏里江地区的少数民族。阿勒楚喀副都统原为副都统品级协领，雍正二年设。[⑥]乾隆二十一年（1756年），阿勒楚喀地方添设副都统1人，与拉林分为二城。阿勒楚喀地方副都统管辖协领1人，佐领7人，防御5人，骁骑校6人。乾隆三十四年，拉林副都统被裁汰，其地方并归阿勒楚喀兼管。这时阿勒楚喀副都统管辖协领2员、佐领8员、防御9员、骁骑校8员、八旗驻防兵600余名。[⑦]光绪十七年（1891年）设珲春副都统。吉林将军所辖疆域：东至海3000余里；西至威远堡门595里开原县界；南至长白山1300余里，其南朝鲜界；北至拉

① 高士奇：《扈从东巡日录》，长春：吉林文史出版社，1986年，第110页。

② 安鼎福：《星湖僿说类选》卷9，《朝鲜群书大系》续续第19—20辑，汉城：朝鲜古书刊行会，明治四十二至大正五年。

③ 《清朝通典》卷36《职官十四·盛京将军》，杭州：浙江古籍出版社，1988年，第2215页。

④ 《清圣祖实录》卷155，康熙三十一年四月乙巳，北京：中华书局，1985年。

⑤ 《吉林通志》卷60《职官志三·国朝》，台北：文海出版社，1965年，第3946页。

⑥ 《清世宗实录》卷27，雍正二年十二月丙申，北京：中华书局，1985年，第420页。

⑦ 《吉林通志》卷60《职官志三·国朝》，台北：文海出版社，1965年，第3952页。

哈福阿色库地方600余里蒙古界；东南至希喀塔山2300余里海界；西南至英额门700余里奉天将军界；东北至合者（赫哲）、飞牙喀3000余里海界；西北至黑儿苏门450余里蒙古界，还包括自乌第河以南黑龙江下游的全部地区和海中的库页岛及沿海其他岛屿。[①]

黑龙江将军设置之前，黑龙江地区隶属于宁古塔将军。清初以来，俄国势力逐渐侵入黑龙江流域烧杀抢掠，当地少数民族深受其害。为有效抗击俄军的入侵，清廷设立宁古塔将军。顺治年间，宁古塔将军为保卫所辖地区，曾多次出兵抗击俄军的入侵。顺治九年（1652年），宁古塔章京海色率清军与入侵俄军激战于黑龙江下游的乌扎拉村。顺治十五年，宁古塔昂邦章京沙尔虎达与俄国入侵者战于黑龙江、松花江汇合处。顺治十七年，宁古塔昂邦章京巴海率八旗军与入侵俄军激战于黑龙江下游的古法坛村，大败俄军。康熙十三年（1674年），清廷将吉林水师营移驻黑龙江，并筑城以居，以阻止俄军的入侵。康熙二十二年，清廷始设黑龙江将军，由宁古塔副都统萨布素为首任将军，率吉林、宁古塔八旗官兵驻防。黑龙江将军初驻于扎黑龙江城东北十三里之瑷珲旧城（今俄布拉戈维申斯克附近），后移驻黑龙江城（今黑龙江省黑河市瑷珲乡）。康熙二十九年，自黑龙江城移驻墨尔根城（今黑龙江省嫩江县），康熙三十八年，自墨尔根城移驻齐齐哈尔城（今黑龙江省齐齐哈尔市）。黑龙江将军辖境：自齐齐哈尔城以里计，东北3600余里至哈达乌拉河，接吉林将军地界；东2300余里至毕占河，接吉林将军地界；东南2300余里至叶里伯赫河，接蒙古喀尔喀车臣汗部界；西南120余里至雅尔河，接内札萨克科尔沁、札赉特各蒙古界；西北至额尔古纳河与格尔毕齐河，与俄罗斯为界；北3300余里至外兴安岭，接俄罗斯界。[②]

黑龙江将军是黑龙江地区的最高军政长官，统领官兵，镇守一方。下设黑龙江、墨尔根、齐齐哈尔三城副都统和呼伦贝尔、布特哈两个副都统衔总管，分镇黑龙江省各地，以佐将军之治。黑龙江城副都统，初设2员，后减为1员，驻黑龙江城。墨尔根城副都统于康熙二十九年设。是年，清廷据黑龙江将军萨布素关于墨尔根居黑龙江城与齐齐哈尔城“两镇之间，首尾易制”[③]的奏请，将黑龙江将军及副都统1员移驻墨尔根。康熙三十八年，将军衙门迁

① 乾隆元年版《盛京通志》卷12《疆域》，北京图书馆藏。

② 乾隆元年版《盛京通志》卷12《疆域》，北京图书馆藏。

③ 方式济：《龙沙纪略》，哈尔滨：黑龙江人民出版社，1985年，第183页。

至齐齐哈尔城后，其城改以城守尉管辖。康熙四十九年（1710 年），复设墨尔根城副都统。齐齐哈尔城副都统于康熙三十七年设。翌年，将军衙门自墨尔根城移此，与副都统同城。至此，齐齐哈尔城成为黑龙江地区政治、经济、文化中心。布特哈城副都统衔总管，“布特哈”满语为“打牲之意”，即打牲部落总称，包括索伦、达斡尔、鄂伦春等族。清初设索伦、达斡尔总管 2 员，副总管 8 员。康熙二十四年，增设满洲总管 1 员，副总管 8 员。康熙二十八年，布特哈总管衙门设在嫩江西岸的宜卧奇屯（今内蒙古自治区莫力达瓦达翰尔族自治旗乌尔科乡）。布特哈总管共有佐领 97 员，其中，达斡尔三旗 39 佐领、索伦五旗 47 佐领、鄂伦春八旗 11 佐领。[①]布特哈总管所辖之地，错布于黑龙江、墨尔根和齐齐哈尔三城副都统的辖区内，如何秋涛《朔防备乘》所载：“盖布特哈为打牲部落之总称，故东北数千里处山野，业捕猎者，悉隶之。”呼伦贝尔城副都统衔总管，因呼伦湖和贝尔湖这两个姊妹湖而得名，其地北控俄罗斯，南抚喀尔喀，山河险要，为黑龙江西部的军事重镇。雍正五年（1727 年），中俄签订《布连斯奇条约》划定中俄中段边界，清廷设卡防守。至雍正十年，清廷迁索伦、巴尔虎、鄂伦春等族 3000 八旗兵，由京师简派总管坐镇其地。乾隆七年（1742 年），呼伦贝尔总管改为副都统衔总管。光绪二十年（1894 年），裁并三总管，改置副都统总理其事，其衙署迁移嫩江东五十里讷谟尔河北岸博尔多站。[②]

二、“盛京五部”之制

清入关前，皇太极曾设六部承政、参政等官。顺治元年（1644 年），清帝迁都北京，悉撤废，正如《八旗通志》所载：“国初建立盛京，设官详备。顺治元年定鼎燕京，盛京官不备设。”[③]顺治十四年，清廷为保护龙兴之地，在东北“置户、礼、刑、工四部”。康熙三十年，复置兵部，设侍郎以下各官。“各部堂官，俱系满缺，间用汉军、汉人，出自特简，司官亦俱系满缺。”[④]盛京五部及职权如下。

---

① 《布特哈志略·历代沿革》《中国边疆研究文库·东北边疆卷（十）》，哈尔滨：黑龙江教育出版社，2014 年，第 108 页。

② 《布特哈志略·历代沿革》《中国边疆研究文库·东北边疆卷（十）》，哈尔滨：黑龙江教育出版社，2014 年，第 108 页。

③ 《八旗通志》初集卷 40《盛京八旗官》，长春：东北师范大学出版社，1985 年，第 759 页。

④ 《八旗通志》初集卷 40《盛京八旗官》，长春：东北师范大学出版社，1985 年，第 759 页。

（1）盛京户部。置侍郎1人、郎中2人、员外郎10人、主事2人、笔帖式33人，皆为满缺。下设经会、粮储、农田三司。户部职掌：一是征收八旗官庄、驻防旗地租税。官庄、旗地皆归户部衙门管理，如内务府官庄有粮、盐、棉花等庄，皆由庄头管理，秋后由户部奏请派大臣会同征收。该大臣完成任务后，回京复命；二是支办将军衙门之经费；三是裁判驻防旗人户口、婚姻、田土诸事宜。①

（2）盛京礼部。置侍郎1人、郎中2人、员外郎4人、主事1人、读祝官8人、赞礼郎16人、笔帖式12员，均为满缺。礼部职掌：一是掌管三陵祭祀。每年清明、孟秋望日、冬至及岁暮为盛京三陵祭事。又每朔望三陵之常祭，元旦及万寿节之贺仪，盛京城隍庙之祭祀，均由礼部举行。二是监理祭田。三陵祭祀之物品，官地之田庄、瓜菜、鱼等供给之，皆由礼部监理。三是保管銮驾库。鸾驾库内一切器用，礼部会同将军衙门，遣员保藏。四是供给修葺寺庙用品。五是接待贡使。例如，朝鲜贡使赴京路过盛京时，礼部供给米肉刍秣柴薪。②

（3）兵部。置侍郎1人、郎中2人、员外郎6人、主事2人、笔帖式12人，均为满缺。兵部职掌：一是检阅军器。二是监射。盛京将军每年春秋两季举行八旗兵丁会射之事，届时将军移咨兵部派员稽查。三是驿传。四是稽察、边门。八旗兵丁奉命出边门，必须持有兵部军符方可放行。五是铨试。凡八旗仓官、驿官、守边官有旗缺时，兵部拣选候补者，报京师吏部，由吏部奏准补任。③

（4）刑部。置侍郎1人，郎中初设2人，康熙二十八年（1689年），增加2人；员外郎初设6人，康熙二十八年增加4人；主事1人，笔帖式29人，均为满缺。刑部职掌：一是裁判旗人犯罪事件；二是裁判旗人对汉民的犯罪，其他重罪当付秋审时，刑部侍郎及奉天府尹会同酌定；三是裁判蒙古人的犯罪，以及蒙古人与旗民之诉讼；四是裁判私采人参之罪。私采人参及私贩者，由刑部、将军会同审断。④

（5）工部。置侍郎1人、郎中2人、员外郎6人、主事2人、司库2人、司匠2人、笔帖式16人。工部职掌：一是营造修缮坛庙、陵寝宫殿祠宇。二

① 《八旗通志》初集卷40《盛京八旗官》，长春：东北师范大学出版社，1985年，第759页。
② 《八旗通志》初集卷40《盛京八旗官》，长春：东北师范大学出版社，1985年，第759—760页。
③ 《八旗通志》初集卷40《盛京八旗官》，长春：东北师范大学出版社，1985年，第760页。
④ 《八旗通志》初集卷40《盛京八旗官》，长春：东北师范大学出版社，1985年，第760—761页。

是监理采木山场。盛京官林 22 处，均归工部监督，如有商人愿伐木，工部及将军衙门会同商议，是否准伐。三是监督火药库及植瓦。盛京及黑龙江八旗各兵营之火药，皆由工部供给，故特设火药库。四是修缮官船及供给围场马车。时，自辽河至盛京内河所用之官船的修缮，均由工部负责。[①]

三、盛京内务府与打牲乌拉总管衙门

盛京内务府，初称盛京上三旗，是京师总管内务府的分支，负责管理皇室在盛京的财产并供应各种差役，是专为皇室服务的宫廷机构。内务府为管理宫廷事务的机构，由包衣制度演变而成。“包衣”是满语，汉意为“家内的或家奴”。在八旗社会组织中，除了有作战的旗分佐领外，还专门设包衣佐领，即旗分佐领服务于国家，包衣佐领服务于皇家。上三旗的包衣佐领专门服务于皇室，始于天命年间设立的盛京皇庄。文献记载：“太祖高皇帝驻兵奉天建极时，有土著庄户报效粮石，上嘉以报粮多的庄户派当头目，封为皇粮庄头，编入旗籍。”[②]天聪六年（1632 年），皇太极命设置内务府，将盛京皇庄交内务府管理。清廷迁都北京，内务府也随迁。而盛京地区仍留有相当数量的包衣，在粮庄、果园、采捕山场等为皇室服务。顺治三年（1646 年），清廷设正黄旗、镶黄旗佐领各 1 人。顺治八年，清廷铸发关防，称“盛京上三旗掌关防佐领”，由三佐领下选一人掌印理事，实为盛京内务府前身。嗣后，盛京上三旗经营规模不断扩大。顺治年间，盛京粮庄仅 10 处，至康熙年间，其所辖粮庄达 81 处、果园 90 处、棉庄 46 处、靛庄 11 处、盐庄 3 处，共计 231 处。至乾隆十七年（1752 年），清廷设盛京内务府总管大臣 1 人（由盛京将军兼任）、协同管理大臣 1 人（由盛京五部侍郎中兼）、佐领 3 人、堂主事 1 人、委署主事 1 人。其机构及职掌：广储司，设司库 2 人、库使 16 人、催长 3 人（三旗织造库催长兼任）、笔帖式 3 人、领催 15 人，掌管六库所藏的列圣御用弓矢、军器、鞍辔、御书、冠服、朝珠及金玉铜瓷名器并墨刻、书籍、绸缎、银两等事务；会计司，设催长 2 人、笔帖式 2 人、领催 9 人，掌粮庄事务；掌礼司，设催长 3 人（内盛京 2 人、广宁 1 人）、笔帖式 3 人、领催 12 人（内盛京 9 人、广宁 3 人），掌有关果园事务；营造司，设催长 2 人、笔帖式 1 人、领催 6 人、匠役 44 人、扫院丁 27 人，掌管有关宫

---

① 《八旗通志》初集卷 40《盛京八旗官》，长春：东北师范大学出版社，1985 年，第 761 页。

② 《盛京时报》，光绪三十三年三月一日，辽宁省图书馆藏。

殿的陈设、修缮及太庙祭器的遵藏，列圣圣容、册宝、圣训、实录、玉牒等的守护；都虞司，设催长 2 人、笔帖式 2 人、牧长 3 人、领催 9 人、采蜜领催 3 人，掌管有关牲丁及官马牧养事务；文溯阁，设催长 2 人，掌管《四库全书》事宜；三旗织造库，设催长 3 人（广储司催长兼任）、笔帖式 3 人、领催 15 人，掌管有关绵、靛庄事务；黑牛馆，设厩长（顶戴馆达）6 人；乳牛馆，设厩长（无顶戴馆达）2 人、领催 1 人，与黑牛馆同时管理三陵祭祀；内管领处，设内管领 1 人、仓领长 1 人、仓长 3 人、笔帖式 2 人，管理所属丁口，即辛者库的粮饷及果品、槽盆、枪杆、箭杆的斫伐制造等；三旗（镶黄、正黄、正白），设骁骑校 3 人、顶戴领催 3 人、领催 15 人、甲兵 678 名，每旗各 236 人。除每日分班任内务府的巡逻宿值外，每年还派甲兵 200 名，随同盛京将军行围打猎。[①]

打牲乌拉总管衙门。打牲乌拉总管衙门，位于吉林市乌拉街。“打牲乌拉”满语为“布特哈乌拉”，汉语为“江河渔猎之地”。乌拉街是明末扈伦四部乌拉部的都城。据《鸡林旧闻录》记载：吉林“东北六十八里，有乌拉城，在松花江左岸，明代扈伦四部中乌拉部之都会也”[②]。万历四十一年（1613 年），努尔哈赤灭乌拉部，此地被视为满族龙兴之地，辟为后金行猎纳贡之所。打牲乌拉总管衙门，建于天聪初年。据《打牲乌拉志典全书》载：“太宗文皇帝御极之初，专为采捕本朝各坛庙、陵寝四时祭品而设，向由都京总管内务府分区之地。”[③]顺治元年（1644 年），清朝迁都北京，分别在乌拉、江宁（今江苏省南京市）、苏州、杭州四地设立四个朝贡衙门。其中，江宁、苏州、杭州是清朝继明朝在江南地区设立的官府手工业衙门，唯独打牲乌拉总管衙门是继后金的行猎纳贡基地而建立的贡纳方物的朝贡机构。打牲乌拉总管衙门由北京总管内务府直接管辖，其总管由皇帝亲自点派。首任总管为迈图，系满洲珲春人，姓傅察氏，今乌拉街傅姓第五世祖。顺治十八年，迈图卒，其子希特库由六品翼领升为四品总管。康熙三十七年（1698 年），清朝又将乌拉总管升格为三品，而江南三个织造衙门的总管最高时亦只授五品。可见清朝对打牲乌拉总管衙门的重视。

---

① 宫内季子：《内务府官庄》，《满洲旧惯调查报告》，大连：南满洲铁道株式会社，大正四年，第 139 页。

② 魏声龢：《鸡林旧闻录》，李澍田主编：《长白丛书》初集，长春：吉林文史出版社，1986 年，第 82 页。

③ 李澍田主编：《打牲乌拉志典全书》，长春：吉林文史出版社，1988 年，第 14 页。

打牲乌拉总管衙门按八旗编制统辖。衙门设总管、翼领、骁骑校、章京、领催、珠轩达、仓官、笔帖式、弓匠、铁匠、打牲丁等。总管，康熙二十七年（1688年）定为正三品。总管下设正四品左右翼翼领各1员、五品翼领4员、骁骑校15员、七品骁骑校7员、委官14员，以及领催27名、珠轩达110名、捕副138名、打牲丁3993名，连同打牲衙门的官员等，共计4310名。康熙二十一年，康熙帝东巡吉林，亲临打牲乌拉视察，亲见“虞村（乌拉）居人二千余户，皆八旗壮丁，夏取珠，秋取参，冬取貂皮，以给公家及王府之用”①。这些八旗牲丁，原以捕鱼狩猎为生，编入打牲乌拉后，继续从事采捕活动。

打牲乌拉总管衙门“自顺治初年，由内务府拨设以来，建衙署为分隶之公庭，别地面，为打牲之区处，管界周围五百余里”②。领有22处采贡山场和64处采珠河口，远达黑龙江、乌苏里江。其管界内旗丁、差役、贡品、案牍、俸饷均由总管自行经理、关领。康熙元年，清廷规定：每丁岁征24张貂皮，如牲丁“额外多交貂皮一张，赏毛青布一匹，缺额者，每一张责三鞭”③。采捕东珠的基层组织是珠轩，每珠轩初设打牲丁13—14人，后增至30人。所谓“凡丁三十编为一珠轩，各置长一人，副长一人，上三旗六十五珠轩，内五十九珠轩专采东珠，十珠轩捕鱼”④。还规定：东珠，每珠轩16颗，上三旗59珠轩，需交944颗。

随着清宫室所需贡品逐年增多，打牲丁年复一年日复一日地采捕，贡品资源逐渐减少。以捕蚌采珠为例，《永吉县志》载：“珠罕而难求，往往易数河不得一蚌，聚蚌盈舟而不产一珠。”为了取珠，打牲丁得“一人驶船江心用篙撑稳，复执长杆缘船身至水底，捕者裸体抱杆，闭息深入，身伏水底，左臂抱杆，右手扪蚌，得则口衔。缘杆而上，置蚌舟中，三次易入，趋岸，爇火烤之，驱寒免疾。日夕，没音（领队）同众聚蚌剖脊解壳得珠，置净水碗中，少许，纳诸印袋⑤封固注明，按日如此”⑥。打牲丁采捕东珠之艰辛由此可见。捕鲟鳇等名贵贡鱼，其艰辛也不亚于采珠。康熙初年，清廷令打牲

① 高士奇：《扈从东巡日录》，长春：吉林文史出版社，1986年，第112页。

② 李澍田主编：《打牲乌拉乡土志》，长春：吉林文史出版社，1988年，第150—151页。

③ 光绪《大清会典事例》卷889《工部·采捕·赏罚》，光绪商务印书馆本。

④ 李澍田主编：《打牲乌拉志典全书》，长春：吉林文史出版社，1988年，第42页。

⑤ 一种由吉林将军署印制，专供装珠的纸袋。

⑥ 徐鼐霖修，章华等纂：《永吉县志》卷50《杂记》，民国二十年本。

丁兼捕鳇鱼，规定：每旗派壮丁十九名，于冬夏二季专捕鳇鱼，免捕貂皮。为捕捉这种鱼，打牲丁不分昼夜守在江边，往往下网后十几天才捕捞到一条。如果是夏天捕捞的，还得把活着的鲟鳇鱼送到特设的鱼圈里饲养到冬天，然后再破冰取鱼，挂冰冻好后，派专人护送京师进贡。至1911年，打牲乌拉总管衙门才被裁撤。

清廷在东北所实行的上述军政体制，体现出清朝首崇满洲的基本国策。这种基本国策缘于满族作为少数民族入主中原统治比本民族多数以万倍的其他民族，尤其是汉民族，心存疑虑，故将发祥之地东北作为其根据地。所谓东北“为本朝根本，国朝莫有要于此者”[①]，恰是这种心理的最集中反映。例如，有学者所言：“清人自以为异族入主中原，猜忌之心未泯，畛域之见时存，歧视汉人，以为非我族类，其心必异。故欲保留发祥地之东北，勿使汉人侵入，则一旦中原有事，可以退守，不致蹈元人覆辙。”[②]此种猜忌心理之存在为东北实行八旗一元化军政体制的由来。然而，历史的发展不以清廷的意志为转移，一方面，满族进入与其民族文化有很大差别的环境，清廷总是想方设法保留本民族的一些特点，如在东北实行八旗一元化军政体制就是其中之一；另一方面，清廷作为君临全国的统治政权，为了稳定统治又必须实行中原汉地管理体制，这是历史的一种必然。清中叶以后，随着关内汉族民人的不断涌入，东北八旗一元化的军政体制发生变化，相继在盛京、吉林、黑龙江三省出现管理汉人的府州县等民治机构。到清朝末年，清廷不得不对八旗军政体制进行改革，实行与中原省份一样的民治州县体制。

第二节　清代对东北边疆各族的管理体制

清代东北边疆地区居住着众多民族，这些民族由于生产与生活方式的差异性，在地域上形成了不同的分布区。清朝初年修筑的柳条边墙，大体标明各民族的地域分布：边内为满汉杂居农耕区；西边外及其以北为蒙古族游牧区；开原边外是众多少数民族的渔猎区。清廷对上述区域居住的各民族采取不同的管理体制，即八旗驻防制、民治州县制、边民姓长制、蒙古盟旗制。

---

① 《上谕八旗》，雍正四年二月，《钦定四库全书》，上海：上海古籍出版社，2003年，第165页。
② 龚维航：《清代汉人拓殖东北述略》，《禹贡》1936年第6卷第3、4期合刊。

一、八旗驻防制

八旗驻防体制是清廷治理东北的主要管理体制。东北八旗驻防以八旗满洲为主体，同时也将汉族、蒙古族等族编入汉蒙八旗。顺治元年（1644 年），福临迁都北京，八旗随之入关。清廷为加强龙兴之地的八旗驻防力量，委派正黄旗内大臣何洛会为盛京总管，留守东北，并于辽东、辽西各城邑要冲，分派八旗驻防。[①]康熙四年（1665 年），清廷于盛京将军所辖兴京、辽阳、牛庄、开原、广宁、熊岳、锦州、义州诸城，建置旗署，设副都统、城守尉、佐领、骁骑校、防御诸员，统辖八旗驻防兵。盛京八旗驻防数量：顺治元年为 1603 人，顺治末年为 1621 人，康熙年间为 20 658 人。[②]吉林八旗驻防，始设于顺治九年。是年，清廷命梅勒章京沙尔虎达、甲喇章京海塔、尼噶礼等派八旗兵驻防宁古塔，这是清入关后吉林八旗驻防的开始。[③]翌年，清廷升梅勒章京沙尔虎达为昂邦章京，镇守宁古塔地方。[④]康熙十五年，清廷移宁古塔将军于吉林，留副都统镇守宁古塔。康熙中叶后，宁古塔将军所辖伯都讷（今吉林省扶余市）、三姓（今黑龙江省依兰县）、阿勒楚喀（今黑龙江省哈尔滨市阿城区）等重镇也陆续派驻防八旗。吉林八旗驻防的数量：顺治末年为 3172 人，康熙中叶前为 11 255 人。[⑤]黑龙江八旗驻防的数量，顺治末年为 2000 名，康熙中叶前为 5954 名。[⑥]康熙中叶以后，东北八旗驻防有所增加。《户部则例》载：盛京八旗兵丁 22 816 名，吉林八旗兵丁 15 921 名，黑龙江八旗兵丁 11 692 名。[⑦]

东北八旗驻防数量的增加与清廷在康熙年间将吉林、黑龙江居住的少数民族编入八旗有关。清廷从康熙八年始至康熙五十三年前后历 40 余年，先后将吉林、黑龙江两省少数民族编入“布特哈八旗”“新满洲”“巴尔虎旗”“锡伯兵”等，共 331 佐领。清廷为加强对黑龙江上游索伦、达斡尔、鄂伦春等少数民族的管理，于康熙八年设索伦总管，编布特哈八旗 97 个佐领。康熙十年

① 《清世祖实录》卷 7，顺治元年八月丁巳，北京：中华书局，1985 年，第 75 页。

② 周藤吉之：『清朝に於ける满洲駐防特殊性に関する考察』，『東方学報』十一，昭和十五年。

③ 《清世祖实录》卷 66，顺治九年七月丁亥，北京：中华书局，1985 年，第 518 页。

④ 《清世祖实录》卷 75，顺治十年五月甲戌，北京：中华书局，1985 年，第 590 页。

⑤ 周藤吉之：『清代の满洲に於ける糧米の漕運に就いて——特に满洲植民史の一面として』，『東亚論叢』三，昭和十五年。

⑥ 周藤吉之：『清代の满洲に於ける糧米の漕運に就いて——特に满洲植民史の一面として』『東亚論叢』三，昭和十五年。

⑦ 《户部则例》卷 19《兵饷》，同治十三年刊本。

至十六年，清廷又将黑龙江下游及乌苏里江流域的赫哲人、费雅喀人，先后编成78佐领，并移驻宁古塔、吉林等地驻防，成为满洲八旗的组成部分，称“新满洲”。康熙三十一年（1692 年），原居于海拉尔河流域的蒙古巴尔虎人，因生计艰难，请求移居盛京，清廷允准5000余户蒙古巴尔虎人移驻盛京，并选其优秀者1000壮丁，编为10个佐领。[①]同时，清廷又将在吉林的巴尔虎人编为8个佐领。康熙三十三年，从俄国回归的巴尔虎人驻黑龙江地区，清廷将其中800壮丁，编为8个佐领。以上巴尔虎人共编26个佐领，这是巴尔虎第一次编旗，称为“陈巴尔虎”。雍正十二年（1734 年），布里亚特蒙古自喀尔喀移牧于呼伦贝尔地区，清廷允准：照索伦之例，挑选2400丁壮，编入八旗，为40个佐领，称为“新巴尔虎”[②]。锡伯族编旗于康熙三十一年。是年，清廷允许将蒙古科尔沁王公进献的锡伯、卦尔察、达斡尔等 14 458 余丁中，可当差者 11 850 余丁，分别于“上三旗安置”。[③]其中，锡伯人编为74个佐领，达斡尔人编为16个佐领，分别驻防于齐齐哈尔、墨尔根、伯都讷等地。[④]

驻防八旗的基层组织是佐领，满语称牛录（niru）。有人把佐领比作“县”，“每一佐领下所辖不下数十家，每家约计自数口以至数十口人丁不等”[⑤]，其居址虽不尽毗连，而散处较远者亦止在数十里内。这种比喻未必恰当，却说明佐领在八旗系统中所处的重要地位。佐领下的旗丁有披甲、余丁之分，披甲主要征战和承担各种差役，余丁专恃农事。披甲与余丁的比例，视征兵额而采取抽丁的办法。清入关前后大约三丁抽一。三个旗丁中一名为披甲，两名为余丁。如果把披甲、余丁落实到八旗每家每户，据雍正帝在上谕中：“一佐领下，满洲多不及二百人，少或七八十人，计户不过四五十家”[⑥]的数推

---

① 《盛京通鉴》卷3《原设六品官案》，《近代中国史料丛刊》第六辑，台北：文海出版社，1973年，第99页。

② 《清世宗实录》卷146，雍正十二年八月乙卯，北京：中华书局，1985年，第819页。

③ 《清圣祖实录》卷155，康熙三十一年四月乙巳，北京：中华书局，1985年，第711页。

④ 据《清圣祖实录》卷155，康熙三十一年四月乙巳条载，议政王大臣等议覆，宁古塔将军佟宝等疏言：“查前议，科尔沁之王台吉等，将所属席北、卦尔察、打虎儿等，一万四千四百五十八丁进献，内可以披甲当差者，一万一千八百五十余名，分于上三旗安置。今议齐齐哈尔最为紧要形胜之地，应于席北、卦尔察、打虎儿内，拣选强壮者一千名，令其披甲，并附丁二千名，一同镇守齐齐哈尔地方，令副都统品级马补代管辖。两翼各设一防守尉，每旗各设防御一员，俱属将军萨布素，统领管摄。白都讷地方，修造木城一座，将席北、卦尔察、打虎儿内拣选强壮者二千名，令其披甲即住。”

⑤ 赫泰：《复原产筹新垦疏》，《清经世文编》卷 35《户政十・八旗生计》，北京：中华书局，1992年，第868页。

⑥ 《上谕八旗》，雍正五年八月二十七日，《钦定四库全书》，上海：上海古籍出版社，2003年，第32页。

算，一户至少一名披甲，二名余丁。披甲充缺，年老始退。披甲出征，耕种之事“即令在家之人，经理收获”[①]。康熙中叶后，大规模的战争结束，东北旗兵的任务仅为驻防，余丁“全恃南亩耕获”，“以种地为生计者多”。[②]又称“其各处散居旗丁从事农业耕凿，相安者已不乏人”[③]。至于披甲也于“官差余暇，俱各力田躬耕，以资生计”[④]。

八旗各旗署衙门的职责如下。

首先，管理所属驻防旗人户籍、田土。驻防八旗各旗署旗人皆有旗籍，定期进行编审。每三年由“佐领开造清册二本，一咨部，一存本旗，该佐领及骁骑校、领催并于册内列名，联名画押”，如有隐冒，查实题参。[⑤]旗人不允许随意转移佐领，改隶别旗。清廷规定：“凡旗下人远离本佐领居住者，人口、财产入官。”[⑥]甚至盛京驻防旗人到吉林种地，也被视为逃旗，“拿解本处，照例办理”[⑦]。通过旗籍编审制度将旗人控制在所属旗分佐领内。清廷在派遣驻防八旗的同时，也划拨土地给旗人耕种。康熙年间，扈从康熙帝到吉林东巡的高士奇在《扈从东巡日录》中记载吉林驻防旗人耕种旗地的状况：“地宜稷、宜谷、宜稗，三月播种，八月获刈……不施粪溉，不加耕耨，可足终岁之用”，八旗兵丁“男女耕作，终岁勤动”。[⑧]这些旗人耕种的土地均由各驻防旗署旗官负责管理。所谓“田畴庐舍，民生攸赖，劝农讲武，国之大经，尔等宜各往该管屯地，详加体察”[⑨]。

其次，设置卡伦，稽查私入围场偷打牲畜、私占禁地的旗民。“卡伦”为满语，汉语为“哨探、哨所”之意。清廷在东北八旗驻防统辖区要隘处皆设卡伦。卡伦分常设、关设两种。“常设”满语为“恩特赫谟特布赫”，终年不撤，卡伦官兵每月更换。“关设”满语为“雅克什谟特布赫”，春设冬撤，即每年三月初一日，采参的刨夫入山前派出，十月初一日，采参刨夫始出山后便撤回，卡伦官兵两月更换 1 次。[⑩]

---

① 《清太宗实录》卷 7，天聪四年五月壬辰，北京：中华书局，1985 年，第 98 页。
② 《清高宗实录》卷 1326，乾隆五十四年四月乙未，北京：中华书局，1985 年，第 954 页。
③ 徐世昌：《东三省政略》卷 8《旗务》，长春：吉林文史出版社，1989 年，第 134 页。
④ 《清高宗实录》卷 206，乾隆八年十二月辛亥，北京：中华书局，1985 年，第 650 页。
⑤ 《户部则例》卷 1《户口》，同治十三年刊本。
⑥ 光绪《大清会典事例》卷 1113《八旗都统·户口编审丁册》，光绪商务印书馆本。
⑦ 光绪《大清会典事例》卷 155《户部·户口壮丁别寓》，光绪商务印书馆本。
⑧ 高士奇：《扈从东巡日录》，长春：吉林文史出版社，1986 年，第 110—112 页。
⑨ 《清太宗实录》卷 13，天聪七年正月庚子，北京：中华书局，1985 年，第 179 页。
⑩ 萨英额：《吉林外纪》卷 3《驿站》，长春：吉林文史出版社，1986 年，第 44 页。

康熙年间，清廷为控制从松花江水路前往乌苏里江的采捕者，于“瓦里城设立台卡一座，派官一员，兵十名，自四月驻卡，验放各城水路领票人夫、船只，俟船只过完，于七月撤回”[①]。自陆路前往绥芬河等地的采捕者，则由驻防在下多雍武哈达卡伦的八旗官兵验放。乾嘉时期，吉林将军辖区内卡伦急遽增加，形成较为完整的卡伦网络。据《吉林外纪》记载：该辖区内“恩特赫谟特布赫（常设）卡伦四十四，雅克什谟特布赫（关设）六十一，共卡伦一百零五处。各驻隘要，以杜飞飏人参，并查偷打牲畜，私占禁山、流民等事”[②]。

最后，管理交通驿站。驿站是清廷在东北地区进行通信联络和交通运转的主要手段，是传达清廷意志和命令，加强对地方统辖的重要工具。至康熙中叶，东北三将军辖区内基本建成了纵贯南北、四通八达的驿站交通网。这些驿站均由各地八旗驻防管理。盛京将军境内的驿路，以盛京为中心，共辟有七条驿路；吉林将军辖区最初以宁古塔为中心，将军治所移至吉林乌拉后，改以吉林为中心向四周辐射，先后大约开辟七条驿路；黑龙江将军辖区内的驿路，以齐齐哈尔城为中心，以北至黑龙江城、南至茂兴的驿路为主干，与境内各主要八旗驻防地相沟通。各地区驿站的管理，盛京地区初隶于盛京将军，康熙中叶以后改归盛京兵部管理。吉黑地区驿务均直接受统于将军，具体由将军衙门兵司总管各驿站银两、勘合火牌、各项差使、站马廪给数目等事宜。[③]吉林将军辖区，联络各八旗驻防地共设驿站38站，每站设笔帖式、领催八旗官员各1名，大站设旗兵25名至50名，小站设旗兵10名至15名，共有八旗官兵850名。东路，自省城（吉林将军所在地）小东门外乌拉站起，至宁古塔，“凡十站，大站一、小站九，计程六百三十五里”[④]。西路，自省城起至蒙古霍洛站“凡八大站，计程五百五十里”。北路，自省城六十五里金珠鄂佛罗站起，至三姓城，“凡十小站，计程七百二十二里”[⑤]。上述八旗驻防体制，如文献所云：“专理旗务，不与民事。”[⑥]

二、民治州县制

东北地区管理汉族民人州县制的设置与汉族流民流入东北地区的流向

① 光绪《大清会典事例》卷232《户部·关汛巡防》，光绪商务印书馆本。
② 萨英额：《吉林外纪》卷3《驿站》，长春：吉林文史出版社，1986年，第46页。
③ 萨英额：《吉林外纪》卷5《兵司》，长春：吉林文史出版社，1986年，第72页。
④ 萨英额：《吉林外纪》卷3《驿站》，长春：吉林文史出版社，1986年，第43页。
⑤ 萨英额：《吉林外纪》卷3《驿站》，长春：吉林文史出版社，1986年，第43页。
⑥ 徐世昌：《东三省政略》卷5《官制·吉林省》，长春：吉林文史出版社，1989年，第871页。

有密切关系。其流向大体呈现由南向北的趋向，即首先在奉天省设置，其次为吉林省，咸同以后黑龙江省也渐设民治州县。

顺康雍时期，为奉天省民治州县设置的重要时期。伴随着汉族民人的流入，清廷为便于管理汉民，于奉天省辽东设一府六州县，在辽西设一府三州县，总计两府两州七县。顺治十年（1653 年），清廷首先设辽阳府，领辽阳、海城二县。[①]顺治十四年，罢辽阳府，改设奉天府，并改辽阳县为辽阳州。康熙元年（1662 年），清廷在辽西锦州设锦县（今辽宁省锦州市），隶奉天府。[②]康熙三年，设承德（今辽宁省沈阳市）、开原、铁岭、盖平（今辽宁省盖州市）四县，改辽阳县为州[③]，设广宁府、广宁县、宁远州，不久裁广宁府，改设锦州府。[④]同时规定：奉天府直接管辖辽东地区的海城县、承德县、开原县、铁岭县、盖平县及辽阳州；锦州府直接统管辽西地区的广宁县、锦县、宁远州；而奉天、锦州两府“俱令奉天府府尹管辖”。[⑤]雍正十二年（1734 年），增设复州和海宁县，隶奉天府；在辽西又增设义州，隶锦州府。顺康雍时期，汉民入册民丁的数量，据乾隆元年版的《盛京通志》统计：顺治十八年为 5557 丁，合为 27 785 口；康熙二十四年为 26 227 丁，合为 131 135 口；雍正十二年为 45 089 丁，合为 225 445 口。[⑥]乾隆朝伊始，清廷对东北厉行封禁，奉天省州县的设置处于停滞状态。乾隆一朝，仅乾隆二十八年（1763 年）设兴京厅，嘉庆十一年（1806 年）设昌图厅，嘉庆十八年设新民厅，道光六年（1826 年）设岫岩厅。

吉林将军辖区，清中叶后汉族民户日增。雍正四年，清廷于吉林乌拉设永吉州（今吉林省吉林市），在宁古塔设泰宁县（今黑龙江省宁安市），伯都讷设长宁县（今吉林省扶余市），三州县，初隶奉天府尹管辖。[⑦]乾隆十二年，改永吉州为吉林厅。嘉庆五年，在蒙古郭尔罗斯前旗长春堡地方，设长春厅，嘉庆十五年，设伯都讷厅。以上三厅，划归吉林将军管辖。嘉庆十七年，吉林、宁古塔、白都讷、三姓、阿勒楚喀、拉林等处民人 307 781 口，民地 1 438 251 垧。

① 《清世祖实录》卷 79，顺治十年十一月丙申，北京：中华书局，1985 年，第 620 页。
② 《清圣祖实录》卷 6，康熙元年七月壬辰，北京：中华书局，1985 年，第 117 页。
③ 《清圣祖实录》卷 12，康熙三年六月甲午，北京：中华书局，1985 年，第 185 页。
④ 《清圣祖实录》卷 13，康熙三年十二月壬午，北京：中华书局，1985 年，第 205 页。
⑤ 《清圣祖实录》卷 12，康熙三年六月甲午，北京：中华书局，1985 年，第 185 页。
⑥ 乾隆元年版《盛京通志》卷 23《户口》，北京图书馆藏。
⑦ 《清世宗实录》卷 51，雍正四年十二月戊寅，北京：中华书局，1985 年，第 773 页。

黑龙江地方“向驻八旗，旗各有界。将军、副都统而下设佐领等官，虽有民户，固无民官”[①]，民户归各城副都统管理。咸丰初年，黑龙江省地方弛禁，“客民入籍渐多”，其后设呼兰厅理事同知，这是黑龙江省“建设郡县之始”[②]。

此外，清廷为加强对移垦汉族民人的管理，于雍正七年（1729年），在东部蒙古地区设八沟厅，乾隆四十三年（1778年），改为建昌县（今辽宁省凌源市）。乾隆三十九年，设三座塔厅，乾隆四十三年改为朝阳县。乾隆三十九年，又设赤峰州，乾隆四十三年，改为赤峰县，隶热河承德府。

州县制辖下的汉族民户，按聚落村屯编社入籍。如文献所云：各州官“将属民人逐一稽考数目，择其善良者，立为乡长、总甲、牌头，专司稽查，遇有踪迹可疑之人，报官究治”[③]。

州县官员主要掌管民人田赋、丁银的征收。清廷规定：民人地亩，“以丈量之年为始，照数纳粮，如有隐匿地亩……不交钱粮者，将隐匿人与代隐人，一并治罪，地亩入官”[④]。东北地区各州县对民人采取田赋与丁银并征，直到光绪初年才实行摊丁入亩。摊丁入亩的征银标准为，每亩土地征银3分，征丁银1钱5分至2钱。雍正年间，以土地肥瘠分三则粮银兼收：上则地，每亩征米6升余，银3分；中则地，每亩征米4升余，银2分；下则地，每亩征米2升余，银1分。乾隆四十六年，清廷对查出民人私垦地规定：“每亩岁征银八分，仍在旗仓纳米二升六合五勺五秒，以惩匿报之弊。”[⑤]东北民地的负担与旗地相比较重。例如，康熙朝旗人红册地负担，每日[⑥]征豆1升，草1束，而民地每亩征银3分（每日18分）。当时豆1升值银5.26厘至6.5厘，即民地负担为旗地的36倍。雍正时期，旗地改征米，每亩4.425合（每日2.655升）。民地改银米兼征，分三则地，每亩征米2.1276升至6.383升，银1至3分。[⑦]相比之下，旗地每亩负担是民地上则地的1/5，这里不包括兼收的1分银两。旗地每亩负担是民地上则地的1/15，这里不包括兼收的1分银两，也不包括兼征的3分银两。由此可见，民地的负担比旗地重。

---

① 西清：《黑龙江外纪》卷2《中国边疆研究文库·东北边疆卷（十）》，哈尔滨：黑龙江教育出版社，2014年，第187页。

② 《呼兰府志》卷5，民国四年铅印本。

③ 光绪《大清会典事例》卷742《刑部·名律例条》，光绪商务印书馆本。

④ 光绪《大清会典事例》卷158《户部·户口·新垦升科分摊条》，上海：上海古籍出版社，2002年。

⑤ 《清朝文献通考》卷5《田赋考五·八旗田制》，杭州：浙江古籍出版社，1988年，第4906页。

⑥ 按“日”即垧，垧以5亩计。

⑦ 乾隆元年版《盛京通志》卷23《户口》，北京图书馆藏。

如前所述，东北地区，尤其是盛京地区，清中叶以来出现旗、民两个系统。旗系即将军、副都统下设城守尉、佐领等军事系统，以统八旗兵丁分驻各重要城邑，专辖旗户；民系即府尹、知州、知县等民治系统，专理民户。旗民两署，因旗民不交产，故赋税、旗田、民田各有区划，不相混淆，旗民两系，各向本官署纳课。但以讼狱而言，虽旗民不交产，但由于旗民有同住一村屯，并有通婚者，从而发生旗民相互讼狱之事。按规定，旗民争讼例由民署受理，旗署派员会审，两方意见相同，即可裁定。如意见参差，则由两署各申意见于上司，以求裁决。盛京五部各以侍郎主之，凡因田产引发讼事，则上决于刑部，其不属于两部之事，可各请其直系长官，如将军、府尹两司决之。

三、边民姓长制

清朝将黑龙江下游、松花江、乌苏里江流域及滨海和库页岛辽阔边疆地区，分散居住的赫哲、费雅喀、奇勒尔、鄂伦春、恰克拉、库页等少数民族，统称为边民。清廷对这些没有编入八旗的少数民族，实行“各设姓长、乡长，分户管辖”[①]的政策。具体管辖方式是“边民计以户”，每年“每户纳貂皮一张”。[②]康熙、雍正两朝，清廷重视对东北边疆的管理，多次派八旗官兵前往该地区，对各族边民实行编户，如贡貂民户，康熙十五年（1676 年）为 1209 户，康熙六十一年增至 1910 户，乾隆十五年（1750 年）又增至 2250 户。于是，清廷遂将乾隆十五年“纳貂皮贡”的赫哲、费雅喀 2250 户及库页、费雅喀 148 户，“永为定额，嗣后不准增加。如有减丁，其缺由彼之子替补，照旧贡貂”[③]。上述边民贡貂户，合计为 2398 户，成为清朝法律上规定的额数。例如，光绪《大清会典》卷 84 所载：“三姓所属赫哲、费雅喀、奇勒尔、库叶、鄂伦春、恰克拉五十六姓，二千三百九十八户。”

清廷对该地区边民的管辖，以其原来的血缘姓氏为主，结合其居住的地域村屯，分设姓长、乡长和穿袍人等当地官员进行管理，如清廷在该地区，先后设姓长 22 名、乡长 188 名、穿袍人 108 人。此外，还有 2081 户称为白丁（人）。这些边民分散居住在 252 个村屯中。“姓长”满语称“哈拉达”（halada），“乡长”满语称“嘎山达”（gasanda）。姓长、乡长的任命，最

① 《清朝文献通考》卷 271《舆地三》，杭州：浙江古籍出版社，1988 年，第 7279 页。
② 《吉林通志》卷 28《食货志一・户口》，台北：文海出版社，1965 年，第 2093 页。
③ 辽宁省档案馆等译编：《三姓副都统衙门满文档案译编》，沈阳：辽沈书社，1984 年，第 460—461 页。

初由将军衙门派官员考核后，呈报礼部，最后由皇帝任命。姓长、乡长故去由其长子继承。穿袍人，是姓长、乡长的次子，为姓长、乡长的助手。姓长、乡长的职责：为朝廷办理贡貂，每年要带领所属人丁，到指定地点向清廷收纳贡貂。此外，还要调解边民纠纷及承担临时差遣。

边民每年以貂皮向清廷交纳贡赋，清廷同时给予回赏，称为赏乌绫。乌绫，意为财帛，指贡貂时清廷赏赐给贡貂者布帛等财物。按规定，边民每户纳貂皮一张。乾隆十五年（1750 年），清廷规定贡貂户为 2398 户，应贡貂 2398 张。最初，边民均跋山涉水，远至北京贡貂。顺治十六年（1659 年），清廷考虑边民贡貂路途遥远，遂令“此后费牙喀部落人民进贡，应送至宁古塔，照例宴赏遣回”[①]。康熙初年，清廷又令赫哲等族也就近在宁古塔贡纳貂皮。[②]据《柳边纪略》记载：赫哲、恰喀拉等族“皆每年入贡”；鄂伦春、费雅喀、奇勒尔“皆三年一贡”，即每年四月至六月，在宁古塔纳贡颁赏。[③]雍正十年（1732 年），清廷设三姓副都统，黑龙江下游及部分乌苏里江下游各族改至三姓贡貂。乾隆四十五年，清廷在三姓地方兴建收贮貂皮及乌林的库楼，此后，黑龙江下游及乌苏里江以东各族贡貂，均移归三姓副都统衙门办理。时，贡貂的边民，距离三姓较近者，直接至三姓缴纳；距离较远者，则由三姓都统衙门派出官员，设立行署，就近收取。所设行署，分成南北两路。南路行署，雍正六年，因恰喀拉等部“间隔崇山峻岭，进城维艰”，在“乌苏里以内尼满地方集齐候赏”，后改为“隔年一次至乌苏里莽牛河”[④]，由三姓派员收纳贡皮 90 张，颁给赏物。北路行署，指居住在黑龙江口的库页等 500 余贡貂户，则每岁三姓副都统衙门遣章京等，“赴宁古塔境外三千余里之普禄乡等地方”[⑤]会集纳贡颁赏。普禄在今俄境博戈茨科耶，后改奇集。嘉庆初年，行署以奇集移往德楞。当时“齐集（奇集）以上者，俱赴三姓城交纳贡皮，领取赏物。齐集以下者，俱在三姓城东北三千里德勒恩（即德楞）地方”，由三姓派员，收纳贡皮。[⑥]道光年间，在下江卡伦设过临时行署。

边民贡貂时，清廷官员当场验收，并按贡貂者的身份给予一份赏赐。当

① 《清世祖实录》卷 124，顺治十六年三月辛丑，北京：中华书局，1985 年，第 959 页。

② 据《清圣祖实录》卷 8，康熙二年三月壬辰条载：“命四姓库里哈等，进贡貂皮，照赫哲等国例，在宁古塔收纳。”

③ 杨宾：《柳边纪略》卷 3，长春：吉林文史出版社，1993 年，第 39 页。

④ 萨英额：《吉林外纪》卷 8《杂记・黑津》，长春：吉林文史出版社，1986 年，第 119 页。

⑤ 《清朝文献通考》卷 271《舆地三》，杭州：浙江古籍出版社，1988 年，第 7279 页。

⑥ 萨英额：《吉林外纪》卷 8《杂记・黑津》，长春：吉林文史出版社，1986 年，第 119 页。

时，清廷对到三姓、宁古塔贡貂的各族边民，“凡岁贡者，除赐衣冠什器之外，宴一次”[①]。宴会上，官员“出户部颁赐进貂人袍帽、靴袜、鞓带、汗巾、扇子等物”[②]，即所谓赏乌绫。乌绫中，除附赏的零星布匹、包头、带子、针线等物品外，主要是褂、袍、袄、裙、裤等衣物，由盛京户部供给原料，盛京工部制作。雍正六年（1728年），因盛京制作“需费时日，且不合身”，“需用之蟒袍等依原赏数目改赏缎布衣料”。[③]同样，边民贡纳一张貂皮，视每人地位赏给缎布衣料等。

清廷为加强对边民管辖，除贡貂、赏乌林外，还实行一种特殊的联姻结亲制度，即各族姓长、乡长可进京娶妇，由清廷配以宗室或大臣之女。这种联姻始于康熙时，据《圣武记》载：“康熙中，以鱼皮（赫哲）等部俗荒陋，令其世娶宗室女以化导之，岁时纳聘。”[④]清廷对于娶亲者，照例赏给各种衣物、饰品、针线、马牛及犁铧等物。清廷将边民的这种联姻，视为安边大事，一般要经皇帝允准，在京师举行婚礼。纳妇之边民，通常要携带聘礼，长途跋涉，来到京城。时间上最初为冬季起程，春季到京，但因此季节天花流行，后经乾隆特谕改为七月、八月、九月，届时由礼部设宴款待，举行隆重的婚礼仪式。康熙年间，流放宁古塔的诗人吴兆骞曾赋诗描写边民娶宗室女的盛况：“娥娥红粉映边霜，细马丰貂满路光，朱幕漫传公主号，黄眉争识内家妆。”[⑤]宗室女嫁给边疆各族边民后，备受尊敬，被称为“皇姑”，满语称“萨尔罕锥”，迎娶的女婿，满语称“霍吉珲”。嫁到边疆各族的宗室女在边民中地位很高，姓长、族长在处理边民纠纷时，常常请其参加。

四、蒙古盟旗制

清初辽东西段柳条边和吉林新边以西及其以北的辽阔草原，为东部蒙古的游牧区。顺治元年（1644年）以前，东部蒙古各部相继归附清朝。清廷在蒙古各部建立以八旗制为基础，又保留蒙古固有特点的盟旗制，对其进行有效管理。清廷将蒙古原设有的49旗，分为6盟，其中哲里木、卓索图、昭乌达盟毗连东北，通称东部蒙古或东三盟。

---

① 杨宾：《柳边纪略》卷3，长春：吉林文史出版社，1993年，第39页。
② 吴振臣：《宁古塔纪略》，哈尔滨：黑龙江人民出版社，1985年，第240页。
③ 辽宁省档案馆等译编：《三姓副都统衙门满文档案译编》，沈阳：辽沈书社，1984年，第6页。
④ 魏源：《圣武记》卷1《开创》，北京：中华书局，1984年，第13页。
⑤ 吴兆骞：《秋笳集》卷7，乾隆四十年衷白堂刻本。

东蒙盟旗制设置于清入关前，完成于康熙年间。据《清圣祖实录》记载："昔太祖太宗时、招徕蒙古随得随即分旗、分佐领封为扎萨克各有所统是以至今安辑。"[①]卓索图盟旗，位于赤峰、朝阳一带，"贡道由喜峰口"，会盟地在土默特右翼旗，下属土默特、喀喇沁两部和五旗。[②]哲里木盟旗，位于辽东与吉林之间，会盟地在科尔沁右翼中旗境内，贡道由山海关，下属科尔沁、郭尔罗斯、杜尔伯特、扎赉特四部、十旗。昭乌达盟旗，位于昭乌达盟地区，贡道由喜峰口，下属扎鲁特、喀尔喀左翼、奈曼、敖汉、翁牛特、阿鲁科尔沁、巴林、克什克腾八部、十一旗。[③]上述卓索图盟、哲里木盟、昭乌达盟位于东北地区的西部，但对蒙古地区而言则居东，故称东三盟。东三盟计 14 部、26 旗、824 佐领，每佐领以 200 丁计算，共有 164 800 丁。清廷规定：蒙古各旗分守其地，岁时朝贡。[④]

东三盟与蒙古各部一样，均隶属理藩院，同时受东北三将军节制。清廷规定："凡哲里木盟重大事件，科尔沁六旗以近奉天，故由盛京将军专奏；郭尔罗斯前旗一旗，以近吉林；郭尔罗斯后旗、扎赉特、杜尔伯特三旗，以近黑龙江，故各由其省将军专奏。"[⑤]盟旗内各级组织如下。

1. 旗的组织

旗是相对独立的军事、行政单位，旗设札萨克，蒙语意为治理者，即执政王公，相当于八旗都统。札萨克由清廷册封，据《理藩院则例》载："每旗设（札）萨克一员，总理旗务，世袭罔替"。札萨克原则上世袭，顺治十二年（1655 年）二月，清廷颁给喀尔喀右翼旗札萨克的册书中云："凡受此册书者，恪忠辅治，秉公执法，始终为善，决勿犯罪。诚如斯则天恩达于父祖，寿禄及于子孙，世代罔替。"[⑥]札萨克职掌：编审户口、分拨旗地、审讯案件、进京朝贡等。[⑦]下设管理一般旗务的官员。

（1）协理台吉。协理台吉协助札萨克管理旗务，札萨克缺员或有其他变故时，代行其职。该职由札萨克从旗内蒙古王公、台吉中选拔，经盟长呈报

① 《清圣祖实录》卷 185，康熙三十六年十月乙亥，北京：中华书局，1985 年，第 982 页。
② 魏源：《圣武记》卷 3《外藩》，北京：中华书局，1984 年，第 95 页。
③ 魏源：《圣武记》卷 3《外藩》，北京：中华书局，1984 年，第 95 页。
④ 魏源：《圣武记》卷 3《外藩》，北京：中华书局，1984 年，第 95 页。
⑤ 《清史稿》卷 518《蕃部一》，北京：中华书局，1977 年，第 14327 页。
⑥ 光绪《大清会典》卷 80《理藩院·典属清吏司》，光绪商务印书馆本。
⑦ 光绪《大清会典》卷 80《理藩院·典属清吏司》，光绪商务印书馆本。

理藩院，由皇帝任命。协理台吉的额数，视旗大小，或 2 人或 4 人不等，也有很多旗不设协理台吉。协理台吉职掌：分为掌印协理、管仓协理、将军协理等。掌印协理，为协理台吉中的首席，居摄政的地位，也称印君。管仓协理，主要监督田土和财政等。将军协理，专司军务。[①]

（2）管旗章京。管旗章京也称管旗大官或旗长，协同协理台吉掌管旗务。在职权上和协理台吉不分上下，但不能代理札萨克。其任命由札萨克、王、贝勒、贝子、公等从旗内台吉中选拔。如台吉中无合适人选，也可从参领中选拔。管旗章京以下的官员，均从本旗人员中选拔，不受任何限制。管旗章京定额 1 员。如该札萨克为盟长，管旗章京可设 2 员。奉协理台吉和管旗章京之命，佐理旗政人员，有掌印梅伦、帮办档务梅伦、掌印札兰、笔帖式等一班人，在印务处执行公务。[②]

（3）梅伦章京。梅伦章京也称管旗副章京、和硕梅伦、梅伦或副章京等。梅伦受协理台吉或管旗章京监督，管理日常旗务。十苏木以下的旗，设梅伦 1 人；十苏木以上的旗，原则上设梅伦 2 人。有 2 个梅伦时，通常分别冠以东西字样，以示区别。

（4）札兰章京。札兰章京也称札兰或参领，相当于满洲八旗的甲喇章京。札兰是旗的军制单位，札兰章京一般每四至六苏木设 1 人。章京分印务参领和官兵参领两种，印务参领在印务处管理旗务，管兵参领担任指挥、监督旗的军务。管兵参领缺额时，一般由苏木章京题补。

（5）苏木章京。苏木章京也称管箭章京或佐领。苏木由壮丁（箭丁）组成。清初规定："外藩蒙古壮丁，六十以下，十八以上，皆编丁入册，有疾者除之。每三丁披甲一副。"[③]苏木章京的职掌：管理有关苏木的一切事务，诸如维持治安、审理司法案件、编制兵员、统领旗丁征战、调查户口、传达命令等。苏木缺额时，由札萨克从台吉、塔布囊中选拔健壮而有统辖旗众能力者任之，如无合适人选，即从下级骁骑校中提拔补充。

2. 盟长与盟会

盟是在蒙古原有各部的基础上设置的，若干旗编为一盟。盟的主要官职有盟长、副盟长、帮办盟务、兵务札萨克。盟长由理藩院从贤能的札萨克或

---

① 田山茂：《清代蒙古社会制度》，潘世宪译，北京：商务印书馆，1987 年，第 203 页。
② 田山茂：《清代蒙古社会制度》，潘世宪译，北京：商务印书馆，1987 年，第 208 页。
③ 光绪《大清会典》卷 80《理藩院・典属清吏司》，光绪商务印书馆本。

闲散蒙古王公中挑选，经皇帝任命，任期终身制，不得世袭。盟长并无特别俸禄，只享受相当于蒙古王公、台吉等封爵的俸禄。[①]副盟长、帮办盟务，哲里木盟例设2员，卓索图盟与昭乌达盟各设1员。盟长职责如下。

（1）在清廷法律允许的前提下，召集副盟长、帮办盟务、兵务札萨克及札萨克以下佐领等官员，举行会盟，协议盟务。

（2）对所属各旗发布法令，并监督其施行。任免札萨克以下官员时，就申请手续或决定任命等，行使人事权；审理札萨克不能解决而上诉的案件；调停旗与旗之间的纠纷等。对于盟内一切行政、司法事务，有监督指导之责。[②]

（3）盟长于每年春季参加一次由朝廷委派使臣或驻防官对各札萨克所统率的军队编制及武备情况的检阅。如特使或驻防官不到时，由盟长自行检阅。据《大清会典事例》载：自康熙十一年（1672年）起，盟长于每年春，召集蒙古王公、札萨克，检阅其武器及兵备等。[③]

盟长还定期参加盟会。清廷规定："外藩蒙古三年一会，清理刑狱，编审壮丁。"[④]例如，天聪七年（1633年），皇太极派遣阿什达尔汗和达雅齐、塔布囊到蒙古诸部"宣布钦定法令"，会同蒙古各部首领，参与划定旗界、分配户口及土地、审判罪犯等。[⑤]当时，这种会盟是临时性的，会盟的案件、会盟的地点、参加的旗数等，都不固定。清入关后，会盟制度逐渐固定化，会盟地，即盟的名称，由朝廷选定。届时，清廷派遣特使携带敕书前来参加盟会，会同盟长决定重大事务。如审理司法案件、编审户籍、计划出征及围猎、传达皇帝诏书等。乾隆十六年（1751年）以后，清廷停止派遣特使参加内外札萨克的会盟，改为各盟长会同札萨克自行审理。

第三节　东北八旗驻防旗界的设置与管理

清代东北是满族的发祥重地，清廷对其实行首崇满洲的基本国策，旗界的设置及其对旗界的管理，充分体现出清廷的这一基本国策。

---

① 光绪《大清会典事例》卷983《理藩院·会盟》，光绪商务印书馆本。
② 光绪《大清会典事例》卷983《理藩院·会盟》，光绪商务印书馆本。
③ 光绪《大清会典事例》卷981《理藩院·兵制》，光绪商务印书馆本。
④ 光绪《大清会典事例》卷983《理藩院·会盟》，光绪商务印书馆本。
⑤ 《清太宗实录》卷16，天聪七年十一月壬戌，北京：中华书局，1985年，第212页。

一、流民出关与驻防旗界的设置

清入关前后的东北，由于明清战争的破坏，到处是“荒城废堡，败瓦颓垣，沃野千里，有土无人”，一片荒凉。对此，一些有识之士大声疾呼，“欲消内忧，必当充实根本”，方是万年之策。[①]因此，清廷为充实根本重地，首先派置八旗驻防，并圈拨旗地给旗人。顺治元年（1644 年），清廷命正黄旗内大臣何洛会为盛京总管，并于辽东、辽西各城邑要冲，分派八旗驻防。[②]盛京八旗驻防，顺治初年仅千余人，康熙年间增至 20 658 名。[③]吉林地区，清廷为反击沙俄入侵，于顺治九年，命沙尔虎达统八旗兵驻防宁古塔。[④]康熙十五年（1676 年），清廷移宁古塔将军驻吉林乌拉，留副都统镇守宁古塔。据高士奇《扈从东巡日录》记载：“建木为城，倚江而居，所统新旧满洲兵二千名”，驻防于此。黑龙江八旗驻防较晚，始于康熙二十三年，康熙帝令出征俄军，命八旗披甲在瑷珲筑城屯田永戍。随着八旗驻防的派置，清廷对驻防八旗圈拨土地，作为旗地。顺治五年，清廷拨给“沙河以外，锦州以内八旗官员家丁，每名拨给地六垧承种”[⑤]。另有官员旗地，“两黄旗设于沙河所，两白旗设于宁远，两红旗设于塔山，两蓝旗设于锦州”[⑥]。康熙初年，屡次颁布圈拨土地给驻防旗人的诏令。康熙十二年定：在京旗人欲往盛京种地，可“将分内壮丁地退出，准拨熟地，不愿退出者，以荒地拨给”[⑦]。康熙十八年，清廷令丈量盛京地亩 329 049 顷 30 亩，内定为旗地 276 022 顷 80 亩。[⑧]

清廷为充实东北，在加强八旗驻防，圈拨旗地给旗人的同时，也积极鼓励汉族民人出关开垦土地。顺治八年，清廷覆准：“山海关外荒地甚多，有愿出关垦地者，令山海关道造册报部，分地居住。”[⑨]积极奖励汉民出关耕种土地。顺治十年，清廷升辽阳为府，辖海城、辽阳二县，并颁布著名的“辽东招民开垦令”。康熙二年，清廷又令：“辽东招民百名者，不必考试，俱

---

① 《清圣祖实录》卷 2，顺治十八年五月丁巳，北京：中华书局，1985 年，第 65 页。
② 《清世祖实录》卷 7，顺治元年八月丁巳，北京：中华书局，1985 年，第 75 页。
③ 周藤吉之：『清朝に於ける满洲駐防特殊性に関する考察』，『東方学報』十一，昭和十五年。
④ 《清世祖实录》卷 66，顺治九年七月丁亥，北京：中华书局，1985 年，第 518 页。
⑤ 《八旗通志》初集卷 18《土田志一》，长春：东北师范大学出版社，1985 年，第 326 页。
⑥ 《八旗通志》初集卷 18《土田志一》，长春：东北师范大学出版社，1985 年，第 326 页。
⑦ 《八旗通志》初集卷 18《土田志一》，长春：东北师范大学出版社，1985 年，第 326 页。
⑧ 乾隆元年版《盛京通志》卷 24《田赋》，北京图书馆藏。
⑨ 《八旗通志》初集卷 18《土田志一》，长春：东北师范大学出版社，1985 年，第 326 页。

以知县录用。”[①]以后陆续颁布，叠加优典，以补充原令之功效。康熙元年（1662 年）至四年，清廷又新设锦县、开原、铁岭、盖平、广宁、宁远等府州县。至康熙七年，辽东招民开垦令停止。从招垦令颁布至康熙七年，盛京地区汉族人丁、土地数量增长情况是：顺治十七年（1660 年），辽阳、海城人丁增长 3723；土地增长 48 165 亩。翌年，金州人丁增长 229；土地增长 7169 亩。康熙七年，承德等六州县人丁增长 2643；土地增长 67 637 亩。[②]这充分说明“辽东招民开垦令”取得明显的成效。清廷通过招民开垦令将出关的汉民安辑入籍，编成民地，由州县征收赋役，组成与关内生产关系同样的民地系统。当时民地与驻防旗地相比，数量不多。顺治朝，驻防旗地为 26 525 顷 25 亩，民地为 609 顷 32 亩，旗地为民地的 43 倍多。[③]当时旗界、民界还没有严格的区分，驻防旗人居住旗界，民人居住民界的政策尚未实行。据《铁岭县志》记载：时，汉族“居民鲜少，城内外及附近数处，约略可尽，惟南赴奉天府沿途，仍有三四处，其余则皆旗下旧人居之”[④]。可见，汉族民人不多，旗民同居一处村落。

康熙十年后，关内许多省份遭灾，直隶、山东、河南诸省受灾民人大量涌向关外。仅山东沂州流民就占山东流民总数的 47%，如《沂州志》卷 2 记载：“沂州地土广衍，一望硗薄，价值无几，小民多田多累，四封强半荒芜，土瘠民贫，自昔为然。”《荣城县志》也载：“地瘠民贫，百倍勤苦，所获不及，下农拙于营生，岁欠则轻去他乡，奔走京师、辽东、塞北。”直隶、山西、河南的情况也类似。因此，地广人稀的东北就成为关内流民寻求生路的乐土。康熙十年以后，流入东北的汉民渐多，民地突增。据乾隆元年版《盛京通志》记载：民地，顺治十八年为 609 顷 33 亩，康熙十三年增至 1829 顷 73 亩，康熙二十二年竟达 3128 顷 59 亩。[⑤]

关内汉族民人流入各地驻防旗人的村屯，使得旗民杂处的现象愈来愈严重。当时大凌河旗人牧厂村落，流民竟达“每村或十数家，或二三十家”[⑥]。旗民杂处造成不输旗租的旗地与交纳赋税的民地之间混淆，出现地亩隐匿不

① 《古今图书集成》卷 51《食货典》，上海：中华书局影印本，1934 年，第 9 页。
② 乾隆元年版《盛京通志》卷 24《田赋》，北京图书馆藏。
③ 乾隆元年版《盛京通志》卷 24《田赋》，北京图书馆藏。
④ 《铁岭县志》卷上《疆域志・村落》，民国六年刊本。
⑤ 乾隆元年版《盛京通志》卷 24《田赋》，北京图书馆藏。
⑥ 《清圣祖实录》卷 106，康熙二十一年十二月甲申，北京：中华书局，1985 年，第 80 页。

报、私瞒舞弊案件屡屡发生。康熙十八年（1679年）二月，清廷命奉天府尹会同盛京户部逐一清丈隐地。是年十二月，他们根据查丈的情况，提出将盛京地亩划分为旗界与民界。[①]翌年，康熙帝上谕云：“盛京田地，关系旗丁、民人生计，最为紧要”，应“将各处田地，清丈明白，务令旗民咸利，设立边界，永安生业”。[②]康熙二十八年，为进一步明确旗民界限，清廷派户部郎中郑都会同盛京户部、奉天府尹共同详察奉天所属地方的“旗民地亩，分立界限”[③]，并严令“嗣后，分界之地，不许旗人、民人互相垦种，以滋争端。如有荒地余多，旗民情愿垦种者，将地名亩数具呈盛京户部，在各界内听部丈给，庶界地分明，旗民各安生业，不致互相争告”[④]。划分后的旗界与民界辖界差距极大。据乾隆元年版《盛京通志》记载，辽阳城守尉所辖旗界与辽阳州所辖民界见表1-1。[⑤]

表1-1　辽阳城守尉所辖旗界与辽阳州所辖民界

方位	辽阳城守尉所辖旗界	辽阳州所辖民界
东	一堵墙350里	官马山75里
西	网户屯120里	烟狼寨50里
南	生铁岭130里	黑峪80里
北	十里河60里	杨家湾60里
东南	分水岭190里	浪子山站60里
西南	新台子90里	鞍山驿60里
东北	张起寨120里	十里河60里
西北	四方台90里	船城60里

注：里数表示至辽阳城的距离。

由表1-1可知，辽阳城守尉所辖旗界比辽阳州所辖民界既广又远。其他各城旗民界的情形也大致相同。[⑥]可见，清廷设立旗界、民界，“编户则守

① 据《清圣祖实录》卷87，康熙十八年十二月癸未条载，户部议：“奉天所属，东自抚顺起，西至宁远州老君屯，南自盖平县拦石起，北至开原县，除马厂羊草等甸地外，实丈出五百四十八万四千一百五十五晌，分定旗地四百六十万五千三百八十晌，民地八十七万八千七百七十五晌”（晌同垧，全文引文处此类同——笔者注）。

② 《清圣祖实录》卷91，康熙十九年八月壬戌，北京：中华书局，1985年，第1150页。

③ 《清圣祖实录》卷143，康熙二十八年十二月己卯，北京：中华书局，1985年，第579页。

④ 《清圣祖实录》卷143，康熙二十八年十二月己卯，北京：中华书局，1985年，第579—580页。

⑤ 乾隆元年版《盛京通志》卷12《疆域》，北京图书馆藏。

⑥ 乾隆元年版《盛京通志》卷12《疆域》，北京图书馆藏。

令治之，八旗则城守辖之”[①]，其用意在于阻止流民，限制民地发展，保护八旗驻防旗人的利益不受侵害。

二、八旗驻防旗界的管理

清廷对东北八旗驻防各旗界的兵丁，按八旗左右翼的顺序进行管理。例如，盛京城八旗驻防的分辖，《盛京通鉴》卷2记载：“盛京省城界址，凡边城以内，砖城以外，街道地面，分隶八旗防御管理……巷口以内地面，分隶八旗六十三佐领管理……边城以外，所有村屯地面，分隶八旗查界佐领管理。”即由八旗防御、佐领分辖，依左右翼的顺序分辖各旗界。其他各城驻防八旗也大致如此。锦州城内，由北门至南门，以东为驻防左翼四旗，以西为驻防右翼四旗，城内村屯也由左右翼分辖。不仅辽宁省这样，吉林、黑龙江两省也如此。据《呼兰县志》记载：“全境俱以八旗名之，河东为左翼镶黄、正白、镶白、正蓝四旗；河西为右翼正黄、正红、镶蓝、镶红四旗。”[②]旗界按驻防八旗左右翼顺序分辖，是为给旗人分拨旗地。旗地于各旗界内分拨，在清入关前就曾实施，如辅臣鳌拜、索尼所言：“太祖、太宗时原将八旗分左、右翼，庄田、房屋俱从头挨次分给。”[③]清入关后继续延续，如辽宁省义州所辖旗界旗地，西路旗地拨给镶红、正红旗；东路拨给镶白、正白旗；南路拨给镶蓝、正蓝旗；北路拨给镶黄、正黄旗。[④]《黑龙江外纪》也载：黑龙江、齐齐哈尔、墨尔根三城，驻防八旗旗地，按左右翼分拨，“两黄旗北，两白旗东，两红旗西，两蓝旗南”。[⑤]清廷规定：旗地必须在旗界内授拨，“若不论疆界，挑选膏腴，徇情派拨者，佐领、领催分别罚责”[⑥]。即使在旗界内也必须按八旗左右翼的顺序分拨，所谓“分定地界居住，不许移居”[⑦]。康雍时期，东北各驻防旗界旗地数量，奉天所属旗地1 367 804日4亩（6亩为1日），吉林所属旗地125 879日，黑龙江所属旗地172 791日。[⑧]

---

① 乾隆元年版《盛京通志》卷12《疆域》，北京图书馆藏。

② 《呼兰县志》卷1《地理》，民国四年铅印本。

③ 《清圣祖实录》卷18，康熙五年三月辛丑，北京：中华书局，1985年，第264页。

④ 《义州志》卷中《财赋志》，民国十七年本。

⑤ 西清：《黑龙江外纪》卷2，《中国边疆研究文库·东北边疆卷（十）》，哈尔滨：黑龙江教育出版社，2014年，第187页。

⑥ 《八旗通志》初集卷18《土田志一》，长春：东北师范大学出版社，1985年，第326页。

⑦ 《户部则例》卷1《户口》，同治十三年刊本。

⑧ 《盛京通志》卷37《田赋一》，乾隆四十八年刊本。

上述各八旗驻防城旗界内的旗地，作为旗人的产业，屡次谕令：旗人“于官差余暇，俱各力田躬耕”[①]，“不许全雇民人耕种取租，必须三时力作，相率务农”，并“令该管大臣立法劝惩，如有不事耕种者”，拿该管官是问。[②]目的是保护驻防旗人生计，并将旗界内的余地留给旗人子孙。因此“向例不许流民耕种”，否则“将来旗产势必日见甚少”，“占碍旗人生计”。[③]于是，清廷一方面加强对旗界内旗地的管理；另一方面驱逐进入旗界、侵占旗地的汉族流民。

清廷加强对八旗驻防旗界内旗地的管理，首先是严禁旗地买卖。康熙九年（1670 年），清廷规定：“官员、甲兵地亩，不许越旗交易。”[④]雍正七年（1729 年）又规定：“八旗地亩，原系旗人产业，不准典卖与民，向有定例。”[⑤]这说明，旗兵对拨授的土地只能“世守”，不许典卖。即使旗丁贫困，缺乏籽种、牛具，“无力耕种，坐使土地荒芜”也不得卖掉旗地，对此，清廷“令该管章京宜加体察，令有力者助之”[⑥]，由国家资助田粮、农器。康熙十七年，居住在吉林乌拉新满洲第三十一佐领管下 1131 户，壮丁 3531 名，合眷属共 11 180 人移居奉省旗界，分配给房屋、田地、粮食。[⑦]康熙二十五年，清廷又允准将锦州、凤凰城旗界内八处荒地分拨旗丁，“给牛屯垦，每十六丁内，二丁承种，余十四丁，助给口粮、农器”[⑧]。

其次，对驻防旗丁实行编审制度。清廷为将旗人限定在旗界，规定：“各旗人丁三年编审一次，凡编审各旗人丁令各佐领稽查，已成丁者增入丁册，其老弱幼丁不应入册，有隐匿者罪。”[⑨]以后逐渐固定化，旗丁以十六岁为准，官员、披甲以至户下人，均一一列入册内，按正户、开户、户下顺序分别造册，各备三代履历，“每户书某氏某官，未仕者书闲散某，上书父兄官职名字，旁书子弟、兄弟之子及户下家奴名字，比较旧册事故者，声明裁除，新增者声明注入”。每三年由佐领开造清册二本，一咨户部，一存本旗，“该

① 《清高宗实录》卷 127，乾隆五年九月丁酉，北京：中华书局，1985 年，第 863 页。
② 《清高宗实录》卷 206，乾隆八年十二月辛亥，北京：中华书局，1985 年，第 650 页。
③ 《清宣宗实录》卷 285，道光十六年七月丙申。北京：中华书局，1986 年，第 410 页。
④ 光绪《大清会典事例》卷 1117《八旗都统・田宅・官兵田庄》，光绪商务印书馆本。
⑤ 光绪《大清会典事例》卷 1117《八旗都统・田宅・官兵田庄》，光绪商务印书馆本。
⑥ 《皇清开国方略》卷 24，光绪十三年刊本。
⑦ 《盛京通鉴》卷 3，台北：文海出版社，1973 年，第 100 页。
⑧ 《八旗通志》初集卷 18《土田志一》，长春：东北师范大学出版社，1985 年，第 327 页。
⑨ 《户部则例》卷 1《户口》，同治十三年刊本。

佐领及骁骑校、领催并于册内列名，联名画押，由该管都统钤印……如有隐冒，查实题参”[①]。通过旗丁编审制度，将旗兵限定在旗界内的旗地上。

最后，对驻防旗地采取免征赋税或少征赋税的政策。清入关前，八旗兵丁以劳役地租的形式向国家缴纳贡赋。入关后，清廷成为统治全国的政权，为使八旗兵丁更加效力朝廷，借以维护统治，规定免盛京旗人额输粮草、布匹。[②]直至康熙三十二年（1693 年）以前，东北驻防旗丁免征官粮。披甲主要任务驻防守边，余丁则专事耕种，如《盛京通志》所载：八旗兵丁“并无粟米之征”。康熙三十二年，清廷行丈盛京旗地，以亩为准征豆草。是年议准：“盛京旗人所种地亩，每年地一垧，征豆一升，草一束。今将地亩丈量，不论何属之人，俱照八旗十三城所管地界，交与协领、城守尉等催追。”[③]并于康熙四十七年颁布制斗。每斗，关东斗五升。旗地，每日征豆一升七合七勺，征草一束，负担是很轻的。而同时期，东北民地赋税，每亩征银三分。当时一升折银五厘二毫左右。旗地的负担仅是民地的三十六分之一，即民地负担为旗地的三十多倍。[④]所谓“旗田计日，薄征草豆”，“凡所以优恤辽海者，皆复丰沛意也”。[⑤]

清廷加强旗界内旗地管理的同时，对流入旗界、侵占旗地的流民严加驱逐，并对侵占旗地的流民罚以重税。康熙中叶，几十年的太平盛世，伴随生产的发展，关内人口骤增。因土地不足，造成大量过剩人口，不待凶年到关外觅食的流民就数以万计。[⑥]康熙五十五年，康熙帝云：“今太平已久，生齿甚繁，而田土未增……或有言开垦者，不知内地实无闲处”，前往关外种地者甚多。[⑦]反映了流民出关的实情。汉族民人的不断涌来，严重威胁着旗人的生计。为此，清廷于乾隆五年（1740 年）颁布封禁东北的法令。[⑧]清廷鉴于旗人生计被日益增多的流民所“侵害”，决心凭借政权的力量对其进行干预，以维护旗人在龙兴之地的经济特权。乾隆二十七年，“对流入宁古塔

---

① 《户部则例》卷 1《户口》，同治十三年刊本。

② 《清世祖实录》卷 6，顺治元年七月辛丑，北京：中华书局，1985 年，第 68 页。

③ 《八旗通志》初集卷 18《土田志一》，长春：东北师范大学出版社，1985 年，第 329 页。

④ 刁书仁：《试论康熙中叶后东北一般旗地的发展及其生产关系的变化》，《中国史研究》1989 年第 2 期。

⑤ 乾隆元年版《盛京通志》卷 24《田赋》，北京图书馆藏。

⑥ 据《清圣祖实录》卷 250，康熙五十一年四月壬寅条载，康熙帝上谕云：“山东民人往来口外垦地者，多至十万余。”

⑦ 《清圣祖实录》卷 268，康熙五十五年闰三月壬午，北京：中华书局，1985 年，第 629 页。

⑧ 《清高宗实录》卷 115，乾隆五年四月甲午，北京：中华书局，1985 年，第 688 页。

旗界内的流民也加以驱逐”[①]，乾隆四十一年（1776 年），清廷对吉林地区全部封禁。[②]与此同时，对进入旗界侵占旗地的流民或入官，或课以重赋。岫岩城五块石牧马官厂，旗界内有山东流民偷垦地亩。户部议定：令其地亩入官。[③]乾隆四十五年，开原县旗界内，旗人招佃民人私开土地 166 亩 2 分，清廷责令“每亩照私开例征银八分，征米四合四勺二抄五撮”[④]。此私开地，即合每日征银四钱八分，米二升六合五勺五抄，相当于旗余地上则地，每日租钱四钱八分和旗地每日征米二六合五勺五抄的并征，带有明显的惩罚性。对此，乾隆帝在四十六年上谕中毫不隐讳地说：“流民私垦地亩，于该处满洲生计大有妨碍，是以照内地赋则酌增，以杜流民占种之弊，且撤出地亩，并可令满洲耕种，不特于旗人生计有益，并可习种地之劳，不忘旧俗，原非为加赋起见。”[⑤]

三、驻防旗地的典卖与旗界的破坏

乾隆以降，由于汉族流民大量涌入驻防旗界，旗界逐渐被破坏。乾隆四十年十二月，盛京侍郎兼府尹富察善奏称：“奉天各州县及旗庄地方，旗民错处，并无旗界、民界之分。”[⑥]《开原县志》所列乾隆朝以后旗屯、旗民屯、民屯的数量即是证明，见表 1-2。[⑦]

表 1-2 乾隆朝以后旗屯、旗民屯、民屯的数量 单位：个

方位	旗屯	旗民屯	民屯	计
城东村屯	4	6	3	13
城西村屯	28	25	11	64
城南村屯	3	3	15	21
城北村屯	4	5	2	11
城东北村屯	1	2	6	9
城东南村屯	16	16	37	69

① 光绪《大清会典事例》卷 158《户部·流寓异地》，光绪商务印书馆本。
② 《清高宗实录》卷 1023，乾隆四十一年十二月丁巳，北京：中华书局，1986 年，第 708 页。
③ 《清朝通典》卷 3《食货三》，杭州：浙江古籍出版社，1988 年，第 2034 页。
④ 《开原县志》卷 5《田赋》，咸丰七年刊本。
⑤ 《清朝文献通考》卷 5《田赋考五·八旗田制》，杭州：浙江古籍出版社，1988 年，第 4903 页。
⑥ 《清高宗实录》卷 998，乾隆四十年十二月乙巳，北京：中华书局，1986 年，第 347 页。
⑦ 《开原县志》卷 2《疆域》，咸丰七年刊本。

续表

方位	旗屯	旗民屯	民屯	计
城西南村屯	18	15	12	45
城西北村屯	8	14	1	23
合计	82	86	87	255

如前所述，康熙朝分拨旗民界时，开原城守尉所辖旗界比开原县所辖大得多，旗屯多于民屯。然而，乾隆朝后发生了变化，这255个村屯中，旗屯不过82个，民屯87个，旗民屯86个。其中，旗民屯当初必是旗屯，后因汉族民人流入，成为旗民混居的村落。这种情况，乾隆朝以后带有普遍性。旗界被破坏，使旗人纳各城旗仓的赋税已不可能。清廷曾三令五申："盛京旗人所种地亩，仍照旧例，在何界内种地，即将彼界协领、城守尉为督催之员；佐领、拖沙喇哈番（云骑尉）品级旗员骁骑校为经催之员，如有抗欠不交者，该督催官员即行拘拿治罪。如有催追不完之数，计分数题参。"[①]治罪也好，题参也罢，都无济于事。造成旗界被破坏的原因主要有二：一是旗人越旗界买卖旗地；二是汉族民人流入旗界民典旗地。

旗人越旗界买卖旗地的事实早有发生。《盛京内务府地亩稿档》记载："本旗领催何太呈称，身祖陈世珍在日，于康熙二十四年，用价银一百六十五两，白契所买巨流河正黄旗界内，坐落后尖山子镶白旗现任佐领李全属下壮丁刻佐洪之曾祖刻花子名下红册地一百零四日八分。"[②]这是东北驻防旗人越旗买卖旗地较早的记录。这种现象在雍正朝时增多。雍正八年（1730年），镶红旗旗丁齐赖，将自己红册地39日和余地5日3亩，以银46两5钱卖与正白旗兵丁鄂赫讷。[③]乾隆年间，驻防旗人越旗交易旗地的现象更加普遍。乾隆二十九年（1764年），坐落在正白旗孟家寨石图佐领下兵丁彭牙尔夸，将己"名下红册地三十日内拨地五日，接价银三十二两"，卖给正黄旗旗丁傅君弼，又"拨出地二日，接价银两十一两"卖给正白旗兵丁黄祥，"剩地二十三日，仍在身名下纳粮"。[④]由此可见，标志旗地国有，不许越旗买卖的戒条事实上已经被破坏。因此，清廷不得不面对现实，承认"旗人田地，

① 《八旗通志》初集卷18《土田志一》，长春：东北师范大学出版社，1985年，第329页。
② 《盛京内务府地亩稿档》，乾隆三十七年二月，辽宁省档案馆藏。
③ 《黑图档》，雍正八年，辽宁省档案馆藏。
④ 《盛京内务府地亩稿档》，乾隆二十九年五月，辽宁省档案馆藏。

遇有缓急……情愿出卖者，准其不计旗分，通融买卖”[①]。

汉族民人流入驻防旗界，民典旗地事件的发生。有关顺康雍三朝汉民流入东北的情况及民地的增长与旗地的比率关系，顺康雍三朝奉天省汉族民人人丁：顺治十八年（1661 年）5557 丁，康熙二十四年（1685 年）26 227 丁，雍正十二年（1734 年）45 089 丁。雍正朝汉族人丁是顺治朝的 8 倍多，是康熙朝的 1.7 倍多。顺康雍三朝旗地、民地：顺治朝，民地 1609 顷 33 亩、旗地 26 525 顷 82 亩；康熙朝，民地 3117 顷 50 亩、旗地 70 052 顷 69 亩；雍正朝，民地 18 230 顷 47 亩、旗地 142 069 顷 40 亩。[②]雍正朝民地是顺治朝的 11 倍多，是康熙朝的 5 倍多。顺治朝旗地是民地的 16 倍多，康熙朝旗地是民地的 22 倍多，雍正朝旗地是民地的 7 倍多。可见，民地在不断扩大，它与旗地的比率逐渐缩小。乾隆朝厉行封禁后情况也是如此。乾隆六年（1741 年），民丁 49 412 丁，60 057 户，359 622 口；乾隆二十六年，民丁 81 971 丁，92 829 户，668 876 口；乾隆四十六年，民丁 82 803 丁，115 194 户，792 093 口。[③]由此可知，乾隆末年人丁为初年的 1 倍多，户口为初年的近 2 倍。同时一个值得注意的倾向是，乾隆五年以后，出关民人迫于清廷的封禁及辽东日趋密集的人口，自发地沿着锦州—开原—吉林一线不断北移，如柳条边外的吉林，此时人口增长迅速，一跃成为关外各省流民人数之首。吉林民地，由雍正朝的 273 余顷猛增至乾隆朝的 11 619 顷，增长了 42 倍多。[④]足见民地发展势头之盛。清廷的封禁政策未能在辽东奏效，反而在柳条边外打开缺口，使汉族民人的脚步从此踏上了吉林、黑龙江的广阔土地。

踏入东北的汉族民人为了生存，必然流入驻防旗界寻找土地。他们“侵占”旗地常常采取三个步骤，“始而为庸工”，“继则渐向旗人佃种田亩”，最后“迨佃种既多，旗人咸图安逸，不知力作”[⑤]之时，将驻防旗人的土地占为已有。清廷规定：严禁流民进入旗界，私售旗地，倘有私售，则查撤入官，所谓旗地有限，若任民人典买，“将来旗产势必尽归民人，是以严行禁止”。[⑥]然而，流入旗界内的民人与旗人往往采取支使长租或指地借钱等名义，进行旗地交易，“显避交易之名，阴行典卖之实”[⑦]。所谓支使长租，

① 光绪《大清会典事例》卷 1118《八旗都统·田宅·官兵田庄二》，光绪商务印书馆本。

② 乾隆元年版《盛京通志》卷 24《田赋》，北京图书馆藏。

③ 《盛京通志》卷 37《田赋一》，乾隆四十八年刊本。

④ 《盛京通志》卷 37《田赋一》，乾隆四十八年刊本。

⑤ 《清宣宗实录》卷 102，道光六年八月乙卯，北京：中华书局，1986 年，第 677 页。

⑥ 《乾隆朝部来档》，第 309 号，中国第一历史档案馆藏。

⑦ 光绪《大清会典事例》卷 160《户部·田赋二》，光绪商务印书馆本。

即民人租种旗地，出三年以上押租钱，每年给旗人交地租。民人不欠租，旗人不许夺佃。即使撤佃时，旗人也必须将押租钱退还民人，这种方法实际与典地相同。指地借钱，即“甲立一借券与乙，载明借乙钱若干，利若干，以甲之地亩若干租粮若干，归乙征收，作为年利，日后本利清还，田归原主”①。实际上该民人借此牟利。

上述事实表明，清廷在东北设置旗界、民界的目的是为保护旗人的生计，而屡次颁布的一些关于“不许越旗交易”和“旗民不交产”的禁令，不过是一纸空文。最后连清帝也不得不承认“八旗地亩原系旗人产业，不准典卖与民，向有定例。今竟有典卖与民者，但相沿已久，著从宽免其私相受之罪”②。

清廷在东北地区驻防八旗中实行的旗界政策充分体现了清廷首崇满洲的基本国策。清朝统治者一向认为“八旗为本朝的根本，国朝莫有要于此者”③，“皆以国力豢养之”④。“豢养”两字甚为贴切。驻防旗界的设置及旗界内对旗人所实行的圈地、占房及维护旗人生计的各项措施，都是这种国策的体现。然而，历史的发展常常不以清廷统治者的意愿为转移，旗界的最终破坏表明，历史是在一种矛盾对立中发展的。一方面，旗人生活在与其民族文化有较大差异的环境中，所以，清廷总是想方设法地保留本民族的一些特点，如旗界的设置，旗界内严禁旗地买卖、旗民交产等；另一方面，旗人为了自身的生存，必须选择尽快地抛弃本民族的一些东西，因此，常常表现出与清廷的意愿相悖，这是历史的一种必然。综上可知，清廷为保留本民族的特点而实行的一些政策和颁布的法令，在现实面前，不得不作修改。驻防旗地由允许旗界内买卖到越旗界买卖，最后至光绪末年，清廷正式从法律上承认旗民交产。

第四节　清代延珲地区八旗驻防

一、建置经过

清代延珲地区位于吉林省东部，北纬 41°—44°、东经 127°—131°，为清

① 《政治官报》，宣统二年十二月二十二日，中国第一历史档案馆藏。
② 光绪《大清会典事例》卷 160《户部·田赋二》，光绪商务印书馆本。
③ 《上谕八旗》，雍正四年二月，《钦定四库全书》，上海：上海古籍出版社，2003 年，第 165 页。
④ 《清史稿》卷 120《食货一》，北京：中华书局，1976 年，第 3493 页。

朝祖先的发祥重地。清定鼎北京后，为保护龙兴之地，将兴京（今辽宁省新宾满族自治县）以东，伊通以南，图们江以北划为禁山围场。其中，布尔哈通河、海兰河、噶哈哩河（嘎呀河）为捕珠河；瑚珠山、阿布达里山、乌尔珲山、呼兰山等为采捕人参、貂狐、熊、鹿等物的山场。清廷对此“国朝封禁采捕之重地”[1]派置八旗驻防镇守。

清初延珲地区隶属宁古塔将军管辖。顺治十年（1653 年），设宁古塔八旗满洲驻防四百三十名镇守，顺治十八年，增加五百名。康熙三年（1664 年），增加六十六名。康熙十五年，宁古塔将军移驻吉林乌拉，宁古塔地区留副都统镇守。康熙五十三年，清廷为加强延珲地区驻防力量，于珲春设置协领衙门，委派协领一员，防御二员，佐领、骁骑校各三员[2]，派调“宁古塔驻防满洲兵四十名移扎珲春”，又“以珲春捕獭之库尔喀齐一百五十名”[3]选充驻防兵。今居住在珲春的满族大姓多为当年驻防八旗的后裔。据珲春满族孟姓旗人家谱记载，其祖原系阿穆滩地方人，因进贡貂皮，至三姓栖住，康熙五十三年始来宁古塔入旗，编设世管佐领，奉文来珲春驻防。又据珲春厢白旗郎姓家谱载，其祖原系长白山阿吉葛达地方人，随主围猎捕捉贡献，康熙五十三年移居珲春，编入驻防八旗。今珲春土著满族，清初多为库雅喇（库尔喀齐）人，如钮呼特氏（郎）、泰楚拉氏（部）、钮呼勒氏（郎）、色勒里氏（铁）等皆为珲春大姓。库雅喇人，明末清初居住在珲春东部沿海摩阔崴湾（俄名波谢特湾）为中心的广大区域，后归附努尔哈赤、皇太极后，一部分被带回沈阳“充补各旗披甲之缺额者”，多数留居原地，被编成三个嘎山[4]组织，由嘎山达（gasanda）负责管理，捕打海獭和海貂等。正如《郎部郎三代满文旗谱》所载，“原于珲春地方设库雅喇打牲丁一百二十四名，内挑放嘎山达三人管理捕海獭职务”。库雅喇人成为清朝管辖下的编户后，年年贡貂皮、海獭皮等物。康熙五十年，清廷“罢库雅喇捕打海獭事务”[5]，将库雅喇人移驻珲春，编入旗籍，设珲春镶黄、正黄、正白三旗，以嘎山达钮呼特氏巴克喜纳为“厢黄旗世管佐领”，钮呼勒氏达巴库为“正黄旗世管佐领”，泰楚拉氏莽柱为“正白旗世管佐领”。[6]雍正五年（1727 年），

① 吴禄贞：《延吉边务报告》，长春：吉林文史出版社，1986 年，第 26 页。
② 光绪《大清会典事例》卷 544《兵部·官制·吉林等处驻防》，光绪商务印书馆本。
③ 光绪《大清会典事例》卷 1127《八旗都统·兵志·吉林将军所属驻防》，光绪商务印书馆本。
④ 注：此处的“嘎山”及后文中的“嘎栅”“嘎珊”“gasan”均为同一概念。
⑤《珲春县志》卷 5《职官志》，长春：吉林文史出版社，1990 年，第 130 页。
⑥《珲春县志》卷 5《职官志》，长春：吉林文史出版社，1990 年，第 130 页。

清廷在珲春，设副协领一员[①]，乾隆十七年（1752 年），清廷调遣三姓驻防八旗六十名到珲春。乾隆二十五年，增加珲春驻防满洲兵二百名，“于打牲丁内挑选充额”[②]。又“自乾隆八年至十四年投进乌勒特兵十名，安插在珲春为额外之兵”[③]。

嘉道时期，珲春八旗驻防，据《吉林外纪》载：“协领一员，佐领三员，防御二员，云骑尉六员，骁骑校三员，恩骑尉一员，八品监生二员，笔帖式二员，教习一员，兵四百三十名。”[④]道光二十四年（1844 年），珲春副都统衙门档案记载，镶黄、正黄、正白三旗佐领下披甲，每旗为 134 名，三旗 409 名，加官员数与《吉林外纪》记载相接近。[⑤]同治元年（1862 年），“增设佐领三人，防御委佐领二人，骁骑校五人，披甲一百五十七人”[⑥]。同治九年，议准：珲春地方酌添旗佐分置八旗，由吉林满洲八旗裁挪添佐领三员，防御委佐领二员，除原有骁骑校三员，再添骁骑校五员，笔帖式一员，领催十三员，披甲一百五十七名。连原官兵统有协领一员，佐领六员，防御委佐领二员，防御二员，骁骑校八员，笔帖式三员，领催披甲六百名。分为八旗，每旗佐领一员，骁骑一员，管理领催五名，披甲七十名。其原设防御二员分归左右翼，每员稽查一翼四旗事务。其防御委佐领二员加佐领衔顶戴，仍食防御原俸，分管左翼正蓝，右翼镶蓝二旗事务。[⑦]是年，吉林将军富明阿等奏称：“珲春边务事繁，请将该处协领赏加副都统衔以资镇摄。”同治帝允准，谕云：“珲春协领讷穆锦著赏加副都统衔，嗣后珲春协领一缺，即作为副都统御协领，永为定制。”[⑧]光绪七年（1881 年），吉林将军铭安等上《添设副都统暨建造衙署》一折，奏折中称：“珲春地方辽阔，向归宁古塔副都统管辖，相距遥远，请添设大员以资统率，实为因地制宜起见。”[⑨]朝廷鉴于珲春地处边防要塞，当即批覆“著照所请，添设珲春副都统一员，其应铸关防，并支给俸廉等项，改设官缺，建造衙署各节，均著照所设办理”[⑩]。

---

① 光绪《大清会典事例》卷 544《兵部・官制・吉林等处驻防》，光绪商务印书馆本。
② 光绪《大清会典事例》卷 1127《八旗都统・兵志・吉林将军所属驻防》，光绪商务印书馆本。
③ 《宁古塔副都统衙门档案》，第 83 保管单位，乾隆三十年，中国第一历史档案馆藏。
④ 萨英额：《吉林外纪》卷 4《官兵额数》，长春：吉林文史出版社，1986 年，第 63 页。
⑤ 《珲春副都统衙门档案》8—11，道光二十四年，中国第一历史档案馆藏。
⑥ 光绪《大清会典事例》卷 544《兵部・官制・吉林等处驻防》，光绪商务印书馆本。
⑦ 《珲春县志》卷 6《武备・驻防》，长春：吉林文史出版社，1990 年，第 150 页。
⑧ 光绪《大清会典事例》卷 544《兵部・官制・吉林等处驻防》，光绪商务印书馆本。
⑨ 光绪《大清会典事例》卷 544《兵部・官制・吉林等处驻防》，光绪商务印书馆本。
⑩ 光绪《大清会典事例》卷 544《兵部・官制・吉林等处驻防》，光绪商务印书馆本。

光绪十年（1884 年），以副都统帮办吉林边防事宜，是年奏准“珲春右翼委协领一缺，及旧设防御委佐领二缺，均改为实缺，其旧设笔帖式四员，除分隶边务承办处一缺，左司二缺外，右司仅止一缺。今再增设一缺，分隶右司，并另增额委笔帖式三缺，分置各司”[①]。宣统元年（1909 年）二月，裁珲春副都统，设吉林东南路兵备道台公署，由珲春移驻延吉，隶吉林巡抚，珲春设珲春厅抚民同知。[②]

二、八旗驻防组织及管理

延珲八旗驻防组织。康熙十五年（1676 年）前，隶属宁古塔将军。是年，宁古塔将军移驻吉林乌拉，设副都统于宁古塔，珲春隶属之。康熙五十三年，珲春设置协领衙门。光绪七年，设副都统衙门，据是年七月档案记载：“因珲春地方紧要，中俄交涉事繁，曾经会衔具奏，拟请添设副都统一员，酌将原设协领一员，并由该处六佐领内拣委协领一员，分为左右翼以资镇摄防守。该处既改为左右两翼，应设左右两司分理其事，亦需请领关防。”[③]珲春地区八旗驻防组织：最高军政长官为副都统，下设有协领、佐领、防御、骁骑校、领催诸员。“时皆以满语类别之”，副都统称梅勒章京，协领称古赛达，左翼协领称达斯欢噶赉达，右翼协领称哲卜勒噶赉达，佐领称牛录章京，防御称图瓦什拉哈芬哲勒章京，骁骑校称芬得拨什库，领催称拨什库，前锋称噶卜西先，甲兵称乌克新。[④]清廷规定：副都统员缺“由满洲骁骑、参领、步军总尉、本处协领，各处城守尉，论俸开列十员题补”。协领员缺，由内外佐领，拜他喇布勒哈番、拜他喇布勒哈番品级官员，拟正陪题补。[⑤]珲春佐领中，公中佐领六员，世管佐领二员，由同一旗副都统辖区域内之防御中题补；世管佐领，原为“清定鼎之后，凡新归化者编为一旗，由归化人内举一人为佐领，而世袭之”[⑥]。例如，清初珲春库雅喇归附后，被编成世管佐领。清中叶以后，稍加变通，规定：“世袭佐领内，若有不能办理事务，人不及者，亦应照京城之例，于伊等旗内拣选能办事之人署理。伊等族内，如不得

---

① 光绪《大清会典事例》卷 544《兵部·官制·吉林等处驻防》，光绪商务印书馆本。

② 《设东南路兵备道、裁撤珲春副都统、延吉厅升延吉府》，延边朝鲜族自治州档案馆藏。

③ 《珲春副都统衙门档案》11.2—25—158，光绪七年七月，中国第一历史档案馆藏。

④ 《珲春县志》卷 6《武备·驻防》，长春：吉林文史出版社，1990 年，第 151 页。

⑤ 《八旗通志》初集卷 37《职官志四》，长春：东北师范大学出版社，1985 年，第 681 页。

⑥ 《珲春县志》卷 6《武备·驻防》，长春：吉林文史出版社，1990 年，第 151 页。

人，著于本旗内拣选署理佐领事务。”[①]对此，宁古塔将军哈达等议覆：此规定“实于佐领事务大有裨益，嗣后世袭佐领内，如有不及者，于伊族中拣选能员署理。倘伊族中不能得人，即于该旗拣选防御等官，令其兼辖署理，将所选之人职名报部注册。如办理得宜，于伊应开之缺，即行升用，如有瞻徇作弊等情，即行指名题参，交部治罪”[②]。协佐诸员，掌两翼各旗兵训练、教阅与旗营事务。此外，直属于副都统衙门的，有左右两司、印务处、边务承办处。左司“专掌本地驻防旗兵以及旗员差缺，旗员旗兵名册”，设司长、司副、行走、主稿、笔帖式、额委笔帖式、委章京、委笔帖式、总达、帖写达等员；右司“专掌本地旗丁征解大租领放饷项，编查户口册籍，本署应贡物品，收支库款，咨报山海各税捐收数及雨雪收成，谷价各事”，置员一如左司；边务承办处，“专管清查本境界务，稽查华人出境，外人入境，发给出境执照，查报本境教务以及中外交犯，接待外人并一应交涉各事”，设司长、司副、主稿、笔帖式、俄文翻译、差遣委员、司书、司事、发票司事等；印务处掌本处“收发用印司事”，设总理额委笔帖式，委笔帖式等。[③]珲春八旗驻防，光绪年间，领催四十名，委前锋校八名，甲兵五百五十名。十名甲兵设领催一名，相当十夫长。每旗下选骁骑（马甲）中骁勇者二十名，称前锋，设委前锋校一名。领催、披甲的征选，由八旗佐领按照户口册，将合于被征年龄者分别传知本旗，由各族族长转令应征者到本旗报名注册。征选方法：一般是令应征人员射步箭五枝，多中者为拟正，次者为拟陪，由本管官引见补放。[④]

延珲八旗驻防城的旗人，根据八旗方位按左右翼分旗居住。康熙五十三年（1714 年），修建的协领衙门较为简陋，经雍乾嘉三朝不断修缮扩建，有办事房三间、档册房三间、银库楼二间、三旗堆子房三间、看守仓库堆子房三间、衙署大门房三间、二门房一间、义仓房十五间、教场房三间、官学房三间，共有官房三十九间。[⑤]光绪七年（1881 年），设副都统，翌年，吉林将军铭安奏请在协领衙门基础上改建，增建副都统衙署、副都统府、演武厅等。副都统衙门，大门七间，仪门三间，东角楼一座，大堂五间，东西厢房

---

① 《八旗通志》初集卷 37《职官志四》，长春：东北师范大学出版社，1985 年，第 685 页。
② 《八旗通志》初集卷 37《职官志四》，长春：东北师范大学出版社，1985 年，第 685 页。
③ 徐世昌：《东三省政略》卷 1《边务 · 珲春篇》，长春：吉林文史出版社，1989 年，第 207 页。
④ 《珲春县志》卷 6《武备 · 驻防》，长春：吉林文史出版社，1990 年，第 151 页。
⑤ 《宁古塔副都统衙门档案》，第 221 保管单位，嘉庆十五年，中国第一历史档案馆藏。

各三间。光绪十年（1884年），大门左右建炮房各四间，衙门西南隅建监狱房五间；副都统府在衙门后面，正房五间，东西厢房各三间，东厢房东院正房三间。东厢房十间以居勇弁，西厢房西院正房三间，西厢房十间为支发处。副都统府气势轩昂在大门前有东西辕门各一，辕门以南障影壁；演武厅五间，放场箭厅三间，在城东门外。钦差行台在衙门西南正房五间，东西厢房各五间，大门五间，仪门一间，为钦差大臣吴大澂而建。是建筑群，于光绪二十六年，沙俄入侵珲春时，为俄军焚毁。幸存者仅都署衙门少数房间。①

延珲地区驻防八旗，包括驻防旗兵（披甲）、余丁及其家属。清廷规定：八旗男子年满十六为成丁，即可"披甲当差"。《珲春祖氏家谱》载："清代'有养儿要当差'之语。当时满人制度，凡男丁成丁者均有服兵之义务，经验甲合格后，即不许走出百里以外，违者以逃亡论，即罪其父兄。所以男子出生时，即报本管佐领署，登入户籍，以备达壮丁时，点呼及服役之根据。"由于兵有定制，饷有定额，并不是人人都能谋到差使的。旗兵有披甲与余丁之分。披甲出征戍守，余丁主要从事农耕。珲春从康熙年间起皆属旗籍，所谓"满洲八旗均属兵籍"，"凡旗人在百里以内自由耕垦，凡出百里外者，则治逃逸罪，各旗无论户数、人数若干，各设穆昆达（族长）一人，禀承官署受理本族事宜"。族长是管理旗人的基层组织，"嘎山达一名统管法尔哈达（副族长）数名，每法尔哈达一名应管旗户数家"。每旗户将家人男女大小实数填写清楚悬挂门首，如有"不法情事，邻户即当报法尔哈达、嘎山达拿送究治"②。清廷规定："八旗佐领下各设族长（嘎山达），责令管束同族之人……若能尽心教导族人，三年无过，由该旗核实，咨送兵部议叙。"③

延珲地区八旗衙署对八旗兵的管理非常严格。驻防旗兵除有军事行动和其他特殊任务外，平日要看守本地区哨卡、仓廒到各衙门服役。春秋二季要进行集中操练，未经告假，不准离开本属佐领，凡出百里外者，则治逃旗罪。清廷对于逃旗罪处罚很重，"凡旗人初次逃走者，左面刺字，伽号一月，鞭一百，三次逃走者，右面刺所发地名，咨送兵部"④。道光十一年（1831年）十二月，吉林将军富俊在《奏请酌拟条例以裕生计而重武备》一折中，对逃旗者处罚又加重申："初次逃走仍照旧例，被获者鞭一百，一年以内自行投

① 吉林省文物志编委会内部资料：《珲春县文物志》，1984年，第94页。
② 赵东升家藏，旗户门牌（光绪二五年七月十六日发），此门牌长44厘米，宽41.5厘米。
③ 光绪《大清会典事例》卷154《户部·户口·编八旗壮丁》，光绪商务印书馆本。
④ 光绪《大清会典事例》卷857《刑部·督捕例·冒称逃人》，光绪商务印书馆本。

回者免罪，一年以外投回者，鞭六十，其二次逃走者，无论投回拿获俱行销档为民。”[①]披甲如此，余丁和眷属也同样过着准军事生活。以旗丁编审制度为例，清廷规定：“令各佐领稽查已成丁者增入丁册，其老弱幼丁不应入册，隐匿者有罪。”[②]后来逐渐制度化，壮丁以十六岁为准，官员和披甲以至正户下人，皆一一列入册内，按正户、开户、户下顺序分别造册，各备三代履历，“每户某氏某官，未仕者书闲散某，上书父兄官职名字，旁书子弟，兄弟之子及户下家奴名字，比较旧册事故者，声明裁除，新增者，声明注入”。每三年由“佐领开造清册二本，一咨部，一存本旗。该佐领及骁骑校，领催并于册内列名，联名画押……如有隐冒，查实题参”[③]。通过编审制度将旗丁控制在所属旗分佐领内。驻防八旗的经济来源主要有旗饷，旗饷分银、米两种。清初规定：协领俸银一年 130 两，家口米 30 口，每口月支米 2 斗 5 升，佐领俸银一年 105 两，家口米 25 口，每口月支米 2 斗 5 升。骁骑校俸银一年 60 两，家口米 12 口，每口支米 2 斗 5 升，领催饷银一年 36 两，家口米 10 口，每月支 2 斗 5 升，马甲饷银一年 24 两，家口米 10 口，每口支 2 斗 5 升。[④]如果出征，另加行粮。佐领行粮“每日米八合三勺，每月银六两”；马甲出征“每日加小米八合三勺，每月银二两”。[⑤]

道咸以后因国库空耗，财力维艰，对八旗饷银常常减发。下举档案为道光二十四年（1844 年），珲春现任旗官俸饷银，按每两减银六分支放给各官的清册：

> 佐领一员应得俸饷银一百五两，遵照部咨应减去银六两三钱，云骑尉四员，每员应得俸饷银八十五两，遵照部咨各应减去银五两一钱，骁骑校三员，每员应得俸饷银六十两。原品休职食全俸骁骑校一员应得俸赏银六十两，遵照部咨应减去银三两六钱，恩骑尉一员应得俸饷银四十五两，遵照部咨应减去银二两七钱，八品荫监生一员，应得俸饷四十两，遵照部咨应减去银二两四钱。[⑥]

---

① 《珲春副都统衙门档案》4.2—2—62，道光二十四年，中国第一历史档案馆藏。
② 《清朝文献通考》卷 20《户口二》，杭州：浙江古籍出版社，1988 年，第 5037 页。
③ 《户部则例》卷 1《户口》，同治十三年刊本。
④ 《八旗通志》初集卷 29《兵制志四》，长春：东北师范大学出版社，1985 年，第 556 页。
⑤ 刘献廷：《广阳杂记》卷 1，北京：中华书局，1957 年，第 2 页。
⑥ 《珲春副都统衙门档案》4.2—2—62，道光二十四年，中国第一历史档案馆藏。

到同光年间，八旗饷银不仅减发，且常靠外省拨济，几乎年年缺额。[①]

延珲地区驻防八旗，除支领旗饷外，旗丁及家属，主要“恃南亩耕获”，“以种地为生者多”。[②]且八旗散居各处“从事农业耕凿，相安者已不乏人”[③]。八旗兵及家属是开发这块沃饶土地的先行者。据《八旗通志》卷21《土田四》记载：“珲春界内官员兵丁开垦地，镶黄旗一千九百五十三晌，正黄旗一千六百五十九晌，正白旗五千二百八十二晌。”这是清代官书关于珲春地区八旗开垦土地的最早记录，此数字应为雍正末年乾隆初年的开垦数，参见宁古塔档案关于珲春地方原有旗地及累岁加增开垦之地数目清册载：“乾隆元年，原有旗地二千五十八晌，自元年至三十年加增开垦地四千六百五十晌，共六千七百十一晌，三十年至四十六年加增开垦地五千三百三十九晌，以上共地一万二千五十晌。”[④]这是关于珲春地区，乾隆年间旗丁开垦土地最翔实的资料，较官书记载可信度高。清廷规定：旗人“准在百里以内自由耕垦”不纳租赋，不报官署。

此外，延珲驻防八旗也设有义仓地储备粮米，以备歉年接济八旗兵丁。义仓地重设于乾隆初年。新设义仓地规定：兵丁所用牛具、农田及义仓修理均由库贮余银中支给。笔者曾整理珲春副都统衙门档案，发现大量咸同以后义仓粜谷银两数目清册，对研究义仓地很有价值。现抄录咸丰八年（1858年）档案如下：

> 珲春地方旧管无项，新收由副都统衙门领来银三十三两六钱内开除：咸丰八年苫修粘补义仓十五间，计给过银十两。义仓种地牛内倒毙牛二条，每条价银七两，计给银十四两，内除每牛皮变价银三钱，变价银六钱外，实给银十三两四钱。义仓种地需用铧子三条，每条价银四钱，计给过银一两二钱。盪头三个，每个价银四钱，计给过银一两二钱，犁碗子三个，每个价银五钱，计给过银一两五钱。锄头六张，每张价银五钱，计给过银三两。镰刀六张，每张价银三钱，计给过银一两八钱。[⑤]

---

① 《清穆宗实录》卷292，同治九年十月乙未，北京：中华书局，1987年，第1037页。
② 《清高宗实录》卷1326，乾隆五十四年四月乙未，北京：中华书局，1986年，第1326页。
③ 徐世昌：《东三省政略》卷8《旗务》，长春：吉林文史出版社，1989年，第134页。
④ 《宁古塔副都统衙门档案》，第117保管单位，乾隆四十六年，中国第一历史档案馆藏。
⑤ 《珲春副都统衙门档案》8—1—15，咸丰八年，中国第一历史档案馆藏。

此档案明确记载了咸丰八年（1858 年）兵丁耕种义仓地所需牛具、农器及义仓修缮等需银两由副都统衙门领补，不用旗丁负担。义仓地旗丁如何耕种，据《清高宗实录》乾隆八年（1743 年）规定："应按照各该处佐领若干员，每一佐领，编立农器一具，每农器一具，派三人垦种。"[①]珲春地区当时有三个佐领，编立农器三具。每具派旗丁三人，"各于本处垦田耕种，每人征仓斛谷十六石，交纳本处之仓收贮，倘遇籽粒不获，或值欠收，散给贫苦兵丁，秋收照数归还"[②]。这样，珲春八旗每旗派九名旗兵耕种义仓地，每名纳义仓谷 16 石，共纳义仓谷 144 石。此数作为额数，每年交义仓。据珲春地方征收义仓粮石数目清册载："咸丰八年，珲春额设牛具三具，每具应交粮四十八石，共计收谷一百四十四石。"[③]又据道光年间成书的《吉林外纪》载，珲春地方嘉庆时期义仓额定存贮粮谷数量为 2500 石。[④]不仅如此，还根据官兵的职务设职田，即随缺地。珲春地区八旗官兵的随缺地是以地租津贴银的方式按官兵等级发放。据光绪二十一年（1895 年）档案记载：协领应领随缺地租津贴银 10 两 5 钱 8 分，佐领应领 7 两零 5 分，防御应领银 5 两 2 钱 9 分，领催应领 3 两 5 钱 2 分，披甲每名应领 2 两 8 钱 2 分。珲春官兵计"应得光绪二十一年分随缺地租津贴银一千九百六十九两二钱"[⑤]。

三、八旗驻防制的衰落与州县制的诞生

清中叶以后，八旗制度本身显露出种种弊端。其一，旗兵骑射荒疏。不可讳言，八旗兵驻守珲春地方，对开发东部边疆有很大功劳。但是由于八旗兵实行世袭制，清廷采取首崇满洲的政策，给予其优厚待遇，让其享有种种特权。咸同以后，八旗兵不加训练，游手好闲，昔日的"国语骑射"均已荒疏。而当时"珲春地当冲要，为省城东南门户"，"密迩强邻，安辑抚循，尤不可缓"。[⑥]光绪六年，吉林将军铭安与吴大澂奏设吉林防军，参照湘淮和直隶练军章程，改编原有的八旗兵制，废除世袭制，改为招募制，为八旗驻防制衰落之始。其二，八旗兵死伤严重。珲春驻防官兵最多达 600 多名。

① 《清高宗实录》卷 191，乾隆八年闰四月丁丑，北京：中华书局，1985 年，第 456 页。
② 《清高宗实录》卷 180，乾隆七年十二月壬辰，北京：中华书局，1985 年，第 328 页。
③ 《珲春副都统衙门档案》8—1—15，咸丰八年，中国第一历史档案馆藏。
④ 萨英额：《吉林外纪》卷 5《仓储》，长春：吉林文史出版社，1986 年，第 68 页。
⑤ 《珲春副都统衙门档案》8—4—104，光绪二十二年，中国第一历史档案馆藏。
⑥ 《吉林将军铭安等奏边疆紧要请设道府州县折》，光绪四年二月，吉林省档案馆藏。

咸同年间，珲春八旗兵被征调镇压太平天国起义、捻军起义等“共挑甲四百名，除阵亡者外，凯旋回旗者仅四十余名”[①]。光绪末年，吉林将军达桂奏称：“自军兴以来，征调频繁，伤亡相继，夫亦稍稍寡弱矣。”其三，俸饷不足。咸同以后，内忧外患、国库空虚，八旗兵俸饷连年积欠。光绪年间，常将积欠俸饷摊派各种徭役，官兵受累颇重。由于俸饷拖欠、克扣，八旗兵生活贫困，丧失战斗力。吉林将军达桂言：吉林八旗仅“披甲一项，定额满万，每年需银二十三万余两，仅以八成实银折放，一甲之粮，实不足以养赡一身”[②]。

清末移民实边的形势，改八旗驻防制为民治州县势在必行。《瑷珲条约》《北京条约》的屈辱签订，俄国割去黑龙江以北、乌苏里江以东约一百六十万平方公里的土地。然而，俄国并不以此为满足，咸丰十一年（1861 年）以后，不断将其界碑向我方移动，安设俄卡，强设兵营，拨兵驻守，使吉林省东部边疆危机四起。对此，一些边疆大吏疾呼要加强边务，移民实边，力保国土。光绪七年（1881 年），清廷遂派吴大澂与吉林将军督办珲春、宁古塔防务与屯垦事宜。吴大澂等认为：加强边务根本在于移民实边，开垦土地。他除使珲春当地乡民开垦土地外，又派人前赴山东、登莱等地招募乡民，并上书请拨京旗二百户到穆棱河附近“妥为安插，试办屯垦”[③]。清廷撤销了严禁朝鲜垦民越界私垦的禁令，允许其前来垦种，但要向清廷“领照纳租”。这样一来，到珲春地区开垦土地的人愈来愈多，所谓“内地迁流如水归壑”[④]。汉族垦民的大量迁入，带来新的问题，即旗民之间命盗户婚案件屡有发生，而这些案件一向归旗属衙门审理。而旗属“佐领等官但习骑射，不惟不谙吏治，且多不通汉文，悉凭委笔帖式、司达等任意轩轾”，致使民怨沸腾。[⑤]吉林将军铭安等曾上奏：因地制宜，正本清源，设民治机构以资治理。招垦珲春边务事募三品衔委用知府李金镛在《为垦区添设民官的禀文》中也说：该处民人一闻其到珲“佥谓添设民官，可以为民做主，具呈控诉前来”。他以为若一任民人“受屈不伸，置之膜外，怨内地人民及各沟民户闻风裹足，殊

① 《珲春县志》卷 8《武备·驻防》，长春：吉林文史出版社，1990 年，第 151 页。
② 《光绪三十一年吉林将军达桂奏折》，《吉林兵司档案》，吉林省档案馆藏。
③ 《宁古塔副都统衙门档案》，第 876 保管单位，中国第一历史档案馆藏。
④ 《吉林将军铭安奏变吉林官制增设府厅州县大概章程折》，光绪四年九月，吉林省档案馆藏。
⑤ 《吉林将军铭安奏变吉林官制增设府厅州县大概章程折》，光绪四年九月，吉林省档案馆藏。

非卫保招徕之道”[①]。但清廷以珲春地方不宜设道府等民官为由，将此事拖延下来。但事实上，民治机构已孕育旗制之中。光绪十年（1884年），副都统依克唐阿随同将军希元帮办吉林边务，实为副都统有综握民政权之始。光绪末年，陈绍常任副都统期间对旗制进行变通，为民治机构的建立创造条件。他“依据旗员制度参以行政规模，暂时施行，以为改设民官之豫备”[②]。例如，针对八旗“左右两司相沿既久，积弊日深”而“竟得握其全权”，采取两司暂仍旧名，“以存其制，而于人员则酌予更调，于权限则特为定明”，并对旗制进行变通如下：①增设发审专员。珲春地方向无专司审判之机关，民刑案件分掌于左右两司，“因之流弊百出，珲民痛之”，于都署设发审专员专理一切诉讼，“民刑诉讼胥由该员执行裁判，禀请副都统覆核”。②改承办处为边务司。“珲城设有边务交涉承办处，设有总理提调各员，易滋冗滥，且兼辖税务与交涉无关，权限尤为淆混”，此次将有关“经理出口木植、米粮各税务以及图们江渡口等”事关捐税事删去，“以期责专归，不至牵混”。③裁撤印务处。旧章印务处专管收发印务诸事。陈绍常以为：“印务固属紧要，但得专员经理已可尽其职务，既无须特设机关，亦不必多立名目。”④裁撤都署冗员。都署衙门“向所称为堂上者，出身卑贱，不谙事理委以要务，其弊不可胜言”，故一并裁撤。于署内设委员、司事各二员，以专责成而免靡费。旗制在上述变通基础上，于宣统元年（1909年），东三省总督徐世昌会同陈昭常奏裁珲春副都统衙门，设吉林东南路珲春兵备道驻珲城，办理珲春、延吉、绥芬河一带边务，设抚民同知治珲城，分密江站以东之地隶之，名曰珲春厅；延吉以北汪清河之流域设汪清县。同年四月，会议政务处议设民官，故《东三省政略》载：“珲春全域广轮千里，以内地较之，当非置十数郡邑不足为治，此特嚆矢而已。”[③]

第五节　清代吉林八旗驻防体制及其变化

清代吉林地区为满族龙兴之地，清廷对其实行有别于关内的管理体制。

---

① 《珲春副都统衙门档案》4.1—9—185，光绪七年七月，中国第一历史档案馆藏。

② 徐世昌：《东三省政略》卷1《边务·珲春篇》，长春：吉林文史出版社，1989年，第207页。

③ 徐世昌：《东三省政略》卷1《边务·珲春篇》，长春：吉林文史出版社，1989年，第207页。

这种体制大致经历三个阶段，即清初至雍正朝以前实行八旗一元化体制；雍正朝以后，由于汉族民人流入，管理民人的民治机构随之设置，实行旗民双重体制；清末由旗民双重体制变为与关内一样的管理民政的州县制。

一、清初至雍正朝以前八旗一元化体制

清初吉林地区的疆域，据乾隆元年版《盛京通志》记载："东至海三千余里，西至威远堡门五百九十五里开原县界，南至长白山一千三百余里，其南朝鲜界，北至拉哈福阿色库地方六百余里蒙古界，东南至希喀塔山二千三百余里海界，西南至英额门七百余里奉天将军界，东北至合者飞牙喀三千余里海界，西北至黑儿苏门四百五十余里蒙古界。"[①]此外，还包括乌第河以南、黑龙江下游、乌苏里江两岸的全部地区，以及库页岛在内的沿海及海中各岛屿。清廷对此广阔之疆域于各地"设八旗驻防官兵，以将军、副都统为之董辖"[②]，即采取八旗一元化驻防体制。

顺治元年（1644 年），清兵入关，为加强东北地区的驻防力量，清廷在盛京置驻防内大臣，以正黄旗内大臣何洛会为盛京总管，后改称昂邦章京，统率八旗劲旅，镇守东北全境。[③]顺治十年，清廷以宁古塔系边外重镇，应委重兵驻守。是年"命镶蓝旗梅勒章京沙尔虎达为昂邦章京，镇守宁古塔地方"[④]。至此，黑龙江、松花江、乌苏里江等流域，包括库页岛、尼布楚在内的广大地域，由宁古塔昂邦章京派八旗兵镇守，为吉林地区八旗驻防体制的雏形。康熙元年（1662 年），宁古塔昂邦章京改为镇守宁古塔等处将军。康熙十五年，宁古塔将军移驻吉林乌拉城，留副都统于宁古塔。吉林乌拉，原名船厂（今吉林省吉林市），因顺治十五年防俄罗斯造战船于此而得名，移驻将军后始改名吉林乌拉。[⑤]乾隆二十二年（1757 年），改称吉林将军。将军属下设副都统、协领、参领、总管、佐领、防御、骁骑校等八旗诸员，驻扎吉林各城邑。

吉林将军为吉林地区最高军政长官，初定为正一品，由满洲、蒙古副都

---

① 乾隆元年版《盛京通志》卷 12《疆域》，北京图书馆藏。

② 《吉林通志》卷 60《职官志三·国朝》，台北：文海出版社，1985 年，第 3899 页。

③ 《清世祖实录》卷 7，顺治元年八月丁巳，北京：中华书局，1985 年，第 75 页。

④ 《清世祖实录》卷 75，顺治十年五月甲戌，北京：中华书局，1985 年，第 590 页。

⑤ 萨英额：《吉林外纪》卷 3《建置沿革》，长春：吉林文史出版社，1986 年，第 38 页。

统内，列名题补。[①]将军职责："镇守吉林乌拉等处地方，绥和军民，秩祀山川，辑宁边境。"将军统率八旗官兵戍守吉林全境，管理八旗一切事务。将军以下分设吉林、宁古塔、三姓、伯都讷、阿勒楚喀五个副都统，"副都统各守分地，以赞将军之治"。副都统为将军之下重要武职旗官，初定为正二品，由满洲参领、协领、各城守尉开列题补。副都统辖区均设旗署，旗署一般都设有如下机构：印务处，办理章奏文移；承办处，办理旗署内具体事务；左司房，掌财政诸事；右司房，掌军务边防司法事务；官庄管理处，掌管官庄旗地田土诸事。各副都统所在"各处皆设兵驻守，置协领、参领、佐领、防御等官，各视兵数多寡，定额有差，以掌巡防讥察之事"[②]。

吉林五个驻防八旗副都统辖区如下。

宁古塔驻防八旗副都统设于顺治十年（1653年）五月，时称梅勒章京。康熙元年（1662年），改宁古塔梅勒章京为副都统。最初驻宁古塔旧城（今黑龙江省宁安市西海林河南岸），康熙五年，迁入新城（今黑龙江省宁安市）。宁古塔副都统辖协领2员、佐领12员、防御8员、骁骑校12员，所辖八旗驻防兵1300多名。

吉林副都统设于康熙十年。是年"以宁古塔副都统一人移驻吉林"。吉林副都统与吉林将军同城驻防，不设旗署，与将军合署办公。副都统辖协领9员、佐领48员、防御22员、骁骑校48员，所辖八旗驻防兵3000余名。[③]

伯都讷副都统设于康熙三十一年。是年四月，清廷命在"白（伯）都讷地方，修造木城一座，将席北、卦尔察、打虎儿内，拣选强壮者二千名，令其披甲，即住所造新城，令副都统巴尔达齐到彼教训管辖"[④]。伯都纳副都统辖协领2员、佐领12员、防御8员，骁骑校12员，所辖八旗驻防兵800余名。

三姓副都统设于雍正十年（1732年）。是年三月，雍正上谕云：派尚书海寿前往三姓地方，与副都统共同"办理挑补兵丁，修造城垣房屋及教导兵丁等事"[⑤]。三姓副都统辖协领2员、佐领8员、防御4员、骁骑校8员，

① 光绪《大清会典事例》卷600《兵部·处分通例·军政》，光绪商务印书馆本。

② 《吉林通志》卷60《职官志三·国朝》，台北：文海出版社，1986年，第3903页。

③ 《吉林通志》卷60《职官志三·国朝》，台北：文海出版社，1986年，第3903页。

④ 《清圣祖实录》卷155，康熙三十一年四月乙巳，北京：中华书局，1985年，第711页。

⑤ 《清世宗实录》卷116，雍正十年三月戊辰，北京：中华书局，1985年，第543页。

辖八旗驻防兵1500余名。[①]

阿勒楚喀副都统，原为副都统品级协领设于雍正二年（1724年）。《清世宗实录》记载："船厂所属阿尔楚哈、拉林等处，既驻闲散满洲，不可无管辖人员……派一协领，令其驻扎管辖。"[②]乾隆二十一年（1756年），阿勒楚喀改置副都统，所辖协领2员、佐领8员、防御5员、骁骑校8员，辖八旗驻防兵600余名。[③]

吉林地区五个副都统旗署衙门职责如下。首先，管理所属驻防旗人户籍、田土。八旗各旗署旗人皆有旗籍，定期进行编审。清廷规定："各旗人丁令各佐领稽查，已成丁者增入丁册，其老幼丁不应入册，有隐匿者罪"，后来逐渐制度化。壮丁以16岁为准，官员和披甲以至户下人，皆一一列入册内，按正户、开户、户下顺序分别造册，各备三代履历"每户书某氏某官，未仕者书闲散某，上书父兄官职名字，旁书子弟、兄弟之子及户下家奴名字，比较旧册事故者，声明裁除，新增者，声明注入"[④]。每三年由"佐领开造清册二本，一咨部，一存本旗。该佐领及骁骑校、领催并于册内列名，联名画押……如有隐冒，查实题参"[⑤]。通过旗籍编审制度将旗丁控制在所属旗分佐领内。清廷在派遣驻防八旗的同时，也划拨土地给旗人耕种。康熙初年，高士奇在其所著的《扈从东巡日录》中记载了当时吉林副都统辖区旗人耕垦驻防旗地的情景：土地"宜稷、宜谷、宜稗，三月播种，八月获刈……不施粪溉，不加耕耨，可足终岁之用，土膏肥沃可知。虞村居人二千余户，皆八旗壮丁……男女耕作，终岁勤动"[⑥]。到康熙末年，吉林副都统辖区驻防旗地41 549垧，宁古塔副都统辖区驻防旗地43 498垧，伯都讷副都统辖区驻防旗地18 530垧，三姓副都统辖区驻防旗地12 926垧，阿勒楚喀副都统辖区旗地4908垧。清廷在设置驻防旗地的同时，设置了大量官庄，"每一庄共十人，一人为庄头，九人为庄丁，非种田即随打围、烧炭"[⑦]。文献记载康熙朝吉林地区官庄数量，吉林50处，宁古塔12处，伯都讷6处，乾隆年间

---

① 《吉林通志》卷60《职官志三·国朝》，长春：吉林文史出版社，1986年，第964页。
② 《清世宗实录》卷27，雍正二年十二月丙申，北京：中华书局，1985年，第421页。
③ 《吉林通志》卷60《职官志三·国朝》，长春：吉林文史出版社，1986年，第965页。
④ 《户部则例》卷1《户口》，同治十三年刊本。
⑤ 《户部则例》卷1《户口》，同治十三年刊本。
⑥ 高士奇：《扈从东巡日录》，长春：吉林文史出版社，1986年，第112—113页。
⑦ 吴桭臣：《宁古塔纪略》，长春：吉林文史出版社，1993年，第85页。

又在三姓设 10 处，阿勒楚喀设 6 处，合以前共 84 处。[①]这些官庄、旗地均由各旗署旗官负责管理。所谓“田畴庐舍，民生攸赖，劝农讲武，国之大经，尔等宜各往该管屯地，详加体察”[②]。

其次，设置卡伦，稽查私入围场偷打牲畜、私占禁地的旗民。清廷在五个副都统辖区要隘处皆设置卡伦。卡伦分常设、关设两种。“常设”满语为“恩特赫谟特布赫”，终年不撤，卡伦官兵每月更换。“关设”满语为“雅克什谟特布赫”，春设冬撤，即每年三月初一日刨夫入山以前派出，十月初一日，刨夫出山后撤回，卡伦官兵两月更换 1 次。据《吉林外纪》记载：吉林地区“恩特赫谟特布赫（常设）卡伦四十四，雅克什谟特布赫（关设）六十一，共卡伦一百零五处，各驻隘要，以杜飞飏人参，并查偷打牲畜，私占禁山、流民等事”[③]。

最后，管理驿站交通。吉林地区共设驿站 38 站，每站设笔帖式、领催各 1 名，大站设八旗兵 25 名至 50 名，小站 10 名至 15 名，共旗兵 850 名。东路自省城小东门外乌拉站起至宁古塔，“凡十站，大站一、小站九，计程六百三十五里”；西路自省城起至蒙古霍洛站，“凡八大站，计程五百五十五里”；北路自省城 65 里金珠鄂佛罗站起至三姓城，“凡十小站，计程七百二十二里”。[④]

上述八旗驻防体制，如文献所云：“专理旗务，不与民事”，当时“全省固无民官也”。[⑤]

二、清中叶后流民涌入与旗民双重体制并行

如前所述，清初吉林地区仅设旗署，管理旗民事务，汉族民人不多。当时仅有因遭文字朋党之祸流徙此地的汉族流遣罪犯（简称“流人”）。顺治十六年（1659 年），清廷令：应发吉林、宁古塔、伯都讷等处罪犯“咨部差役递解”[⑥]。同年又定：“今后贪官赃至十两者，免其籍没，责四十板，流

① 《盛京通志》卷 38《田赋二》，乾隆四十八年刊行。
② 《清太宗实录》卷 13，天聪七年正月庚子，北京：中华书局，1985 年，第 179 页。
③ 萨英额：《吉林外纪》卷 3《驿站》，长春：吉林文史出版社，1986 年，第 46 页。
④ 萨英额：《吉林外纪》卷 3《驿站》，长春：吉林文史出版社，1986 年，第 43 页。
⑤ 徐世昌：《东三省政略》卷 5《官制 · 吉林省》，长春：吉林文史出版社，1989 年，第 871 页。
⑥ 光绪《大清会典事例》卷 721《兵部 · 发配外遣》，光绪商务印书馆本。

徙席北（伯都讷）地方。”[①]清初，发遣吉林地区的流人以贪污犯和遭文字朋党之祸的文人学者居多。顺治十六年（1659年）七月，“湖南道佥事吴甲周坐婪赃，流徙席北地方”[②]。康熙朝，翰林院编修戴名世著《南山集》，书中有据已故方孝标所作《滇黔纪闻》，议论南明史事，用南明帝号，触犯忌讳，而惨遭文字狱。戴名世受凌迟，并将“方孝标同族人，不论服之已尽未尽，逐一严查，有职衔者，尽皆革退，除已嫁女外，子女一并即解到部”，发往吉林等地。[③]这些罪犯均拨给各官庄，以充壮丁。顺治朝，宁古塔地方“有十官庄”。康熙十五年（1676年），移宁古塔将军于吉林，伴随政治、军事中心的转移，吉林地区的流人迅猛增加。据高士奇所云，是年于吉林乌拉“建木为城，倚江而居，所统新旧满洲兵二千名，并徙直隶各省流人数千户居此”[④]。清廷将流人发遣吉林的目的是使其“备尝艰难，长受折磨”，“令其充当苦差，以磨折其凶狡之性”。[⑤]故发遣此地的流人多为庄丁、站丁，或给披甲人为奴，其身份类似农奴。这些人日久天长，便成为当地土著，其后代逐渐成为吉林汉族民户的重要组成部分。雍正朝以后，关内汉民正是踏着他们的足迹而来的。

雍正朝以后，关内汉族流民开始踏上吉林这块沃土。顺治、康熙时期，汉族流民主要集聚辽东地区，即以奉天府为中心。因为辽东是传统的农耕区，《辽东招民开垦令》颁布之后一直为流民迁徙的中心。但自乾隆五年（1740年）封禁令颁行以后，情况有些变化。突出的特点是奉天省北部开原、铁岭等地汉族人口迅速增长。主要原因是此处为通往柳条边外吉林各地的必经之路，流民出关经锦州、广宁、开原逐渐北上流入吉林地区。

康熙中叶后，清廷准许进入吉林的流民入籍。乾隆五年，清廷颁布封禁政策。封禁政策是为了保护旗人生计，吉林也列入封禁之地。乾隆六年九月，议政大臣裕亲王广禄遵旨议覆、宁古塔将军鄂弥达奏称：

> 吉林、伯都讷、宁古塔等处为满洲根本，毋许游民杂处，除将现在居民逐一查明，其已入永吉州籍贯，立有产业之人，按亩

---

① 《清世祖实录》卷125，顺治十六年闰三月丁卯，北京：中华书局，1985年，第966页。

② 《清世祖实录》卷127，顺治十六年七月庚午，北京：中华书局，1985年，第983页。

③ 《清圣祖实录》卷249，康熙五十一年正月丙午，北京：中华书局，1985年，第465页。

④ 高士奇：《扈从东巡日录》，长春：吉林文史出版社，1986年，第110页。

⑤ 《清仁宗实录》卷235，嘉庆十五年十月乙未，北京：中华书局，1986年，第163页。

> 编为保甲，设甲长、保正，书十家名牌，不时严查外，其余未入籍之单丁等，严行禁止。

并严令将“民人现有地亩，尽行清丈，不拘年限，总以丈量之年为始，照数纳粮。如隐匿地亩，及民地捏指旗人名姓，不交钱粮者，将隐匿人与代隐人一并治罪，地亩入官”[①]。流入吉林的汉民多是山东、山西、直隶、河南等地方贫苦农民，清廷谕各地方官严加管束稽查，不许流民进入吉林地区。然而当时仅在船厂、宁古塔地方“工商佣作人等，不下三四万”，清廷鉴于这些流民“有业可守，未免难迁”的现况，不得不规定“如果情愿入籍，应分别纳粮、纳丁，随宜安插”。最使清廷头痛的是这些“流民多藉旗佃之名，额外开荒，希图存身”，偷税漏税，旗人也“藉以广取租利，巧为护庇”。[②]乾隆十八年（1754 年），仅宁古塔地方就查出寄入旗人名下开垦地 16 744 亩，清廷将此地亩，撤出归公招佃，并在乾隆二十七年，严令宁古塔界内“外来流民不便其入籍，应将流民驱回……嗣后严禁私垦”[③]。其意在于禁止流民私垦。乾隆三十四年，清廷又查出“阿勒楚喀、拉林地方流民二百四十二户”[④]。据统计，雍正十二年（1734 年）至乾隆四十五年，民地由 273 顷猛增至 11 619 顷，47 年间民地增长近 42 倍，足见流民数量之多。对流民流入的危害性，清廷并非没有认识。乾隆四十一年十二月，乾隆帝谕军机大臣云：

> 盛京、吉林为本朝龙兴之地，若听流民杂处，殊于满洲风俗攸关，但承平日久，盛京地方与山东、直隶接壤，流民渐集，若一旦驱逐，必致各失生计，是以设立州县管理。至吉林，原不与汉地相连，不便令民居住。今闻流寓渐多，著传谕傅森，查明办理，并永行禁止流民，毋许入境。[⑤]

但这种谕令并不具有约束力。乾隆盛世，人口过剩，造成土地严重不足，地广人稀的吉林就成为关内流民寻求生存的乐土。关内汉族民人源源不断地经奉天省进入吉林。据《黑龙江述略》卷 4 记载：“盛京额设十七边门，以限内外，禁令綦严，而自乾隆中叶，游民挈家阑出者，已不能驱之。”乾隆中

① 《清高宗实录》卷 150，乾隆六年九月戊辰，北京：中华书局，1985 年，第 1153 页。
② 《清高宗实录》卷 356，乾隆十五年正月乙卯，北京：中华书局，1985 年，第 917 页。
③ 光绪《大清会典事例》卷 158《户部·户口·流寓异地》，光绪商务印书馆本。
④ 光绪《大清会典事例》卷 158《户部·户口·流寓异地》，光绪商务印书馆本。
⑤ 《清高宗实录》卷 1023，乾隆四十一年十二月丁巳，北京：中华书局，1985 年，第 708 页。

叶，辽东边墙破损，边禁废弛，造成流民北上的大势。

嘉庆朝流民逐渐进入伯都讷、拉林、阿勒楚喀等城镇。道光、咸丰年间，舒兰、五常、双城、桦甸等地也有流民进入，开垦土地。尤其咸同以来，面对东北边疆内政外交出现的危机，一些边疆大吏疾呼，要加强边务，开禁实边，迫使清廷放弃封禁，招民垦荒，发给执照。这样“数百年封禁之地利，逐至荡然无存”[①]。

伴随大量流民的涌入，吉林地区形成了许多汉人村屯聚落，随着农业的发展，又兴起手工业、商业。因此，需要向汉民征收赋税，向手工业商人征收税捐，人口、户籍也需管理。同时，旗民间田土、婚姻、命盗之案也随之出现。而当时无民官、民署，各级旗署官员“但习骑射，不惟不谙吏治，且多不通汉文，悉凭委笔帖式、司达等任意轩轾”[②]，致使民怨沸腾。可见，增设理民之官，设置理民之署迫在眉睫。

东北地区最早的管理民人事务的机构是顺治十年（1653年）设置的辽阳府。顺治十四年，罢辽阳府改设奉天府，首创东北地区旗人与民人、旗署与民署并存分治的双重管理体制。吉林地区的民治机构始设于雍正四年（1726年），是年十二月《清世宗实录》载：

> 命船厂地方添立永吉州，设知州、州同、吏目、学正各一员。宁古塔地方添立泰宁县，伯都讷地方添立长宁县，各设知县、典史、教谕各一员，俱隶奉天府管辖。[③]

“船厂”为吉林将军所在地吉林乌拉城，于此设永吉州；宁古塔副都统所在地设立泰宁县；伯都讷副都统所在地设立长宁县。此一州二县为吉林地区设置的第一批民署，首创吉林地区旗人与民人、旗署与民署并存分治的双重管理体制。当时，吉林地方民人不多，俱归奉天府府尹统辖。翌年，将宁古塔泰宁县归并永吉州。乾隆元年（1736年），将伯都讷长宁县也并入永吉州。[④]乾隆十二年，永吉州改为吉林厅，正式划归吉林将军直辖。嗣后，吉林地方的民赋始由吉林厅汇总上报，形成吉林将军统辖下的民署系统。

嘉庆初年，蒙古郭尔罗斯札萨克公恭格喇布坦“以其游牧之地，招流民

---

① 《清穆宗实录》卷241，同治七年八月戊辰，北京：中华书局，1987年，第341页。
② 《吉林将军铭安奏变吉林官制增设府厅州县大概章程折》，光绪四年九月，吉林省档案馆藏。
③ 《清世宗实录》卷51，雍正四年十二月戊寅，北京：中华书局，1985年，第773页。
④ 《吉林通志》卷60《职官志三·国朝》，台北：文海出版社，1965年，第3990页。

垦种”，因“地多租少，流民利之，故至者日众”。[①]嘉庆四年（1799年），吉林将军秀林会同该旗盟长拉旺查出流民3330户，私垦地265 648亩。[②]为管理该地流民，清廷于嘉庆五年（1800年），在宽城子设长春厅，派理事通判、巡检各一员管理当地汉民田土诉讼诸事。嘉庆十五年，吉林将军鉴于伯都讷地方流民日增，已逾万户的事实，奏请设立伯都讷厅。是年，吉林将军赛冲阿奏言：

> 伯都讷旧为长宁县治，设有知县等官，后因民数无多，改设巡检管理。自乾隆二十六年，前任将军恒禄以该处与蒙古相近，蒙古事繁，民人事简，将巡检裁汰，另设委署蒙古主事一员，管理蒙古事务，民人归于伯都讷副都统衙门兼理，一切刑钱事务，均由将军衙门覆核奏咨。迄今五十余年，生齿日众，事务倍繁，更兼近年以来外省流来携眷民人数千余户，在彼私垦地亩……臣现在清查办理统计，新旧民人已及万户，应征丁地钱粮二万余两，实非从前民数无多之可比，自应仍旧设立专员，以资治理，而专责成。[③]

朝廷从赛冲阿之请，裁撤原设理藩院主事，改设伯都讷厅理事同知一员，驻伯都讷城，添设巡检一员，驻榆树（今吉林省榆树市）管理民事。同光以后，吉林地区的汉民急剧增加，出现建治高潮。光绪十四年（1888年），吉林厅、长春厅由厅升府；光绪五年，设海龙厅；光绪六年，设宾州、五常厅；光绪八年，设双城厅；光绪十八年，设延吉厅；光绪二十八年，设绥芬厅；光绪三年，设通化县、怀德县；光绪八年，设伊通州、敦化县、农安县；光绪二十八年，设磐石县；光绪三十一年，设榆树县。据统计，至光绪末年，吉林共建府、厅、州县数约占东三省民署总数的32.74%。[④]

上述新建民署与旗署皆隶属吉林将军。旗署理旗人事务，民署管民人事务，两署即使同驻一城也互不相涉。旗民两署所治之事有征收赋税、缉捕盗贼和审理案件。如果说清初因“旗民不交产”，旗人与民人间交涉案件较少的话，那么清中叶以后旗民纠纷事件愈发增多。旗民两署，旗官、民官的关系随之复杂，矛盾亦日见加深。这样一来，由旗民双重体制向专理民政事务

① 《吉林通志》卷29《食货志二·田赋》，台北：文海出版社，1965年，第2144页。
② 光绪《大清会典事例》卷158《户部·户口·流寓异地》，光绪商务印书馆本。
③ 《吉林通志》卷60《职官志三·国朝》，台北：文海出版社，1965年，第3991—3992页。
④ 刁书仁：《论清代吉林地区行政体制及其变化》，《社会科学战线》1994年第3期。

的州县制转变势在必行。

三、清末由旗民双重体制向行省州县制的转变

清末吉林地区旗民双重体制向行省州县制转变有其历史的必然性。首先，旗民双重体制已不适应变化的形势。咸同以来，吉林地方“外交日亟，内政日繁，或为边疆重要之地，或为蒙荒交通之地，或为交涉竞争之地”①。而对如此复杂的形势，职高权重的八旗将佐和各级旗署无暇应对，表现出军事上无能、内政外交上无知。与此同时，职低权轻的民官、民署却受旗署“掣肘”，难以发挥其作用。因此，严峻的形势迫切要求旗民两署“统一事权”，以适应新形势的需要。其次，清末以降，吉林地区经济发展要求建立与之相适应的管理体制。清廷将吉林视为龙兴之地，厉行封禁而加以保护。随着满汉民族间的融合，光绪三十一年（1905 年），清廷不得不承认旗民交产的合法性，规定：“嗣后不分旗民，得以互相买卖”②，表明旗民二重体制已失去其经济基础。最后，满汉人口比例的变化。汉族人口急剧增加，民署民官在民治事务中的地位不断提高，作用不断突出。到光绪末年，东北地区民户猛增至 2700 多万，约是旗人的 20 倍。咸丰朝至光绪朝约 50 年间设立的民署约为前 200 多年的 4 倍，而旗署却没有增加。新兴城镇出现后，原先的旗屯、旗镇已失去其原来的意义，民署在民治事务中的地位和作用已超过旗署，旗民双重体制已无存在的必要。

光绪三十三年，清廷诏令改吉林为行省。是年三月，光绪帝上谕云：“东三省吏治因循，民生困苦，亟应认真整顿，以除积弊，而专责成。”③随即裁撤东北三将军，设奉天省、吉林省、黑龙江三省，“盛京将军著改为东三省总督兼管三省将军事务，随时分驻三省行台。奉天、吉林、黑龙江各设巡抚一缺，以资治理”④。至此，吉林将军所属各旗缺全部裁撤，为行省制所取代，“行省以总督为长官，巡抚为次官”⑤，“督抚权限，如京都尚侍，为同署办公之利”。其下设各司：民政司，掌办理民治、巡警、缉捕、府厅以下各官升调事务，下设民治、疆理、营缮、警政、庶务五科；交涉司，掌

① 徐世昌：《东三省政略》卷 4《军事》，长春：吉林文史出版社，1989 年，第 630 页。
② 《奉天通志》卷 49《大事四十九》，沈阳：东北文史丛书编辑委员会，1983 年，第 1041 页。
③ 《清德宗实录》卷 571，光绪三十三年三月己亥，北京：中华书局，1987 年，第 552 页。
④ 《清德宗实录》卷 571，光绪三十三年三月己亥，北京：中华书局，1987 年，第 552 页。
⑤ 《奉天通志》卷 49《大事四十九》，沈阳：东北文史丛书编辑委员会，1983 年，第 1050 页。

办理外交事务，下设庶务、界约、互市三科；度支司，掌办理财赋诸事，下设庶务、俸饷、赋税三科；提法司，掌理民刑，监督各级审判厅、检察厅及监狱，处理司法行政事务，设总务、民事、刑事、典狱四科；提学司，管理全省教育，设庶务、普通、会计、图书四科；劝业道，管理农工商交通事务，设总汇、农、工、商、邮传五科；文案处，总理文案事宜，设六股三处。[①]吉林省所辖区域仍延续旧制，下设各府厅州县区划不变。

行省州县制代替旗民双重体制在历史的发展进程中无疑是进步的，它奠定了现在吉林省行政体制的基础，对清末民国以来吉林地区政治、经济发展产生了重大的积极影响。

---

① 徐世昌：《东三省政略》卷5《官制·吉林省》，长春：吉林文史出版社，1989年，第863—868页。

第二章 清代东北八旗驻防旗地

第一节 驻防旗地形成的历史条件

旗地是清代一种特殊的土地制度，形成于满族入关之前，是八旗制度的基础。这种土地制度是如何产生的，与入关前满族的社会生产力发展水平、八旗制度及女真人的村落组织有怎样的关系？这些是研究八旗土地制度形成必须回答的问题。

一、建州女真（满族）社会经济的发展

明朝中叶，建州女真人南迁苏子河、浑河流域，与明朝抚顺毗连。①这里有适合发展农业生产的土壤与气候，又便于接受汉族发达的经济文化，使其社会经济得以迅速发展。大量使用铁制农具与耕牛是女真社会经济发展的重要标志。女真人对铁器并不陌生，早在辽金时期，他们就开始使用铁制农具。东北地区出土金代铸造的铁铧犁，足以证明女真人很久以前便使用铁制农具。建州女真人使用铁制农具也是史学界公认的事实。其铁器来源有二：一是自己制造。所谓“往时野人屈木为镫，削鹿角为镞，今闻镫，镞皆为铁”②。但是，建州女真社会产铁少则是事实。建州女真人大部分铁器是从邻近各族，特别是从中原购买的。明成化年间，太监汪直弹劾兵部侍

① 刁书仁：《正统年间建州左卫西迁考实——兼论东亚地区女真与明朝、李氏朝鲜的关系》，《中国边疆史地研究》2010年4期。

② 《李朝成宗实录》卷52，成宗六年二月辛巳，东京：学习院东洋文化研究所，1958年，第465页。

郎马文升时说，女真人启衅是由于马文升“禁不与农器交易”[①]。这说明女真所需要的铁器，大部分是从关内互市中得到的。据明代辽东档案记载，女真人购买铁器数量相当大，仅万历十二年（1584年）三月十八日一次交易，女真人从辽东马市就购进“铧子壹仟叁件”[②]。当时，除应用铁制农具外，牛耕也很普遍。15世纪初，定居于朝鲜东北部阿木河一带的猛哥帖木儿部落“率男女二百余名，牛一百余头”[③]，从事农耕。至15世纪中叶以后，建州女真的农业生产发展迫切需要辽东地区的耕牛、铁器。正统七年（1442年），明朝特许建州女真所缺的耕牛、农器可以“如旧更易应用”[④]。建州女真人从辽东马市交换牛、铁器的记载，在明代辽东档案中屡见不鲜。因此，明朝人认为，耕牛是“边人（建州女真人——笔者）所恃以为生”[⑤]的重要生产手段。

铁犁与牛耕使建州女真的土地得以大量开垦。婆猪江（今浑江）“两岸大野，率皆耕垦，农人与牛，布散于野”[⑥]。苏子河一带，“无野不耕，至于山上，亦多开垦”[⑦]，并且“田地品膏，则粟一斗落种，可获八九石。瘠者仅收一石云”[⑧]。这里粟的产量可能有些夸大，但仍可证明当时建州女真的农业发展水平是比较高的。万历四十七年，朝鲜李民寏在《建州闻见录校释》中，也以“土地肥饶，禾谷甚茂，旱田诸种无不有之”[⑨]描绘建州女真的农业生产。荒地辟为良田，种植品种齐全且有了剩余。于是“秋后掘窑以藏，渐次出食，故日暖便有腐臭。其土产禽、兽、鱼、鳖之类，蔬菜瓜茄之属皆有之”[⑩]。粮食自给有余，甚至多次到辽东马市交换。有关建州女真人出售粮食的情况，在明代辽东档案中有很多记载，如万历六年六月初三，“夷人张乃奇肆拾名到市，与买卖人孙国臣等交易，行使猪牛等物换过麻布、木

① 严从简：《殊域周咨录》卷24，潘喆、李鸿彬、孙方明：《清入关前史料选辑》第一辑，北京：中国人民大学出版社，1984年，第112页。

② 《明代辽东残档选编》（清初史料丛刊第五种），沈阳：辽宁大学历史系，1979年，第54页。

③ 《李朝世宗实录》卷20，世宗五年四月乙亥，东京：学习院东洋文化研究所，1956年，第291页。

④ 《明英宗实录》卷89，正统七年二月甲辰，台北：“中央研究院”历史语言研究所，1962年，第1792页。

⑤ 《明英宗实录》卷54，正统四年四月己丑，台北：“中央研究院”历史语言研究所，1962年，第1039页。

⑥ 《李朝世宗实录》卷77，世宗十九年六月己巳，东京：学习院东洋文化研究所，1956年，第563页。

⑦ 申忠一：《建州纪程图记校注》，沈阳：辽宁大学历史系，1979年，第10页。

⑧ 申忠一：《建州纪程图记校注》，沈阳：辽宁大学历史系，1979年，第25页。

⑨ 李民寏：《建州闻见录校释》，沈阳：辽宁大学历史系，1978年，第43页。

⑩ 李民寏：《建州闻见录校释》，沈阳：辽宁大学历史系，1978年，第43页。

耳、粮米等货”[①]。这反映出建州女真当时农业生产发展很快。

铁制农具的运用，促进了手工业的发展。建州女真原来“不解炼铁”，只能通过与明朝、朝鲜贸易“得正铁改造耳”[②]。明中叶后，冶锻铁器已很普遍，甚至女真村落中的冶匠，都可以“设风炉造箭镞，皆淬之”[③]。至万历二十七年（1599 年）三月，“始炒铁，开金银矿”[④]，开始较大规模地采矿和冶炼。这时，手工业内部已有了行业分工，“银、铁、革、木，皆有其工”[⑤]。万历二十二年，朝鲜通事何世国在旧老城亲眼见到建州有“甲匠十六名，箭匠五十余名，弓匠三十余名，冶匠十五名”，而且这些工匠“皆是胡人（建州人）”[⑥]。天命四年（1619 年），努尔哈赤征叶赫时，所率八旗将士“盔甲明如冰雪”[⑦]，从侧面反映出后金手工业的发展水平。

与此同时，建州女真人的商品交换也有一定的发展。他们通过朝贡或马市贸易等，同明朝、蒙古和朝鲜等进行产品交换，曾到乌拉等地低价收购“东珠、紫貂”，运往辽东马市，以“厚利”出售，并将本地所产的“明珠、人参、黑狐、玄狐、貂鼠、猞狸狲、虎豹、海獭、青鼠、黄鼠等皮，以备国用”，或至“抚顺、清河、宽奠、叆阳四处关口，互市交易，以通商贾。因此，满洲民殷国富”。[⑧]

建州女真（满族）在社会经济发展的基础上，接受明朝、蒙古、朝鲜先进经济文化的影响，16 世纪末，其社会经济迅速发展，构成其八旗土地制度形成的社会基础。

二、旗地是八旗制度的经济基础

八旗制度是由女真人狩猎组织——“牛录”发展演变而来的。这种组织最初与女真人的经济生活密切相关。“前此凡遇行师出猎，不论人之多寡，

---

① 《明代辽东残档选编》，沈阳：辽宁大学历史系，1979 年，第 53 页。

② 《李朝成宗实录》卷 52，成宗六年二月辛巳，东京：学习院东洋文化研究所，1958 年，第 465 页。

③ 《李朝成宗实录》卷 255，成宗二十二年七月丁亥，东京：学习院东洋文化研究所，1958 年，第 218 页。

④ 《满洲实录》卷 3，万历二十七年三月，北京：中华书局，1986 年，第 112 页。

⑤ 李民寏：《建州闻见录校释》，沈阳：辽宁大学历史系，1978 年，第 43 页。

⑥ 《李朝宣祖实录》卷 69，宣祖二十八年十一月戊子，东京：学习院东洋文化研究所，1961 年，第 405 页。

⑦ 《满洲实录》卷 6，天命四年八月，北京：中华书局，1986 年，第 273 页。

⑧ 《满洲实录》卷 2，万历十年四月，北京：中华书局，1986 年，第 73 页。

照依族寨（mukun gasan）而行。满洲人出猎，开围之际，各出箭一枝，十人中立一总领，属九人而行，各照方向，不许错乱。此总领呼为牛录（汉语大箭）额真（额真汉语主也——原文注）。”[①]牛录额真下设代子二人为副职，再置四名章京，四名拨什库，这是最初的牛录组织。万历二十九年（1601年），努尔哈赤将这种牛录组织加以改造，以每三百人编为一牛录。每牛录设牛录额真一人；五牛录为一甲喇，设甲喇额真一人；五甲喇为一固山（旗），每固山设一固山额真为一旗之主。最初设四旗，以黄、白、红、蓝四色为标志。万历四十三年，在原有四旗基础上，又增加镶黄、镶红、镶蓝、镶白四旗，合为八旗。每旗主领有步骑七千五百名，八旗共有六万余人。努尔哈赤是八旗的最高统帅，其兄弟子侄分统各旗，各掌本旗军政、刑罚、生产大权。八旗之间是平行关系，“有人必八家分养之，地土必八家分据之，即一人尺土，贝勒不容于皇上，皇上亦不容贝勒也”[②]。这说明八旗制度具有军事、行政、生产的属性。这种属性使八旗制度具有“以旗统人，即以旗统兵”[③]，“出则为兵，入则为民”[④]的特征，而八旗土地制度则是构成这种特征的经济基础。正如福临在顺治四年（1647年）三月，给户部的上谕中所云：“满洲从前在盛京时，原有田地耕种，凡赡养家口以及行军之需，皆从此出。”[⑤]旗地制的推行，使八旗制度具备了兵农合一的属性。这首先取决于国家初建，国家机器尚未完善，旗下兵丁缴纳捐税制度尚未建立，国家无力供养一支专职的常备军队。其次是国家控制的人口尚少，兵丁来源不足，而旗地制的推行“凡隶乎旗者皆可以为兵”，避免了每遇征战要临时“佥派召募之烦”[⑥]，保证了军队的来源。因此，为了战争、军队所需，就必须使兵丁平时在土地上生产自给，战时从土地的收入中自行置办装备，从而达到无饷而富的目的。于是，旗地即成为旗下兵丁日常生活和参与战争的物质基础。

三、旗地与女真人村落组织的关系

女真人的村落组织至少在金代就已有之。金初的村落称为村或寨，由孛

---

① 《满洲实录》卷3，万历二十九年正月，北京：中华书局，1986年，第117—118页。
② 《文五进狂瞽奏》，《天聪朝臣工奏议》，沈阳：辽宁大学历史系，1980年，第30页。
③ 《清朝通志》卷68《职官略五》，杭州：浙江古籍出版社，1988页，第7158页。
④ 《清太宗实录》卷7，天聪四年五月壬辰，北京：中华书局，1985年，第98页。
⑤ 《清世祖实录》卷31，顺治四年三月庚午，北京：中华书局，1985年，第257页。
⑥ 《清朝通志》卷68《职官略五》，杭州：浙江古籍出版社，1988年，第7158页。

堇管辖。其后猛安谋克制确立，孛堇被授予猛安、谋克的称号。猛安、谋克下置寨使，掌管村寨的户口、赋役、纠察诸事。据《金史》记载："猛安谋克部村寨，五十户以上设寨使一人"，掌"按比户口、催督赋役、劝课农桑"。[①]这与清入关前编旗之初各酋长、部长被委以牛录额真的职掌基本相同，可见明代女真的村落与金代女真的村落有继承关系。明代女真人的村落称嘎栅（gasan）。明末努尔哈赤起兵时，女真的村落一般以三十户以下的为多数，这些村落是带有血缘色彩的地域集团，其中，带有血缘纽带的为穆昆（mukun），即同族集团。下引清代文献，关于努尔哈赤祖父觉昌安兄弟的记载作为证据。努尔哈赤的祖父觉昌安共有弟兄六人，即宁古塔六贝勒。他们"各主城池"，始分六处，后为十二处。当外族来进攻时，他们聚族相谋曰："我等同祖所生，今分居十二处，甚是涣散，何不聚居，共相保守。"众议皆定，独武太不从，曰："我等同住一处，牲畜难以生息，吾今诣妻父哈达汗处，借兵报复。"[②]由此可见，当时这些村落不是单纯的地域集团。另外，努尔哈赤父祖被害，尼堪外兰"迫太祖往附"，而"五祖子孙"，"对神立誓，亦欲杀太祖以归之"[③]之事，也可证明当时女真社会的血缘色彩是很浓厚的。

女真族的这些村落，由酋长及族长管辖。一般情况下几个嘎栅、穆昆合并成部（aiman），由部长（aimanda）统辖。努尔哈赤起兵时，女真存在许多部。松花江流域有海西四部；浑河流域有建州五部；东海方面有三部；长白山有二部。[④]女真各部处在由分散走向统一的社会变革时代，如《满洲实录》所载："各部蜂起，皆称王争长，互相战杀，甚且骨肉相残，强凌弱，众暴寡。"[⑤]万历十七年（1589 年），努尔哈赤统一建州诸部，建国于二道河子旧老城。朝鲜使者申忠一记载了建州的情况：内城设木栅，努尔哈赤住在栅内，外城其弟舒尔哈齐及诸将居住，外城以外军人居住。[⑥]诸将是各部长，被统治者是诸申（jusen）。他们居住在由几个村落组成的固定地域内，从事狩猎、采集、农耕。农业生产是屯田，土地由各部落的共有地转化而来。

① 《金史》卷 46《食货志・户口》，北京：中华书局，1975 年，第 1013 页。
② 《满洲实录》卷 1，万历十一年二月，北京：中华书局，1986 年，第 12—18 页。
③ 《满洲实录》卷 1，万历十一年二月，北京：中华书局，1986 年，第 30 页。
④ 魏源：《圣武记》卷 1《开创》，北京：中华书局，1984 年，第 2 页。
⑤ 《满洲实录》卷 1，北京：中华书局，1986 年，第 21 页。
⑥ 申忠一：《建州纪程图记校注》，沈阳：辽宁大学历史系，1979 年，第 16—17 页。

屯田的收获作为粮饷，由各部落长管理，即《建州闻见录校释》所说："奴酋于各处部落例置屯田，使其部落酋长掌治耕获。"此外诸申，还有自己的经济，"家家皆畜鸡、猪、鹅、鸭、羔、羊、犬、猫之属"[①]。诸申不仅承担各种差役，还要传箭出征，而且"军器、军粮使之自备"[②]。伴随努尔哈赤统一女真战争的进行，以血缘关系建立起来的军事与生产组织形式，已不适应需要。因此，努尔哈赤于万历二十九年（1607年），整编牛录，建立旗制，将原来的村、部编入牛录，组成新的村落制，原嘎栅之长、部之长成为八旗社会组织中的各级将领;原村落的诸申编入新的村落成为旗下牛录旗丁，这样组成的八旗村落完全变成了地域集团。同时，把原部落的土地转化为旗地，八旗村落内土地的分配、人口调查、徭役的赋课诸事，由牛录额真及副手屯拨什库管理。他们既是直接的军事首领，又是行政长官。恰如皇太极所说："田畴庐舍，民生攸赖，劝农讲武，国之大经，尔等（牛录额真）宜各往该管屯地，详加体察。"[③]整编牛录，建立旗制，将分散的诸申组织起来，结成一个以地域为准的军事性的牢固组合体，这就大大改变了原来满族的面貌，对满族社会的发展具有重要意义。

万历四十一年，努尔哈赤令在前屯田的基础上，实行八旗牛录屯田。万历四十三年，再次下令"各牛录出男丁十人，牛四头，始于荒地耕种之，自是免征国人粮赋，国人遂无忧苦。粮储转为丰足，于是建造粮库"[④]。当时，推行牛录屯田的地区，除建州地区外，还包括海西地区。实行牛录屯田后，旗丁既要披甲征战，又要种田植谷，交纳贡赋和负担徭役，如李民寏所言："凡有杂物收合之用，战斗力役之事，奴酋令于八将，八将令于所属柳累将（牛录），柳累将令于所属军卒，令出不少迟缓。"[⑤]八旗牛录屯田标志着满洲社会八旗土地所有制的初步形成，而八旗村落组织是旗地形成的一个社会条件。

八旗土地制度的最后形成是"计丁授田"制度的颁行。天命六年（1612年）三月，满族进入经济发达的辽东后，八旗土地制度得到进一步发展。同

---

① 申忠一：《建州纪程图记校注》，沈阳：辽宁大学历史系，1979年，第25页。

② 申忠一：《建州纪程图记校注》，沈阳：辽宁大学历史系，1979年，第24页。

③ 《清太宗实录》卷13，天聪七年正月庚子，北京：中华书局，1985年，第179页。

④ 中国第一历史档案馆、中国社会科学院历史所译注：《满文老档》，北京：中华书局，1990年，第19页。

⑤ 李民寏：《建州闻见录校释》，沈阳：辽宁大学历史系，1978年，第44页。

年七月十四日，努尔哈赤综合牛录屯田制，颁行“计丁授田”令。据《满文老档》记载：“海州地方拨田十万晌，辽东地方拨田二十万晌，共征田三十万晌，分给在我驻扎此地方之兵马。”[①]如田不敷用，再将别处之田补之。规定，“我今计田每丁给种粮田五晌，种棉地一晌”[②]。可见，“计丁授田”的主要对象是“驻扎此地方”八旗兵丁。当时，旗地分布区域主要在辽阳、沈阳一带，其他地区较少。康熙二十三年版《盛京通志》记载了清入关前，辽东旗地的分布和数量[③]：兴京旗地 2441 日，奉天附近旗地 258 937 日，开原旗地 11 667 日，凤凰城旗地 7590 日，盖平旗地 16 274 日，南金州旗地 5150 日，牛庄旗地 28 114 日，合计 330 173 日。“计丁授田”令的颁行，标志着后金国家八旗土地制度的确立。

第二节　清前期东北八旗驻防旗地的特征

满族进入辽东以后至康熙中叶，约七十年时间。这期间，旗地作为驻防八旗兵丁的经济基础，从土地所有制关系的全部联系来考察，有如下特征。

一、驻防旗地的国有性质

东北八旗驻防旗地由国家授拨，按八旗左右翼顺序划定旗界，旗丁不能随意挑选。康熙五年（1666 年）三月，辅臣鳌拜、索尼等谈到清入关前旗地的授拨时说：“太祖、太宗时，原将八旗分左右翼，庄田、房屋俱从头挨次分给。”[④]清入关后沿袭这一做法。康熙十八年至十九年规定：奉天旗界，“东自抚顺起，西至宁远州老君屯止，南自盖平县阑石起，北至开原止……分定旗界内地二十七万六千二十二顷八十亩，余系民界内地”[⑤]。旗地必须在旗界内拨授，“旗丁不许在民界内垦种”，“若不论疆界，挑选膏腴，徇情派拨者，佐领、领催分别罚责”。[⑥]即使是在旗界内，也必须按八旗左右翼

① 中国第一历史档案馆、中国社会科学院历史研究所译注：《满文老档》，北京：中华书局，1990 年，第 219 页。

② 中国第一历史档案馆、中国社会科学院历史研究所译注：《满文老档》，北京：中华书局，1990 年，第 220 页。

③ 《盛京通志》卷 18《田赋志》，康熙二十三年版。

④ 《清圣祖实录》卷 18，康熙五年三月辛丑，北京：中华书局，1985 年，第 264 页。

⑤ 光绪《大清会典事例》卷 1119《八旗都统·田宅·盛京等处官兵庄田》，光绪商务印书馆本。

⑥ 《八旗通志》初集卷 18《土田志一》，长春：东北师范大学出版社，1985 年，第 326—328 页。

的次序分拨。所谓“分定地界居住，不许移居”[①]。据乾隆元年版《盛京通志》记载，锦县旗地，完全是按八旗左右翼顺序分配的。吉林、黑龙江两省旗地也划分旗界民界。旗地只能在旗界内按八旗左右翼分拨。《黑龙江外纪》记载，黑龙江、齐齐哈尔、墨尔根三城，八旗旗地均按左右翼分配。[②]清朝国家采取政治强力，把国有土地分给八旗兵丁，旗丁被限定在固定的范围内，进行耕种，不许随便迁徙，目的在于巩固八旗防地，体现出国家的土地所有权。

八旗驻防旗地按八旗官员的等级进行分配。清入关前，旗地以八旗官员兵丁的等级及占有壮丁多寡为准，八旗官员“所获财物，原照官职功次，加以赏赉，所获土地，亦照官职功次，给以壮丁”。每壮丁授田五日至六日，壮丁与土地的结合，占有大量的人丁就能获得大量的土地。当时有“满汉一等功臣，占丁百名”者，不过，这种规定并不具有绝对的约束力。八旗官员中占有“千丁者或有八九百丁者”[③]，也大有人在。而一般旗丁并没有壮丁、奴仆，每丁授田六日。清入关后，八旗官员占有人丁土地数额以官、爵、勋等为依据。顺治三年（1646年）规定：“副都统以上官员，各拨给园地三十晌，并二名壮丁地。”[④]翌年补充规定：“参领以下官员，各给二名壮丁地。”六年又定：“拨给官员园地，公、侯、伯、精奇尼哈番各三十晌；阿尼哈尼哈番各二十晌；阿达哈哈，各十五晌；拜他喇布勒哈番各十晌。”[⑤]以后又有所增加。相反，一般八旗兵丁因没有壮丁、奴仆，按规定：每丁仅授田六日，至皇太极时已减为“每丁给田五日”，并“一家衣食凡百差傜皆从此出”。[⑥]而实际情况是“上等肥饶之地，或被本管官占种，或被富豪家占种，余剩薄地，分与贫民，名为五日，其实不过二三日”[⑦]。甚至新添壮丁“一陇未得”，出现贫富极端悬殊的现象。

驻防旗丁对所分得的旗地只有耕种权。皇太极上谕云：“方今疆土日辟，旧所给田地，若有不堪耕种者，察明换给沃壤，即于附近建造房屋，俾迁居

① 《户部则例》卷1《户口》，同治十三年刊本。

② 西清：《黑龙江外纪》卷2，《中国边疆研究文库·东北边疆卷（十）》，哈尔滨：黑龙江教育出版社，2014年，第187页。

③ 《清太宗实录》卷17，天聪八年正月癸卯，北京：中华书局，1985年，第224页。

④ 《八旗通志》初集卷18《土田志一》，长春：东北师范大学出版社，1985年，第312页。

⑤ 《八旗通志》初集卷18《土田志一》，长春：东北师范大学出版社，1985年，第313—314页。

⑥ 《高士俊谨陈末议奏》，《天聪朝臣工奏议》，沈阳：辽宁大学历史系，1980年，第6页。

⑦ 《杨方典条陈时政奏》，《天聪朝臣工奏议》，沈阳：辽宁大学历史系，1980年，第38页。

之。”[①]可见，驻防旗丁分得的土地允许置换，若旗丁无力耕种，则由国家资助，但严禁旗地买卖与转让，说明旗丁对所耕种旗地无支配权。后来规定："其屯庄田土，八旗移居已定，今后无事再移，可将各安其业"，但遇有特殊情况，仍可移动，如"遇各国投诚人至，拨给屯堡房屋，令现往者，展界移居"。[②]国家可以随时更换旗丁的土地，说明旗丁并不具有土地所有权。因此，即使旗丁贫困，缺乏籽种、牛具，无力耕种，出现坐使土地荒芜的情况，也不得卖掉旗地。对此，清廷令"该管章京宜时加体察，令有力者助之"[③]，或由国家资助口粮、农器。这类事例，清入关后屡见不鲜。康熙二十五年（1686年），清廷准许"锦州、凤凰城等八处荒地分拨旗丁、民丁，给牛屯垦，每十六丁内，二丁承种，余十四丁，助给口粮、农器"[④]。表明清朝国家有权授拨土地，也有权置换，八旗兵丁只能"世守"但"不准典卖与民"[⑤]。

总之，康熙中叶以前，驻防旗地由国家按八旗官兵的等级分拨，所有权归国家，旗丁只有使用权。

二、驻防旗地以丁为本、计丁授田

康熙中叶前的东北驻防旗地以丁为本，计丁授田，丁与田紧密结合，从而确立了清朝国家对八旗兵丁统治、支配的关系。

旗下兵丁严格隶属所在的旗分佐领。清朝旗下兵丁不是直接隶属国家，而是隶属旗，国家通过旗分佐领控制旗丁。旗下兵丁与本旗佐领间存在着严格的隶属关系，兵丁不许随意离开牛录，改隶别旗。清廷规定："凡旗下人，远离本佐领居住者，人口、财产入官。"[⑥]清入关前时，平时"牛录的人，每晚在牛录额真的衙们集合一次，要严查有无"缺席，倘有违误，则责打五鞭。战时，八旗牛录人丁"自出兵日，至班师日，各军勿得离本牛录旗，违

---

① 《清朝开国方略》卷17，《近代中国史料丛刊》（第十四辑），台北：文海出版社，1968年，第405页。

② 《清朝开国方略》卷18，《近代中国史料丛刊》（第十四辑），台北：文海出版社，1968年，第429页。

③ 《清朝开国方略》卷24，《近代中国史料丛刊》（第十四辑），台北：文海出版社，1968年，第558页。

④ 《钦定八旗通志》卷66，《土田志·五》，台北：台湾学生书局，1968年，第5100页。

⑤ 光绪《大清会典事例》卷1117《八旗都统·田宅·官兵庄田》，光绪商务印书馆本。

⑥ 光绪《大清会典事例》卷1113《八旗都统·户口·编审丁册》，光绪商务印书馆本。

者执之”[①]。清入关以后，也是如此，甚至盛京旗人到吉林地方种地，也被视为逃旗，“拿解本处，照例办理”[②]。清廷对于逃旗者处罚很重，“凡旗人初次逃走者，左面刺清汉逃人字，鞭一百；二次逃走者，右面刺字，改枷号一月，鞭一百；三次逃走者，右面刺所发地名，咨送兵部，发宁古塔、乌拉等处，给披甲人为奴”[③]。最能体现这种隶属关系的是旗丁编审制度。旗丁编审制度规定：“各旗人丁三年编审一次，凡编审各旗壮丁，令各佐领稽查已成丁者增入丁册，其老弱幼丁不应入册，有隐匿者罪。”[④]开驻防旗丁编审制先河，后来逐渐固定化。驻防旗人以年至十六岁为准，官员和披甲以至户下人，皆一一列入册内，按正户、开户、户下顺序分别造册，各备三代履历。“每户书某氏某官，未仕者，书闲散某，上书父兄官职名字，旁书子弟、兄弟之子及户下家奴名字，比较旧册事故者，声明裁除，新增者，声明注入”，每三年由佐领开造清册二本，一咨部，一存本旗，“该佐领及骁骑校、领催并于册内列名，联名画押，由该管都统铃印……如有隐冒，查实题参”。[⑤]通过旗丁编审制度将旗人束缚在旗分佐领所管的土地上，从而形成一种依附关系。

驻防旗地的分拨是以受地旗兵服徭役为前提的。清廷规定：每个旗丁拨给旗地五日至六日。清入关前，旗丁“不过一身一骑”，无壮丁、奴仆帮贴着耕地，旗丁“整器具，治家业，课耕田地”[⑥]的繁重负担，使旗兵贫困不堪。清入关后“计丁授田”，“满洲披甲人或止父子，或止兄弟，或止一身，得田不过数晌”[⑦]，境遇并未有多大改变。相反八旗官员、将佐“不下十壮丁，大将则壮丁数十，连田数顷”，役使壮丁“耕种收获，供送本主”。[⑧]这些八旗将官“居家皆弹筝击筑，衣文绣策肥，日从宾客子弟饮”[⑨]，与一般旗兵生活形成鲜明的对照。清入关后，旗兵是隶属旗分佐领下进行生产、服徭役的。有人把佐领比作州县，“每一佐领下所辖不下数十家，每家约计自数

---

① 《满洲实录》卷 4，天命三年四月，北京：中华书局，1986 年，第 197 页。
② 光绪《大清会典事例》卷 155《户部・户口・壮丁别寓》，光绪商务印书馆本。
③ 光绪《大清会典事例》卷 857《刑部・督捕例・保卖旗人》，光绪商务印书馆本。
④ 《清朝通志》卷 85，《食货略五》，杭州：浙江古籍出版社，1988 年，第 7252 页。
⑤ 《户部则例》卷 1《户口》，同治十三年刊本。
⑥ 《清太宗实录》卷 7，天聪四年五月壬辰，北京：中华书局，1985 年，第 98 页。
⑦ 《清世祖实录》卷 127，顺治十六年七月壬辰，北京：中华书局，1985 年，第 986 页。
⑧ 李裀：《安抚流移疏》，《皇清奏议》卷 8，光绪二十八年石印本。
⑨ 金德纯：《旗军志》，《辽海丛书》第四集，沈阳：辽海书社，1985 年影印本，第 2 页。

口，以至数十口人丁不等”[①]“其居址虽不尽毗连里巷，而散处较远者亦止在数十里内。”[②]当然，这种比喻未必恰当，但它说明了佐领在八旗系统中所处的重要地位。佐领下的旗丁有披甲、余丁之分，披甲主要征战，余丁专恃农事。披甲与余丁的比例，视征兵额而采取抽丁的办法。清入关前后大致三丁抽一，即三丁中一名披甲，二名余丁。如果把披甲、余丁落实到旗人每家每户，据雍正帝在上谕中云：“一佐领下，满洲多不及二百人，少或七八十人，计户不过四五十家”[③]的数推算，一户至少一名披甲，两名余丁。披甲充缺，年老始退，农事主要由旗下余丁从事。披甲出征，耕种之事，“即令在家之人，经理收获”[④]。因此，《建州闻见录校释》有“军卒则砺刀剑，无事于农亩者”的记载。一般兵丁由于兵役负担繁重，份地只能由家内余丁耕种经理。由此可见，八旗兵丁有披甲、余丁之分。余丁专事农事，用其所经理收获的来供给出征披甲，即旗下兵丁生计是直接靠旗下农业生产来维持。例如，每户有一个披甲，两个余丁加妇子老幼，两个以上劳动力经营耕种，维持一家六七口人的生计，还可勉强度日。而披甲常常由于连年战争，“远涉或数千里，长征一二年。出兵之时，买马置器，措费甚难，凯还之日，马倒器坏，又需买补”[⑤]。余丁常常负担各种徭役，加之旱涝频仍、地瘠难耕，常遇灾荒。清廷规定：“拨给甲兵地亩，有告称不能耕种者，不准。”[⑥]顺康年间，大规模的军事战争结束，东北八旗仅为驻防，余丁“以种地为生计者多”[⑦]。又称：“其各处散居旗丁从事农业耕凿，相安者已不乏人”[⑧]，至于披甲旗丁也在“官差余暇，俱力田躬耕，以资生计”[⑨]。上述清廷通过八旗旗分佐领，将八旗兵丁束缚于土地上。

---

① 赫泰：《复原产筹新垦疏》，《清经世文编》卷 35《户政十・八旗生计》，北京：中华书局，1992 年，第 868 页。

② 光绪《大清会典事例》卷 1147《八旗都统・公式・禁令二》，光绪商务印书馆本。

③ 《上谕八旗》，雍正五年八月二十七日，《钦定四库全书》，上海：上海古籍出版社，2003 年，第 332 页。

④ 《清太宗实录》卷 7，天聪四年五月壬辰。北京：中华书局，1985 年，第 98 页。

⑤ 陈之遴《满洲兵民生计疏》，《清经世文编》卷 35《户政十・八旗生计》，北京：中华书局，1992 年，第 864 页。

⑥ 《八旗通志》初集卷 18《土田志一》，长春：东北师范大学出版社，1985 年，第 313 页。

⑦ 《清高宗实录》卷 1326，乾隆五十四年四月乙未，北京：中华书局，1985 年，第 1342 页。

⑧ 《清高宗实录》卷 206，乾隆八年十二月辛亥，北京：中华书局，1985 年，第 650 页。

⑨ 徐世昌：《东三省政略》卷 8《旗务・地亩篇・奉天省》，长春：吉林文史出版社，1989 年，第 1342 页。

三、驻防旗丁向国家服役、贡赋

满族未入辽东之前，曾实行八旗牛录屯田，令一牛录各出男丁十人，牛四头，始在空地种田，收获的粮食全部交给国家。实行八旗牛录屯田不在于给生产者土地，而是为了使旗丁分摊劳役。进入辽东后，实行计丁授田，并确立旗地的纳赋制度。当时规定：每男丁，除给份地六日外，“每三丁合种官田一晌”。[①]这里地租和课税合一，即兵丁耕种份地为维持劳动力再生产，耕种官田作为劳役地租。此外，国家还根据需要，向八旗各牛录下旗丁摊派粮食和杂徭。天命八年（1614 年）正月二十六日，努尔哈赤下令，向“每一男丁征粮一石”[②]。同年二月十六日，又下令“每牛录男丁三百人，征粮二百石，一百石运往沈阳，另一百石，如属海州人，即存海州仓；如属辽东人，即存辽东仓”[③]。可见，八旗兵丁以牛录为单位派差粮，数额视需要而定。当时，关于旗地的产量缺乏记载，但我们仍可从明代屯田的产量间接地得到一些启示。明辽东经略熊廷弼在《修复屯田疏》中说：“此地（辽东地亩）种一日，可收子粒八九石，辽俗五亩为一日。”[④]辽东汉民屯田，每日产八九石（角斗）。众所周知，八旗兵不谙农耕，旗地的产量无论如何也达不到辽东屯田的水平。可见，八旗兵丁要把旗地所产的相当部分收获物上缴国家，负担是很重的。相反，八旗官员却依品级免差徭、官粮。当时规定：“昂邦章京以下，小拨什库及一应在官人役，并兵丁以上，俱照品级免其壮丁差徭。”[⑤]具体数量，每备御帮丁八名，止免官粮。清入关后至康熙中叶，东北驻防旗丁赋税、差徭一度得以免除。《清世祖实录》载：“上以中原平定，免盛京满洲、汉人额输粮草、布匹。”[⑥]王庆云的《石渠余记》也载：“先是旗民徭役颇多，至是并粮草、布匹，亦永停输纳。”[⑦]上文所说的“盛京满洲、汉人”，据《康熙会典》所载，为“各旗壮丁”。嗣后，旗丁无官粮、差徭之累，披甲主要驻防守

---

① 中国第一历史档案馆、中国社会科学院历史研究所译注：《满文老档》，北京：中华书局，1990 年，第 220 页。

② 中国第一历史档案馆、中国社会科学院历史研究所译注：《满文老档》，北京：中华书局，1990 年，第 402 页。

③ 中国第一历史档案馆、中国社会科学院历史研究所译注：《满文老档》上册，北京：中华书局，1990 年，第 417 页。

④ 熊廷弼：《筹辽硕画》卷 1《修复屯田疏》，丛书集成续编本。

⑤ 《清太宗实录》卷 29，崇德元年五月丁巳，北京：中华书局，1985 年，第 376 页。

⑥ 《清世祖实录》卷 6，顺治元年七月辛丑，北京：中华书局，1985 年，第 68 页。

⑦ 王庆云：《石渠余记》卷 1，北京：北京古籍出版社，1985 年，第 47 页。

边，余丁专事耕种。故《盛京通志》云：八旗兵丁“并无粟米之征，凡所以优恤辽海者，皆复丰沛意也”①。

综上所述，康熙中叶前东北驻防旗地的诸特征，有其历史的必然性，是由满族本身社会发展的历史特点决定的。努尔哈赤在统一女真各部的战争中创立的八旗制度，是满洲贵族的军事联盟，“有人必八家分养之，地土必八家分据之，即一人尺土，贝勒不容于皇上，皇上亦不容贝勒”②。恰是八旗制度政治属性鲜明的写照。康熙中叶前东北驻防旗地的诸特征，正是八旗政治属性在经济关系中的必然反映。

第三节　清中叶东北驻防旗地的发展及其变化

一、驻防旗地的发展

康熙中叶以降，东北八旗驻防兵额有所增加。《户部则例》记载：盛京驻防八旗兵丁 22 816 名，吉林驻防八旗兵丁 15 921 名，黑龙江驻防八旗兵丁 11 692 名。③康熙朝东北八旗驻防兵额比顺治朝增加 4 倍多。④伴随驻防兵额数量的增加，东北驻防旗地的数量也日益增多。《盛京通志》记载，雍正四年（1726 年），丈量奉天所属旗地见表 2-1。⑤

表 2-1　雍正四年奉天所属旗地数量

旗地	数量	旗地	数量
兴京旗地	116 240 日	奉天旗地	362 715 日
开原旗地	207 638 日 4 亩	凤凰城旗地	35 668 日 4 亩
盖平旗地	74 514 日	南金州旗地	555 164 日 2 亩
牛庄旗地	140 897 日 5 亩	广宁旗地	376 064 日 1 亩
义州旗地	146 739 日 5 亩	锦州旗地	183 332 日 5 亩
辽阳旗地	353 228 日	熊岳旗地	56 721 日
复州旗地	27 986 日	岫岩旗地	35 774 日 2 亩
宁远旗地	195 098 日 2 亩	合　计	2 367 806 日 4 亩

① 乾隆元年版《盛京通志》卷 24《田赋》，北京图书馆藏。
② 《又五进狂瞽奏》，《天聪朝臣工奏议》，沈阳：辽宁大学历史系，1980 年，第 30 页。
③ 《户部则例》卷 19《兵饷》，同治十三年刊本。
④ 《康熙大清会典》载：顺治末年东三省兵额为 11 293 人。
⑤ 乾隆元年版《盛京通志》卷 24《田赋》，北京图书馆藏。

由表2-1可知，雍正朝奉天旗地总数是康熙朝旗地1 167 544日的2倍多，是顺治朝旗地442 097日的5倍多。以后陆续增加，乾隆四十五年（1780年），奉天有旗地及旗余地（旗人私开地）150 556顷44亩，而嘉庆十七年（1812年），已达到164 774顷40亩。旗余地，乾隆四十五年，共有223 557日3亩。嘉庆年间，达18 238顷52亩。[①]故《东三省政略》记载奉天旗地时云："考其总数，实占全省地亩之大半。"[②]

康熙中叶，宁古塔将军所辖伯都讷、三姓、阿勒楚喀等地陆续派驻防八旗，设置旗地。康熙三十年（1691年），伯都讷设副都统，置驻防八旗。[③]康熙五十三年，清廷于三姓、珲春派驻防八旗，设置旗地。雍正三年（1725年），在阿勒楚喀置驻防八旗。据雍正二年十二月，副都统田象坤上奏："拉林、阿勒楚喀等地方辽阔，宜于垦田，且与船厂、伯都讷相近"，此地移驻八旗垦田。[④]至雍正朝之前，吉林八旗驻防旗地数量分布见表2-2。[⑤]

表2-2　至雍正朝之前吉林八旗驻防旗地数量　　单位：日

旗地	数量	旗地	数量
吉林乌拉旗地	37 123	三姓旗地	12 926
伯都讷旗地	18 530	阿勒楚喀旗地	4 908
珲春旗地	8 894	合计	125 879
宁古塔旗地	43 498		

由表2-2可知，宁古塔旗地最多，吉林乌拉次之，伯都讷、三姓、珲春、阿勒楚喀旗地依顺序递减。乾隆四十五年，丈量吉林驻防八旗旗地见表2-3。[⑥]

表2-3　乾隆四十五年吉林驻防八旗旗地数量　　单位：日

旗地	数量	旗地	数量
吉林及乌枪营旗地	95 134	吉林各边门旗地	26 652

① 《光绪大清会典》卷11《户部》，光绪商务印书馆本。

② 徐世昌：《东三省政略》卷8《旗务·地亩篇·奉天省》，长春：吉林文史出版社，1989年，第1342页。

③ 《清圣祖实录》卷155，康熙三十一年四月乙巳，北京：中华书局，1985年，第711页。

④ 《清世宗实录》卷27，雍正二年十二月丙申，北京：中华书局，1985年，第421页。

⑤ 《八旗通志》初集卷21《土田志四》，长春：东北师范大学出版社，1985年，第394页。

⑥ 《盛京通志》卷38《田赋二》，乾隆四十八年版。

续表

旗地	数量	旗地	数量
吉林各驿站旗地	49 997	伯都讷旗地	69 011
宁古塔旗地	65 290	阿勒楚喀旗地	36 278
三姓旗地	8 116	打牲乌拉旗地	40 338
珲春旗地	12 050	合计	405 092
吉林水师营旗地	2 226		

注：由此表可见，乾隆朝比雍正朝以前驻防旗地总额增加 3 倍多。

黑龙江将军移驻墨尔根城后，至康熙三十二年（1693 年），黑龙江副都统也移驻墨尔根。康熙三十八年，黑龙江将军、副都统，皆自墨尔根城移驻齐齐哈尔。至此，黑龙江驻防八旗之制确立。乾隆朝黑龙江驻防旗地数量见表 2-4。[①]

表 2-4　乾隆朝黑龙江驻防旗地数量　　单位：日

旗地	数量	旗地	数量
齐齐哈尔旗地	72 371	墨尔根旗地	20 602
黑龙江旗地	36 961	呼兰旗地	20 685
布特哈旗地	22 100	合计	172 719

由表 2-4 可见，东北旗地数量的增加与东三省驻防八旗数量的增加有密切的关系。

二、驻防旗地的变化

康熙中叶以降，东北驻防旗地的生产关系逐渐为租佃关系所代替。其根本原因在于满族社会经济结构的变化。清入关前，满族社会结构的核心是八旗制度。这种制度不仅具有满族本身的民族特征，而且也同满族社会发展阶段相适应，是一种政治、军事、经济三位一体的社会结构，实质是早期满洲八旗贵族的共和政体，或者说是联旗制。[②]这种社会结构对女真各部统一、满族共同体的形成及后金政权建立起了重要作用。清入关以后，这种社会结

① 《盛京通志》卷 38《田赋二》，乾隆四十八年版。
② 孟森：《八旗制度考实》，《明清史论著集刊》，北京：中华书局，1959 年，第 218 页。

构与关内发达的政治、经济显得极不适应，一度造成民族矛盾尖锐。[①]严峻的现实使清朝统治者认识到，要统治人口众多，政治、经济比自己先进的汉民族，必须“因袭明制”，即加强中央专制主义集权制，发展租佃制。因此，从皇太极起，经顺治、康熙、雍正三朝，中央集权逐渐确立并得到发展，而八旗各旗主的议政大权日益削弱。乾隆朝则从体制上取消议政王大臣会议。与此相适应，畿辅旗地的生产关系早在顺治初年即发生变化。[②]但东北为清朝龙兴之地，清廷对其实行特殊统治，即设置东北三将军，采取旗民分治的二重性体制，致使东北旗地生产关系变化晚于关内，直至康熙中叶后，始见端倪。东北旗地变化的直接因素有二：第一，驻防旗人在原额地外，自行开垦了许多土地，这种自开旗地与旗人所得的原额地性质不同，是旗人的私有地；第二，康雍二朝关内汉人流入东北，满汉互相交往，对旗地的变化产生重要影响。汉人流入东北的数量，文献没有明确数字记载，今就《盛京通志》所载顺治、康熙、雍正三朝奉天民丁、民地增加情况，可以得到说明。顺治十八年（1661 年），奉天汉族民丁 5557 丁，民地 609 顷 33 亩；康熙二十四年（1685 年），汉族民丁 26 227 丁，民地 3117 顷 50 亩；雍正十二年（1734 年），汉族民丁 45 089 丁，民地 25 953 顷 72 亩。[③]由此可见，汉族人丁，雍正朝是顺治朝的 8 倍多，是康熙朝的 1.7 倍多；民人土地，雍正朝是顺治朝的 42 倍多，是康熙朝的 8 倍多。汉人大量流入东北，从关内带来先进的生产方式和生活方式，对东北驻防旗地产生深远的影响。同时，伴随汉民的流入，关内的商业资本、货币经济也渗入东北地区。这样，对东北驻防旗地的生产方式无疑产生分解作用，从而引起旗地经济结构的变化。康熙中叶以后，东北驻防旗地与清初相比，具有如下变化。

（一）驻防旗地向私有转化

首先，驻防旗人自垦旗地增多，旗地私有性质日益加强。康熙年间，旗人在原额份地之外，自开许多旗地。康熙十九年，户部郎中鄂齐礼奉命勘查奉天旗人自开旗地，事竣，奏云：“东至抚顺，西至山海关，南至盖州，北

① 李洵：《论清初圈地、投充、逃人三事》，《下学集》，北京：中国社会科学出版社，1995 年，第 412—422 页。

② 王锺翰：《清代旗地性质初探》，《清史新考》，沈阳：辽宁大学出版社，1997 年，第 74—80 页。

③ 乾隆元年版《盛京通志》卷 23《户口》，北京图书馆藏。

至开原，皆经查勘，计田万顷有奇。”[①]乾隆朝，丈出奉天红册地[②]以外的旗余地（旗人私垦地）多达 223 557 垧之多，丈出吉林乌拉、伯都讷等处旗余地 38 586 亩。[③]此旗地与旗人原额份地的性质明显不同，属于旗人私有地。这种私有地的不断增加，反映旗地所有权向旗人私有转化的历史趋势。

其次，驻防旗地的越旗买卖。旗人越旗买卖旗地，在康熙年间就有发生。据《盛京内务府地亩稿档》记载：

> 本旗领催何太呈称：“身祖陈世珍在日，于康熙二十四年，用价银一百六十五两，白契所买巨流河正黄旗界内，坐落后尖山子厢白旗现任佐领李金属下壮丁刻佐洪之曾祖刻花子名下，红册地一百零四日八分。”[④]

这是东北驻防旗人越旗买卖田地较早的记录。这种现象雍正朝不断增多。《盛京内务府地亩稿档》又载：

> 据牛庄防守尉呈，据正黄旗骁骑校阿金太呈，据都京正红旗德成佐领下亲朱尔杭阿呈称：“身祖遗仆人郭八子名下，雍正年间首报坐落正黄旗界大歪牛庄仓纳粮红册地四百二十九亩内，拨出地三百七十八亩，接价银五百六十七两，卖与内务府正白旗阿玺佐领下汉军闲散徐镜名下纳粮等情。”[⑤]

雍正八年（1730 年），又有镶红旗旗人齐赖，将自己红册地 39 日和余地 5 日 3 亩，以银 46.5 两，卖给正白旗兵丁鄂赫纳。[⑥]乾隆年间，驻防旗地的越旗交易更加普遍。乾隆二十九年（1764 年），据开原城守尉倭楞额呈报：

> 彭牙尔夸、丁傅君等买卖地亩三案，取具两造呈词，加具印结，呈报前来，查文结内开：“据包衣正白旗石图佐领下壮丁彭牙尔夸呈称：情因坐落正白旗界孟家寨屯，有身名下红册地三十日，内拨地五日，接价银三十二两，卖与包衣正黄旗佟福佐领下

① 《八旗通志》初集卷 18《土田志一》，长春：东北师范大学出版社，1985 年，第 326 页。
② 指雍正四年行丈奉天旗地，丈后载入红册，按地亩纳赋之地，称红册地。
③ 《光绪大清会典》卷 11《户部》，光绪商务印书馆本。
④ 《盛京内务府地亩稿档》，乾隆三十七年二月，辽宁省档案馆藏。
⑤ 《盛京内务府地亩稿档》，嘉庆五年三月，辽宁省档案馆藏。
⑥ 《黑图档》，雍正八年，辽宁省档案馆藏。

壮丁傅君弼名下纳粮。又拨出地二日，接价银十一两，卖与正白旗地藏保佐领下壮丁黄祥名下纳粮为业，下剩地二十三日，仍在身名下纳粮，系开原仓纳粮等语。又文结内开，据包衣正黄旗佟福佐领下壮丁魏应试呈称：情因坐落正白旗界梅家寨屯，有身名下红册地八十一日内，拨出地十五日，接价银一百三十四两，卖与正白旗地藏佐领下壮丁黄寿名下纳粮，下剩地六十六日，仍在身名下纳粮。又据包衣正黄旗佟福佐领下壮丁张云飞呈称：情因坐落正白旗界梅家寨屯红册地一百三十七日，内拨出地十二日，接价银九十两，卖与一佐领下壮丁付君弼名下纳粮为业，具系开原仓纳粮等语。又文结内开，据包衣正白旗石图佐领下壮丁陶金各立呈称：情因坐落正白旗界孟家寨屯，有身名下红册地六十六日，内拨出地二十五日，接价银一百零七两，卖与包衣正黄旗佟福佐领下壮丁刻在兴名下纳粮为业，下剩地四十一日，仍在身名下纳粮。又据包衣正黄旗佟福佐领下壮丁王忠亮呈称：情因坐落正白旗界沙河铺屯，有身名下红册地七十九日内，拨出地三日，接价银二十一两，卖与一佐领下壮丁刻在兴名下纳粮为业，具系开原仓纳粮等语。”[①]

在海城的尚氏子孙，从乾隆六年（1741 年）至二十三年的 17 年间，因“一时乏用”，连续四次典出旗地达 7188 亩，为尚家旗地的 1/5。[②]可见，标志驻防旗地国有的戒条，不许“越旗买卖”已被破坏。于是，清廷不得不面对现实，承认“旗人田地，遇有缓急……情愿出卖者，准其不计旗分，通融买卖”[③]。旗人之间的越旗买卖得到清廷的承认。

最后，民典驻防旗地。旗地既然可以越旗买卖，旗民交产当然也无法限制。原来清廷规定：严禁驻防旗地私售于民，倘有私售，则查撤入官，所谓“旗地有限，若任凭家奴及民人契买，将来旗产势必尽归民人，是以严行禁止”[④]。然而，旗民间变相典卖旗地的事实也早有发生。各地驻防旗人往往采取支使长租或指地借钱等名义，从事旗地交易，即“显避交易之名，阴行典卖之实”[⑤]。

① 《盛京内务府地亩稿档》，乾隆二十九年五月，辽宁省档案馆藏。
② 《户部地亩档册》第三册，辽宁省档案馆藏。
③ 光绪《大清会典事例》卷 1118《八旗都统·田宅·官兵庄田》，光绪商务印书馆本。
④ 《乾隆部来档》，第 309 号，中国第一历史档案馆藏。
⑤ 光绪《大清会典事例》卷 1118《八旗都统·田宅·官兵庄田》，光绪商务印书馆本。

所谓支使长租，即民人租种旗地，出三年以上押租钱，每年给旗人拿地租。民人不欠租，不许夺佃。如旗人撤佃时，必须将押租钱退还给民人，这种办法实际与典地相同，如道光十五年（1835年）十月，旗人桑朝选“因手内乏用”，将祖遗红册地三日，出典民人王景泰名下耕种，言明典后，“任凭典主自便，不与原业主相干，典价市钱一千吊整……一典三年为期”[①]。对此，清廷屡次申禁，旗人出租地亩，如私行长租，一经查出“将业主、租户各治以违禁之罪，由业户名下将租价追出入官，由租户名下将地追出给还本人，以示惩儆”[②]。所谓指地借钱，就是“甲立一借券与乙，载明借乙钱若干，利若干，以甲之地亩若干，租粮若干，归乙征收，作为年利，日后本利清还，田归原主”[③]，实际上该民人借此牟利。道光二十九年，厢蓝旗佐领下闲散蔡福有，“因度日不过”，“指册地七日，情愿借到张义福名下，凤市钱一千七百六十吊整”。[④]这种旗人以指地借钱的名义将地押与民人耕种，实与典卖旗地无异。对此，清廷严令，有“称指地借钱，及支使长租者，业户、租户均照违制律治罪”[⑤]，以期制止。

这里一个值得关注的事实是，旗地买卖中体现“一种意志关系”的私人契约突出了。契约内无论典、押或借，均以耕种为目的。下为道光二十九年十月二十三日一份契约：

> 立借契文约人系厢蓝旗佐领下闲散蔡福有、（蔡）金有叔弟二人，因度日不过，央人说允，指册地七日，情愿借到张义福明[名]下，凤市钱一千七百六十吊整，其钱笔下交足，并无短欠。此地交于张义福耕种为主，同众言明，钱无息利，地无租粮。自立之后，并无反悔，倘有争竞之事，有户族保人一面承管。恐口无凭，立借契文约为证。[⑥]

契约内有的写明期限，有的期限不定，实质是变相的旗地买卖。而且在契约末尾常写有“此系两家情愿，各无反悔”，“恐口无凭，立借契文约为

---

① 天海谦三郎：《典的惯习·附录》，《满洲旧惯调查报告》，大连：南满洲铁道株式会社，大正二年。

② 光绪《大清会典事例》卷159《户部·田赋·畿辅官兵·庄田》，光绪商务印书馆本。

③ 《政治官报》，宣统二年十二月二十二日，中国第一历史档案馆藏。

④ 宫内季子：《押的惯习·附录》，《满洲旧惯调查报告》，大连：南满洲铁道株式会社，大正二年。

⑤ 光绪《大清会典事例》卷160《户部·田赋·畿辅官兵·庄田》，光绪商务印书馆本。

⑥ 宫内季子：《押的惯习·附录》，《满洲旧惯调查报告》，大连：南满洲铁道株式会社，大正二年。

证”之语。总之，排除了双方以外的其他干预，确立了“私契”的合法作用。

上述事实表明，清朝统治者屡次颁布的关于“不许越旗交易”“旗民不交产”的禁令，不过是一纸具文。最后连清帝也不得不承认：“八旗地亩原系旗人产业，不准典卖与民，向有定例。今竟有典卖与民者，但相沿已久，著从宽免其私相授受之罪。”①民典旗地之禁，逐渐松弛。嘉庆十年七月（1805年），嘉庆帝上谕云：“盛京清查民典旗地一事，前经户部议令勒限一年，准其首报……今据富俊等奏称，自上年九月至今，业据旗民首报地，约计二十一万余亩等语。此项民典旗地事阅多年，且尚有辗转接典等事，头绪繁多……著将业经首出地亩，所有旗民人等应得之罪，并应追典价、租息、银两一并宽免。”②民典旗地原本限制甚严，勒限自首，一经自首即夺其所有权或仍令旗民人等耕作以充官佃，并追典价、租息并且治罪。但嘉庆十年以后，因民典旗地业经多年，辗转移让，不易清理，而对首出地亩和续首报者宽免其典价、租息和应得之罪。

旗地买卖、民典旗地的发生，使曾经维护驻防旗地的旗界政策破产。乾隆四十年（1775年）十二月，盛京侍郎兼管府尹富察善上奏：“奉天各州县及旗庄地方，旗民错处，并无旗界、民界之分。”③随之驻防旗人纳各城旗仓的赋税已不可能。清廷曾三令五申：“盛京旗人所种地亩，仍照旧例，在何界内种地，即将彼界协领、城守尉为督催之员，佐领、拖沙喇哈番（云骑尉）品级旗员骁骑校为经催之员，如有抗欠不交者，该督催官员即行拘拿治罪，如有催追不完之数，计分数题参。”④治罪也好，题参也罢，都无济于事。乾隆朝以后，奉天城内旗仓征收的额米常常入不敷出，只好将附近旗仓所纳米，充奉天城内旗仓。

（二）驻防旗人与国家的依附关系逐渐削弱

驻防旗人与土地结合的变化，仍然可通过八旗佐领对旗人限制的某些放松加以考察。清初，国家通过八旗佐领组织将旗人束缚在所属的地域上，旗人擅自离开，视为逃旗罪。康熙中叶，清廷对旗人限制稍有放松，在旗地买卖中丧失土地的旗人被迫流移他处，清廷承认其合法性。乾隆四十四年，乾

---

① 光绪《大清会典事例》卷1118《八旗都统·田宅·官兵庄田二》，光绪商务印书馆本。

② 《清仁宗实录》卷148，嘉庆十年八月癸未，北京：中华书局，1986年，第1029—1030页。

③ 《清高宗实录》卷998，乾隆四十年十二月乙巳，北京：中华书局，1986年，第347页。

④ 《八旗通志》初集卷18《土田志一》，长春：东北师范大学出版社，1985年，第329页。

隆帝上谕云："盛京、吉林均系国家根本之地，境壤毗连，盛京旗人潜往吉林种地谋生，本无关碍，并非逃旗可比，从前奏请解回治罪之处，所办原属过当，伊等皆满洲世仆，盛京、吉林有何区别。"[①]嘉庆朝旗人生计问题日趋严重，贫苦旗人"地亩已经典卖，力不能赎，无地可耕"[②]。但东北旗人不像京旗完全仰食于朝廷，失去土地者多为人佣工，或到边外垦荒。嘉庆十九年（1814 年）至二十一年双城堡屯垦，先后有盛京旗丁 1000 名，吉林旗丁 2000 名，加上旗丁家属约万人。据《吉林通志》记载："由奉天拨去之丁，多有合家全去，甚至合族及告退披甲前去者"，"每户父子兄弟男妇，多者十五六口，少者亦七八口不等，询知此处地甚肥美，多愿跟来充作帮丁。现在该丁等自行添盖窝棚居住，每屯多至一二百人"。[③]这是在清廷允许下，离开所属旗下佐领，到外地垦种土地的活动。移垦旗兵在此盖房落户，"就近分别编入该地方旗册"[④]，而且"准与该地方民人互相嫁娶"[⑤]。也"有愿入民籍者，即编入该地方民籍，所有田土、户婚、词讼案件，统归地方官管理"[⑥]。可见，清廷对旗人的限制与清前期比已有明显的变化。

与此同时，驻防旗地出现"佣人助耕"的现象。原来，清廷规定：驻防旗人"向于官差余暇，俱各力田躬耕"，至此，驻防旗人"则本身自种者少，雇民佃种者多"。[⑦]因这种事实违背了清廷的初衷，故屡下禁令，"旗人地亩，不许全雇民人耕种取租，必须三时力作，相率务农"，并"令该管大臣立法劝惩，如有不事耕种者"[⑧]，拿该管官试问。如规定："嗣后凡携眷移居者，无论远近，仍照旧例不准放出，若实贸易之人……盘问清楚，给与照票再行放出"，否则"解回原籍，永远禁止出口"。[⑨]吉林、三姓等贸易佣工也"由该佐领具保注册，随文垦"[⑩]。如有披甲当差，无暇农耕"雇人耕作"，必须向"家长、雇主结报，门牌注明"[⑪]，并限定"旗人出租地亩，

---

① 光绪《大清会典事例》卷 155《户部·户口·壮丁别寓》，光绪商务印书馆本。
② 《宁古塔副都统衙门档案》，道光五年五月二十九日收文，中国第一历史档案馆藏。
③ 《吉林通志》卷 31《食货志四·屯垦》，台北：文海出版社，1986 年，第 2287 页。
④ 《吉林通志》卷 31《食货志四·屯垦》，台北：文海出版社，1986 年，第 2287 页。
⑤ 光绪《大清会典事例》卷 155《户部·户口·壮丁别寓》，光绪商务印书馆本。
⑥ 光绪《大清会典事例》卷 155《户部·户口·壮丁别寓》，光绪商务印书馆本。
⑦ 《清高宗实录》卷 206，乾隆八年十二月辛亥，北京：中华书局，1985 年，第 650 页。
⑧ 《清高宗实录》卷 127，乾隆五年九月丁酉，北京：中华书局，1985 年，第 863 页。
⑨ 《清高宗实录》卷 115，乾隆五年四月甲午，北京：中华书局，1985 年，第 689 页。
⑩ 光绪《大清会典事例》卷 233《户部·参务禁令》，光绪商务印书馆本。
⑪ 《清高宗实录》卷 137，乾隆六年二月乙丑，北京：中华书局，1985 年，第 977 页。

统以三年为限，违者照长租例办理”，“均治以违禁之罪”[①]，企图以法律加以限制，但并未取得实效。至乾隆朝后，东北驻防旗地普遍实行租佃制，所谓“力田之家，必募佣人以助耕，佣工一年可得十二金，布二匹，其以日计者，价倍之”[②]。反映出驻防旗人地位有明显的变化。

驻防旗人地位的变化，从租者、佃者结成的关系方面看，经济强制突出。乾隆年间，驻防旗地上租佃契约盛行。租佃间常订有书面契约，契约内分划土地四至，写明田主、租佃人、保人及规定租额、交租期限和不能按期交付田租赔偿办法等。《盛京内务府地亩稿档》，乾隆三十一年（1766年）十月档案，载有一份“立租地契”，系旗人玉山因租典官房地无力回赎，将祖遗红册地交官纳租，以偿还官房地费。立租契约如下：

> 立租地契，今将侄玉山抵还官房地三段共十三日，今租与玉山耕种。言明每绳（日）交租钱五千，租期三年，共租钱一百九十五千，其钱笔下交足，年满之日，玉山将地交回，别觅佃种。恐后无凭，立此存照（土地四至略）。[③]

契约内租期三年，租额每日5000钱，年满之日，方将此地交还玉山。旗人玉山成为佃户，官府成为佃主。在海城尚家旗地，乾隆三十四年，有叫白生灿的“租到尚家西边空地一块”，盖房3间，“开设盐房生理”，同尚家约定“每年出租钱六千”。[④]至嘉庆朝，驻防旗地租佃契约更加流行，如《盛京内务府地亩稿档》嘉庆十四年（1809年）九月载：“厢黄旗管下姜得禄呈称，情因身祖遗红册地二十七日，租与民人王成富名下耕种，言明每日租价钱八吊（即八千钱），共租钱二百十六吊。”[⑤]

不仅如此，承种官地的驻防旗丁经营方式也发生变化。清初，承种官地旗丁采取劳役地租的形式，向国家提供剩余劳动，而后国家采取雇佣旗丁的方式，或旗丁将地亩租与民人代耕。嘉道时期，清廷为移住京旗苏拉到东北，不惜花费大量银两雇觅东北旗丁为其垦田盖房。道光五年（1825年），第二批京旗苏拉到双城堡之前，筹办官员就“已雇定阿勒楚喀、拉林、双城堡各

① 光绪《大清会典事例》卷160《户部·田赋·畿辅官兵庄田》，光绪商务印书馆本。
② 王一元：《辽左见闻录》，清抄本。
③ 《盛京内务府地亩稿档》，乾隆三十一年十月，辽宁省档案馆藏。
④ 《户部地亩档册》第三册，辽宁省档案馆藏。
⑤ 《盛京内务府地亩稿档》，嘉庆十四年九月，辽宁省档案馆藏。

旗余丁长工，每户二名”，由各旗佐领定契保结，“分拨在京旗应住处所”，“为其打扫、烧炕、挑水……料理耕种事宜”，所雇旗丁，每户二名，给“京钱六十千”，并根据需要雇觅“耕锄短工”。[①]同时，旗丁可招民代耕官地。嘉庆十九年（1814 年）十一月，吉林将军富俊上奏：“臣检查旧卷，移驻京旗苏拉盖房垦地，均藉吉林各城兵力赶办，其地但垦而不种……始而顾觅流民代为力田，久之多为民有。”[②]宁古塔旗丁“承种官地二万七千余亩，抛荒至一万九千余亩，不得已改拨民人耕种”[③]。黑龙江省官地，旗丁“雇人佃种坐收租利者有之”[④]。

（三）驻防旗人向国家交赋税，向租户收地租

康熙中叶后，东北驻防旗地的地租形态由租赋合一转为租赋分离，旗地所有者向国家交纳赋税，向租佃者征收地租。清入关之初，驻防旗人“无粟米之征”。康熙朝中叶，由于旗人自开旗地增多，清廷于康熙三十二年（1693 年），丈量奉天旗地，以亩为准征豆草。议准：“盛京旗人所种地亩，每年地一垧征豆一关东升，草一束。今将地亩丈量，不论何属之人，俱照八旗十三城所管地界，交与协领、城守尉等催追。”[⑤]这是东北驻防旗地以亩为准征收赋税之始。康熙四十七年，颁布制斗，每斗抵关东斗（市斗）5 升。[⑥]旗地每日，豆地，征豆 1.77 升，草地，征草 1 束。[⑦]雍正四年（1726 年），复丈奉天旗地，将“查丈过地亩若干，输纳草豆若干”[⑧]，造册送部。规定：纳赋旗地“编号插牌，牌头串红绳……均拿片赴仓注册，编入旗档，交粮仓上，将纳粮执照，串在插片绳上，发还其执照”[⑨]，故有红册地之称。红册地是康熙三十二年以来，驻防旗地征赋的完善过程，“红册地者本旧日旗人之私业”，无论是原额份地，还是自开旗地，“实系私产，并非官地”，一律按亩升科，“照章纳课”。[⑩]当时在全国范围的旗地中，仅东北驻防旗地

---

① 《宁古塔副都统衙门档案》，道光五年五月二十九日收文，中国第一历史档案馆藏。
② 《吉林通志》卷 31《食货志四・屯垦》，台北：文海出版社，1965 年，第 2249 页。
③ 《吉林通志》卷 31《食货志四・屯垦》，台北：文海出版社，1965 年，第 2348 页。
④ 徐世昌：《东三省政略》卷 8《旗务・地亩篇》，长春：吉林文史出版社，1989 年，第 1381 页。
⑤ 《八旗通志》初集卷 18《土田志一》，长春：东北师范大学出版社，1985 年，第 329 页。
⑥ 乾隆元年版《盛京通志》卷 23《户口》，北京图书馆藏。
⑦ 光绪《大清会典事例》卷 1119《八旗都统・田宅・盛京等处官兵庄田》，光绪商务印书馆本。
⑧ 《八旗通志》初集卷 18《土田志一》，长春：东北师范大学出版社，1985 年，第 329 页。
⑨ 《盛京时报》，光绪三十三年三月一日，辽宁省图书馆藏。
⑩ 徐世昌：《东三省政略》卷 8《旗务・地亩篇》，长春：吉林文史出版社，1989 年，第 1342 页。

征收赋税。原因在于东北驻防旗地与关内旗地在发展中，旗地的构成出现了差别。关内旗地主要由原圈地（分给旗丁份地）和带地投充地构成，以圈地为主，以后关内旗地没有增加。东北驻防旗地也主要由圈地构成，其后在原圈地外，又自行开垦了许多旗地。至康熙中叶，自开旗地超过原圈地，自开旗地是旗人的私有土地，清廷将此旗地一并编入红册，以亩征税，是东北驻防旗地税制史上的变革。清前期，租赋合一，实际上是重人丁轻土地的劳役地租，这种税制与国家土地等级占有制相适应，目的是将旗丁固定在土地上，以保证劳动人手，从而维持国家的财政收入。康熙中叶后，税制由以人丁为准转为按地亩征收，反映驻防旗地的某些变化。

东北驻防旗地纳赋红册地的数量及负担，据《盛京通志》统计，雍正朝奉天、兴京、锦州等十五城有红册地 2 357 804 日。[①]此红册地，是康熙朝驻防旗地的 2.02 倍，说明纳赋红册地在奉天占很大数量。红册地的纳赋负担，内城，每亩交豆 2.905 合（6 亩为 1.77 升），6 亩交草 1 束。外城，每亩改征米 4.415 合。各城八旗协领、城守尉负责催征，将“每年应征钱粮数目，编为十分，其欠一分至十分者，官员领催处分有差”[②]。驻防旗地的赋税负担较轻，通过与东北民地赋税对比可以看出。康熙朝驻防旗地，每日征豆 1 升、草 1 束，而民地，每亩征银 3 分（每日 18 分）。当时豆 1 升值银 5.26 厘至 6.5 厘。由此可见，驻防旗地的负担仅是民地的 1/36，即民地负担为驻防旗地的 36 倍。雍乾时期，驻防旗地改征米，每亩 4.425 合（每日 2.655 升），民地改银米兼征，分三则地，每亩征米 2.1276 升至 6.383 升，征银 1 至 3 分。[③]相比之下，驻防旗地，每亩负担为民地下则米地的 1/5，这里不包含兼收的 1 分银两；驻防旗地，每亩负担为民地上则米地的 1/15，这里不包含兼收的 1 分银两，也不包括兼收的 3 分银两。由此可见，驻防旗地的赋税额是较轻的，正如《盛京通志》所载：“旗田计日，薄征草豆。”驻防旗地征税，说明对旗人私开土地的承认，驻防旗地比民地赋税额轻是清廷为保护旗人生计，使其利益不受侵害，体现清廷首崇满洲的国策。

上述驻防旗地的变化与经济的发展相关联。清初，东北驻防旗地上劳役地租占主要形式，康熙中叶后实物、货币地租形态占主导。从《八旗通志》

---

① 乾隆元年版《盛京通志》卷 24《田赋》，北京图书馆藏。

② 光绪《大清会典事例》卷 1197《内务府·屯庄》，光绪商务印书馆本。

③ 乾隆元年版《盛京通志》卷 24《田赋》，北京图书馆藏。

续集的记载看，旗地“有每年地一晌，征豆一关东升，草一束，”不复给租银者[①]，属实物租。实物地租又有分成制、定额制两种。乾隆五十七年（1792年）正月，兴京驻防旗人赵金成的地亩雇佣翟海垦种，当面讲明“秋后分粮”[②]。驻防旗人赵进玉的地亩租王忠禹佃种，“讲明收成后交粮”[③]。租额不固定，均属典型的分成租，这种地租形态，生产与收成好坏，直接与佃主的收益密切相关。因此，佃主往往对佃户的生产过程加以干预。时，旗地上的定额租也不乏其例。兴京驻防旗人隗色克图将荒地租与民人刘之富耕种，讲定“五年头交地租，一日地四斗粮，头一年只交四月地租，往后每年加征四月地租”。刘之富从乾隆三十年开荒始，到乾隆三十五年第一次交租，至四十一年，“共交了四十四石八斗租粮”，恰好“每年每日地租粮四斗”[④]。乾隆五十九年，民人石从德租驻防旗人兴得保“地四十晌（日），每年给粮十一石”[⑤]。驻防旗地实行的这种定额租，在吉林、黑龙江两省也流行，租额“按年按晌收取租粮三二斗”[⑥]不等。定额租是佃农向佃主承包耕地，无论收成好坏租额不变，佃主对佃农的干预较少，佃农也愿意多投生产工本，生产的积极性较高。

东北驻防旗地除实物地租外，货币地租也较流行。康熙中叶，东北商品货币经济的发展，直接影响驻防旗地的地租形态。乾隆二十五年，辽阳人李瑶无地耕种，合伙租种尚家佐领尚维慎的红册地 293 亩 4 分，每亩“地租七钱五分（合每日租钱四千五百钱）”[⑦]。又如前文所述，驻防旗人玉山因典官房地无力回赎，将祖遗红册地 13 日交官纳租，“每日交钱五千，租期三年，共租钱一百九十五千”。旗人姜德禄将红册地 27 日，“租与民人王之富名下耕种，言明每日租价钱八吊（即八千钱）”。不仅如此，驻防旗地上的雇工费也多以货币支付，这从乾隆朝刑科题本雇主与雇工间的人命案中，可得到反映。乾隆三十一年档案所载：盛京旗人杨自富戳伤民人苏四身死一案，缘于旗人杨自富雇苏四锄地，“拖欠工价小数钱一千文未偿”[⑧]，由此可见，

① 《八旗通志》续集卷 65《土田志四》，长春：吉林文史出版社，2002 年，第 1169 页。
② 《刑科题本》，（题年残）管刑部事务英廉题，乾隆五十九年三月二十六日，中国第一历史档案馆藏。
③ 《刑科题本》，（题年残）管刑部事务英廉题，乾隆五十七年五月二十七日，中国第一历史档案馆藏。
④ 《刑科题本》，（题年残）管刑部事务英廉题，乾隆四十四年九月十三日，中国第一历史档案馆藏。
⑤ 《刑科题本》，（题年残）管刑部事务英廉题，乾隆五十九年三月二十六日，中国第一历史档案馆藏。
⑥ 黄维翰：《呼兰府志》卷 5，民国四年铅印本。
⑦ 《户部地亩档册》第三册，辽宁省档案馆藏。
⑧ 《刑科题本》，（题年残）管刑部事务英廉题，乾隆二十五年三月十一日，中国第一历史档案馆藏。

东北驻防旗地也多采取货币地租形式。

乾隆朝以降，东北驻防旗地的入官地，如旗余地、旗升科地等也多以货币支付。旗余地，是驻防旗人红册地以外私自开垦的土地。乾隆三十年（1765年），清廷查丈奉天旗余地 1 874 440 亩，严令：首报者仍作为个人私产，按照红册地中折米地纳赋；未首报者，查出后没收为官地，仍令“原种人等按数认种，或有转租与人者，听其自便……倘有拖欠租银，以及实系无力承种之户，俱由各该旗查撤出，另行招佃”[①]。清廷规定：旗余地租银，分上中下三等城征收，各城分三则，上等城如锦州、义州等，“上则地，每亩租银八分，中则七分，下则地六分”。中等城如盛京、广宁等，“上则地，每亩租银七分，中则地六分，下则地五分”。下等城如岫岩、兴京等，“上则地每亩租银六分，中则地五分，下则地四分”[②]，故也称三则余地。奉天所属旗余地征租额，仅举上中下城各一例予以说明：上等城义州的三则地 25 296 日 2 亩，征租额 10 622 两 2 钱；中等城辽阳城三则地 15 797 日 2 亩，征租额 5677 两 7 钱；下等城凤凰城三则地 14 610 日，征租额 4383 两。[③]乾隆年间，吉林乌拉、伯都讷等处也丈出旗余地 38 568 亩及流民私垦地 13 898 亩，清廷照奉天民地例分三等征收银米：银地，每亩 1 分、2 分、3 分；米地，每亩米 2 升 2 合、4 升 4 合、6 升 6 合。[④]旗升科地，嘉庆五年（1800 年）起，清廷令将“奉天旗民人等隐余地”，呈报于官，“每亩征银三分”，同于民地，故称旗升科地。并规定：“所首红册地旁滋开之地，仍作为私产，售卖听其自便；其另段另开及纳租余地边开之地，一体首报入官，仍交原佃承种。”[⑤]以上旗余地、旗升科地的租赋负担比旗人私有地征收地租轻，但与红册地向国家纳赋（红册米地折银，每亩 1.77 厘）比，负担还是重了许多；与同时期民地相比，旗升科地的赋税同于民地，旗余地每亩征田赋银 3 分，比民地高 1 倍，显然对旗余地的征收带有一种惩罚性。但总的来看，东北驻防旗地，无论是赋税，还是地租，都比东北民地负担轻。应当指出的是，东北民地地租赋额比起同时期关内省份民地负担还是轻许多。以雍正年间民赋为例，盛京民地，每亩征银 1—3 分，征米 2.8—7.5 升，而关内直隶民地，每亩征银

① 光绪《大清会典事例》卷 289《盛京户部 · 田宅 · 旗地》，光绪商务印书馆本。

② 光绪《大清会典事例》卷 289《盛京户部 · 田宅 · 旗地》，光绪商务印书馆本。

③ 《盛京通志》卷 38《田赋二》，乾隆四十八年版。

④ 《盛京通志》卷 38《田赋二》，乾隆四十八年版。

⑤ 光绪《大清会典事例》卷 167《户部 · 田赋 · 开垦二》，光绪商务印书馆本。

8.1 厘至 1.3 钱，征米 1—10 升，豆 9.8 合至 4 升。山东民地，每亩征银 3.2 厘至 1.91 钱，征麦 1 勺至 4 合，征米 2 勺至 3.6 升。①这可能与东北地广人稀、土地价格低廉有关。因此，关内才得以汉人冒禁，源源不断涌向关外（东北）。

第四节　流民出关移垦与驻防旗地的变化

清代东北被视为满族的龙兴之地，清初派置大量的八旗驻防，设置大量的旗地。清初，东北驻防旗地是一种具有满族本身特点的土地，它构成清初东北土地占有的格局，这种土地伴随康乾时期大量汉族流民涌入东北，满汉经济的不断交融而逐渐发生变化。

一、汉民出关移垦与满汉土地格局的变化

清入关前后的东北，由于明清战争造成“荒城废堡，败瓦颓垣，沃野千里，有土无人，全无可恃”②。人口锐减，熟田变为荒地。清朝定鼎北京，于东北派置驻防八旗，圈拨旗地的同时，也积极鼓励民人出关开垦荒地。顺治八年（1651 年），清廷规定：“是岁以山海关外荒地甚多，民人愿出关垦地者，令山海道造册报部，分地居住。”③奖励民人出关到奉天开垦。顺治十年，以辽阳为府，辖海城、辽阳二县，设官管理汉民，并颁布著名的辽东招民开垦令：“是年（顺治十年）定例，辽东招民开垦至百名者，文授知县，武授守备。六十名以上，文授州同、州判，武授千总。五十名以上，文授县丞主簿，武授百总。招民数多者，每百名加一级。所招民，每名口给月粮一斗；每地一垧给种六升；每百名给牛二十支。”④由此招垦令可知，前半部分是对招头劝诱农民的奖励办法，后半部分是对招徕民人奖励的规定。此后续颁，叠加优典，以补充原令之效力。康熙元年（1622 年）至四年，又新设锦县、承德、开原、铁岭、盖平、广宁、宁远等府州县。招垦令停止。从招垦令颁布后至康熙七年，奉天人丁、土地数量：顺治十七年，辽阳县、海城县，人丁增加为 3723 丁，土地增加为 48 165 亩。康熙七年，承德等六州县

① 乾隆元年版《盛京通志》卷 23《户口》，北京图书馆藏。

② 《清圣祖实录》卷 2，顺治十八年五月丁巳，北京：中华书局，1985 年，第 65 页。

③ 《清朝文献通考》卷 1《田赋考》，杭州：浙江古籍出版社，1988 年，第 4858 页。

④ 乾隆元年版《盛京通志》卷 23《户口》，北京图书馆藏。

人丁增加为 2643 丁，土地增加为 6737 亩。[①]由此人丁、土地数可见，辽东招垦令有一定成绩。当时关内兵事未停，人无固志，而东北则处在干戈之余，荒城废堡，欲求正常的移垦之事，是不可能的。康熙七年（1668 年），辽东招垦令废除，其原因并不是施行之无效，而是因国基已固，官爵不宜轻授，汉民出关之潮已见其端，不需再奖励。这样，清初通过招民开垦令，将出关的汉民与离散的辽东民人安辑入籍，编成民地，承认其土地所有权，由州县向民人征收赋税，摊派徭役，组成与关内生产关系同样的民地系统。当时民地与各地由城守尉、八旗佐领统辖的不输租的，具有国家所有权的旗地比，数量是很少的。据乾隆元年版《盛京通志》载，顺治朝旗地为 26 525 顷 82 亩，民地为 609 顷 33 亩，旗地数量是民地的 43 倍多。

康熙朝关内汉人纷纷涌向关外，开垦土地，逐渐打破清初驻防旗地占统治地位的格局。康熙十七年，全国大部分省份遭灾，直隶、山东、河南北方诸省的流民大量涌向东北。尤其是山东地区，因人口密集，地少人多，加上天惠稀薄，流向关外的汉民更多。仅山东沂州，就占山东流民总数的 47%。[②]自然灾害加上与官僚结合的地主、富家的盘剥，即使丰年“穷民所得之分甚少，一遇凶年……少壮者流离于四方，老弱者即死于沟壑”[③]。直隶、山西、河南地区的情况也类似。因此，地广人稀的东北必然成为汉民寻求生路的乐土。

关内汉民的流入，造成了不输旗租的旗地与交纳租赋的民地之间混淆，出现了民人开垦之地隐匿不报、欺凌舞弊的事件。康熙十八年，清廷清丈隐地，并对奉天的未垦地进行整理，设旗民两界，以防止旗民争端。当时规定：东自抚顺起，西至宁远州老君屯止，南自盖平县阑石起，北至开原止，荒地有 5 484 155 垧，其中旗界内的土地 4 605 380 垧，民界内地 878 775 垧。[④]又规定：以后奉天新来之民于民界内安插，旗界内的民人移至民界内。当时旗界民人数量是民界的 5 倍。旗民界的设立，反映了清廷首崇满洲的基本国策，但对流入的汉民并未积极阻止。[⑤]

---

① 乾隆元年版《盛京通志》卷 23《户口》，北京图书馆藏。

② 据《沂州志》卷 2 载：“沂州地土广衍，一望硗薄，价值无几，小民多田多累，四封强半荒芜。土瘠民贫，自昔为然。”又《荣成县志》卷 3 也载：“地瘠民贫，百倍勤苦，所获不及，下农拙于营生，岁欠则轻去其乡，奔走京师辽东塞北。”

③ 《清圣祖圣训》卷 22，北京：北京燕山出版社，1998 年，第 374 页。

④ 《清圣祖实录》卷 87，康熙十八年十二月癸未，北京：中华书局，1985 年，第 1105 页。

⑤ 刁书仁：《略论清代东北旗界设置与管理》，《吉林师范学院学报》1991 年第 3—4 期。

康熙中叶以后，几十年太平盛世，伴随社会生产力的发展，人口骤增，关内土地不足，造成大量的过剩人口，不待凶年到关外觅食的汉民就数以万计。康熙五十一年（1712年），康熙帝上谕云：“山东民人往来口外垦地者，多至十万余。”[①]康熙五十五年，上谕又云：“今太平已久，生齿甚繁，而田土未增……或有言开垦者，不知内地实无闲处，今口外种地度日者甚多”[②]，反映了汉民出关的实情。汉民日多，旗民两界交错互有侵占事件时有发生。康熙五十四年二月，康熙帝上谕云：“奉天地方，旗民杂处，生事之人及盗贼人命之事甚多，必照驻防省分，旗民分居，方可无事。”[③]十一月，署奉天将军事的前锋统领康保住等遵上谕，将奉天城内民人三百余户移驻城外，城外庄屯旗界内民人移民界，民界内旗人移旗界。“编户则守令治之，八旗则城守尉辖之。”[④]

雍正年间，流民日增，民治机构进一步增加。雍正十一年（1733年），在金州新设宁海县。[⑤]翌年，增置奉天理事通判二员：一员驻奉天府盖平县，管辖海城、盖州、复州、金州四州县；一员驻锦州府锦县，管辖锦县、宁远、广宁、义州四州县，这些机构的设置主要在沿海地方，说明从山东渡海来关外的流民是很多的。顺康雍三朝民人流入、民地增长及与旗地的比率增长情况为，奉天各州县民丁：顺治十八年（1661年）为5557丁，康熙二十四年为26 227丁，雍正十二年为45 089丁。[⑥]雍正朝的民丁是顺治朝的8倍多，是康熙朝的近2倍。民地起科面积与驻防旗地面积：民地，顺治朝为609顷33亩，康熙朝年为3117顷50亩，雍正朝为18 230顷47亩；驻防旗地，顺治朝为26 525顷82亩，康熙朝为70 052顷69亩，雍正朝为142 069顷40亩。雍正朝民地是顺治朝民地的近30倍，是康熙朝的近6倍。相反，顺治朝驻防旗地是顺治朝民地的43倍多,康熙朝驻防旗地是康熙朝民地的22倍多，雍正朝驻防旗地是雍正朝民地的7倍多。可见，民地的面积在不断扩大，与驻防旗地的比率也在日益扩大，而旗地面积却在日益缩小，说明民地逐步占优势。

---

① 《清圣祖实录》卷250，康熙五十一年五月壬寅，北京：中华书局，1985年，第478页。
② 《清圣祖实录》卷268，康熙五十五年闰三月壬午，北京：中华书局，1985年，第629页。
③ 《清圣祖实录》卷262，康熙五十四年正二癸巳，北京：中华书局，1985年。
④ 乾隆元年版《盛京通志》卷12《疆域》，北京图书馆藏。
⑤ 乾隆元年版《盛京通志》卷23《户口》，北京图书馆藏。
⑥ 乾隆元年版《盛京通志》卷23《户口》，北京图书馆藏。

吉林、黑龙江两省流民流入较晚。顺治、康熙初期，为备俄储粮，将流徙吉林的罪犯编入官庄，隶农垦田，并以此为契机，经康熙、雍正朝始有流民进入。雍正四年（1726 年），清廷覆准："船厂（吉林）等地开垦地亩，禁止旗民互相典卖。"[①]流民与旗人杂处，发生民典旗地的交涉事件。为解决民人、民地渐增而引起的税收及其他民事纠纷，清廷于同年在吉林地方设永吉州，于宁古塔设泰宁县，于伯都讷设长宁县。[②]这是吉林行政体制沿革史上划时代的变化。吉林民人地丁的情况，据乾隆元年版《盛京通志》载：永吉州，雍正十二年人丁为 2186 丁，起科面积为 272 顷 13 亩。长宁县，雍正十二年人丁为 201 丁，起科面积为 142 亩，合计人丁为 2387 丁，起科面积为 273 顷 55 亩。虽然吉林民地、人丁与奉天比是微不足道的，与吉林旗地比数量亦是很少的。但从上述记载中已显见民地逐渐发展的势头，乾隆朝以后，民地数量大增。

汉族民人的不断涌来，使满汉土地占有的格局发生了变化，威胁着驻防旗人的生计。乾隆五年（1740 年），清廷颁布封禁东北的法令。是年四月，乾隆帝谕令舒赫德等曰：

> 盛京为满洲根本之地，所关甚重，今彼处聚集民人甚多，悉将地亩占种。盛京地方，粮米充足，并非专恃民人耕种而食也，与其徒令伊等占种，孰若令旗人耕种乎……尔至彼处，与额尔图详议具奏。寻奏："奉天地方为满洲根本，所关实属紧要，理合肃清，不容群黎杂处，使地方利益，悉归旗人。但此等聚集之民，居此年久，已立有产业，未便悉行驱逐，须缓为办理，宜严者严之，宜禁者禁之，数年之后，集聚之人渐少，满洲各得本业，始能复归旧习。"[③]

清廷鉴于流民人数日多，以致"侵害"旗人生计，决心凭借政权的力量对汉族民人的涌入进行干预，以此来维护驻防旗人的特权。通过对《盛京通志》所载乾隆四十八年前民人丁数、户口数进行梳理，来说明清廷封禁的效果：乾隆六年为 49 412 丁，60 057 户，359 622 口；乾隆四十六年为 82 803

① 光绪《大清会典事例》卷 1119《八旗都统·田宅·盛京等处官兵庄田》，光绪商务印书馆本。
② 《清世宗实录》卷 51，雍正四年十二月戊寅，北京：中华书局，1985 年，第 773 页。
③ 《清高宗实录》卷 115，乾隆五年四月甲午，北京：中华书局，1985 年，第 687—688 页。

丁，115 194 户，792 093 口，由上可知人丁数，乾隆末年是初年的近 2 倍，户口数为初年的近 2 倍。[①]以上数字仅就入籍的民人丁口而言，当时未入籍的民人还是相当多的，因为流民一旦入籍，成为编户齐民，既要交丁粮、纳地田赋，还要承担各种徭役。因而，流民百般设法逃避入籍。可见，乾隆年间，清廷的封禁并没有取得实际效果，流民人数仍在增长，民地数量也仍在增加。

同时一个值得注意的倾向是，乾隆五年（1740 年）后，出关流民迫于封禁以及辽东日趋密集的人口，自发地沿着锦州—开原—吉林一线不断的北移，如船厂吉林等地，此时人口增长之速，跃为关外各地之首。该处民地由雍正朝的 273 余顷猛增至乾隆朝的 11 619 顷，增长了近 42 倍。[②]足见民地发展势头之盛，以致清廷的封禁政策没能在辽东奏效，反而使柳条边外打开缺口，使流民的脚步从此踏上吉林、黑龙江的广阔土地。

康乾时期大量流民进入东北，造成满汉土地占有关系的格局发生了变化。流入东北的汉民从关内带来先进的生产生活技术，必然对东北驻防旗地产生重要的影响。同时伴随汉民的流入，关内的商业资本、货币经济也渗入东北地区，又因旗人户口增多，支出膨胀，物价腾贵，致使驻防旗人生计愈陷穷困。

二、驻防旗地向民地的转移

东北驻防旗人的贫困，与民人的大量出关有直接关系，而旗人将赖以维持生存的旗地典卖于民人，则是东北旗人日愈贫困的主要原因。清廷虽屡次禁止“旗民交产”，保护旗人的利益。但有强大政权做后盾的旗人却无力与处处受限制的流民竞争。旗地向民地转移，主要通过民典旗地的方式。

东北旗民交产始于康熙中叶后，乾隆年间开始严重起来。尽管清廷法律规定：严禁旗地私售于民，倘有私售，则查撤入官，所谓“旗地有限，若任凭家奴及民人契买，将来旗产势必尽归民人，是以严行禁止”[③]。但旗民间变相典卖旗地的事实仍有发生，各地旗人往往采取支使长租或指地借钱等名义，进行旗地交易，“显避交易之名，阴行典卖之实”[④]。支使长租，即民

① 《盛京通志》卷 38《田赋二》，乾隆四十八年版。
② 《盛京通志》卷 37《田赋一》，乾隆四十八年版。
③ 《乾隆部来档》，第 309 号，中国第一历史档案馆藏。
④ 光绪《大清会典事例》卷 1118《八旗都统·田宅·官兵庄田二》，光绪商务印书馆本。

人租种旗地，出三年以上押租钱，每年给旗人拿地租，民人不欠租，不许夺佃。即便撤佃，旗人必须将押租钱退回。对此，清廷屡次申禁，旗人出租地亩，如私行长租，一经查出，“将业主、租户各治以违禁之罪，由业户名下将租价追出入官，由租户名下将地追出给还本人，以示惩敬”①。指地借钱，即“甲立一借券与乙，载明借乙钱若干，利若干，以甲之地亩若干，租粮若干，归乙征收，作为年利，日后本利清还，田归原主”②。实际该民人借此牟利。为此，清廷严令：有“称指地借钱及支使长租者，业户、租户均照违制律治罪”③。

民典旗地中一个值得注意的事实是，旗地买卖中体现“一种意志关系”的私人契约突出了。契约内无论典、押或借，均以耕种为目的，如旗人蔡福有，因度日不过，央人说允“指册地七日”，情愿借给民人张义福名下，“其钱笔下交足，并无短欠”。契内末尾写明“自立之后，并无返悔，倘有争竞之事，有户族保人一面承管。恐口无凭，立借契文为证”④。实质上是变相的旗地买卖。总之，排除了双方以外的其他干预，确立了“私契”的合法作用。

民典旗地现象不仅出现于奉天，在吉林、黑龙江各地也存在，但出现时间要晚些。如黑龙江省呼兰地方，从事农耕的“满人耕地总计不过四千五百垧，即此有限之土地尚卖与汉人”，因此，清廷严办再三，“迨汉族农民继续来此，满人遂尽售其所有之土地矣”。⑤据统计，仅乾隆三十八年（1773年），奉天共查出“民典旗地”126 826垧，合760 956亩。盛京将军富俊在清查民典旗地的奏折中称：“出典旗户八百七十二户，受典民人八百六十九户。”⑥旗民交产之盛，于此可见。

旗民交产造成土地所有权转移频繁，旗人经济地位变化无常。旗人张发在乾隆末年，“价买冯君明地一段，计垅十八条，后因贫乏辗转押由朱姓”，朱姓“递押杨德元之父杨爽名下”，至光绪十八年（1892年），杨爽又“转押与同族杨义春等，得价钱六十吊”⑦。乾隆以后，旗人沦为佃户、佣工的较为普遍。吉林将军富俊奏称：“满、蒙、汉各旗闲散，较前生齿多至数倍，

---

① 光绪《大清会典事例》卷159《户部·田赋·畿辅官兵庄田一》，光绪商务印书馆本。

② 《政治官报》，宣统二年十二月二十二日，中国第一历史档案馆藏。

③ 光绪《大清会典事例》卷1118《八旗都统·田宅·官兵庄田二》，光绪商务印书馆本。

④ 宫内季子：《押的惯习·附录》《满洲旧惯调查报告》，大连：南满洲铁道株式会社，大正二年。

⑤ 南满铁路调查课编：《黑龙江》，汤尔和译，上海：商务印书馆，1931年，第183页。

⑥ 《嘉庆朝查办盛京民典旗地史料》，《历史档案》1987年第1期。

⑦ 《盛京时报》，光绪三十四年七月，辽宁省图书馆藏。

内中无业壮丁，每致为人佣迩”，奉天广宁白旗堡旗人小丹卜，因旗地典于民人，家里贫穷，只好给“何姓家佣工”。[①]海城县林通峪原有一片荒地 76 日，乾隆初年由旗人金玉昆、于世平等垦耕。至乾隆二十七年（1762 年），被盛京户部查知，认为是“偷开黑地入官”，“每日作价银六钱”，并令金玉昆等佃耕[②]，自耕农突然沦为佃户。乾隆年间，东北旗丁丧失旗地有多大比例呢？乾隆十二年，盛京将军在奏折中提供了一个数字很说明问题。他说：无地官 360 员，无地兵丁 15 331 名，今有地官 143 员，有地 2000 余垧，有地兵丁 2140 名，原办给地 10 000 余垧。[③]由此可见，奉天无地官员几乎为有地官员的近 3 倍，无地兵丁为有地兵丁的 7 倍多。说明东北多数旗人赖以养家活口的旗地与京畿地区一样，大部分转移到民人手中。

① 《宁古塔副都统衙门档案》，道光五年五月二十九日收文，中国第一历史档案馆藏。

② 《刑科题本》，（题年残）管刑部事务英廉题，乾隆五十九年三月二十六日，中国第一历史档案馆藏。

③ 《军机处满文月折档》，乾隆十二年十二月十八日，中国第一历史档案馆藏。

第三章 东北驻防八旗生计与旗地的补救措施

第一节　京旗苏拉移驻东北

京旗苏拉移驻东北，经乾嘉道三朝，持续近百年，为此，清廷动用大量帑金，结果京旗生计问题非但未解决，反而使旗人生计更加恶化。

一、京旗苏拉移驻缘起

顺治元年（1644年），福临率八旗劲旅进入北京，代明而建全国政权。清朝为加强对全国的统治，将八旗兵视为“国之根本”，采取首崇满洲的政策。在官员任职方面，划定固定的满缺，为旗人任职创造更多的条件；在俸饷方面，八旗官员按九品文官级别领取官俸银粮，八旗兵丁按五等级别领取粮饷。无论官俸，还是粮饷，满洲八旗都远远超过蒙古、汉军八旗。不仅如此，清廷还在北京周围500里之内圈占民地，在八旗内部按等级分配，在京畿地区建立数量众多的皇庄、王庄及驻防旗地。清廷本以为上述政策可一劳永逸地解决旗人的生计问题。然而，历史的发展不依清廷统治者的意愿为转移，康熙中叶后，旗人开始分化，少数旗人凭借权势积累大量财富；多数旗人丧失或部分丧失原有的经济基础，负债累累。至乾隆朝，八旗生计问题已成为清廷最棘手的难题，甚至出现旗人隐瞒身份，冒充民人卖身为奴者。[①]这种情况说明，八旗生计问题已恶化到相当严重的程度。旗人生计具体表现如下。

其一，旗丁不识撙节，超前消费。清廷规定：旗丁额定粮米按季由八旗

① 韦庆远：《论八旗生计》，《社会科学辑刊》1990年第5—6期。

各署衙门发放，目的在于保证旗丁及家属的生活。但自康熙中叶始，多数旗人则是粮米刚一到手，即行变卖。如康熙帝所说："八旗官兵将所给之米，未及抵家，止贪得一时小利，辄行变卖，在所得之利甚微，而银两耗去，米价又增，于是众皆怨悔无及。"[①]这些旗丁将卖粮米所得之钱大肆挥霍。对此，雍正帝在上谕中，对八旗官兵奢侈腐化的行为予以深刻斥责：

> 近年满洲等不善谋生，惟恃主上钱粮度日，不知节俭，妄事奢靡……看来满洲不知节俭，多有以口腹之故而鬻房产，即如兵丁等每饭必欲食肉，市肉一斤，其价可抵数日之蔬食，以贵价市肉而食，则一月所得之钱粮，不过多食肉数次，即行罄尽矣……猪肉即厌，必更思别味，如此每月不计出入，随得随费，以致失其生计。[②]

八旗兵丁不仅粜卖口粮，还有不少人借印子钱，他们通常以未到期的应领兵饷作抵押物，借高利贷，利息达4—5倍。当时，放印子钱的多是各旗的佐领和骁骑校等旗官。如雍正帝所云："佐领、骁骑校但思罔利，串通领催人等，指称他人名色，或于该管佐领，或于其弟兄所管佐领下，借放印子银两，有十个月扣完者，亦有十二月扣完者，每月关领钱粮之时，勒令清偿，不许暂缓，因而将利作本，利又加利，以致兵丁生计，往往因此匮乏。"[③]这种驴打滚式的高利贷盘剥，造成八旗兵倾家荡产。对此，清廷再三禁止："嗣后除兵丁等自相借贷不行禁止外，其佐领等支放印子银两，坐扣钱粮之处，概行禁止"，违者治罪。[④]

其二，旗丁典卖旗地。清入关之初，八旗兵丁所得的土地，或自家耕种，或设置庄头招民人耕种，旗人坐收地租，所谓一地两养，彼此相安。[⑤]康熙中叶，由于八旗人口激增，兵额粮饷增加有限，多数旗人感到难以用原有的收入赡养成倍增加的人口，不得已将名下"田宅率多转售与人"[⑥]。清廷规

---

①《八旗通志》初集卷66《艺文志二·敕谕二》，长春：东北师范大学出版社，1985年，第1274页。

②《上谕八旗》，雍正五年四月十三日，《钦定四库全书》，上海：上海古籍出版社，2003年，第292页。

③《八旗通志》初集卷70《艺文志六·奏议二》，长春：东北师范大学出版社，1985年，第1352页。

④《八旗通志》初集卷70《艺文志六·奏议二》，长春：东北师范大学出版社，1985年，第1353页。

⑤ 赫泰：《复原产筹新垦疏》，《清经世文编》卷35《户政十·八旗生计》，北京：中华书局，1992年，第870页。

⑥ 留保：《请休养旗人奏》，马甫生等标校：《八旗文经》卷27，沈阳：辽沈书社，1988年影印本，第239页。

定：旗人土地一般仅限在本旗内买卖交易，特殊情况下才允许各旗间交易，但严禁旗民交产。所谓“旗地有限，若任凭家奴及民人契买，将来旗产势必尽归民人，是以严行禁止”[①]。不过，旗民间变相典卖旗地之事早有发生，各地旗人往往采取支使长租或指地借钱等名义进行旗地交易，“显避交易之名，阴行典卖之实”[②]。这样一来，旗人土地纷纷转入民人手中。正如乾隆初年，御史舒赫德所云：“所谓近京五百里者，已半属于民人。”[③]御史赫泰也言：“旗地之在民者十之五六。”[④]可见，相当一部分旗人从旗地中取得的收益已逐渐枯竭，陷入“无钱粮，又无产业，实无糊口之资”[⑤]的窘境。

为解决八旗生计问题，康熙、雍正二帝都曾做过积极的努力。康熙帝曾“发帑金五百四十一万五千余两，一家获赏俱至数百”，但杯水车薪，无济于事，一二年间，帑金荡然无存。康熙四十二年（1703 年），又发帑金“六百五十五万四千余两，赏赐兵丁人等”，也同先前一样，“立时费尽”。[⑥]雍正即位后，也曾赏给八旗兵钱粮数次，“每次所赏，需银三十五六万两”，可是，八旗兵得此银，“不及十日，悉为乌有”[⑦]。雍正帝颇有感触地说：“即将仓粮国帑，尽行颁赐，朕固不惜，但使随得随尽，曾不浃旬，遽即荡然，亦何济之有？”[⑧]由此可知，京旗“数十万之众，生齿日繁，聚积京师，不农不贾”[⑨]，优游坐食，成为清廷用国帑、仓粮填不满的无底深渊。

如何解决京旗生计问题，官员纷纷上书指出：“未有举数十万不士、不农、不工、不商、非兵、非民之徒，安坐而仰食于王家，而可以为治者”[⑩]，

---

①《乾隆朝部来档》，第 309 号，中国第一历史档案馆藏。

② 光绪《大清会典事例》卷 1118《八旗都统·田宅·官兵庄田二》，光绪商务印书馆本。

③ 舒赫德：《八旗开垦边地疏》，《清经世文编》卷 35《户政十·八旗生计》，北京：中华书局，1992 年，第 865 页。

④ 赫泰：《复原产筹新垦疏》，《清经世文编》卷 35《户政十·八旗生计》，北京：中华书局，1992 年，第 869 页。

⑤《内阁大库档案》，乾隆五年十二月十六日，中国第一历史档案馆藏。

⑥《清世宗实录》卷 56，雍正五年四月己亥，北京：中华书局，1985 年，第 857 页。

⑦《清世宗实录》卷 56，雍正五年四月己亥，北京：中华书局，1985 年，第 857 页。

⑧《清世宗实录》卷 41，雍正四年二月辛卯，北京：中华书局，1985 年，第 614 页。

⑨ 赫泰：《复原产筹新垦疏》，《清经世文编》卷 35《户政十·八旗生计》，北京：中华书局，1992 年，第 869 页。

⑩ 沈起元：《拟时务策》，《清经世文编》卷 35《户政十·八旗生计》，北京：中华书局，1992 年，第 880 页。

何况“国家之经费有定，户口之滋息无涯，于此而欲博施济众，虽尧舜犹有所不能也”[①]。这样就迫使清廷另辟蹊径，将京旗苏拉移驻东北。

二、京旗苏拉移驻始末

京旗苏拉移驻东北，雍正末年“已有定议，未及举行”[②]。乾隆即位伊始，朝臣们又多次上疏言及此事。在朝臣们的上疏中，以乾隆二年（1737 年）舒赫德的奏疏最富代表性。他说：

> 伏思盛京、黑龙江、宁古塔三处，为我朝兴隆之地，土脉沃美，地气肥厚，闻其间旷处甚多，概可开垦。虽八旗满洲，不可散在他方，而于此根本之地，似不妨迁移居住。且八旗之额兵将及十万，复有成丁闲散数万，老稚者不在内。若令分居三处，不惟京城劲旅，原无单弱之虞，而根本重地，更添强壮之卒，事属两便。由是合计，京师及三处地亩均匀摊给，务使家有恒产，人有恒心，然后再教以俭朴，返其初风，则根本绵固，久远可计矣。[③]

舒赫德的上奏入情入理，周密稳妥，使乾隆帝终下决心，移京旗苏拉于东北。

乾隆六年，乾隆遂派大学士查郎阿、侍郎阿里衮等分赴东北，踏查可耕之地。事毕，彼等奏称：吉林不远处的拉林（今黑龙江省五常市）、阿勒楚喀，“有地一段，周八百余里”[④]可作为京旗苏拉移驻区。翌年五月，议政大臣裕亲王等议覆：

> 大学士查郎阿等，前往宁古塔一带相度，可垦之地甚多，惟拉林、阿勒楚喀去船厂甚近，平畴沃壤，五谷皆宜。请先移驻满洲一千名，屯垦耕种。[⑤]

议政大臣酌定京旗移驻前，须筹办“建造房屋、仓廪、垦荒、积谷、设

---

① 梁诗正：《八旗屯种疏》，《清经世文编》卷 35《户政十・八旗生计》，北京：中华书局，1992 年，第 866 页。

② 梁诗正：《八旗屯种疏》，《清经世文编》卷 35《户政十・八旗生计》，北京：中华书局，1992 年，第 868 页。

③ 舒赫德：《开垦边地疏》，《清经世文编》卷 35《户政十・八旗生计》，北京：中华书局，1985 年，第 865 页。

④《清高宗实录》卷 157，乾隆六年十二月庚申，北京：中华书局，1985 年，第 1254 页。

⑤《清高宗实录》卷 166，乾隆七年五月乙丑，北京：中华书局，1985 年，第 99 页。

立虚职骁骑校、乡长管辖”六款，钦派户部侍郎三和与副都统巴灵阿负责移驻前的筹办工作。他们奉命前往吉林后，会同宁古塔将军鄂弥达商议，拟用两年时间完成筹办事宜。[①]为此，他们紧锣密鼓地展开了京旗移驻前的筹备工作：①设置村屯，建盖房舍。每旗设2个村屯，八旗共设16个村屯，“各庄分给地亩，每村凿井四眼”，各设乡长1人。建官署21间，副都统住房36间，协领住房18间，满洲兵住房5000间。这些住房由“伯都讷、三姓二处兵三百名营造，派协领一员、章京九员监修，其匠役工食银，照伊屯地方兵房之例，每间银三两三钱”。②划拨土地，派东北八旗兵丁代垦。最初议政大臣定议：“遣吉林闲散余丁与驿站壮丁等开垦”由于“吉林等处余丁，多年幼不能耕种，驿站壮丁，各有差使”，只好“请派吉林乌拉兵八百名、阿勒楚喀兵二百名、驿站夫五百名开垦，日给口粮盐菜银四分”。[②]待京旗移驻时，将开垦的土地拨给京旗耕种。拨垦地兵丁等，每人牛1头，每3人3牛为1具，共为500具。第一年开垦土地1200顷，第二年仍耕此地，每具止用牛2头，计剩牛600头，再派600人加垦。待京旗苏拉到达时，“每人按所垦地亩匀给，并与耕牛，其余地亩，随力开垦”[③]。③建仓廪。照吉林乌拉永宁仓例，建仓126间。④对移驻京旗苏拉的管理。拟定待京旗苏拉移驻后，编入阿勒楚喀八旗，每旗补委虚职骁骑校一员，每村补放七品乡长一员。三年后，“遇有本旗骁骑校缺出，将虚职骁骑校与本处领催等一体补放，虚职骁骑校缺出，于七品乡长内拣放，乡长缺出，于移驻之满洲内拣放。此一千人内，如有情愿当差者，亦过三年后，俟各佐领下披甲人缺出，与彼处闲散幼丁，一体挑取”[④]。

乾隆九年（1744年），移驻的准备工作基本就绪。为加强对移驻京旗的管理，清廷于拉林、阿勒楚喀设置副都统衙署，补放副都统，添设左右两翼协领等旗署官员，并于“拉林多欢、蒙古边卡两处，各设一站，每站壮丁各十名，笔帖式各一员，领催各一名”[⑤]。时，巴灵阿升任宁古塔将军，清廷令副都统巴尔品调补，上谕云：“巴尔品即前往拉林、阿勒楚喀地方，协同

---

① 据《清高宗实录》卷166，乾隆六年五月乙丑条载：“所有移驻之满洲等，俟九年秋季，令其起程。”
②《清高宗实录》卷178，乾隆七年十一月辛酉，北京：中华书局，1985年，第295页。
③《清高宗实录》卷178，乾隆七年十一月辛酉，北京：中华书局，1985年，第296页。
④《清高宗实录》卷178，乾隆七年十一月辛酉，北京：中华书局，1985年，第296页。
⑤《清高宗实录》卷221，乾隆九年七月丙申，北京：中华书局，1985年，第842页。

巴灵阿办事，俟开荒盖房诸事完竣后，巴灵阿再赴将军任。”[①]九月，首批京旗如期启程，当年到达拉林750名，翌年又到250名，共计1000名。然而，移驻拉林的京旗状况如何，乾隆十年（1660年）十二月，拉林副都统巴尔品向乾隆帝报告了移驻拉林京旗的情况：

> 孤寡、年老及十五六岁以下不能力作者百余户；年力虽强，耕耘未谙，不能尽地利者十六七；力胜耕耘，兼有协助之人者十二三。大约以五口计之，种一顷者，日用外，所余不过三四十石，种五六十、六七十亩者，所余不过一二十石，再下，仅堪糊口。缘初学耕种，且无协助之人，安家银两渐次用完，不能多种，牛只等项毙坏，无力置买，不免拮据。[②]

乾隆皇帝得此报告后，令每年从国库中支银 5000 两，交给该副都统，对那些“孤寡及老幼不能力作者，生计艰难，余或勉力耕作，而尚未谙习，或农具牛只损毙，不能置立，均应量为补助”，直至“无须补助时，奏明停给”。[③]乾隆十二年四月，宁古塔将军奏报：“所给拉林居住满洲等牛二千只，今仅存五百余只，且俱疲瘦。其所住房屋圮坏及火焚者被火焚烧者，三分内几及一分。至所给地一千顷，去年只耕种六百三十余顷，其余俱已荒芜。”对此，乾隆帝勃然大怒，痛斥拉林副都统巴尔品，“在拉林时，并未以此为事，尽心办理，惟曲徇所属，博取好人之称，且伊立心，只欲回京，诸事俱因循苟且，以致如许牛只倒毙，房屋塌毁，地亩荒芜”，下令将其“交部严察议奏”[④]。乾隆十七年九月，上谕云：“八旗发往拉林、阿勒楚喀种地人等，多未携家同行，恐不能在彼安心，或私自逃回，或逃往他处，皆未可定。著传谕八旗大臣等，嗣后资送拉林、阿勒楚喀种地人等，将家属一并咨送，不准留京。”[⑤]这样既增加了劳动人手，又断了京旗回归京城之念，迫使其在移驻地安心生活。

乾隆十九年，吉林将军傅森奏称：“前移驻拉林满洲一千名，近年生计渐裕。现在阿勒楚喀附近肥饶地亩，可凿井者，共荒地六处，计三千余顷，

---

①《清高宗实录》卷214，乾隆九年四月辛亥，北京：中华书局，1985年，第746页。
②《清高宗实录》卷255，乾隆十年十二月丁巳，北京：中华书局，1985年，第303页。
③《清高宗实录》卷255，乾隆十年十二月丁巳，北京：中华书局，1985年，第303页。
④《清高宗实录》卷289，乾隆十二年四月丙戌，北京：中华书局，1985年，第786页。
⑤《清高宗实录》卷422，乾隆十七年九月丁卯，北京：中华书局，1985年，第526—527页。

可设村落四十八处，足容三千户，请于现驻一千名外，再派驻三千名。”[①]军机大臣等议覆：

> 查东三省山泽地利饶裕，应如所请，拣派遣驻。但一切垦荒、建房、掘井等项，有需时日，所派三千满洲，请分六起，自丙子年起，至辛巳年止，次第安置。令八旗大臣择其族众有眷属者拣派，应派年份，该将军咨到办理，其自京起程，及到彼安置，悉照前例。再原议赏银一项，因初设并无恒产，每年赏银五千两，添补农具，俟数年后裁。今派往每起五百名，未便照旧，请每年赏银二千五百两，十年后减半，又十年停支。[②]

计划从乾隆二十一年（1756年）至二十七年分6批派遣，每批500名，援引首次移驻1000名京旗苏拉年赏银5000两之例，次年派500 名，“每年赏银二千五百两，十年后减半，又十年停支”。乾隆二十一年二月，第一批京旗到达拉林，除中途逃跑1人，实到499人，于阿勒楚喀海沟立村屯8所安置。乾隆二十二年十一月，在拉林瓦浑地方建第二批京旗的房屋，翌年春500 名到达。同时，又在拉林西沟地方建第三批京旗的房舍，于二十三年春如数到达。同月，在拉林霍济墨地方修建第四批京旗房舍，翌年春也如数到达此地。[③]原计划移驻6批3000名，仅移4批2000名，就难以为继。

移驻拉林、阿勒楚喀地方的京旗苏拉，因久居京华，耽于逸乐，移居东土，实非所愿，“立产银”花完，便相率逃回京城。针对此种情况，清廷明令：“拉林种地者，私自逃回拿获后即咨送刑部，由刑部具奏，押送本地正法。”[④]足见私自逃归者之多，故清廷对逃归者施以重法，以起到杀一儆百之效。但逃归现象仍难以阻止，京旗私自返京者有增无减。对此，乾隆帝曾在上谕中颇有感触地说：

> 朕因满洲生齿日繁，酌量拨往拉林种地，自京起程时，赏给整装银两，复令在拉林建盖房屋，又赏给牛具等项，原为伊等生计充

①《清高宗实录》卷475，乾隆十九年十月辛未，北京：中华书局，1986年，第1137页。

②《清高宗实录》卷475，乾隆十九年十月辛未，北京：中华书局，1986年，第1137—1138页。

③《钦定八旗通志》卷66《土田志五》，长春：吉林文史出版社，2002年，第1172—1173页。

④ 光绪《大清会典事例》卷1116《八旗都统·户口·旗人逃亡》，光绪商务印书馆本。

> 裕起见，伊等自应感戴朕恩，安静循分。乃年来逃回者甚众，情殊可恶，是以拿获者，俱经解回正法示众。[①]

斥责也好，解回移驻地正法也罢，都于事无补。乾隆三十四年（1769 年），清廷只好罢京旗移驻。

三、京旗苏拉移驻评价

乾隆朝京旗移驻拉林、阿勒楚喀旨在解决京旗生计，但并没有达到目的。如何评价这一事件，笔者提出以下几点浅见。

第一，首崇满洲的基本国策是京旗生计问题不能解决的根本原因。这一基本国策集中体现在两个方面：一是对八旗的禁锢政策；二是对八旗的恩养政策。八旗的禁锢政策，造成旗人不事生产劳动。清廷曾下令："我朝发祥以来，列圣垂训，八旗兵丁均以弓箭为生，必须永远遵行。"[②]雍正帝说得更明白："士农工商，各治一业……兵丁所司者，皆战斗之事。"[③]八旗兵丁即使在贫困至极的情况下，也不许离开本佐领从事其他谋生活动，从而造成八旗兵"不士、不农、不工、不商、不民，而环聚于京师闲散百里之内，于是其生计日蹙，而无可为计"[④]。而八旗的恩养政策致使旗兵厌恶劳动，耽于奢侈的生活，加剧了旗人生计的恶化。"八旗子弟，国之世仆"[⑤]，"皆以国力豢养之"[⑥]。"豢养"一词，甚为贴切。圈地、占房、食粮饷及各项补救八旗生计的措施都是恩养政策的体现。以京旗移驻为例，京旗未到之前，先派人代垦土地，建筑房舍；京旗移驻时，由户部发给置装银、食宿银、立户银；京旗到达驻地后，又拨给官房、牛具、籽种、口粮等，每名旗丁需国帑一二百两。这种恩养政策，使旗人好逸恶劳，加剧了旗人生计的恶化。旗兵嗜酒沉湎、争夸靡丽、放荡不羁，或赌博于歌场戏馆，"以致诸凡用度，

---

①《清高宗实录》卷 600，乾隆二十四十一月庚申，北京：中华书局，1986 年，第 732 页。

②《成都县志》《武备志》，同治年版。

③《上谕八旗》，雍正十年正月初九日，《钦定四库全书》，上海：上海古籍出版社，2003 年，第 554 页。

④ 舒赫德：《八旗开垦边地疏》，《清经世文疏》卷 35《户政十・八旗生计》，北京：中华书局，1992 年，第 865 页。

⑤《上谕八旗》，雍正四年二月，《钦定四库全书》，上海：上海古籍出版社，2003 年，第 165 页。

⑥《清史稿》卷 120《食货一》，北京：中华书局，1976 年，第 3493 页。

皆涉侈靡，不识撙节之道”[1]。更有甚者，变卖房地产业，使生活陷入困窘。因此，清廷不得不经常拨出大量的帑金来维持旗人的生计，但这只是杯水车薪，这个越背越重的政治赘瘤是首崇满洲基本国策所种下的恶果。

第二，乾隆朝京旗移驻拉林、阿勒楚喀表明，清廷对吉林的封禁因朝廷优待旗人而破除。在清廷看来，东三省是其祖宗发祥重地，一再强调“注重根本，封禁綦严”，“向例不准流民耕种”。顺治六年（1649年），清廷下令旗人不准将汉人带到关外。即使在顺治十年至康熙七年（1668年）的招民开垦期间，民人出入山海关也密令严查。规定：旗人出关由兵部或守关章京给票才可出关。而民人必须至临榆县领取印票，交守关章京验放方准出关。吉林为清朝根本重地，“东近参山，西近围场”，封禁更严。乾隆二十七年（1762年），清廷颁布宁古塔地区流民封禁令，“外来流民，不便准其入籍，应将流民驱回……嗣后严禁私垦”[2]。乾隆四十一年，对吉林全部封禁。至嘉道时期，进入吉林的流民猛增，虽于事实上无法严禁，然清廷屡申封禁之令。清廷封禁之原因：一是保持关外满洲淳朴风俗。清入关后，满族受汉族的经济文化影响，渐失“满俗之本习”，故统治者常以不染汉俗告诫其族，以“国语骑射”为本，禁止汉人流入，永保关外旗人“恪守满洲淳朴旧俗”[3]。二是特殊物产之独占及旗人产业之保留。吉林人参、珍珠一向由皇室独占，列为贡品，不准民人采捕。清廷为将其独占，对参山及采珠之河加以封禁。围场为其饲养马匹之地，“兵政攸关，事属经武，故亦在封禁之例”。产业之保留主要是田土，嘉庆帝说：“东三省地方为满洲根本重地，原不准流寓民人杂处其间，私垦地亩，致碍旗人生计，例禁有年。”[4]把田亩“作为本地官兵及京旗官兵随缺地亩之用”，或“以备退革兵丁作为恒产”，以免八旗官兵“无容身糊口之处”。[5]然而，京旗移驻之区，恰为封禁之地，“新移京旗苏拉，往往不能耕作，始而雇觅流民，代为力田，久之多为民有”[6]。乾隆三十四年，在拉林、阿勒楚喀京旗移垦区就“查出流民二百四十二户”[7]，说明封禁政策被清廷自身所破。

---

①《清世宗实录》卷52，雍正五年正月癸巳，北京：中华书局，1985年，第781页。
② 光绪《大清会典事例》卷158《户部·户口·流寓异地》，光绪商务印书馆本。
③《清高宗圣训》卷264，北京：北京燕山出版社，1998年，第4442页。
④《清仁宗实录》卷113，嘉庆八年五月乙未，北京：中华书局，1986年，第496页。
⑤《吉林通志》卷31《食货志四·屯垦》，台北：文海出版社，1965年，第2249页。
⑥《吉林通志》卷31《食货志四·屯垦》，台北：文海出版社，1965年，第2249页。
⑦《清朝文献通考》卷19《户口一》，杭州：浙江古籍出版社，2000年，第5032页。

第二节　乾嘉时期东北民典旗地的整理

东北驻防旗地在康熙中叶后，旗民交产、民典旗地盛行。清廷为保护旗人生计，曾几次动用帑金对民典旗地进行整理。

一、民典旗地的发生

清代东北为满洲的发祥重地，清入关前设有旗地，入关后派置八旗驻防，按八旗左右翼圈拨土地给旗人，即所谓的驻防旗地。至乾隆朝，东北驻防旗地的数量同入关初相比，有大幅度地增加。奉天为 2 637 541 日，吉林为 405 092 日。黑龙江为 172 719 日，其中包括旗人私自开垦的土地及部分红册地。红册地，雍正四年（1726 年），清廷曾规定：将“查丈过地亩若干，输纳草豆若干”造册送交户部。[①]又规定：纳赋旗地“编号插牌，牌头串红绳……均拿片赴仓注册，编入旗档，交粮仓上，将纳粮执照，串在插片绳上，发还其执照”[②]，故有红册地之称。红册地是康熙三十二年（1693 年）以来旗地征赋的完善过程，就其性质，文献记载：“红册地本旧日旗人之私业”，无论原额份地，还是自开旗地，“实系私产，并非官地”，一律按亩升科，“照章纳课”。[③]乾隆初年，许多旗人生计日窘，不得不把红册地典卖给汉族民人。民人典卖旗人红册地常常采取三个步骤，即“始而为庸工”，“继则渐向旗人佃种田亩”，最后“迨佃种既多，旗人咸图安逸，不知力作”[④]之时，将旗人土地变为己有。例如，乾隆三十六年（1771 年）五月，汉军正白旗佐领王连福，因生活窘困，不得不将自己田地一处，情愿典于王有松名下耕种，其地共 11 日 4 亩，典期为六十年。[⑤]乾隆四十五年，镶黄旗包衣石应屏佐领下的壮丁，以“接价钱 300 吊，典给民人王荣旗地 15 日”[⑥]。清廷规定：严禁旗地私典于民，倘有私典，则查撤入官。所谓“旗地有限，若任凭家奴及

① 光绪《大清会典事例》卷 289《盛京户部・田宅・旗地》，光绪商务印书馆本。

②《盛京时报》，光绪三十三年三月一日，辽宁省档案馆藏。

③ 徐世昌：《东三省政略》卷 8《旗务・田亩篇》，长春：吉林文史出版社，1989 年，第 1381 页。

④《清宣宗实录》卷 102，道光六年八月乙卯，北京：中华书局，1986 年，第 677 页。

⑤ 天海谦三郎：《典的惯习・附录》《满洲旧惯调查报告》，大连：南满洲铁道株式会社，大正二年。

⑥《盛京内务府地亩稿档》，乾隆四十五年正月，辽宁省档案馆藏。

民人契买，将来旗产势必尽归民人契买，是以严行禁止”[①]。然而，旗人往往采取支使长租或指地借钱等名义进行旗地交易，即“显避交易之名，阴行典卖之实”[②]。值得注意的事实是，民典旗地中体现一种私人的契约关系，契约内无论典押或借，均以耕种为目的。下引一份民典旗地的契约：

> 立典契人汉军正白旗佐领王连福因度日不过，钱粮无凑，将自己房身田地一处，情愿典于王有松名下耕种为主。同众人说允，典价市钱三百六十吊整，当日交足，分文不欠，恐后无凭，立典契存照。[③]

契约内有的写明期限，有的期限不定，实质是变相的旗地买卖，而且契约末尾常写有“此系两家情愿，各无返悔”，“恐口无凭，立借契文约为证”之语。总之，是排除了双方以外的其他干预，确立了“私契”的合法性。为此，清朝严办再三，“迨汉族农民继续来此，满人遂尽售其所有之土地矣”[④]。吉林将军也奏称：“近数十年旗民私自交产，大半归民垦种……故往往考诸司册，户名依然，而产业则已更易数姓矣。”[⑤]

二、民典旗地的整理

民典旗地的问题发生后，清朝统治者最棘手的问题——八旗生计的问题产生了。清朝从乾隆三十四年（1769年）开始直到嘉庆年间，对民典旗地着手进行回赎。据吉林将军富俊奏称：“满、蒙、汉各旗闲散，较前生齿多至数倍，内中无业壮丁，每致为人佣迩。”[⑥]例如，广宁白旗堡旗人小丹卜因家境贫穷，只好“给何姓家佣工”[⑦]。那么，东北驻防旗丁丧失旗人红册地有多大比例呢？乾隆十二年，盛京将军在奏折中说：“官兵所有自身之田，及原办给官田内，除查无凭证者不计外，无地官三百六十员，无地兵丁一万五千三百三十一名，今有地官一百四十三员，原办给官地二千余垧，有地兵

①《乾隆部来档》，第309号，中国第一历史档案馆藏。

② 光绪《大清会典事例》卷1118《八旗都统·田宅·官兵庄田二》，光绪商务印书馆本。

③ 天海谦三郎：《典的惯习·附录》《满洲旧惯调查报告》，大连：南满铁道株式会社，大正二年。

④ 南满铁路调查课编：《黑龙江》，汤尔和译，上海：商务印书馆，1931年，第183页。

⑤ 徐世昌：《东三省政略》卷7《财政·吉林省·纪旗地租》，长春：吉林文史出版社，1989年，第1140页。

⑥《宁古塔档案》，道光五年五月二十九日收文，中国第一历史档案馆藏。

⑦《刑科题本》，（题年残）管刑部事务英廉题，乾隆四十四年九月十三日，中国第一历史档案馆藏。

丁二千一百四十名；原办给地一万余垧。”[①]这说明，东北旗人赖以养家糊口的旗人红册地与京畿地区一样，已经向汉族民人手中转移。为保障旗人的生计，清廷采取了与京畿地区旗地一样的措施，对民典旗地动用帑金回赎整理。

乾隆三十四年（1769年）二月，清廷派裘曰修会同户部侍郎瓦尔达等酌议回赎办法。他们经过调查后，上疏：“惟查盛京出典地亩，较近京旗地不同。该处旗民交易均属白契，所开价值或系零星凑算，或以什物准折，甚至随意虚开，皆所不免。”如按京畿地区出典的旗地官赎后，仍准原业主五年交银或只扣俸饷自行回赎之例的话，盛京驻防旗人因“生计尤为淡薄，向例五年之限，为期稍追，恐不及按限扣还”[②]。为保护旗人生计起见，应采取变通之法，“请将此项民典旗地，无论年份远近，契价多寡，总以现在租息为断”，如核计租息为1钱，回赎价银为1两，均以“租息之重轻，定价银之多寡”，并酌宽年限，京畿地区官赎旗地准令原业主扣俸交银，定限五年，今盛京“回赎地价，可否准令十年扣交，俾生计益为宽裕，出自皇上天恩”，清廷予以允准。[③]于是，派户部侍郎喀尔崇义会同奉天府尹博卿额、奉天将军弘响等办理回赎旗地事宜。是年十二月，《户部则例》卷6载：清查民人典卖旗地时，隐匿不首报，查出土地入官，业主、售主俱照隐匿官田律治罪。议准：“盛京民典旗地，凡旗人出租地亩，统以三年为限，违者照长租例办理。”从乾隆三十五年始，照上述原则办理回赎旗地。文献记载：“民典旗人红册地亩奏明动帑备价赎回，仍归旗业”[④]，即将回赎旗地再次编入旗人红册地。在查办民典旗地的过程中，查出旗人典卖旗余地42 000余亩。[⑤]这说明，当时民典旗人红册地中不光是旗人红册地，也包括旗余地。旗余地是旗人红册地以外旗人违例私自开垦的土地，清廷将其入官，让旗人佃种，其租银解交盛京户部，以备旗丁急需。[⑥]因此，这次整理民典旗地中对民典旗人余地规定：此项地亩“本属官田，毋庸动帑回赎，租从地出，应仍令民人承种，按则输租，责成该州县催征”[⑦]。这里应注意的是，旗余地与民典旗

①《军机处满文月折档》，乾隆十二年十二月十八日，中国第一历史档案馆藏。

②《钦定八旗通志》卷66《土田制五》，长春：吉林文史出版社，2002年，第1177页。

③《钦定八旗通志》卷66《土田制五》，长春：吉林文史出版社，2002年，第1177页。

④《开原县志》卷5，咸丰七年刊本。

⑤ 光绪《大清会典事例》卷289《盛京户部·田宅旗地》，光绪商务印书馆本。

⑥《清高宗实录》卷756，乾隆三十一年三月癸酉，北京：中华书局，1986年，第327页。

⑦ 光绪《大清会典事例》卷289《盛京户部·田宅旗地》，光绪商务印书馆本。

人余地的区别。前者虽系入官地，但清廷允许“令原种人（旗人）等按数认种……如有事故情愿更替，许其呈明本旗”[1]。后者与前者同属官地，但由“受典民人耕种，知县衙门按亩征租”[2]。《盛京通志》记载，乾隆三十五年（1770 年），查出民典旗人余地之外，永远征租地、暂行征租地也归州县管辖。[3]永远征租地又称永远余地、永远余租地，据《开原县志》卷 5 载：“乾隆三十五年，民典旗地案内，照契查出旗人绝户无营业者，将地令受典民人耕种，按亩输租，拨归知县衙门永远征租。”民典旗地中，出典旗人户绝无力回赎，让受典民人佃种，永远由州县征租。暂行征租地。据《开原县志》卷 5 载：“民典旗地案内，照契查出王公门下壮丁并喇嘛官下壮丁，是否主地，抑是己产，须清查明确，始行办理……拨归知县衙门，暂行征租。”永远征租地、暂行征租地，原均为旗人红册地，前者典卖民人后，回赎旗地旗户无主，变成民地。后者分两种情况，旗户清楚，有能力备价回赎的，可将暂行征租地变为旗人红册地。否则，暂行征租地也同样属于民地。民典旗人余地、永远征租地、暂行征租地的征租额，一般按旗民余地的租银分上中下三等城征收。上等城，亩征银 8 分，中等城，亩征银 6 分，下等城，亩征银 5 分。

乾隆朝整理民典旗地的数量有多少，据奉天府尹博卿额等奏云：“臣等公同确查，应动帑回赎旗地十二万六千八百二十六晌，已经钦差尚书裘曰修等履勘，奏准照户部原议办理。”[4]可见，以上所述回赎旗地的数字是比较可信的。那么，这 12 万余垧回赎旗地有多少是清廷动用帑金回赎，重新编入旗人红册地，又有多少为上面所说的民典旗人余地、暂行征租地、永远征租地，即由旗地变成民地的，据乾隆四十八年版《盛京通志》卷 37《田赋一》，对乾隆四十五年承德、辽阳、海城、盖平、开原、铁岭、复州、宁海、岫岩、兴京、锦县、宁远、广宁、义州等 14 个州县的统计，民典旗人余地为 210 081 余亩，与乾隆三十五年的 42 000 余亩相比，增加 4 倍多。此项民典旗人余地从旗余地中除去，归入州县管辖，实属民地性质。永远征租地与暂行征租地合计为 598 148 亩，原为旗人红册地，现在从红册地中除去，归州县由民人佃种。这样，从前述的官赎旗地 12 万余垧中，扣除永远征租地与暂行征租地，

---

① 光绪《大清会典事例》卷 289《盛京户部・田宅旗地》，光绪商务印书馆本。
②《开原县志》卷 5，咸丰七年刊本。
③《盛京通志》卷 37《田赋一》，乾隆四十八年版。
④《清高宗实录》卷 940，乾隆三十八年八月庚寅，北京：中华书局，1986 年，第 697 页。

合计数为 5980 余垧，剩下 11 万余垧应为动帑金回赎给旗人，重新编入旗人红册地的土地。

嘉庆朝再次清查民典旗地。嘉庆九年（1804 年），嘉庆帝上谕清查民典旗地之事。户部遵旨："勒限一年，准其首报。"[①]十年八月，据盛京将军富俊等奏称："自上年九月至今，业据旗民呈首者一千六百余案，应追典价租息不下万人"，"业据旗民首报地，约计二十一万余亩"。[②]由此可见，三十年后民典旗地又达 21 万余亩。富俊等鉴于"此项民典旗地事阅多年，且尚有辗转接典旗地等事，头绪繁多，该旗民等均系穷苦之人，今既各将地亩呈首，而一则应追典价，一则应追租息，俱不免追呼之扰，且尚有应得罪名，其情究属可悯，兹格外施恩，著将业经首报地亩，所有旗民人等应得之罪，并应追典价租息银两一并宽免"[③]。嘉庆朝民典旗地的数量，盛京将军富俊在清查民典旗地的奏折中给我们提供了一个参考数。他说："现在各城册开，实系旗人将己身红册地亩典与民人，并指地借钱巧典之案，共地二万一千五百七十九亩九分，价银五千四百三十九两，小数钱三十一万六千一百零六吊二百六十文。出典旗户八百七十二户，受典民人八百六十九户。"[④]清廷无奈，再次动用大量帑金回赎，将此地亩再次归入旗人红册地，以保护旗人生计。

三、民典旗地整理评价

首先，清廷对民典旗地的整理体现了首崇满洲的基本国策。在清廷看来，"八旗子弟，国之世仆"[⑤]，皆以国力豢养之[⑥]。清初的圈占土地、民房，发放粮饷及民典旗地整理中的各项措施都是这一基本国策的集中体现。大臣允禄曾说，清廷对八旗兵丁"若父母之育子，保惠殷"，"特赏则动盈千万计，其衣食发内帑以资生赡，其喜丧裕公储以待用"。[⑦]这种政策使旗人好逸恶劳、嗜酒沉湎、争夸靡丽、放荡不羁，"以致诸凡用度，皆涉侈靡，不识撙节之道"[⑧]，因以贫困。于是旗人变卖房产、典卖旗地，使生活陷入困窘。

①《清仁宗实录》卷 148，嘉庆十年八月癸未，北京：中华书局，1986 年，第 1029 页。
②《清仁宗实录》卷 148，嘉庆十年八月癸未，北京：中华书局，1986 年，第 1030 页。
③《清仁宗实录》卷 148，嘉庆十年八月癸未，北京：中华书局，1986 年，第 1030 页。
④ 中国历史第一档案馆：《嘉庆朝查办盛京民典旗地史料》，《历史档案》1987 年第 1 期。
⑤《清仁宗实录》卷 244，嘉庆十六年六月戊午，北京：中华书局，1986 年，第 299 页。
⑥《清仁宗实录》卷 244，嘉庆十六年六月戊午，北京：中华书局，1986 年，第 299 页。
⑦《上谕八旗》，雍正五年四月十三，《钦定四库全书》，上海：上海古籍出版社，2003 年，第 293 页。
⑧《清世宗实录》卷 52，雍正五年正月癸巳，北京：中华书局，1985 年，第 781 页。

清廷基于其巩固统治的需要，曾几次发帑金救济旗丁，甚至“一家获赏俱至数百”，可是赏赐一到旗丁之手，“不及十日，悉为乌有”[①]，他们不事生产，优游坐食，奢侈靡费，不识撙节，成了清室用国帑、仓粮填不满的无底深渊，这个越背越重的政治赘瘤是首崇满洲基本国策所种下的恶果。

其次，东北旗地与关内旗地的某些差别。从旗地的构成上看，东北驻防旗地与关内旗地存在差别。关内旗地主要由原圈地，即清入关之初跑马占地由分给旗丁的份地与民人带地投充地构成，圈地为主，以后没有增加。东北旗地当初也主要以圈地为主，但以后的发展中，在原圈地的基础上，旗丁又自行开垦了许多旗地，至康熙中叶，自开旗地已超过原圈地。自开旗地是旗人的私有土地，清廷承认其所有权，将此旗地一并编入旗人红册地，以亩征收。可见，东北驻防旗丁占有旗地一般要比关内旗丁占地多。旗地构成上东北旗地与关内旗地中存在以下不同：①民典旗地发生的时间不同。关内旗地发生于顺治朝，康雍时成为重要问题。相比之下，东北旗地民典旗地发生晚些，始于乾隆朝，嘉庆朝成为重要的问题。②从地目上看，东北民典旗地整理中新设的地目多于关内。上文所述暂时征租地、永远征租地、民典旗人余地就是当时新置地目。之所以这样，主要在于东北地广人稀，有地可垦，旗人可私自开垦旗地，如民典旗人余地就是旗人私自开垦的旗人红册地以外的余地，在民典旗地中旗人将此余地也进行典卖。比较起来，关内旗地则没有这么多新设的地目。

第三节　乾嘉时期东北旗地的补救措施

东北驻防旗地有其自身发展的特点，清中叶，由于汉族民人出关，旗地买卖盛行，旗地逐渐向民地转化，而清廷为保护驻防旗人生计，采取一系列补救旗地的措施。

一、流民出关与旗人红册地的破坏

清入关前后的东北，由于明清战争破坏严重。为充实发祥之地，顺治六年（1649年），清廷规定：“是岁以山海关外荒地甚多，民人愿出关垦地者，令

①《清世宗实录》卷56，雍正五年四月己亥，北京：中华书局，1985年，第857页。

山海道造册报部，分地居住”，奖励民人出关开垦土地。[①]顺治十年（1653年），清廷以辽阳为府，辖海城、辽阳二县，并颁布著名的辽东招民开垦令。[②]康熙二年（1663年），又谕：“辽东招民百名者，不必考试，俱以知县录用。”[③]康熙元年至四年，又新设锦县、承德、开原、铁岭、盖平、广宁、宁远等府州县。清廷通过招民开垦令，将出关的汉民与离散的辽东民人安辑入籍，编成民地，承认其土地所有权，由州县征收赋税，摊派徭役，组成与关内生产关系一样的民地系统。当时的民地与各城城守尉所辖的驻防旗地相比，数量很少，据乾隆元年版《盛京通志》载，顺治朝旗地为26 525顷82亩，民地为609顷33亩，旗地约是民地的43.55倍。康熙十年以后，全国许多省份遭灾，直隶、山东、河南等北方诸省的汉民大量涌向关外。尤其是山东地区，因地力不丰，物产缺乏，更加天惠稀薄，涌向关外的汉民更多，仅山东沂州流民就占山东流民总数的47%。康熙七年以后，流入关外的汉民渐多，民地突增。据乾隆元年版《盛京通志》载，顺治十八年（1661年），民地609顷33亩，康熙十三年，民地1829顷73亩，康熙二十二年，民地3128顷59亩。康熙中叶以后，几十年太平盛世，伴随社会生产力的发展，人口骤增，关内因土地不足，造成大量的过剩人口，不待凶年，到关外觅食的汉民就数以万计。[④]

雍正年间，随着汉民日增，民治机构也有所增加。雍正十一年（1733年），在金州新设宁海县。翌年，设奉天理事通判二员，一员驻奉天府盖平县，管海城、盖州、复州、金州四州县；一员驻锦州府锦县，管锦县、宁远、广宁、义州四州县。此等机构的设置主要是在沿海岸地方，说明从山东渡海来关外的汉民是很多的。乾隆元年版《盛京通志》卷24《田赋》资料统计，雍正朝汉族人丁是顺治朝的8.11倍，是康熙朝的2倍多。而雍正朝民地是顺治朝民地的近30倍，是康熙朝的近6倍。相反，顺治朝旗地是民地的43倍多，康熙朝旗地是民地的22倍多，雍正朝旗地是民地的7倍多。可见，民地在不断扩大，旗地在日益缩小。

关内汉人不断涌入东北，使满汉土地占有格局发生了明显变化，威胁着

①《清朝文献通考》卷1《田赋考》，杭州：浙江古籍出版社，1988年，第4858页。

② 乾隆元年版《盛京通志》卷23《户口》，北京图书馆藏。

③《古今图书集成》，《食货典》卷51《田制部》，上海：中华书局影印本，1934年，第9页。

④ 据《清圣祖实录》卷250，康熙五十一年五月壬寅条载：“山东民人往来口外垦地者，多至十万余。”

旗人的生计。乾隆五年（1740 年），清廷颁布了封禁东北的法令[①]，想凭借政权的力量对关内汉人的涌入加以干预，维护旗人的特权。但清廷的封禁政策并没有取得显著效果，汉民人数仍在增加，民地的数量仍在增长。[②]同时一个值得注意的倾向是，乾隆五年以后，出关流民迫于封禁及辽东日趋密集的人口，因而，自发地沿着锦州—开原—吉林一线不断地北移，如吉林等地，此时汉民增长一跃为关外各地之首。该处民地由雍正朝的 273 余顷，到乾隆朝猛增至 11 619 顷，增长了近 42 倍。[③]足见民地发展势头之盛，已从柳条边外打开缺口，汉民的脚步已踏上吉林、黑龙江的广阔土地。

流入东北的汉民，对驻防旗地生产方式产生深远的影响，从而引起驻防旗地的变化。驻防旗地的变化集中体现在驻防旗人红册地的破坏上。

东北为满族的发祥重地，清入关前设有旗地，入关后派置八旗驻防。随着八旗驻防的派置，清廷按旗圈拨旗地给驻防旗人。伴随兵力的增加，旗地亦愈增加。奉天旗地，康熙朝为顺治朝的 16 倍，雍正朝为顺治朝的 19 倍，乾隆朝为顺治朝的 36 倍，表明旗人私自开垦旗地在扩大。康熙三十二年（1693 年），清廷行丈奉天旗地，以亩为准征豆草。雍正四年（1726 年），复丈奉天旗地，将“查丈过地亩若干，输纳草豆若干”造册送部，规定：纳赋旗地“编号插牌，牌头串红绳……均拿片赴仓注册，编入旗档，交粮仓上，将纳粮执照，串在插片绳上，发还其执照”。[④]故有红册地之称。红册地是康熙三十二年以来旗地征赋的完善过程，其性质“红册地本旧日旗人之私业”，无论原额份地，还是自开旗地，“实系私产，并非官地”，一律按亩升科，“照章纳课”。[⑤]

旗人红册地的破坏始于乾隆初年，主要通过旗民交产，即民典旗地的方式。踏上东三省的汉民为了生存必然流入旗界寻找土地。流民侵占驻防旗人红册地常常采取三个步骤，“始而为佣工”，“继则渐向旗人佃种田亩”，最后“迨佃种既多，旗人咸图安逸，不知力作”[⑥]之时，将旗人土地占为己有。清廷规定，严禁旗地私售于民，倘有私售。则查撤入官。所谓“旗地有限，若任凭家奴及民人契买，将来旗产势必尽归民人，是以严行禁止”[⑦]，

①《清高宗实录》卷 115，乾隆五年四月甲午，北京：中华书局，1985 年，第 688 页。
②《盛京通志》卷 37《田赋一》，乾隆四十八年版。
③《盛京通志》卷 37《田赋一》，乾隆四十八年版。
④《盛京时报》，光绪三十三年三月一日，辽宁省档案馆藏。
⑤ 徐世昌：《东三省政略》卷 8《旗务・田亩篇》，长春：吉林文史出版社，1989 年，第 1381 页。
⑥《清宣宗实录》卷 120，道光六年八月乙卯，北京：中华书局，1986 年，第 677 页。
⑦《乾隆部来档》，第 309 号，中国第一历史档案馆藏。

然而，旗人往往采取支使长租或指地借钱等名义进行旗地交易，“显避交易之名，阴行典卖之实”[①]支使长租，即民人租种旗地，出三年以上押租钱，每年给旗人交地租。民人不欠租，旗人不许夺佃。撤佃时，旗人必须将押租钱退回。这种办法实际与典地相同。对此，清廷屡次申禁旗人出租地亩，如私行长租，一经查出，“将业主、租户各治以违禁之罪。由业户名下将租价追出入官，由租户名下将地追出给还本人，以示惩儆”。指地借钱，即“甲立一借券与乙，载明借乙钱若干，利若干，以甲之地亩若干，租粮若干，归乙征收，作为年利，日后本利清还田归原主”[②]，实际上民人借此牟利。民典旗地中一个值得注意的事实是，旗地买卖中体现“一种意志关系”的私人契约突出了。契约内容无论典、押或借，均以耕种为目的，而且在契约末尾常写有“此系两家情愿，各无返悔”，“恐口无凭，立借契文约为证”之语。实际上是排除了双方以外的其他干预，确立了“私契”的合法作用。

旗民交产造成旗人红册地被破坏，旗人经济地位变化无常。乾隆以后，旗人沦为佃户、佣工的较普遍。嘉庆二十二年（1817 年），吉林将军富俊奏称：“满、蒙、汉各旗闲散，较前生齿多至数倍”，如广宁白旗堡旗人小丹卜，因家里贫困，只好给“何姓家佣工”[③]。东北旗丁丧失旗人红册地有多大比例呢？乾隆十二年（1747 年），盛京将军在奏称中提到一个数字很说明问题：“官兵所有自身之田，及原办给官田内，除查无凭证者不计外，无地官 360 员，无地兵丁 15 331 名，今有地官 143 员，原办给官地 2000 余垧，有地兵丁 2140 名，原办给地 10 000 余垧。”[④]从中可见，奉天的无地官员数几乎为有地官员的 3 倍，无地兵丁为有地兵丁的 7 倍多。这说明，东北多数旗人赖以养家糊口的红册地与京畿地区一样，大部分转归民人手中。

二、驻防旗地的补救措施

如上所述，乾隆朝以后，驻防旗人红册地由于旗民交产渐次被破坏。清廷为了维护旗人生计，一方面，厉行封禁，禁止流民流入；另一方面，对驻防旗人红册地采取补救措施。清廷对驻防旗地的补救，主要从两个方面着手：一是对驻防旗人红册地继续进行强化，防止其崩溃；二是多设官地，让驻防

---

① 光绪《大清会典事例》卷 1118《八旗都统·田宅·官兵庄田二》，光绪商务印书馆本。

②《政治官报》，宣统二年十二月二十二日，中国第一历史档案馆藏。

③《宁古塔档案》，道光五年五月二十九日收文，中国第一历史档案馆藏。

④《军机处满文月折档》，乾隆十二年十二月十八日，中国第一历史档案馆藏。

旗人佃种，间接维持旗地，资助旗人的生计。

旗人红册地的强化，表现在酌增与裁减的结合上。首先，酌增红册地主要措施有三方面。

（1）民典旗地的整理。东北驻防八旗兵丁经康雍两朝至乾隆朝，渐次将旗地典卖民人，旗人生计成为重要问题。乾隆三十八年二月，钦差尚书裘曰修等奏："查盛京民典旗地，计十二万余晌。"清廷派裘曰修会同户部侍郎瓦尔达等酌议回赎办法。彼等回奏：盛京出典地亩，与近京旗地不同，"盛京旗民交易均属白契，所开价值或系零星凑算，或以什物准折，甚至随意虚开"，如按近京旗地官赎后，仍准原业主五年交银，或指扣俸饷自行回赎之例，盛京旗人因"生计尤为淡薄，五年之限，为期稍迫，恐不及按限扣还"，为旗人生计起见，采取变通之法，规定："无论年份远近，契价多寡，总以现在租息为断。"如核计租息为一钱，回赎价银为一两，"均就租息之重轻定价之多寡"[①]，并酌宽年限，京师官赎旗地准令原业主扣俸交银，定限五年，今盛京回赎酌定十年，从旗人俸饷扣俸充典价银。上述建议，得到乾隆允准。[②]于是，清廷派户部侍郎喀尔崇义会同奉天府尹博卿额、奉天将军弘晌等办理回赎旗地事宜。是年八月，彼等上奏，已回赎12万余垧。[③]嗣后又有首报，尚有1万余垧未回赎。可见，奉天民典旗地之盛。此12万余垧回赎旗地再次编入旗人红册地。嘉庆九年（1804年），嘉庆帝谕内阁，清查民典旗地事。户部遵旨"勒限一年，准其首报"。十年八月，据盛京将军富俊等奏称："自上年九月至今，业据旗民首报地，约计二十一万余亩。"[④]三十年后，民典旗地又达21万余亩，奉天旗人生计贫困可见一斑。富俊等鉴于"此项民典旗地事阅多年，且尚有辗转接典等事，头绪繁多，该旗民等均系穷苦之人，今既各将地亩呈首，而一则应追典价，一则应追租息，俱不免追呼

①《钦定八旗通志》卷66《土田制五》，长春：吉林文史出版社，2002年，第1167页。

②《钦定八旗通志》卷66《土田制五》，长春：吉林文史出版社，2002年，第1167页。

③ 据《清高宗实录》卷940，乾隆三十八年八月庚寅条载："谕军机大臣等：上年奉天查赎旗地一事，经裘曰修会同履勘后，交瓦尔达等，详加查核，今半年余，尚未见奏，查办完竣。现已降旨，将瓦尔达革职。所有查办旗地案内，或尚有未完事件，著交喀尔崇义，仍会同将军弘晌、府尹博卿额，即速悉心确查妥办具奏，并将瓦尔达等曾否清查完竣缘由，一并查明奏覆。将此谕令知之。寻奏，臣等公同确查，应动帑回赎旗地十二万六千八百二十六晌，已经钦差尚书裘曰修等履勘。奏准照户部原议办理，嗣续行首报民典旗地五百九十余晌。自瓦尔达离任后，复据各州县造报回赎地三千四百二十余晌，尚有地一万四千一百六十余晌，未据各州县造报回赎。臣等现勒限催令如期办竣，不使迟延，俟报销全完，用过银数清册，再覆加详查。"

④《清仁宗实录》卷148，嘉庆十年八月癸未，北京：中华书局，1986年，第1029—1030页。

之扰。且尚有应得罪名，其情究属可悯，兹格外施恩，著将业经首出地亩，所有旗民人等应得之罪，并应追典价租息银两一并宽免”[①]。民典旗地现象不仅出现于奉天省，吉林、黑龙江两省各地也大量存在。由上可见，乾隆朝以后东北旗人民典旗地之盛。清廷无奈，动用大量库帑回赎，将此地亩再次归入旗人红册地，以保护旗人生计。

（2）水冲沙压地的拨补。所谓水冲沙压地，是指驻防旗人红册地中，遭受水灾，不堪耕种之地，乾隆朝后用其他土地拨补。乾隆三十一年（1765年），清廷丈量旗地、民地，查出许多余地，将其中一部分拨补驻防旗人红册地中的水冲沙压地。乾隆五十七年，查得兴京、开原、辽阳诸城的闲地，以此一万一千亩，拨补锦州驻防旗兵的水冲沙压之地。乾隆朝旗人红册地中水冲沙压地的拨补，《盛京内务府地亩稿档》中也有记载。旗人红册地与驻防旗人生计有密切关系。因此，用其他开荒或余地拨补，以保证驻防旗人红册地的数量。

（3）红册地旁滋生地。所谓红册地滋生地，是指驻防旗人于红册地旁私自开垦的土地，清廷予以承认，入红册地纳粮。《盛京内务府地亩稿档》乾隆四十九年六月记载，“佐领英敏等，呈为出首红册地边滋生地亩入册纳粮事。据掌仪司催长高铭等呈称，据园丁屈灿、屈振基、佛保柱、屈习、屈茂基等呈称：情内身等六人有祖屈世功名下，坐落广宁正白旗界内庙儿沟营盘山处，入广宁仓纳粮，红册地二千零六十四亩一分。身等于乾隆四十七年间，在红册地边滋生地一百八十余亩；又于四十八年间，滋生地一百四十余亩，每人名下约有滋生地五十三亩有余。今身等不敢隐匿，情愿首出入广宁仓纳粮。伏祈转咨查丈，注册纳粮”[②]。乾隆四十九年七月，镶黄旗文兴佐领下的旗丁韩正高，首报红册地边滋生地62亩，请求按红册地注册纳粮。这样从乾隆四十五年至嘉庆五年（1800年），旗人于红册地旁开垦的土地首报均加入旗红册地，使红册地的数量有所增加。

其次，裁减旗人红册地的措施有两方面。

（1）退圈地的设置。所谓退圈地，一般是沙薄瘠地，从红册地中退出，照民地例征收钱粮。当时奉天的民地赋则，是银米兼收。征收方式为：银地，上则地每亩3分，中则地每亩2分，下则地每亩1分；米地，上则地每亩米

---

①《清仁宗实录》卷148，嘉庆十年八月癸未，北京：中华书局，1986年，第1030页。

②《盛京内务府地亩稿档》，乾隆四十九年六月，辽宁省档案馆藏。

6升3合8勺3抄，中则地每亩4升2合5勺5抄2撮，下则地每亩2升1合2勺7抄6撮。[①]退圈地也应照此征收。乾隆元年，退圈地米地改征黑豆，米1石改征黑豆2石。[②]退圈地的耕种方法，据《盛京通志》载："奉天、山西有，先是旗地，后给民垦种者。"此退圈地在乾隆中叶前，由旗丁耕作，乾隆末年后，由旗丁招民人耕种，或由"旗民夥种退圈地"[③]共分其收获，以此来维护旗丁的生计。

（2）出旗民人随带地的设置。出旗民人随带地，原为入旗籍的旗地，现脱离旗籍入民籍，允许由红册地中带走的土地。乾隆七年（1741年）《户部则例》卷10规定："八旗另户汉军出旗为民，无论离京远近，其老圈并自置各旗地，均准随带出旗。"乾隆二十一年又规定："八旗另记档案养子开户人等出旗为民，其原有老圈及置典置买各旗地，俱令报明官赎，不许随带出旗，若自置民地，及开垦地亩，准其随带。"由于旗丁户口繁衍，生计严重，为保护满洲旗人生计，清廷允许汉军及另记档案人（即汉人旗人）出旗为民，自谋生计。此地目于奉天承德县、辽阳州、海城县、盖平县、铁岭县、宁海县、锦县、宁远州等地区为多。[④]据《开原县志》卷5"民户口"条载，乾隆二十三年，增加八旗另户及耿尚二属壮丁入民籍的人丁99丁，乾隆三十八年，增加出旗为民的人丁8丁。由此可知，耿精忠、尚之信等三藩属下原为汉军旗人，此时出旗为民。出旗为民随带地在奉天省编入民人红册地，在吉林省列入陈民地，分三则，银米兼征。乾隆四十八年版《盛京通志》卷37"吉林田赋"条载，乾隆十四年至四十五年，"零丈出并开户入籍民人随带地，共增地七十七万五千九百二十亩零一分五厘"。"伯都讷田赋"条载，乾隆二十六年至四十五年，"零丈起科并开户入籍民地，实在原额、新增，共地十七万四千零二十七亩八分五厘"[⑤]。

第四节　乾嘉时期东北新设旗地

乾隆朝以后，旗人红册地由于旗民交产渐次破坏。清廷为维护旗人的生

① 光绪《大清会典事例》卷1913《奉天府·职掌·田赋》，光绪商务印书馆本。
②《盛京通志》卷37《田赋一》，乾隆四十八年版。
③《盛京通志》卷37《田赋一》，乾隆四十八年版。
④《盛京通志》卷37《田赋一》，乾隆四十八年版。
⑤《盛京通志》卷37《田赋一》，乾隆四十八年版。

计，在旗人红册地以外新设各种旗地。新设旗按时间先后有义仓地、随缺地、旗余地、银米兼征加赋地、马厂地、伍田地、公田养育兵地。

一、义仓地与随缺地

义仓地主要设在吉林地方，与奉天旗仓相同，储备粮米，以备歉年接济八旗兵丁。奉天省旗仓由旗地征收粟米，而吉林“旗地尚未纳租”①，所以派拨旗丁耕种一定的土地，将收获物交官存义仓。吉林省义仓地，于雍正五年（1727年），从将军哈达奏请设立的。当时规定：“每年添置耕牛、农器以及修理仓廒，均系兵力自备，并不动用官项。”②这样一来，“拨兵耕种以来，毫无裨益，兵丁反有苦累”③。乾隆七年（1742年）十二月，宁古塔将军鄂弥达奏请重设义仓地。兵丁所用牛具、农器及义仓的修缮，由库贮余银中支给。

吉林所属义仓地的耕作方式，乾隆八年闰四月条载：“应按照各该处佐领若干员，每一佐领，编立农器一具。每农器一具，派三人垦种。”④这样，吉林驻防八旗48佐领及所属各边台驿站等共编立农器94具。“各于本处垦田耕种，每人征仓斛谷十六石，交纳本处之仓收贮，倘遇籽粒不获，或值欠收，散给贫苦兵丁。”⑤吉林派八旗兵282名，每年纳义仓谷4512石。吉林所属宁古塔、伯都讷、阿勒楚喀、三姓、珲春亦仿照吉林一体办理。宁古塔驻防八旗10佐领，编立农器10具；阿勒楚喀驻防八旗8佐领，编立农器8具；三姓驻防八旗20佐领，编立农器20具；珲春驻防八旗3佐领，编立农器3具；伯都讷满洲驻防八旗10佐领，编立农器10具，蒙古八旗2佐领，编立农器1具。⑥这样，宁古塔旗兵36名，每年纳义仓谷576石；阿勒楚喀旗兵24名，每年纳义仓谷384石；三姓旗兵60名，每年纳义仓谷960石；珲春旗兵9名，每年纳义仓谷144石；伯都讷满、蒙古旗兵33名，每年纳义仓谷528石。每个旗兵耕种义仓地的数量，据《吉林通志》载：“乾隆八年，

---

① 徐世昌：《东三省政略》卷7《财政·吉林省·纪旗地租》，长春：吉林文史出版社，1989年，第1140页。

②《吉林通志》卷39《经制志四·仓储》，长春：吉林文史出版社，1986年，第692页。

③《清高宗实录》卷180，乾隆七年十二月壬辰，北京：中华书局，1985年，第327页。

④《清高宗实录》卷191，乾隆八年闰四月丁丑，北京：中华书局，1985年，第456页。

⑤《清高宗实录》卷180，乾隆七年十二月壬辰，北京：中华书局，1985年，第328页。

⑥《清高宗实录》卷191，乾隆八年闰四月丁丑，北京：中华书局，1985年，第456页。

置义仓地四百五十晌，由十五牛录耕种，共纳仓谷七百二十石。"[①]据此可知，15牛录（佐领）耕种义仓地450垧，纳仓谷720石，一佐领耕种30垧，纳谷48石，而一佐领派旗丁3人，每丁耕10垧，纳谷16石。

义仓存谷主要用于被灾之年接济驻防旗丁，如档案所载："道光十二年底，宁古塔地方义仓存谷八千二百三十一石，内十三年春季青黄不接之际，接济兵丁借给谷三千二百五十五石，余剩谷四千九百七十六石。"[②]由此可见，吉林地区几乎每年都有受灾的地区，所以，吉林所属各地义仓均存有一定数量的粮谷，如嘉庆十六年（1811年）档案载：宁古塔，嘉庆十五年"义仓存谷一万一千五百七十六石，实在奏定额存一万一千石，其剩余五百七十六石，俟十六年青黄不接之际"[③]接济旗丁。吉林所属义仓额定存贮粮谷数量，据道光年间成书的《吉林外纪》载，嘉庆朝仓额存粮，吉林34 000石；宁古塔11 000石；珲春2500石；伯都讷10 000石；三姓12 000石；阿勒楚喀5000石；拉林5000石。[④]可见，其存贮数量是很可观的。

随缺地，即职田。奉天省随缺地的起源，据《钦定八旗通志》载："乾隆十三年，军机大臣会同盛京将军，酌议兵丁随缺地亩，于现在闲空荒甸，就近均匀拨给，令其耕种，仍交该将军留心查访，务须抵缺交代，勿使私自典卖。"[⑤]《清高宗实录》同年五月条也载："原令将现在闲空荒甸，就近均匀分拨"[⑥]旗丁耕种。由此可知，为保护旗人生计，乾隆十三年（1748年），设随缺地。随缺地分兵丁、官员两种。兵丁随缺地规定，马兵支给10垧，步兵支给5垧，如乾隆四十一年四月，奉天将军弘晌上奏：奉天马兵15 659名，每名支给随缺地60亩；步兵338名，每名支给随缺地30亩。[⑦]此马步兵随缺地计158 280垧。官员随缺地，据《盛京通鉴》卷1载：城守尉、协领每员拨给30垧；防守尉、佐领24垧；防御21垧；骁骑校18垧。这样，奉天省驻防官兵均照官员等级、旗丁兵种分拨随缺地亩，而三陵所属八旗官兵当时尚未拨给。故乾隆五十七年五月，乾隆皇帝上谕："从前原拨各城官兵，

①《吉林通志》卷30《食货志三·田赋下》，长春：吉林文史出版社，1986年，第522页。

②《宁古塔档案》第336函，中国第一历史档案馆藏。

③《宁古塔档案》第222函，中国第一历史档案馆藏。

④ 萨英额：《吉林外纪》卷5《中国边疆研究文库·东北边疆卷（十）》，哈尔滨：黑龙江教育出版社，2014年，第71页。

⑤《钦定八旗通志》卷66《土田志五·奉天规制》，长春：吉林文史出版社，2002年，第1182页。

⑥《清高宗实录》卷1008，乾隆四十一年五月戊寅，北京：中华书局，1986年，第541页。

⑦《钦定八旗通志》卷66《土田制五·奉天规制》，长春：吉林文史出版社，2002年，第1167页。

按品分等，给与地数……但三陵官兵安设已久，随缺地亩，何以各城官兵皆有，独三陵官兵未经一律拨给”，命将军等“详晰查明，据实具奏”。①是年八月，盛京将军琳宁拨出兴京、沈阳、开原、辽阳、凤凰城、广宁、牛庄等地空闲荒地 9.8 万余亩，支给三陵八旗官兵。

吉林省地方官荒多，故吉林八旗官兵随缺地拨授额高于奉天。《吉林通志》载：协领及参领，每员 60 垧；佐领 40 垧；骁骑校 30 垧；兵丁 16 垧。②嘉庆二十三年（1818 年），清廷查出典卖与民之地 1.35 万亩入官。“照富俊所议，均匀赏给额设站丁八百五十名，每名十五垧九亩零，即作为随缺工食养赡津贴。”③

随缺地作为旗人之公田，当初多由各城附近拨给，兵丁多自行耕种，后各城近处空闲荒地不够分配，拨授离城较远之地，兵丁往往不能自种，招佃取租较为普遍。故文献记载：“或自行耕种”“或招佃取租”。④清廷规定：招民人佃种，旗丁“不准夺佃”，如佃民“抗不交租，照例换地”，交旗丁自种，有“私相典卖者，丁民俱一体治罪”。⑤随缺地的租额，《东三省政略》载：“旗地租额，定数甚微，不及民地十分之一二，而官兵随缺地租，其数尤少，且有不照定章交纳者。”⑥可见，清廷的用意并非在于租额，而在于资助驻防旗人生计。租额等则：征银地，每亩分 7 分、6 分、5 分三则；征钱地，每亩分 60 文、50 文二则。随缺地的数量，《东三省政略》卷 8 统计，奉天省八旗官兵随缺地，官员地约 7691 垧，兵丁地 158 782 垧。这说明，乾隆朝以后随缺地的数量是很大的。⑦

二、旗余地与银米兼征加赋地

旗余地是旗人红册地以外旗人私自开垦的土地，最早记载见于雍正五年（1727 年），“盖平界内红册地一万九千六百二十一亩一分，丈出余地六万

---

①《清高宗实录》卷 1405，乾隆五十七年五月庚申，北京：中华书局，1986 年，第 882 页。

②《吉林通志》卷 30《食货志三·田赋下》，台北：文海出版社，1965 年，第 2191—2192 页。

③《清仁宗实录》卷 352，嘉庆二十三年十二月辛巳，北京：中华书局，1986 年，第 643—644 页。

④《盛京通鉴》卷 1，《近代中国史料丛刊》第六辑，台北：文海出版社，1973 年，第 9 页。

⑤《清仁宗实录》卷 352，嘉庆二十三年十二月辛巳，北京：中华书局，1986 年，第 644 页。

⑥ 徐世昌：《东三省政略》卷 8《旗务·奉天省·地亩篇》，长春：吉林文史出版社，1989 年，第 1342 页。

⑦ 徐世昌：《东三省政略》卷 8《旗务·奉省八旗官兵随缺地亩表》，长春：吉林文史出版社，1989 年，第 1342 页。

八千八百八十亩零八分”[①]。乾隆二十七年（1762 年）六月，清廷限三年，于每年冬三个月、春两个月，丈量奉天旗人私自开垦的土地。[②]至乾隆三十二年，将丈出的旗余地，除应拨官兵随缺地、水冲沙压、学田、水手、公产等项共 3.99 万余垧外，其余 31.24 万余垧[③]，“一并入官，即令原种人等按数认种，或有转租与人者听其自便，应输租银仍于该户名下催追。如有事故情愿更替，许其呈明本旗，方准退领。倘有拖欠租银，以及实系无力承种之户，俱由各该旗查明撤出，另行招种。仍将征租地亩花户、姓名，原认地数造册分送各衙门存查”[④]。此项余地也载入红册，称旗余地。但与旗人红册地不同，红册地系官拨额地或允许旗人私开的土地，而旗余地是旗人私开土地自首或被官查出的土地。清廷将其入官，让旗人佃种，征收租银。旗余地租银分上等城、中等城、下等城征收，各等城又分三则征收租银。故《清朝文献通考》卷 5 载：凡旗人余地“按各处地亩之高下肥瘠，粮额之等差，照依上中下三则，分别核计。每晌应征租银自四钱八分至二钱四分不等，折中每晌合租银三钱六分”[⑤]。这样，清廷将乾隆三十二年，丈出余地 31 万余垧征租银，“每年共征租银十一万二千四百余两有奇”，从中支给“冬围兵丁一千三百名，每名拟赏银十五两”，计 1.95 万两，“余银解交盛京户部”[⑥]，以备旗丁急需。奉天省旗余地的数量，据《盛京通志》统计，乾隆四十五年，奉天所属旗余地为 223 557 日 3 亩，征租银 83 393 两 9 钱。此旗余地，除一般旗余地外，也含盛京内务府、盛京户部、锦州城等官庄余地，一并征收租银。[⑦]

吉林省旗地乾隆年间也丈出旗余地，但与奉天省旗余地不同的是吉林省照奉天省民地例征收。吉林地方旗地设置很早。清入关之初，因抗俄需要，加强吉林等地的八旗驻防，旗地渐多。雍正四年（1726 年），设置三州县，管理民地。是年，查出吉林乌拉备边驿站地、近城八旗庄屯、宁古塔等地私垦 31 782 亩，照奉天省民地例征钱粮，并规定：“若有附于原主名下，未经查出者，佃

① 徐世昌：《东三省政略》卷 7《财政·奉天省·纪旗地》，长春：吉林文史出版社，1989 年，第 1097 页。

②《清高宗实录》卷 664，乾隆二十七六月丙午，北京：中华书局，1986 年，第 434 页。

③《清朝文献通考》卷 5《田赋考·八旗田制》，杭州：浙江古籍出版社，1988 年，第 4906 页。

④ 光绪《大清会典事例》卷 289《盛京户部·田宅旗地》，光绪商务印书馆本。

⑤《清朝文献通考》卷 5《田赋考·八旗田制》，杭州：浙江古籍出版社，1988 年，第 4906 页。

⑥《清高宗实录》卷 756，乾隆三十一年三月癸酉，北京：中华书局，1986 年，第 327 页。

⑦《盛京通志》卷 38《田赋二》，乾隆四十八年版。

户首报该县，给与印票，即令其交纳钱粮。”①这是吉林省旗余地的起源。乾隆朝以来，关内汉人流入吉林省地方渐多，旗民杂处、私开地亩突增。乾隆六年（1741年），严令旗人“现在地亩，尽行清丈”，如有隐匿地亩，“将隐匿人与代隐人，一并治罪，地亩入官”。②乾隆十四年十月，宁古塔将军永宁上奏：“吉林乌拉、伯都讷等处旗地现丈出余地三万八千五百八十六亩。”③乾隆十八年十二月，《清高宗实录》载：“户部议覆，船厂将军傅森奏称，宁古塔地方丈出裁汰泰宁县交粮地亩及闲散民地，并寄入旗人名下开垦地，共一万六千七百四十四亩……其寄入旗人名下开垦地亩，应彻出归公招佃。”④即将此旗人私招民人开垦余地入官，招佃户租种，照奉天民地例，分三等征银米。银地每亩1分、2分、3分；米地每亩2升2合、4升4合、6升6。⑤

银米兼征加赋地与旗余地同样也是旗人私自开垦的土地，入官增加租赋。据《开原县志》卷5载，乾隆四十五年，“旗人招佃民人，私开地一百六十六亩二分，每亩照私开例征银八分，征米四合四勺二抄五撮”⑥。每亩征银8分，米4合4勺2抄5撮，合每日征银4钱8分，米2升6合5勺5抄。为上文旗余地上等城上则地，每日租银4钱8分与旗红册地米地每日2升6合5勺的并征，负担较重。所谓“照私开例”，即照流民私垦额征加赋余地等则征收。据光绪《大清会典事例》卷289，乾隆四十六年规定：“查出流民私自开地一万一千三百八十八亩，照直隶、山东年民地赋则，每六亩征银四钱八分，仍在旗仓交米二升六合五勺。”可见，银米兼征加赋地是仿山东、直隶民地赋则，带有惩罚性质。《清朝文献通考》也载：乾隆四十六年，定惩匿报之令，“盛京、吉林民人私垦地亩，续经查出者，每亩岁征银八分，仍在旗仓纳米二升六合五勺五抄，以惩匿报之弊，著为令”⑦。由此看来，银米兼征加赋地的租赋，是流民私垦额征加赋余地等则征收银米，与旗人红册地每亩折银1.77厘比，负担重几十倍。很明显，这是对旗人不自行耕种，招民人私自开垦并隐匿不报的一种惩罚。这项土地仅在辽阳、开原、铁岭、岫岩、复州等地，其他地区为数不多。

---

①《钦定八旗通志》卷66《土田志五》，台北：台湾学生书局，1968年，第5112页。

②《清高宗实录》卷150，乾隆六年九月戊辰，北京：中华书局，1985年，第1153页。

③《清高宗实录》卷351，乾隆十四年十月癸巳，北京：中华书局，1986年，第840页。

④《清高宗实录》卷452，乾隆十八年十二月戊子，北京：中华书局，1986年，第892页。

⑤《盛京通志》卷37《田赋一》，乾隆四十八年版。

⑥《开原县志》卷5，咸丰七年刊本。

⑦《清朝文献通考》卷5《田赋考五・八旗田制》，杭州：浙江古籍出版社，1988年，第4906页。

三、马厂地与旗升科地

马厂地于乾隆五十九年设。清初吉林驻防八旗均设马厂。《东三省政略》载："我朝于开国之初，吉林八旗，各给荒场一区，作牧养官马，练习骑射之用。"[①]然而乾隆中叶以来，吉林八旗官庄庄丁除"每年每丁交纳官仓粮三十石"[②]外，"衙门有公费，皆取办官庄"[③]。庄丁因而多走死逃亡，致使官庄粮额滞纳。因此，乾隆五十九年（1794年），吉林将军请求将马厂"马匹陆续裁撤，其原拨荒场，始准招佃开垦，按晌输租"[④]，充官庄庄丁缺额之粮。是年，清廷覆准：

> 吉林八旗官兵向有马厂，官兵马匹从未至彼牧放。正红、镶红二旗马厂饬令无力壮丁，募民拣择开垦。照本地之例，五年后按晌起租，以抵官庄缺额之粮。其余六旗马厂，一并募夫开垦，照例五年起租，为官兵修建房屋、操演火药等项之用。[⑤]

命正红、镶红两旗无力壮丁，招民开垦纳租，充官庄缺额之粮。随后六旗马厂也招募民人开垦纳租，充八旗官兵修建房屋、操演及各项费用。马厂地纳租，分粮租、银租两种。粮租"为正红、镶红两旗地内所从出，即旧名二旗马厂也。按年输纳官仓，抵充文职廪粮，并在官人役工食之用"[⑥]；钱租"为镶黄、正黄、正白、镶白、正蓝、镶蓝各地内所从出，即旧名六旗马厂也。按年照额征收，抵充十旗制兵一切犒赏之用"[⑦]。

旗升科地是旗人私垦地亩自首入官，照旗余地折中减半征收租银的土地。嘉庆四年（1799年）十二月，奉天将军琳宁上奏："奉天旗民私垦余地，隐占日久，若不清查办理，恐致妄起争端。请将从前私种之罪，并地方官失

① 徐世昌：《东三省政略》卷8《旗务·吉林省·地亩篇》，长春：吉林文史出版社，1989年，第1363页。

②《宁古塔档案》第283函，中国第一历史档案馆藏。

③ 吴振臣：《宁古塔纪略》，长春：吉林文史出版社，1993年，第81页。

④ 徐世昌：《东三省政略》卷8《旗务·吉林省·地亩篇》，长春：吉林文史出版社，1989年，第1363页。

⑤ 光绪《大清会典事例》卷166《户部·田赋·开垦一》，光绪商务印书馆本。

⑥ 徐世昌：《东三省政略》卷8《旗务·吉林省·地亩篇》，长春：吉林文史出版社，1989年，第1363页。

⑦ 徐世昌：《东三省政略》卷8《旗务·吉林省·地亩篇》，长春：吉林文史出版社，1989年，第1363页。

察处分，俱行宽免，赏限二年，令各业户将浮多地亩，自行首报，不拘数目，照依红册纳粮之例，一律交纳。”[①]嘉庆帝批示“所奏尚是”，但认为“照依红册地亩纳粮一节，尚未妥协，向来纳租，余地每亩交银六分。今著加恩减半，每亩酌中纳租三分，折交钱文，自于旗民生计为便”。[②]因此，旗升科地亩折中征银 3 分。嘉庆五年（1800 年）又定：“所首红册地等滋开之地，仍作为私产售卖，听其自便；其另段私开，及纳租余地边开出之地一体首报入官，仍交原佃承种。如无力耕种，另行招佃，不准私相授受。”[③]旗升科地，档案也有记载。《盛京内务府地亩稿档》嘉庆十八年四月十二日载，镶黄旗防御常禄呈称：“黄俊之祖黄连名下，坐落一旗界平台子处纳粮余地八十七亩，黄连名下余地十五亩。又一旗界尖山子处，黄自清名下纳粮余地十七亩七分，黄思得名下余地六十亩。又一旗界平台子处，黄俊名下升科地十五亩。共纳余租及升科二百零九亩七分，亦退与身名输租。”[④]档案材料中所说的“纳粮余地”“余地”“升科地”就是嘉庆五年会典所规定的“另段私开及纳租余地边开之地”，即旗升科地。这种土地按规定，入官后交原佃承种，如无力耕种，可退回佃权，但不准私相买卖。因此，档案中载，旗丁黄连、黄思得等无力耕种纳粮余地“退与身名输租”。嘉庆朝旗升科地的数量，据《盛京通鉴》卷 1 载，为 414 135 亩 2 分。

四、伍田地与公田养育兵地

伍田地，是嘉庆五年设立的，将奉天省马厂地中的闲荒地支给旗丁佃种，征收租钱。嘉庆四年，嘉庆帝命盛京将军，查奉天各城马厂中较远的不能放牧的闲荒地，拨给旗人耕种升科，征收银两、钱文。据《清朝续文献通考》卷 17 载：嘉庆五年“盛京查出各城旗可垦马厂地三十八万九千八百七十四亩，听各城旗开垦”。每亩征银 4 分，这就是伍田地的由来。嘉庆六年九月，盛京将军衙门通报各旗认领。其咨文云：“此项马厂堪种荒甸，已经本衙门奏明，奉部议覆，赶紧查丈，分领作为伍田，并令预备牛具、籽种，务于来春开垦试种，分年起科。案件难再缓，相应再行飞催各该城旗，限文到日，立即照依前

①《清仁宗实录》卷 56，嘉庆四年十二月戊申，北京：中华书局，1986 年，第 741 页。
②《清仁宗实录》卷 56，嘉庆四年十二月戊申，北京：中华书局，1986 年，第 741 页。
③ 光绪《大清会典事例》卷 167《户部·田赋·开垦二》，光绪商务印书馆本。
④《盛京内务府地亩稿档》，嘉庆六年十二月，中国第一历史档案馆藏。

札，作速分领。”伍田地由旗丁分领后，先由旗丁自种，后由旗丁招民佃种，征收租银，旗丁从所收租银中向官府交纳。伍田地作为官地，禁止买卖和更换。嘉庆八年（1803 年）六月，旗人庄头黎永贵所领之地“生长芦苇”不能耕种，“呈请将古同山等处马厂闲荒（嘉庆四年改为伍田）兑换”。嘉庆帝批驳：“今该庄头承种地亩，既查明并非域片不毛之地，辄欲换马厂边沿，恐启觊觎肥沃之端。除此次违例恳请之庄头黎永贵等，不准更换外，嗣后如有将额拨官地，率请更换……即著照违制例治罪。”[①]据《盛京通鉴》卷 1 载，嘉庆朝奉天省旗丁伍田地数量，为 389 730 亩，征租数 15 593 两。

公田养育兵地，于嘉庆九年，设立于黑龙江省。乾隆末年至嘉庆初年，黑龙江省八旗官屯“屯丁日贫”[②]，应交官屯粮额滞纳，清廷无奈只好缓免，如嘉庆元年九月，“免齐齐哈尔、黑龙江两处官庄人等旧欠粮石”[③]。二年九月，“缓征齐齐哈尔打牲乌拉旗人应还仓谷”[④]。四年十一月，“免黑龙江种地兵丁本年未完粮”[⑤]。因此，嘉庆朝官庄纳粮额反比乾隆朝少，即嘉庆朝由乾隆朝的 34 000 石减至 31 450 石。[⑥]为资助旗丁生计，解决欠纳粮谷，嘉庆九年，清廷于黑龙江省设公田养育兵地。公田养育兵地由屯田而来，据西清的《黑龙江外纪》载：“先是康熙五十五年，署将军玛喀礼请拨旗营兵三百五十名，在乌宁克尔、珠尔亨（齐齐哈尔以南嫩江与绰尔河汇合处南岸地方）等处屯田，以偿积欠。雍正六年欠项完结，将军富尔丹请留兵一百八十名屯田，余并撤（原文为“彻”，应为“撤”——笔者注）还应役。乾隆三十九年（1774 年）将军傅玉，请将屯田改在齐齐哈尔附郭地方。”[⑦]嘉庆九年，因黑龙江官庄庄丁交粮积欠甚多，改屯田为公田养育兵地。将原“屯田马甲一名，为养育兵二，并墨尔根、黑龙江屯田者，亦归画一”。规定：“齐齐哈尔三百二十名，墨尔根一百八十名，黑龙江三百名”[⑧]，计设置养育

①《清仁宗实录》卷 114，嘉庆八年六月壬申，北京：中华书局，1986 年，第 517 页。

②《清仁宗实录》卷 126，嘉庆九年二月癸酉，北京：中华书局，1986 年，第 701 页。

③《清仁宗实录》卷 9，嘉庆元年九月丁卯，北京：中华书局，1986 年，第 154 页。

④《清仁宗实录》卷 22，嘉庆二年九月甲午，北京：中华书局，1986 年，第 284 页。

⑤《清仁宗实录》卷 55，嘉庆四年十一月壬申，北京：中华书局，1986 年，第 708 页。

⑥《盛京通志》卷 38《田赋二》，乾隆四十八年版。

⑦ 西清：《黑龙江外纪》卷 3，《中国边疆研究文库·东北边疆卷（十）》，哈尔滨：黑龙江教育出版社，2014 年，第 205—206 页。

⑧ 西清：《黑龙江外纪》卷 3，《中国边疆研究文库·东北边疆卷（十）》，哈尔滨：黑龙江教育出版社，2014 年，第 205 页。

兵 800 名。兵丁每岁交粮 22 石。

综上所述，乾嘉时期东北新设旗地共八项，其土地来源一是由牧厂、马厂等空甸闲荒地中拨出由官控制，招旗人或民人佃种，对其征收租银；二是将旗人或旗人招民私垦的土地，即红册地以外的旗地，通过国家政权的力量，查丈出来强行没入官有，让旗人佃种。义仓地、随缺地、马厂地、伍田地、公田养育兵地的来源属于前者；旗余地、银米兼征加赋地、旗升科地的来源属于后者。新设旗地与旗人红册地比，在土地所有权上存在明显不同。旗人红册地是清廷法律上承认的“本旧日旗人之私业”[①]，“实系私产并非官地”。新设旗地纯属官地，由政府保留旗地所有权，只赋予旗人占有权与使用权。因此，乾嘉时期东北新设旗地所有权由政府所有，招佃征租，严禁买卖是其重要特征。

第五节　嘉道时期双城堡、伯都讷屯垦

嘉庆、道光两朝，双城堡、伯都讷屯垦在吉林开发史上具有重要特点。清廷为解决京旗生计，于京旗闲散移驻之前，有组织、有计划地派遣招募吉林、奉天两省驻防八旗与流民代为京旗垦耕。结果，京旗移驻寥寥无几，开垦的土地尽归流民所有。

一、双城堡屯垦

双城堡屯垦是由派遣吉林、奉天的八旗闲散进行的。最早移驻吉林是在乾隆六年（1741 年）。是年，选定拉林、阿勒楚喀为移驻地区。乾隆九年，移京旗 750 名，翌年移 250 名。[②]至乾隆二十四年又陆续移 2000 名。户部发给治装银、食宿银、立户银及官房、牛具、籽种、口粮等。而移驻的京旗闲散，因留恋京华，故“立户银”耗尽，相率逃回京师。而存留的京旗闲散，因“往往不能耕作，始而雇觅流民代为力田，久之多为民有”[③]。乾隆年间的移驻以失败告终，但却为开发此地区提供了条件。

① 徐世昌：《东三省政略》卷 8《旗务·奉天省·田亩篇》，长春：吉林文史出版社，1989 年，第 1342 页。

② 刁书仁：《嘉道时期双城堡、伯都讷屯垦略论》，《清史研究通讯》1990 年第 3 期。

③《吉林通志》卷 31《食货志四·屯垦》，台北：文海出版社，1986 年。

嘉道时期，京旗生计问题，愈加严重。嘉庆十七年（1812 年），清廷选定阿勒楚喀、拉林西北 80 里的双城子一带，作为拨驻京旗闲散之地。这次屯垦，清廷吸取乾隆朝的教训，决定在京旗移驻之前，先由吉林、奉天八旗闲散代为垦耕，垦熟后，再派拨京旗闲散移驻。试垦章程由吉林将军富俊提出：京旗到来之前，“先于吉林所属无业闲散旗人内，令各旗共拣丁一千名，出结保送，作为屯丁”①代垦，每名代垦旗丁拨给荒地三十垧，垦种二十垧，留荒十垧。十年后，移驻京旗闲散时，“将熟地分给京旗人十五晌、荒五晌，所余熟地五晌，荒五晌，即给原种之屯丁作为恒产”②。嘉庆十八年、二十一年，吉林旗丁 1000 名分两批开垦“拉林东南夹信沟地方”③，命名为中屯。嘉庆二十四年，又在盛京、吉林各项驻防旗人内，挑选二千名旗丁，“置买牛条器具，创挖井眼，搭盖窝屯”④。道光元年（1821 年），旗丁代垦“阿勒楚喀、双城堡三屯地亩九万数千晌”⑤，初见成效。随后，着手京旗移驻事宜。京旗移驻始于道光二年，见表 3-1。

表 3-1　道光年间京旗移驻情况　　单位：户

年代	二年	三年	四年	五年	六年
户数	28	31	53	74	80

清廷原定移驻 3000 户，道光九年，改为 1000 户⑥，至道光十八年止，移驻到双城堡的京旗仅 698 户。咸丰时，已有逃亡、绝产者，至同治元年（1862 年）充其量不过 370 户。⑦然而，应予充分注意的是双城堡屯垦却吸引了众多的汉族流民参加。

代垦的旗丁与流民的关系。清廷鉴于乾隆年间，拉林、阿勒楚喀垦地为流民占种的教训，屡申防止流民混入开垦地方。双城堡界内屯田，“不准民人携带家眷，分别示禁”⑧。但实际上，娴于农耕的流民是限制不住的。道

①《吉林通志》卷 31《食货志四・屯垦》，台北：文海出版社，1986 年。

②《吉林通志》卷 31《食货志四・屯垦》，台北：文海出版社，1986 年。

③ 萨英额：《吉林外纪》卷 10《双城堡、伯都讷屯田》，长春：吉林文史出版社，1986 年，第 143 页。

④ 萨英额：《吉林外纪》卷 10《双城堡、伯都讷屯田》，长春：吉林文史出版社，1986 年，第 145 页。

⑤《清宣宗实录》卷 12，道光元年正月戊午，北京：中华书局，1986 年，第 226—227 页。

⑥《清宣宗圣训》卷 129，北京：北京燕山出版社，1998 年，第 8951 页。

⑦ 刁书仁：《嘉道时期双城堡、伯都讷屯垦略论》，《清史研究通讯》1990 年第 3 期。

⑧《清宣宗实录》卷 38，道光二年七月戊子，北京：中华书局，1986 年，第 682 页。

光二年（1822 年），吉林将军奏报："双城堡此次开垦屯田，中屯一千丁，多系旗丁自行耕种，其雇觅民人帮工及分种者二十一户。"[①]同年，又在奏报中称："小封堆以内，旗丁既须雇工，大封堆以内若无民户，一遇农忙，添工雇觅于百数十里以外，谁肯远来相就，此小封堆以内断不可容留民人，而大封堆以内，断不能不容留民人之情形也。"[②]

移驻双城堡的京旗因久居京华，耽于逸乐，黯于生产，不得不恃流民庸工，或者将地亩租与民人耕种，"招佃取租，均足以资养赡"[③]。面对这样的事实，清廷只好决定允许雇觅流民。道光九年三月定："其京旗闲散，素未习耕，著准其契买奴仆，注明旗册，代其耕作，或雇觅长工，助其力穑，所有应得地亩不准私行典卖，务使各有专业，以期经久。"[④]移驻京旗除地亩禁止典卖外，清廷准契买奴仆，使役耕作，也允许雇用流民长工。可见，京旗与流民之间，形成流民出力，京旗出地互相依赖的关系，但也潜藏着流民逐渐侵种旗地的危机。道光六年八月，清政府下令驱逐流民，并说："此等无业流民，始而为庸工远出，投身服役，继则渐向旗人佃种田亩。迨佃种既多，旗人咸图安逸，不知力作，必致生计日蹙。"[⑤]流民与旗人的关系先是雇佣关系，进而转向租佃关系，最后转化为典卖关系。双城堡屯垦体现了这一特点。

二、伯都讷民垦

伯都讷的民垦，筹备于嘉庆二十三年（1818 年），道光四年招民代垦。所谓招民代垦，是清廷有组织、有计划地招募流民，垦熟后，再拨给京旗闲散移驻。对于旗丁代垦改为招民代垦的原因，道光元年十二月，吉林将军富俊在上奏的《筹开伯都讷屯田章程》中列举了三条：其一，鉴于双城堡旗丁"一人竭力耕耘一年，只能种地十晌"，所以不得不"雇觅帮丁助耕"[⑥]。与其雇觅帮丁助耕，不如公开招民代耕；其二，吉林奉天两省旗兵闲散已无丁可派。因双城堡三屯前后拨，"旗丁三千户，男妇大小已万余人"[⑦]。若伯都讷屯

---

①《清宣宗实录》卷 37，道光二年六月戊午，北京：中华书局，1986 年，第 660 页。
②《吉林通志》卷 31《食货志四·屯垦》，台北：文海出版社，1965 年，第 2306 页。
③《吉林通志》卷 31《食货志四·屯垦》，台北：文海出版社，1965 年，第 2244 页。
④《清宣宗实录》卷 153，道光九年三月癸卯，北京：中华书局，1986 年，第 349 页。
⑤《清宣宗实录》卷 102，道光六年八月乙卯，北京：中华书局，1986 年，第 677 页。
⑥《吉林通志》卷 31《食货志四·屯垦》，台北：文海出版社，1965 年，第 2338 页。
⑦《吉林通志》卷 31《食货志四·屯垦》，台北：文海出版社，1965 年，第 2238 页。

田仍令旗丁代垦，恐无处派拨；其三，招募旗丁所费实多，招民人甚为节省。双城堡旗丁每人用银47两，而招民代垦仅用5两2钱，“以视双城堡用项减去十之八九”[①]，所省实多。富俊所举俱系实情，入情入理。翌年三月，富俊又进一步加以说明：

> 因查伯都讷围场荒地亦系肥美，天地自然之利，可资旗人万年之养，与其使之就芜，何若垦之为田。第吉林旗人……已派赴双城堡一千数百户，再无领赴伯都讷开垦之人。始议奏请招募民人认垦，查吉林现有纳丁、纳粮民二万九千二百九十八户；伯都讷现有纳丁、纳粮民一万四千四百二十八户；阿勒楚喀纳丁民三千零七十三丁。此等民户安居已久，滋生不少，地不敷种，亦冀认垦荒地，并不招集流民。缘查民情，有地有产孰肯轻去其乡，即赴各处飘流，均系无业贫穷之人，今认垦荒地牛具、籽种、农具均系自备，流民势所不能认领。[②]

道光四年（1824年）十一月，伯都讷正式开始招民开垦，计划垦地20万垧。《招垦章程》规定：招募民人，每名给地30大垧，四人联保，不准转租典卖，违者撤地追价入官，另行招佃。自行领地之年起第六年，每垧纳租制钱300文，小租钱30文。京旗苏拉到日，民人交出熟地20大垧，余10大垧，即给领地民人作为己产，每垧仍征租制钱300文，“给与印结执业，并听其典卖，照例税契过粮”[③]。可见，这与双城堡屯垦极力防止汉民混入的政策有明显不同，纯属民垦。是月十三日，奉谕旨，以伯都讷副都统衙门名义，出示晓谕：“名其地为新城屯，分八旗两翼，每旗立二十五屯，每屯各设三十户，以治本于农务滋稼穑八个字为号，每一字各编为二十五号，共计二百屯。”[④]至道光五年，共认佃1127户，按八旗分拨43屯。翌年，认佃917户，分拨31屯，七年认佃1556户，分拨46屯。这三年认佃总数达120屯，已到预定数量。[⑤]如以拨给每户30大垧计算，地亩总面积达100 800垧，三年达计划屯垦的一半以上。由此可知汉族民人是如何欢呼雀跃响应招

---

①《吉林通志》卷31《食货志四·屯垦》，台北：文海出版社，1965年，第2344页。
②《吉林通志》卷31《食货志四·屯垦》，台北：文海出版社，1965年，第2365—2366页。
③《吉林通志》卷31《食货志四·屯垦》，台北：文海出版社，1965年，第2339—2340页。
④ 萨英额：《吉林外纪》卷10《双城堡、伯都讷屯田》，长春：吉林文史出版社，1986年，第166页。
⑤ 萨英额：《吉林外纪》卷10《双城堡、伯都讷屯田》，长春：吉林文史出版社，1986年，第166页。

垦的。然而，垦熟之地京旗却无一户移驻，屯垦完全为汉族流民所耕种。

嘉道时期的屯垦促进了双城堡、伯都讷地区的开发。咸丰以后，关内山东、河北、河南等地流民进入吉林，屯垦开荒有不能阻止之势，清廷不得不予以承认。双城堡地区的剩荒、恒产夹界，拉林西南的剩存圈荒，伯都讷城附近八里荒东部蘊梨场、隆科城东北的北下坎等地，均是以嘉道时期的屯垦为契机开发的。

第四章 驻防旗人与民人对东北的开发

第一节 清初招民开垦及其对东北的开发

一、清廷定鼎北京后的东北

清代东北地区，主要指山海关以北，外兴安岭以南，贝加尔湖以东的辽河、松花江、黑龙江、乌苏里江流域及滨海和库页岛的辽阔地域。天命六年（1621 年），努尔哈赤率八旗劲旅进入辽沈地区后，这里逐渐成为后金的政治、经济、文化中心。

顺治元年（1644 年），多尔衮率八旗兵入关，夺取北京，清朝统治者遂成为君临全国的统治者。为了便于加强对全国的统治，清廷决定迁都北京，这意味着满族全员的又一次大迁徙，因而，引起了满洲八旗贵族内部的一场争论。有人眷恋故土，认为“沈中禾稼颇丰”，何故迁徙？“故多有怨苦者”。[①]而摄政王多尔衮铭记先帝皇太极“若得北京，当即徙都，以图进取”[②]的教诲，力排众议，毅然迁都。同年八月，福临率八旗劲旅及家属迁都北京。当时迁徙的情形是，“从盛京迁移北京的人流，三十五六日间络绎不绝。行李俱用骆驼运送，亦有用马者，然其马并不施以鞍蹬，其行李皆露于外”[③]。这种大规模的人口迁徙，持续了几年的时间。顺治三年，

---

①《李朝仁祖实录》卷 45，仁祖二十二年八月戊寅，东京：学习院东洋文化研究所，1962 年，第 448 页。

②《李朝仁祖实录》卷 45，仁祖二十二年八月戊寅，东京：学习院东洋文化研究所，1962 年，第 448 页。

③ 稻葉岩吉：《增订满洲发达史》，东京：日本评论社，1935 年，第 305 页。

朝鲜冬至使李基祚从北京返回朝鲜，途中所见："沈阳农民，皆令移居北京，自关内至广宁十余日程，男女扶携，车毂相击。"[①]这次大规模的迁徙究竟有多少人口，清朝史书秘而不宣。俄人伊雅金浦对康熙年间满族人口总数有过统计，"八旗籍的妇女、老幼、残废者以及奴仆等为壮丁的九倍，即满洲的人口数为壮丁数的十倍"[②]。康熙二十五年（1686 年），东北八旗驻防兵为 11 万左右，按以上方法计算的话，即占东北满族人口的 1/10。康熙朝肯定比顺治朝满族人口有所增加。这样看来，顺治元年（1644 年）"从龙"入关的满族人口至少在 50 万人以上，当然这个数字仅是参考数字，并非确切数字。数以万计的人口由东北地区大规模地迁徙到关内的直接后果是，使一向为政治、经济中心的辽沈地区人口锐减，熟地变为荒地，都邑变成废墟。一时野无农夫，路无商贾，向以富庶著称的辽沈地区变得土旷人稀，生计凋敝。顺治十八年，奉天府尹张尚贤在上给清廷的《谨陈奉天形势疏》中言：

> 自兴京至山海关，东西千余里，开原至金州，南北亦千余里，又有河东、河西之分……河东城堡虽多，皆成荒土，独奉天、辽阳、海城三处，稍成府县之规，而辽、海两处，仍无城池。如盖州、凤凰城、金州不过数百人；铁岭、抚顺惟有流徙诸人，不能耕种，又无生聚，只身者逃去大半，略有家口者，仅老死此地，实无益于地方，此河东腹里之大略也。河西城堡更多，人民稀少，独宁远、锦州、广宁人民凑集，仅有佐领一员，不知于地方如何料理，此河西腹里之大略也。合河东、河西之腹里观之，荒城废堡，败瓦颓垣，沃里千里，有土无人，全无可恃。[③]

张尚贤对辽东形势的分析并非故弄玄虚，过分渲染，而是亲眼所见。康熙十年，比利时耶稣会士南怀仁随康熙帝东巡盛京时所见：辽西地区，"除虎、熊，其他猛兽出没的山岳溪谷外，什么也没有映入眼帘，很少看见人家。仅有一处，在小河畔的低地上，有几间矮小的草苫着的土房"；在辽东地区也

①《李朝仁祖实录》卷 47，仁祖二十四年二月壬辰，东京：学习院东洋文化研究所，1962 年，第 518 页。

② 傅乐焕：《辽史丛考》，北京：中华书局，1984 年，第 408 页。

③《清圣祖实录》卷 2，顺治十八年五月丁巳，北京：中华书局，1985 年，第 64—65 页。

同样“村镇全已荒废，残垣断壁，瓦砾狼藉，连续不断，废墟上所建的房屋，毫无次序，有的是泥土夯筑，有的是石块堆砌，大多是草苫的，瓦顶的，木版圈房的极罕见到”。[①]可见，辽沈地区仍是很荒凉，随处可见战争的创伤。对此，一些有识之士大声疾呼，“欲消内忧，必当充实根本，以图久远之策”[②]。清初的招民开垦，正是基于“充实根本”而实施的重要举措。

二、招民开垦令的颁布

针对上述情形，清廷在加强东北驻防八旗的同时，积极鼓励关内汉族民人出关开垦土地，恢复辽沈地区残破的经济。顺治元年（1644年），谕令：“州县衙所荒地，无主者分给流民及官兵屯种，有主者令原主开垦，无力者官给牛具籽种。”[③]顺治八年又谕令：“以山海关外荒地甚多，至民人愿出关垦地者，令山海关道造册报部，分地居住。”[④]积极奖励汉族民人到关外开垦土地。最能充分体现清廷急于充实东北地区，对汉族民人出关开垦具有决定性的政策法令是顺治十年清廷颁布的《辽东招民开垦令》。关于招垦令的内容，乾隆元年版《盛京通志》记载如下：

> 是年定例，辽东招民开垦至百名者，文授知县，武授守备。六十名以上，文授州同、州判，武授千总。五十名以上，文授县丞、主簿；武授百总。招民数多者，每百名加一级。所招民，每名口给月粮一斗。每地一垧给种六升。每百名给牛二十支。[⑤]

由此招垦令内容可知，前部分是对招来汉族民人招头的奖励办法。招头将所招汉族民人姓名、数量列清单报户部，将民人领出山海关，交给辽东各府县官员验收后，由辽东各府县出具证明书，招头据此即可赴吏、兵二部授文武官职。后部分是对招来汉族民人的奖励规定。清廷为了鼓励招头招揽汉族民人，又陆续颁布优惠政策。顺治十二年，清廷又规定：

---

① 杜文凯编：《清代西人闻见录》，北京：中国人民大学出版社，1985年，第73页。
②《清圣祖实录》卷2，顺治十八年五月丁巳，北京：中华书局，1985年，第65页。
③ 光绪《大清会典事例》卷166《户部·田赋·开垦》，光绪商务印书馆本。
④《清朝文献通考》卷1《田赋考》，杭州：浙江古籍出版社，1988年，第4858页。
⑤ 乾隆元年版《盛京通志》卷24《田赋》，北京图书馆藏。

辽东招民百名者，考试身言书判，分为三等，除授知县，如不能通晓文义，咨送兵部，除授武职。[①]

顺治十五年（1658年），又规定：

文武乡绅垦地五十顷以上，现任者记录，致仕者给匾旌奖。[②]

顺治十六年，又规定：

民人开垦荒地二千亩以上者，以卫千总用，武举开垦二千亩以上者，于应授职衔加一等，以署守备用。[③]

康熙二年（1663年），又规定：

辽东招民百名者，不必考试，俱以知县录用。[④]

康熙六年，又规定：

辽东招民百家者，嗣后咨部停其先选，仍论年分次序选授。[⑤]

综合上述五条材料的基本内容都在于补充顺治十年辽东招民开垦令的奖励规定。其中对有官职者垦田数达50顷，即5000亩者，“现任者记录，致仕者给匾旌奖”。武举官员招民开垦2000亩以上者，于原职升授一等“以署守备用”。对无官职者规定，招民百名以上者，应试身体、言语、书法、判断力，分为三等，除授知县。如不通晓文字者，送兵部除授武职。康熙二年，又进一步规定，招民百名者不必考试，俱以知县录用。康熙六年规定：招民百名者虽“停其先选”的特权，但“仍论年分次序选授”。对赴辽东的汉民规定，垦地2000亩以上者，“以卫千总用”。招垦令颁布后，关内数以万计的汉族民人前往东北开垦土地。

清初对招垦汉族民人如何安置，给多少土地，未见直接材料说明，今据《开原县志》记载可知大致情况：“凡招徕新民，户部遣同县官于城中，每丁给地基二绳，约三丈，使民得为园圃，沿街者可为间架，以便商贾。于野每丁给地二十五亩，永为民业。招至六名者，招头给釜一、缸一、牛一、农器

①《古今图书集成》，《食货典》卷51《田制部》，上海：中华书局影印本，1934年，第9页。
②《古今图书集成》，《食货典》卷51《田制部》，上海：中华书局影印本，1934年，第9页。
③《古今图书集成》，《食货典》卷51《田制部》，上海：中华书局影印本，1934年，第9页。
④《古今图书集成》，《食货典》卷51《田制部》，上海：中华书局影印本，1934年，第10页。
⑤《古今图书集成》，《食货典》卷51《田制部》，上海：中华书局影印本，1934年，第10页。

全，按口每月给粟米一斗，至秋成止。”辽东招民开垦令至康熙七年停止。

从招垦令颁布至康熙七年（1668年）辽东地区人丁、土地数量见表4-1。①

表4-1　顺治十七年至十八年及康熙七年辽东地区人丁、土地数量

年代	地区	人丁数量/丁	土地数量/亩
顺治十七年	辽阳、海城	3 723	48 165
顺治十八年	金州	299	7 169
康熙七年	承德等六州县	2 643	6 737

表4-1中的人丁增加、土地增长数可充分说明，清初招民开垦是很有成效的，而且在汉人聚居的地区已出现民多地少的情况。康熙二年，康熙帝谕令盛京户部侍郎吴玛护等：“盖州、熊岳地方安插新民，查有附近荒地房基，酌量圈给，并令海城县督率劝垦。”②同年，奉天府府尹徐继炜在上疏中也谈到海城、牛庄等处民多地少的情况，为缓解矛盾，他主张将移居边外各蒙古头目，遗留下的下等熟地和将迁移他处的马厂弃地，分给新来汉族民人耕种。③康熙五年，清廷规定，奉天白旗堡、小河西两处地亩，令奉天府尹给汉民耕种，照熟地例交纳赋税。④康熙七年，清廷命令将奉天唐官等村屯地方“所圈之地退还民间”⑤，给汉族民人耕种。为了有效地管理到关外开垦土地的汉族民人，奉天府设置了民治州县机构进行管理。顺治十年（1653年），清廷设辽阳府，由张尚贤任知府，辽阳府辖辽阳、海城二县。⑥顺治十二年九月，辽阳知府张尚贤奏请设立金州县。《奉天通志》记载如下：

> 辽阳府知府张尚贤奏言：辽东旧民寄居登州海岛者甚众，臣示谕招徕，随有广鹿、长白等岛民丁家口七百余名，俱回金州原籍，但金州地荒人稀，倘准其任意开垦，则生聚渐多，亦可立县治，而诸岛皆闻风踵至矣。⑦

① 乾隆元年版《盛京通志》卷23《户口》，北京图书馆藏。

②《清圣祖实录》卷8，康熙二年正月壬午，北京：中华书局，1985年，第132—133页。

③《清圣祖实录》卷8，康熙二年正月壬午，北京：中华书局，1985年，第133页。

④ 光绪《大清会典事例》卷1093《奉天府》，光绪商务印书馆本。

⑤《清圣祖实录》卷26，康熙七年七月己亥，北京：中华书局，1985年，第365页。

⑥《奉天通志》卷28《大事二十八·清二·世祖》，沈阳：东北文史丛书编辑委员会，1983年，第549页。

⑦《奉天通志》卷28《大事二十八·清二·世祖》，沈阳：东北文史丛书编辑委员会，1983年，第550页。

顺治十四年四月，清廷罢辽阳府，于盛京（今辽宁省沈阳市）设奉天府，置府尹1人，经历1人，儒学教授1人，训导1人。[①]辽阳知府张尚贤改任奉天府府尹。康熙三年（1663年）六月，设奉天府丞、治中、通判等官，并设承德、开原、铁岭三县，又改辽阳县为州，海城、盖平属奉天府；改广宁为府，添设通判、推官、经历，设广宁县、宁远州，锦县属广宁，俱由奉天府府尹管辖。[②]同年十二月，升奉天所属锦县为锦州府，广宁府为广宁县，属锦州府。[③]

三、清前期土地的开发与城镇经济的兴起

（一）东北土地的开发

康熙七年，辽东招民开垦令虽停止，但招垦事业已渐见成效。当时，关内战事未停，民人尚未脱离战乱的恐慌，出关垦种不甚踊跃，但已呈现出关内汉族民人流向东北地区的趋势。康熙七年以后，全国许多省份遭灾，直隶、山东、河南等地汉民纷纷涌向关外地区。尤其是山东地区，因地力不丰，物产缺乏，更加天惠稀薄，涌向东北的汉民更多。以山东荣成地区为例，《荣成县志》载："地瘠民贫，百倍勤苦，所获不及，下农拙于营生。岁欠则轻去其乡，奔走京师、辽东、塞北。"自然灾害加上与官僚结合的地主、富豪的盘剥，即使丰年"穷民所得之分甚少，一遇凶年，自身并无田地产业，少壮者流离于四方，老弱者即死于沟壑"[④]。其他省份情况也类似。因此，地广人稀的东北必然成为流民寻求生路的乐土。

康熙中叶以后，几十年太平盛世，伴随社会生产力的发展，人口骤增，关内土地不足，造成大量的过剩人口，不待凶年到关外觅食的汉民就达数以万计。康熙二十三年九月，康熙上谕山东巡抚张鹏：今见山东人逃亡至关外，"各处为匪者甚多"[⑤]。康熙五十一年五月上谕云：山东民人往关外垦地者"多至十万余"[⑥]。流入辽东地区的山东汉民大致经由陆海两路，其中，鲁东地区汉民多泛海到辽东半岛，鲁西地方汉民大都沿陆路经山海关进入奉天省。

① 光绪《大清会典事例》卷1093《奉天府》，光绪商务印书馆本。
②《清圣祖实录》卷12，康熙三年六月甲午，北京：中华书局，1985年，第185页。
③《清圣祖实录》卷13，康熙三年十二月壬午，北京：中华书局，1985年，第205页。
④《清圣祖圣训》卷22，北京：北京燕山出版社，1998年，第374页。
⑤《清圣祖圣训》卷117，康熙二十三年九月己丑，北京：中华书局，1985年，第218页。
⑥《清圣祖实录》卷250，康熙五十一年五月壬寅，北京：中华书局，1985年，第478页。

当时，清廷对流民进入东北地区并未禁止，不过事前起票、过山海关记档而已。清人杨宾于康熙年间来到东北，在其所著《柳边纪略》中记载了当时的情况：

凡出关者，旗人须本固山额真送牌子，至兵部起满文票，汉人则呈请兵部，或随便印官衙门，起汉文票。至关，旗人赴和敦大北衙记档验放；汉人赴通判南衙记档验收，或有汉人附满洲起票者，冒苦独力等辈，至北衙亦放行矣。①

杨宾又对当时春来秋去的偷采人参的“走山”汉人作如下记载：

凡走山者，山东、（山）西人居多，大率皆偷采者也。每岁三四月间往，九十月间归。其死于饥寒者不知凡几，而走山者日益多，岁不下万余人。②

上述记载，足见流入关外的汉族民人是很多的。

关于流入东北汉族民人的数量，据乾隆元年版《盛京通志》统计，康熙二十二年（1682 年），奉天各州县人丁增长数见表 4-2。③

表 4-2　康熙二十二年奉天各州县人丁增长数　　单位：丁

州县	康熙二十二年增长丁数	州县	康熙二十二年增长丁数
承德县	2 943	开原县	2 162
辽阳县	3 393	铁岭县	2 122
海城县	2 258	锦　县	6 801
盖平县	1 018	宁远县	5 271
复州县	—	广宁县	2 456
宁海县	—	合计	28 424

如表 4-2 所示，康熙二十二年，奉天省各州县编入民籍的为 28 424 丁，折算为 143 629 口。从康熙二十二年至雍正十二年（1734 年）的 51 年间，流入奉天省各州县的汉族民人增加近一倍。应当指出的是，这里只就入籍汉

① 杨宾：《柳边纪略》卷 1，长春：吉林文史出版社，1993 年，第 8 页。
② 杨宾：《柳边纪略》卷 3，长春：吉林文史出版社，1993 年，第 43 页。
③ 乾隆元年版《盛京通志》卷 23《户口》，北京图书馆藏。

族民人而言，而未入籍的汉族民人数量更多。因为汉族民人一旦入籍，注入丁册，编为保甲，不仅要承担赋税，还要承担诸如铺路、送粮等各种差役，因而，大批汉族民人百般设法地逃避编入民籍。

伴随着关内汉人流入辽东地区的数量日益增多，辽东地区垦地面积也不断增加。据乾隆元年版《盛京通志》记载，汉族民人开垦土地面积见表 4-3。[①]

表 4-3　乾隆元年版《盛京通志》中，汉族民人开垦土地面积情况

年代	土地面积
顺治十八年	629 顷 33 亩
康熙十三年	1829 顷 73 亩
康熙二十二年	3128 顷 59 亩

清廷通过招民开垦令将出关的汉民与离散的辽东民人安辑入籍，编成民地，承认其土地所有权，由州县征收赋税，摊派徭役，组成与关内封建生产关系一样的民地系统。民地生产关系的特点：第一，土地所有权归民人所有。民地与旗地、官地相比，民人具有土地所有权，即“民间恒产，听其买卖”[②]，清廷对土地买卖不加限制，只不过是通过州县履行契税及地权执照。第二，民地土地所有者向州县交纳赋税。据《盛京通志》卷 37 记载：“盛京各属民田，自顺治十五年始定征赋之例，每亩岁征银三分。”[③]清廷规定，凡新垦荒地，康熙十年（1671 年）以前，三年后起科；康熙十一年以后，定为六年起科；康熙十五年以后，仍旧三年起科；康熙十八年以后，定为六年起科。不分等则，每岁亩征银 3 分。康熙三十二年，改征粟米，每亩征米 3 升余。康熙四十三年，限于锦县、宁远州（今辽宁省兴城市）改为银两。康熙四十七年，颁布斗制，每亩征米仓斗 7 升 5 合。[④]一斗相当于从前使用的关东市斗 5 升。雍正五年（1727 年），银米各半征收。此课各州县大略皆同，惟永吉州、长宁县，每亩征银 3 分。第三，民地上的民人与封建国家的关系是一种经济关系，民人向地方官府交纳赋税。

① 乾隆元年版《盛京通志》卷 24《田赋》，北京图书馆藏。

② 光绪《大清会典事例》卷 166《户部·田赋·开垦》，光绪商务印书馆本。

③《盛京通志》卷 37《田赋一》，乾隆四十八年版。

④ 乾隆元年版《盛京通志》卷 24《田赋》，北京图书馆藏。

（二）城镇经济的兴起

康熙年间，辽沈地区城镇迅速兴起。康熙年间，雍正帝代父康熙到盛京祭祖，“见盛京城内，酒肆几及千家，平素但以演戏饮酒为事”①，说明康熙末年盛京城内酒店饮食业是很繁荣的。酒店与酿酒业有直接关系。盛京城内享誉盛名的“老龙口”酒厂，就是康熙初年由山西商人张乐山兴办的。他原在家乡经营烧锅，因天旱歇业，携资出关到盛京投奔开酱园的表兄，得到汉军八旗王都统的帮助，集资兴建了一座规模较大的烧锅。因该厂所用井水清冽甘爽，素称“龙潭水”，盛京俗称“龙城”。酒厂在小东边门外，故取名“老龙口”，并一直流传下来。②其他如皮毛、布匹、粮食、杂货、商铺等也逐渐兴起。辽中地区的新民，本属苇塘河，因河流迁徙积淤而成旱地，因地处商业要道，村落聚集而成市镇。辽西的锦州处于山海关陆路要冲，又是海上码头，康熙年间，锦州有12种商铺，即杂货、曲部、铁市、棉花、木市、猪市、盐市、鱼市、茶市、靛布、斗市、马市。至乾隆年间，南方沿海省份，由海路到盛京、锦州等地贩运农产品和土特产的商人日益增多。乾隆皇帝在谕令中曾云：“朕闻奉天、锦州一带沿海地方，竟有闽人在彼搭寮居住，渐成村落，多至万余户”，“此皆系地方官，以闽人在彼贸易营生，藉此多征商税，遂尔任其居住”。③

吉林地方最初居住的是八旗驻防官兵及其眷属，随后有大批流放的流人、垦荒谋生的汉族民人及商人陆续云集。吉林城，建于康熙十二年（1673年）。康熙十五年，清廷令移宁古塔将军治所于吉林。据高士奇的《扈从东巡日录》记载：是年，移宁古塔将军于吉林，“建木为城，倚江而居，所统新旧满洲兵二千名，并徙直隶各省流人数千户居此”。吉林城内有五条大街，即由将军公署通大东门曰河南街，通小东门曰粮米行街，通大北门曰北街，通西门曰西街、大西街。“铺商惟北街，西街最盛。”④康熙中叶以后，吉林城镇经济已相当繁华，“西关百货凑集，旗亭戏馆无一不有，亦边外一都会也”⑤。宁古塔是东北边陲重镇，该地区城镇经济的兴起与俄国势力出现

---

①《清世宗实录》卷31，雍正三年四月庚辰，北京：中华书局，1985年，第472页。

② 刘树生等编：《老龙口酒厂厂志》，转引自杨余练、王革生、张玉兴，等：《清代东北史》，沈阳：辽宁教育出版社，1991年，第387页。

③《清高宗实录》卷1376，乾隆五十六年四月辛亥，北京：中华书局，1986年，第476页。

④ 萨英额：《吉林外纪》卷2《城池》，长春：吉林文史出版社，1986年，第32页。

⑤ 杨宾：《柳边纪略》卷1，长春：吉林文史出版社，1993年，第9页。

在黑龙江流域有密切关系。清廷为防御俄国势力的入侵，于顺治九年（1652年），“命梅勒章京沙尔虎达、甲喇章京海塔、尼噶礼统官兵驻防宁古塔”①。顺治初年，宁古塔“木城颇小，城内外仅三百家”，到顺治末年康熙初年宁古塔发展变化为“城高地深，人民繁庶，畜产遍野，耕农之地，在城外十里”②。城内有东、西大街，汉人于此开店贸易，“从此人烟稠密，货物客商络绎不绝，居然有华夏风景”③。至康熙中叶，宁古塔城内经商者不仅仅是汉人，当地人也开始经商。据杨宾的《柳边纪略》记载：宁古塔城经商者，“其在东关者三十有二，土著者十，市布帛杂货，流寓者二十二，市饮食。在西关者四，土著，皆市布帛杂货”④。当时常有八旗驻防官兵向汉人“熟贾赊取”衣食的情况，待官兵“月饷到乃偿值”，所以驻防旗人对汉人“平居礼貌，必极恭敬，否则恐贾者（汉人）之莫与也”⑤。三姓城是清中期以后兴起的边疆重镇。乾隆中叶，它取代宁古塔成为边疆居民贡貂之地后，山西、直隶、山东等地的皮毛商人聚集于此从事貂皮贸易。位于吉林东部的珲春城，“珲春”满语为“边远之城”，中国、朝鲜、俄国三国“邻国相望，鸡犬相闻”。清初为南荒围场，于康熙五十三年（1714 年），始设珲春协领。珲春城地处海滨，盛产海参、海带、海藻等，与朝鲜庆源（今朝鲜咸镜北道庆源）隔年进行一次贸易往来。从事参加者，清朝方面主要是居住在珲春地区的旗民和岩杵河一带的库雅喇人；朝鲜方面基本上是咸镜道商民，但其他京畿、江原诸道的商人也有参加的。

黑龙江设城以前隶属宁古塔将军管辖。康熙十三年，清廷将吉林水师营移驻于黑龙江，并筑城以居，以阻止俄军的入侵。康熙二十二年，设置黑龙江将军，以宁古塔副都统萨布素为首任将军，率吉林、宁古塔八旗官兵驻防。黑龙江将军初驻扎于黑龙江城东北十三里之瑷珲旧城，后移驻黑龙江城。康熙二十九年，将军衙门自黑龙江城移驻墨尔根城，康熙三十八年，又自墨尔根城移驻齐齐哈尔城。康熙末年以来，黑龙江地区相继兴起若干城镇。齐齐哈尔城是商业中心，文献记载：“入城南门抵木城里许，商贾夹衢而居，市声颇嘈嘈”，“商贩多晋人，铺户多杂货铺，客居应用无不备，

①《清世祖实录》卷 66，顺治九年七月丁亥，北京：中华书局，1985 年，第 518 页。

② 安鼎福：《星湖僿说类选》卷 9，《朝鲜群书大系》，续续第 19—20 辑，汉城：朝鲜古书刊行会，明治四十二至大正五年。

③ 吴振臣：《宁古塔纪略》，长春：吉林文史出版社，1993 年，第 84 页。

④ 杨宾：《柳边纪略》卷 3，长春：吉林文史出版社，1993 年，第 47 页。

⑤ 杨宾：《柳边纪略》卷 3，长春：吉林文史出版社，1993 年，第 47 页。

然稍涉贵重，或贩自京师，若绸缎之类。”当时，到齐齐哈尔经商的人很多，“卖香囊者河南人，夏来秋去；卖通草花者，宝坻人，冬来春去。所卖皆闺阁物，得利最厚”。城中，“编商铺为十二排，更番值月，供应官府”。城郊，每年五月举行“楚勒罕”盟会，又称“北关集”，是索伦、达斡尔、鄂伦春人贡貂，并与蒙古部落和来自各地商人的互市贸易的盛会。由于贸易的发展，旅店业相当兴旺，“上下站壮丁自为聚落，每站不下百十家，皆有官房待过客，私开旅店间亦有之”[①]，“城内外门前抓笊篱者旅店也”。其他瑷珲、墨尔根、呼兰等城，也是“商贾云集，竟为内地，其街市喧，仿佛北省中上州县”[②]。

清前期东北的城镇经济主要是以烧锅、油坊为中心的农产品加工经济。烧锅是用高粱等杂粮酿酒，供民间食用。由于东北耕地面积不断扩大和粮食产量的提高，为酿酒业的发展提供了条件。如前所述，盛京城内享誉盛名的“老龙口”烧锅，建于康熙年间。时，盛京城内，“酒肆几及千家”[③]。为发挥盛京城酿酒业的优势，清廷采取保护政策，规定：“外省客商挟资来沈，特开烧锅之初，概行禁止。”[④]吉林造酒业也很发达。吉林烧酒除供应本省外，还通过三姓城大批运往黑龙江下游少数民族地区。宁古塔城，康熙年间“烧酒曰汤子酒，斤银四分，黄酒斤银三分，然烧酒家为之，不须沽，惟黄酒多沽饮耳”[⑤]。黑龙江地区酿酒业也很发达，当地人用“黄米酿米儿酒，阅日而成，糜亦堪酿，味甘而薄”[⑥]。齐齐哈尔烧酒来自伯都讷，岁不下数十万斤。榨油业是东北城镇经济另一重要的支柱产业。东北地区生产大豆历史悠久，康熙年间，从东北经海上运往南方的大豆与豆饼高达120余万石。清廷取消黄豆海运的限额，任商贩运，征收酒税。豆饼是油坊的副产品，是种植棉花、甘蔗的最佳肥料。豆饼的大量外销，说明东北的油坊业已经相当发达。

东北人参自古闻名全国，不仅是珍贵药材，能使人延年益寿，更是清廷重要的财政来源。东北人称人参“曰货，又曰根子。肉红而大者曰红根，半

① 西清：《黑龙江外纪》卷2《中国边疆研究文库·东北边疆卷（十）》，哈尔滨：黑龙江教育出版社，2014年，第192页。

② 龚之钥：《后出塞录》，转引自杨余练、王革生、张玉兴，等：《清代东北史》，沈阳：辽宁教育出版社，1991年，第392页。

③《清世宗实录》卷31，雍正三年四月庚辰，北京：中华书局，1985年，第472页。

④ 崇厚：《盛京典制备考》卷6，上海双顺泰藏版翻印，光绪二十五年刊。

⑤ 杨宾：《柳边纪略》卷4，长春：吉林文史出版社，1993年，第57页。

⑥ 方式济：《龙沙纪略·饮食》，哈尔滨：黑龙江人民出版社，1985年，第215页。

皮半肉者曰糙重，空皮曰泡，视泡之多寡定货之成色”①。努尔哈赤崛起后，辽东马市停止人参交易，造成后金待交易的人参浥烂至十余万斤。可见，当时人参在明与后金贸易中的数量之大。天聪初年，皇太极曾向明朝提出议和条件，其中有，“每岁我国以东珠十，貂皮千，人参千斤觞遗尔。尔国以黄金一万、白金十万，缎匹十万，布匹三十万报我，两国诚如约馈遗，以修盟好”②。由此可以看出人参在贸易中的重要位置。

清入关后，清廷最初实行八旗分山制。清廷规定：“凡上三旗及五旗，王以下奉恩将军以上采捕山场，各有分界。”③并对参山采挖限制极严：“凡上三旗及各旗采捕人等，按验户部执照，移文奉天将军，给与出边信票”④，才允许进山采挖，归来必须将采获的人参“秤验造册报部”⑤。清初八旗分山采参各有定界，严禁越界，更不允许民人偷采，否则处以重罪。但人参贸易获利甚大，所以民人违禁偷采大有人在。据康熙年间来到东北的杨宾的《柳边纪略》所载：“凡走山者，山东、（山）西人居多，大率皆偷采者也。每岁三四月间往，九十月间归，其死于饥寒者不知凡几，而走山者日益多，岁不下万余人。”⑥足见偷采人参风气之盛。至康熙中叶以后，“乌喇、宁古塔一带，采取已尽，八旗分地，徒有空名。官私走山者，非东行数千里，入黑金阿机界中，或乌苏松外不可得矣”⑦。八旗分山制名存实亡，后实行参票制管理。康熙四十八年（1709 年），清廷“照盐引法，每年给（参）票二万张，其中一万张给盛京、宁古塔、打牲乌喇满洲兵丁，使之承领采挖”⑧。同时实行招商承包参票制。这样一来，商户见分领参票有利可图，纷纷投资参务，资产雄厚的皇商承买几千张参票，一些中小商户也分领上百张参票。至乾隆初年，参票制终因商人唯利是图而终止承包参务，采取官办采参制，即由清廷在奉天、吉林、宁古塔等地设官参局，由官参局统办参务，并制定《参务章程》，对参票、刨夫、参税、护参、缉私等均有详细规定。官办采参，由政府招募刨夫给票采挖人参。政府在刨夫的行装、口粮等方面给予适当的

① 杨宾：《柳边纪略》卷 3，长春：吉林文史出版社，1993 年，第 44 页。
②《清太宗实录》卷 2，天聪元年正月丙子，北京：中华书局，1985 年，第 32 页。
③《八旗通志》初集卷 21《土田志四》，长春：东北师范大学出版社，1985 年，第 394 页。
④《八旗通志》初集卷 21《土田志四》，长春：东北师范大学出版社，1985 年，第 395 页。
⑤《八旗通志》初集卷 21《土田志四》，长春：东北师范大学出版社，1985 年，第 395 页。
⑥ 杨宾：《柳边纪略》卷 3，长春：吉林文史出版社，1993 年，第 43 页。
⑦ 杨宾：《柳边纪略》卷 3，长春：吉林文史出版社，1993 年，第 44 页。
⑧ 光绪《大清会典事例》卷 232《户部・参务》，光绪商务印书馆本。

关照，后因采参日难，改为实行烧锅票采参制。具体做法是烧锅商人“每票一张，交京钱五百吊，包给揽头、刨夫代为交参”①。由于烧锅商人领参票实属官府强制，于是各烧锅商人百般逃避，拒领或少领参票，烧锅票采也每况愈下。

人参属于中药的上品，具有很高的药物疗效和滋补价值。加上产地有限，采挖困难，所以其价格一直很昂贵。东北人参贸易价格与白银几乎同价。据谢肇淛《五杂俎》记载：人参于本地，价不甚高，转市其上等参，人求索无穷，其中上等参几与白银同价。人参价格等同白银的原因是，“富贵膏粱之家，子弟妇人，起居无节，食息不调，而辄恃参术之功，远求贵售，若不可须臾离者”②。康熙年间，东北人参交易价格，据杨宾《柳边纪略》记载：“足色者，斤十五两，八九色者，斤十二三两，六七色者，斤九十两，对冲者六七两，泡三两。”如果参品绝佳“一枝重两以上，则价倍；一枝重斤以上，价十倍；成人形则无价矣”。相传康熙二年（1663 年），“得人形者一枝，重二十二两，献于朝，后绝不得”③。康熙末年，“每参一两值六七金”④，即每斤参值银 90—112 两。乾隆年间，每两斤参值可达 800 两白银。⑤正因为人参价格昂贵，所以清廷对人参买卖管理是极严格的。文献记载：“每年十月，将军、副都统督率（参局）局员挑拣四等参、五等参装箱，派参局协领、佐领进贡，谓之头帮参。挑剩余参，准揽头、刨夫挂号变卖，有苏州、山西参商来买者，亦有揽头、刨夫自赴苏州去卖者。将军当堂过秤，给票派员送至山海关，验票进关，谓之二帮参。无票曰黑参，拿获照例治罪。”⑥

貂皮是东北三宝之一。辽阔的东北深山野岭盛产貂，貂形似鼠，但比鼠大。据《桦甸县志》卷 6 记载：貂其“性伶敏多忌，闻声则匿。秋日践枯叶作响，急升木上。猎人乘此设机捕之，名钉碓。及雪降，貂行雪留踪，依踪追摄，或匿树窟，或入石隙，追者张网，以辣椒火薰，貂不能耐，出即网获”。捕貂的目的是获得貂皮，所以貂皮很珍贵。貂皮至少在明清时期就已经作为朝廷百官取暖御寒、穿戴装饰的必需品。沈德符曾云：“京师冬月例用貂皮暖耳，每遇沍寒，上普赐内外臣工。次日具戴以廷谢……盖赐貂之日，禁

---

① 萨英额：《吉林外纪》卷 8《杂记》，长春：吉林文史出版社，1986 年，第 120 页。
② 谢肇淛：《五杂俎》卷 11，北京：中华书局，1959 年，第 330 页。
③ 杨宾：《柳边纪略》卷 3，长春：吉林文史出版社，1993 年，第 44 页。
④ 王一元：《辽左见闻录》，清抄本。
⑤《清高宗实录》卷 1448，乾隆五十九年三月己巳，北京：中华书局，1986 年，第 313 页。
⑥ 萨英额：《吉林外纪》卷 8《杂记》，长春：吉林文史出版社，1986 年，第 121 页。

中例费数万缗。”[①]可见，朝廷恩赐臣下貂皮掩耳取暖需要量之大。清廷规定：“貂裘可作常服，三品以上大臣及京堂翰詹官皆得用之。”[②]貂皮后来作为豪华的奢侈品，在民间越来越流行。史载：“俗尚奢侈，服饰必用貂鼠皮……而年少妇女皆服貂裘，无此则羞与为会。”[③]此外，貂皮还是一种赏赐品，清廷经常用以分赏有功人员。总之，貂皮在清代是一种珍贵物品。乾隆皇帝有诗云：

东瀛物产富难详，美毳尤称貂鼠良。
喜食松皮和栗实，色惟重黑乃轻黄。
虱谈被困苏季子，狗盗献嗤齐孟尝。
狐白那堪相比拟，名裘黼黻佐朝章。[④]

东北边疆各族捕打貂皮主要用于上贡与贸易。其贡贸地点主要在宁古塔、三姓、齐齐哈尔等城。宁古塔城，清中叶以前，是东北各族貂皮贸易的中心。每年春季前后，黑龙江下游各少数民族接踵而至宁古塔，缴纳贡貂，同时出售各种皮张，以换取生产生活用品。史载，“岁至宁古塔交易者二万余，而贡貂不与焉”[⑤]。这些少数民族为人颇“有信义”，有的“与店家赊绸缎蟒服者，店主择黑貂一张为样，约来年照样还若干”，到来年，尽管相距千里之遥，但他们必如约亲自来宁古塔还清，“有他故，亦必托人寄到”[⑥]。当时将产于黑龙江上游的貂皮称索伦貂，产于黑龙江下游的称挹娄貂。关内人常常“贱挹娄而贵索伦，盖以索伦貂毛深而皮大也，然不若挹类之耐久”[⑦]。宁古塔貂皮贸易的兴起，吸引各地商人前来进行貂皮贸易。吴兆骞在《秋笳集》卷8载：宁古塔本地的“善贾者，皆贩参貂，累金千百，或有至数千百者”，如流放宁古塔地区的流人杨越将采山校猎所得的貂皮与中土商贾交易，得以致富。宁古塔城貂皮交易价格，据杨宾《柳边纪略》所载：康熙初“易一铁锅，必随锅大小，而貂于内，满乃已”，康熙中叶貂皮价格上涨，则“以一貂易两锅矣”。如果以马匹交换貂，康熙初年，“易一马必数十貂”，康

① 沈德符：《万历野获编》卷9，北京：中华书局，1959年，第231页。
②《吉林通志》卷6《天章志》，台北：文海出版社，1965年，第480页。
③《李朝成宗实录》卷57，成宗六年七月辛酉，东京：学习院东洋文化研究所，1958年，第519页。
④ 萨英额：《吉林外纪》卷1《御制诗歌》，长春：吉林文史出版社，1986年，第14页。
⑤ 杨宾：《柳边纪略》卷3，长春：吉林文史出版社，1993年，第44页。
⑥ 吴振臣：《宁古塔纪略》，长春：吉林文史出版社，1993年，第89页。
⑦ 杨宾：《柳边纪略》卷3，长春：吉林文史出版社，1993年，第45页。

熙中叶交易一匹马“不过十貂而已”，即便是上等良马也仅换十四五张貂皮，“亦不以上貂易也”[①]。而商人将貂皮运往关内贩卖价格可涨数倍。所以每年来宁古塔城的商人，将所交易来的貂皮，在“七八月间售贩鬻于京师，岁以为常”[②]。

雍正年间，清廷决定，黑龙江下游及乌苏里江流域各少数民族的贡貂归三姓城管理，至此，三姓城成为继宁古塔城之后东北地区最大的貂皮贸易中心。三姓城中，除有一些其他铺店外，主要是专营皮张贸易的铺店。这些铺店商人从沿黑龙江、乌苏里江来三姓城的少数民族手中交易貂皮，再转售关内商人，从中获利。但是更多的是商人及清廷官员，在夏秋两季携带各种生产生活物品，前往黑龙江下游从当地人手中换取各种貂皮。当然，每年清廷征收贡貂的行署所在地，同样也是各族貂皮贸易的场所。以德楞行署为例，每年六月，黑龙江下游各少数民族纷纷前来德楞行署，或贡貂或贸易。各少数民族将貂皮挟于腋下，换取所需的物品。貂皮交易也在贡貂者与一路所有经过的村落间进行，如来自库页岛的贡貂者在德楞换取当地土著的狗，在归途路经赫哲村，又用貂皮换取船只。[③]

黑龙江地区的齐齐哈尔附近，每年五月楚勒罕盟会也是貂皮贸易大会。文献记载：“布特哈官兵悉来齐齐哈尔，纳貂皮互市，号楚勒罕，译言盟会也。初在城西北四十里因沁屯，本名伊勒屯。”楚勒罕集市期间，蒙古各部及索伦、达斡尔、鄂伦春各少数民族皆来参加。是时，“商贾移肆以往，艾浑、墨尔根屠沽亦皆载道，轮蹄络绎，皮币山积，牛马蔽野”[④]。楚勒罕集市主要贸易品为选取贡貂后剩下的貂皮，如《龙沙纪略》所载：“集初立，划沙为界。各部落人驻其北，商贾、官卒、游人驻其南，中设兵禁。将军选贡貂后，始听交通，凡二十余日。”当地人与商贾交易貂皮是“以貂易釜，实釜令满，一釜常数十貂”。[⑤]其后貂价渐涨，“犹以貂围釜三匝，一釜辄七八貂也”，再后来则“一貂值数釜矣”。[⑥]楚勒罕集市结束，如货物还有剩余，还可以至布特哈继续交易，秋后回省城吉林。

---

① 杨宾：《柳边纪略》卷3，长春：吉林文史出版社，1993年，第44页。
② 杨宾：《柳边纪略》卷3，长春：吉林文史出版社，1993年，第44页。
③ 傅朗云主编：《东北亚丝绸之路历史纲要》，长春：吉林文史出版社，1999年，第236—237页。
④ 方式济：《龙沙纪略·经制》，哈尔滨：黑龙江出版社，1985年，第206页。
⑤ 方式济：《龙沙纪略·经制》，哈尔滨：黑龙江出版社，1985年，第206页。
⑥ 杨宾：《柳边纪略》卷3，长春：吉林文史出版社，1993年，第44页。

烟、麻、药产等也是东北地区城镇重要的经济作物。东北人喜欢吸烟。据东北志书记载，“普通男女皆嗜烟”，“土著之人，无论旗民男女，率嗜食烟叶”。一个“嗜”字，形象地表现了东北人对烟的癖好程度。烟是什么时候出现的，据吴晗考证，东北的烟是由日本传入朝鲜，再由朝鲜传入东北的。朝鲜人称烟草为南灵草、南草。万历四十四年（1616 年），输入朝鲜，天启元年（1621 年）以后，朝鲜吸烟的人渐多。后由商人输入沈阳。清太宗认为烟非土产，下令禁止。据朝鲜文献记载：

> 我国人潜以南灵草入送沈阳，为清将所觉，大肆诘责。南灵草，日本国所产之草也。其叶大者可七八寸许，细截而盛之竹筒，或以银锡作筒，火以吸之，味辛烈，谓之治痰消食，而久服往往伤肝气，令人目翳。此草自丙辰、丁巳（1616—1617）年间越海来，人有服之者而不至于盛行，辛酉、壬戌以来，无人不服，对客辄代茶饮，或谓之烟茶，或谓之烟酒。至种采相交易。久服者知其有害无利，欲罢而终不能焉。世称妖草。转入沈阳，沈人亦甚嗜之，而虏汗（指清太宗）以为非土产，耗财货，下令大禁云。①

又据《东华录》所载，早在天聪初年，后金即已禁烟，因其“耗货财”。但禁烟的对象只是普通百姓，而非八旗贵族，当时如多尔衮、代善等都吸烟，所以，禁令乃一纸空文，故于崇德六年（1641 年），解除禁令。禁令一开，东北许多地方都植烟。据《盛京通志·物产志》载：“陇旁隙地多种之，叶肥大至径尺，食之御寒。”《盛京通志·热河志》亦载：“陇旁隙地，多种烟草，肥大至径尺，其近顶处数尺，曰盖露。”这就是有名的关东烟叶。烟不仅有兴奋神经、驱寒的作用，而且有防身之用。东北民族多以狩猎为生，跋涉于深山老林之中，经常遇有蚊虫蛇蝎的侵害。据《鸡林旧闻录》载：密林之中，“一种马蜢万千成团”，“而蚊虻之多，更如烟尘”。②行走时，则需戴上一种皮制面具。后来发现，人身上的烟味，却使蚊虫等不敢靠近。因此，凡是进山的，无论是采参、伐木，还是开荒种地，都随身携带烟具，劳累之余吸上一锅，既可免于蚊虫袭扰，又可解乏。吸烟在东北民间相当普遍，行走坐卧，烟袋不离身，“虽盛夏亦终日不去口”，已“成习癖”。《吉

①《李朝仁祖实录》卷 37，仁祖十六年八月甲午，东京：学习院东洋文化研究所，1962 年，第 285 页。
② 魏声龢：《鸡林旧闻录》，长春：吉林文史出版社，1986 年，第 64 页。

林省乡土志》云："东三省盛产烟酒，自缙绅之家以及农工下层劳动者，无不有烟酒之瘾，其嗜烟尤甚。虽髫年女子，行路亦以长杆烟袋携于手中。"[①]对于这种现象东北人司空见惯，不以为奇，而关内人看东北，就颇为惊奇了。故有"关东城，三大怪"的民谣流传，其中一怪就是"十七八的姑娘叼着个大烟袋"。

东北三省俱产烟，尤吉林所产最佳。《吉林外纪》记载："烟，东三省俱产，唯吉林省极佳，名色不一。吉林城南一带名为南山烟，味艳而香；江东一带名为东山烟，味艳而醇；城北边台烟为次；宁古塔烟名为台片。独汤头沟有地四五垧，所生烟叶只有一掌，与别处所产不同，味浓而厚，清香入鼻，人多争买。此南山、东山、台片、汤头沟之所分也，通名黄烟。"[②]汤头沟位于漂河岸，至今这里仍有一块二垧多的烟地。南山烟就是今天的蛟河烟，也叫"关东烟"。据说，曾受咸丰皇帝的加封，并作为贡品进献。

宁古塔地方烟名为台片。产烟最好的地方名汤头沟有四五垧地，"所生烟叶止有一掌，与别处所产不同，味浓而厚，清香人鼻，人多争买"[③]。黑龙江地区达斡尔族人也擅长种烟，据《黑龙江外纪》载：达斡尔族"人家隙地种烟草……自插秧至晒叶，胼胝之劳，妇女任之，皆自鬻于城市"。

线麻也是东北的特产。麻有线麻、苘麻之别。线麻结实，"凡城堡一切绳套，捆缚需用无穷"。吉林城北一带，种麻者居多，每岁所收不亚于烟，秋后进城售卖，"贩者麻烟并买，转运内地，名为烟麻客。每岁约计卖银百余万两，烟麻店生理大获其利"[④]。

东北吉林所产的乌拉草是与人参、貂皮齐名的三宝之一。俗语云：关东有三宝，人参、貂皮、乌拉草。据《鸡林旧闻录》记载：乌拉草"草色深碧，其细如发，长者有四尺余，吉省各地皆产。溪谷岩石中蒙丛下垂，入冬不枯，性温暖，能御寒、避湿。东人常取以铺卧榻，农工等人均以荐履。履用方尺牛皮，屈曲成之，不加缘缀，覆及足背。冬夏胥着以操作。因用此草荐履，故即以乌拉名履，而俗又书作靰鞡"。东北冬天地冻天寒，冰雪深厚，人们"将乌拉草锤熟垫于其内。冬夏温凉得当，即严寒而足不觉冻"。值得一提的是，奉天学政茹，考试命题乌拉草，吉林优贡沈承瑞答有："任他冰雪侵鞋

① "伪满"吉林省公署民生厅编：《吉林省乡土志》，吉林市图书馆藏孤本。
② 萨英额：《吉林外纪》卷7《物产》，长春：吉林文史出版社，1986年，第110页。
③ 萨英额：《吉林外纪》卷7《物产》，长春：吉林文史出版社，1986年，第110页。
④ 萨英额：《吉林外纪》卷7《物产》，长春：吉林文史出版社，1986年，第110页。

冷，别处阳春与脚随。”学政大为赏识，“拔其优焉”。[1]

东北地区又是药材集散地。例如，人参、鹿茸、虎骨胶、牛黄、熊胆、腽肭脐（即海狗肾）、五味子、细辛、黄精、赤芍、柴胡、防风等，均为关内外各中药铺畅销的常用药材。而蕨菜、蘑菇、木耳等山菜更是酒楼饮宴必备山珍。上述特产大多销往关内，换回东北关外所需物品。所以驿站沿途商旅盛行繁兴，所谓“威远堡边门路通宁古塔、黑龙江两省，商贾车辆往来不绝，又如英额、汪清二门，虽无车辆出入，多有马驼私运”[2]，正是东北城镇经济繁荣的真实写照。

综上所述，东北地区城镇最初多为八旗驻防的军事城堡，后逐渐发展为各地政治、经济、文化中心。东北城镇有两大特点：一是城镇支柱经济为烧锅、当铺、杂货、人参、皮货、烟草等；二是这些城镇经济的经营者——商人鲜是土著人，多是关内迁徙东北的汉族流民，其中以山西、山东、河南、河北人居多。

第二节　清代吉林开发的特点

清代吉林的农业开发，经顺康雍乾嘉道咸同光九朝，历二百多年，颇具特色。顺康时期设官庄旗地，由旗人、流人屯垦，为吉林农业开发之先导；雍乾嘉道时期汉族流民冲破封禁开垦，显示吉林开发之深入；咸同以后由局部开垦到全部放垦，标志吉林已进入到全面的开发时期。吉林农业开发的历史证明，满洲旗人与汉族流人、流民是开发吉林的生力军，他们的功绩将永载史册。

一、顺康时期旗人、流人对吉林的开发

顺康时期为吉林农业开发的第一阶段，这一时期的特点是清廷设置官庄旗地，拨遣旗人、流人屯种开垦。当时，吉林地区基本上由八旗驻防旗人、拨遣的流徙罪犯（一般称流人）两部分人组成，他们是吉林的第一批开发者。顺康时期吉林的农业开发与清廷反击沙俄入侵有密切关系。顺治元年（1644年），清兵入关，东北地区由于明清战争的破坏，已是“荒城废堡，败瓦颓

① 萨英额：《吉林外纪》卷7《物产》，长春：吉林文史出版社，1986年，第110页。
② 萨英额：《吉林外纪》卷7《物产》，长春：吉林文史出版社，1986年，第110页。

垣，沃野千里，有土无人，全无可恃”[①]。时人大声疾呼要充实龙兴之地。恰在此时，俄国势力日渐东侵，至康熙初年，俄国在黑龙江已集结重兵。为有效地反击俄国入侵，清廷设在东北的八旗兵力也相应地与日俱增。仅以吉林八旗驻防为例，顺治朝八旗驻防为3172名，康熙朝为15 921名。[②]康熙朝八旗驻防数是顺治朝的5倍多。清廷在派遣驻防八旗的同时，划拨土地让旗人耕种，作为旗人衣食之源。康熙初年，高士奇的《扈从东巡日录》记载了吉林乌拉旗人当时的耕垦生活：“土地喜谷、稷、稗，不施粪溉，不加耕耨，终岁用足……虞村有二千余户，皆八旗丁……男女耕作，终岁勤作。”康熙中叶，宁古塔将军所属伯都讷、三姓、阿勒楚喀等地也陆续派驻防八旗，分拨土地作为驻防旗地。康熙三十一年（1692年），宁古塔将军奏称：“白（伯）都讷地方，系水陆通衢，可以开垦田土，应于此地修造木城一座。”[③]康熙五十三年，于三姓、珲春派驻八旗，设置旗地。雍正二年（1724年）十二月，副都统田象坤上奏，拉林、阿勒楚喀等处，地方辽阔，适宜垦田，且距船厂、伯都讷近，此地移驻八旗垦田。[④]据《八旗通志》记载：康熙末年，吉林八旗驻防兵丁旗地数量分布如表4-4所示。[⑤]

表4-4　吉林八旗驻防兵丁旗地数量　　单位：垧

旗地	数量
吉林乌拉旗地	41 549
宁古塔旗地	43 498
伯都讷旗地	18 530
珲春旗地	8 894
三姓旗地	12 926
阿勒楚喀旗地	4 908
合计	130 305

上述旗地由清廷按八旗的左右翼划拨，是由旗丁及旗丁家属开垦的。清

①《清圣祖实录》卷2，顺治十八年五月丁巳，北京：中华书局，1985年，第65页。
②《户部则例》卷19《兵饷》，同治十三年刊本。
③《清圣祖实录》卷155，康熙三十一年四月乙巳，北京：中华书局，1985年，第711页。
④《清世宗实录》卷27，雍正二年十二月丙申，北京：中华书局，1985年，第421页。
⑤《八旗通志》初集卷21《土田志四》，长春：东北师范大学出版社，1985年，第356页。

廷规定：旗丁不许随意开垦，所谓“界（旗界）内安插，缘边次第垦种”[①]。“若不论疆界，挑选膏腴，徇情派者，佐领、领催分别罚责。”[②]这表明，旗地的所有权为清廷所有。

顺康时期清廷因抗俄需要加强八旗驻防，除设置旗地由旗丁开发土地外，又设置了大量的官庄，由流徙发遣罪犯充当庄丁，开垦土地。官庄是旗地的重要组成部分，吉林官庄设置的初衷也与抗俄有关。[③]顺治初年，清廷反击沙俄的几次战役皆因粮饷供给不足，迫使清军撤兵。于是，清廷决定将原流徙开原以南的罪犯改发吉林地区，隶屯垦田，以解决军粮问题。顺治十六年（1659年），清廷下令将流徙罪犯发吉林、宁古塔、伯都讷等处，又规定：“贪官赃至十两者，免其籍没，责四十板，流徙席北（伯都讷）地方。”[④]清初发遣吉林的流徙罪犯以贪污犯和因遭文字朋党之祸的文人学者居多，如顺治十六年七月，湖南道佥事吴甲周坐婪赃，流徙吉林伯都讷地方。[⑤]康熙五十年（1711年），翰林院编修戴名世著《南山集》，被人诬告为“私刻文集，肆口游谈，倒置是非，语多狂悖”[⑥]，而惨遭文字狱。戴名世遭凌迟，并将“方孝标同族人，不论服之已尽未尽，逐一严查，有职衔者，尽皆革退，除已嫁女外，子女一并即解到部”，发往吉林宁古塔、伯都讷等地。[⑦]清廷将这些发遣的罪犯拨给各官庄，以充壮丁，“由公家拨给官地，并给牛具、籽种使之耕种”[⑧]。顺治朝，宁古塔地方“有十官庄”，为吉林官庄之肇始。康熙朝，吉林官庄迅速发展，流徙罪犯也迅猛增加。与此同时，移宁古塔将军于吉林，“建木为城，倚江而居，所统新旧满洲兵二千名，并徙直隶各省流人数千户居此”[⑨]。据乾隆元年版《盛京通志》载，康熙朝的吉林官庄数量为吉林乌拉50处，宁古塔13处，伯都讷6处。乾隆年间，又在三姓设官庄10处，在阿勒楚喀、拉林设官庄6处，包括打牲乌拉官庄5处，加上以前所设共90

①《钦定八旗通志》卷66《艺文志二》，长春：吉林文史出版社，2002年，第1274页。

②《八旗通志》初集卷18《土田志一》，长春：东北师范大学出版社，1985年，第326页。

③ 刁书仁：《试论顺康时期的吉林官庄》，《吉林师范学院学报》1989年第3期。

④《清世祖实录》卷125，顺治十六年闰三月丁卯，北京：中华书局，1985年，第966页。

⑤《清世祖实录》卷127，顺治十六年七月庚午，北京：中华书局，1985年，第983页。

⑥《清圣祖实录》卷248，康熙五十年十月丁卯，北京：中华书局，1985年，第455页。

⑦《清圣祖实录》卷249，康熙五十一年正月丙午，北京：中华书局，1985年，第465页。

⑧ 徐世昌：《东三省政略》卷8《旗务·吉林省·旗制篇》，长春：吉林文史出版社，1989年，第1348页。

⑨ 高士奇：《扈从东巡日录》，长春：吉林文史出版社，1986年，第110页。

处。[①]这些官庄历经嘉道咸同诸朝，直至清末仍保持原有的数额。顺康时期官庄庄丁耕垦产粮，成果显著，保证了民食和军饷，如各官庄每年应交粮定额：吉林官庄 15 000 石；宁古塔官庄 3900 石；伯都讷官庄 1800 石。[②]在抗击俄军中，松花江运粮船装载着吉林、伯都讷、蒙古所产的粮米，运往黑龙江前线。其中一次“所需军粮，取诸科尔沁十旗及席北（伯都讷）、乌拉之官屯，约可得一万二千石，可支三年”[③]。于此可见，官庄提供年需粮数量之多。

历史上吉林为极边苦寒之地，与盛京相比，经济落后，人烟稀少，交通不便，一向为罪犯流放之地。发遣罪犯于此地“备尝艰难，长受折磨”，“令其充当苦差，以磨折其凶狡之性”[④]，其艰苦落后程度可想而知。清初以对俄备战为契机，官遣罪犯，编入农籍，拨地责垦，屯积粮秣。庄丁在难以想象的艰苦条件下，披荆斩棘，变榛莽为良田，使过去人口稀少的边荒地区出现许多村屯聚落。尽管当时的农业开发从深度、广度上还很有限，主要在宁古塔、吉林、伯都讷等军事交通要地及与这些要地相关联的驿站地区，但它是日后聚落发展的基础，日久天长，生齿日繁，逐渐形成每站多者数百家、少则数十家的聚落。伴随农业的开发，建设城邑，繁荣商业，成为边外重镇。至康熙末年，沿松花江流域，已俱设城郭。东北著名的边外七镇，吉林地区居其四，即吉林乌拉、宁古塔、伯都讷、三姓，宁古塔则列为重镇之首。顺治初，“木城颇小，城内外仅三百家”，康熙初年，重建新城，“城高地深，人民繁庶，畜产遍野，耕农之地，在城外十里”[⑤]。仅店铺，《柳边纪略》载，康熙时，“宁古塔多业农、贾，其在东关者三十有二，土著者十，市布帛杂货；流寓者二十二，市饮食。在西关者四，土著，皆市布帛杂货”[⑥]。每逢“春夏间，满汉男女，载酒征歌无虚日，文人多赋诗以记盛”[⑦]。省城吉林后来居上，原为船厂，即小乌拉，顺治十五年（1658 年），造船于此。康熙十五年（1676 年）春，移宁古塔将军驻此，建木为城，倚江而居。这里既是农业开发区，又是商业区。其城南临松花江，东西北各一门，“中土流人

---

①《盛京通志》卷 38《田赋二》，乾隆四十八年版。

② 乾隆元年版《盛京通志》卷 24《田赋》，北京图书馆藏。

③《清圣祖实录》卷 106，康熙二十一年十二月庚子，北京：中华书局，1985 年，第 83 页。

④《清仁宗实录》卷 235，嘉庆十五年十月乙未，北京：中华书局，1986 年，第 163 页。

⑤ 安鼎福：《星湖僿说类选》卷 9，《朝鲜群书大系》，续续第 19—20 辑，汉城：朝鲜古书刊行会，明治四十二至大正五年。

⑥ 杨宾：《柳边纪略》卷 3，长春：吉林文史出版社，1993 年，第 47 页。

⑦ 吴桭臣：《宁古塔纪略》，长春：吉林文史出版社，1993 年，第 90 页。

千余家”，尤其“西门百货辏集，旗亭戏馆，无一不有，亦边外一都会也”[①]。伯都讷早在清初即对流徙该地罪犯实行拨地屯垦，康熙三十一年伯都讷设副都统，历史上当以该地的农业开发为最早，至今该地已成为国家农业商品粮重要产地。

综上所述，顺康时期的吉林开发是以抗俄为契机，八旗兵丁、流遣罪犯和官庄庄丁是吉林早期开发的主力，雍乾时期以后，关内汉族流民涌入吉林进行开发正是在上述开发基础上的延续和发展。

二、雍乾嘉时期流民对吉林的开发

如果说顺康时期对吉林的开发还处在浅层次上的话，那么对吉林严格意义上的开发，则是雍乾嘉时期流民冲破封禁的开发。雍正朝之前吉林汉族流民开垦土地不多，雍正朝以后关内汉族流民涌向东北，流入吉林，民人开垦土地渐多。雍正四年（1726年），吉林地方新设三州县，据《清世宗实录》记载：“命船厂地方添立永吉州，设知州、州同、吏目、学正各一员。宁古塔地方添立泰宁县，伯都讷地方添立长宁县，各设知县、典史、教谕一员，俱隶奉天府管辖。”[②]清廷通过州县管理民人，管辖民人开垦的土地，规定：流民开垦的土地，照奉天府属各州县之例，每亩三分起科。[③]然而，当时民人不多，开垦的土地不广。因此，清廷将从前安插各处的流徙罪犯拨给三州县管辖，并令其五年之后，与民人一体纳粮。雍正六年，清廷决定将宁古塔泰宁县归入永吉州，乾隆元年，将伯都讷长宁县也归入永吉州。[④]雍正朝民人开垦田土升科数量，永吉州为28 961亩，长宁县为142亩。[⑤]乾隆朝，清朝进入盛世，伴随社会生产的发展，人口骤增，关内土地不足，造成大量的过剩人口。因此，地广人稀的吉林地区成为流民寻求生路的乐土。乾隆朝流入吉林的汉族民人突增，开垦土地数量骤长。乾隆四年（1739年），清廷下令对流入吉林地区的直省、山东各地流民，愿入籍的准其入籍。翌年，清廷厉行封禁政策[⑥]，封禁政策旨在保护满洲旗人生计，吉林也被列入封禁之地。

① 杨宾：《柳边纪略》卷1，长春：吉林文史出版社，1993年，第10页。

②《清世宗实录》卷51，雍正四年十二月戊寅，北京：中华书局，1985年，第773页。

③ 乾隆元年版《盛京通志》卷24《田赋》，北京图书馆藏。

④ 乾隆元年版《盛京通志》卷24《田赋》，北京图书馆藏。

⑤《盛京通志》卷37《田赋志》，乾隆四十八年版。

⑥《清高宗实录》卷115，乾隆五年四月甲午，北京：中华书局，1985年，第688页。

乾隆六年（1741年）九月，宁古塔将军鄂弥达奏称："吉林、伯都讷、宁古塔等处，为满洲根本，毋许游民杂处，除将现在居民逐一查明，其已入永吉州籍贯，立有产业之人，按亩编为保甲，设甲长、保正，书十家名牌，不时严查外，其余未入籍之单丁等，严行禁止，不许于永吉州之山谷陬隅造房居住。"并严令"将民人现有地亩，尽行清丈，不拘年限，总以丈量之年为始，照数纳粮。如隐匿地亩，及民地捏指旗人名姓，不交钱粮者，将隐匿人与代隐人一并治罪"，并谕各地方官严禁流民流入吉林。[①]乾隆十二年，清廷罢永吉州，由吉林同知管辖民地的赋税征收。清廷虽对流民加以封禁，但收效甚微，而流民沿柳条边私越吉林开垦土地，不断增加：乾隆初期，吉林同知管辖民地158 115亩，宁古塔地区民地26 819亩，伯都讷巡检管辖地19 294亩。就是说，乾隆朝吉林同知管辖地为雍正朝的6倍，伯都讷巡检辖地为雍正朝百余倍。[②]由上可知，流民开垦土地数量增长之快。上述所列是由民治机构管辖升科的交纳赋税的土地，而流民不报官府私自开垦的土地亦不在少数。乾隆十四年，清廷吉林乌拉、伯都讷等地，查出流民私自开垦地土13 898亩，"照盛京纳粮之例，编为三等"[③]。吉林地区到底有多少流民，文献无统计数字，但据《清高宗实录》载，仅在船厂、宁古塔地方"工商佣作人等，不下三四万"，清廷鉴于此等流民"有业可守，未免难迁"的状况，不得不规定："如果情愿入籍，应分别纳粮纳丁，随宜安插。"[④]然而，最使清廷棘手的是这些"流民多藉旗佃之名，额外开荒，希图存身"，偷税漏税，旗人也"藉以广取租利，巧为护庇"。[⑤]仅乾隆十八年，就查出寄入旗人名下开垦地，共16 744亩。清廷严令船厂将军傅森将此地亩"撤出归公招佃"[⑥]。地丁钱粮分上中下三则征收。乾隆二十七年，清廷严令：宁古塔界内"外来流民不便其入籍，应将流民驱回……嗣后严禁私垦"[⑦]。上述事实表明，乾隆朝以后，尽管清廷屡次禁止流民进入吉林地区，私垦地亩，但事实上流入的流民愈来愈多，开垦的土地愈来愈广。据乾隆四十八年版《盛京通志》卷37记载：乾隆四十六年，吉林、宁古塔、伯都讷等地开垦升科亩数为乾隆初

①《清高宗实录》卷150，乾隆六年九月戊辰，北京：中华书局，1985年，第1153页。
②《盛京通志》卷38《田赋二》，乾隆四十八年版。
③《清高宗实录》卷351，乾隆十四年十月癸巳，北京：中华书局，1986年，第840页。
④《清高宗实录》卷356，乾隆十五年正月乙卯，北京：中华书局，1986年，第917页。
⑤《清高宗实录》卷356，乾隆十五年正月乙卯，北京：中华书局，1985年，第917页。
⑥《清高宗实录》卷452，乾隆十八年十二月戊子，北京：中华书局，1986年，第892页。
⑦ 光绪《大清会典事例》卷158《户部·户口》，光绪商务印书馆本。

年的5倍。流民流入的危害性，清廷并非没有认识到。乾隆四十六年（1781年）十二月，乾隆帝上谕：

> 盛京、吉林为本朝龙兴之地，若听流民杂处，殊于满洲风俗攸关。但承平日久，盛京地方与山东、直隶接壤，流民渐集，若一旦驱逐，必致各失生计，是以设立州县管理。至吉林原不与汉地相连，不便令民居住。今闻流寓渐多，著传谕傅森查明办理。并永行禁止，流民毋许入境。[①]

清廷再次重申禁止流民入境私垦的法令，同样未能得到有效实施。乾隆末年，北方州县遭灾，作为一时权宜的处置，不得不准许流民到吉林地区觅食。乾隆五十八年十一月，吉林将军恒秀上奏云：

> 上年直隶岁欠，蒙恩听求食流民出关，计到臣所属地方者万五千余人，吉林屡丰，流民均获生全。今年内地有灾，饬令回籍，咸云甫经全活，移回转苦失业，路费亦艰，察其情形属实，似宜俯听。但人数众多，恐不肖杂处生事，请照例造入红册，自来岁为始，交丁银，除报部外，嗣有愿回籍者，注明开除。从之。[②]

乾隆允准将流民编册入籍，交纳丁粮。

乾隆末年至嘉庆初年，流民私垦土地的浪潮开始波及吉林蒙古族游牧地。乾隆五十六年，蒙古郭尔罗斯札萨克公恭格喇布坦“以其游牧之地，招流民垦种”，因“地多租少，流民利之，故至者日众”。[③]嘉庆四年（1799年），吉林将军秀林会同该旗盟长拉旺查出，流民3330户，私垦地265 648亩。清廷无奈，于嘉庆五年在宽城子设长春厅，派理事通判、巡检各一员管理民人田土、诉讼诸事。嗣后，流民续往私垦土地，嘉庆十一年七月，“流民续往垦荒，又增至七千余口之众”。嘉庆十三年五月，嘉庆帝上谕云：将长春厅“续经查出流民三千一十户”，仍准入该处民册，登记安插。[④]嘉庆十五年十一月，“吉林厅查出新来流民一千四百五十九户，长春厅查出新来

---

①《清高宗实录》卷1023，乾隆四十一年十二月丁巳，北京：中华书局，1986年，第708页。

②《清高宗实录》卷1440，乾隆五十八年十一月庚寅，北京：中华书局，1985年。

③《吉林通志》卷29《食货志二・田赋》，台北：文海出版社，1965年，第2144页。

④《清仁宗实录》卷196，嘉庆十三年闰五月壬午，北京：中华书局，1986年，第596页。

流民六千九百五十三户”[1]。私垦的民人数量，可谓与年俱增。

嘉庆年间，吉省南部三面环松花江的伯都讷地区的流民私垦地也在急遽增长。嘉庆十二年（1807 年），“查出伯都讷所属拉林河西岸地方，流民私垦地一千九百余亩，聚集人一千余户”[2]。嘉庆十六年，据吉林将军赛冲阿疏报：“伯都讷、拉林河等处开垦田四万八千二百四亩”[3]，查出流民 9548 户。鉴于上述情况，嘉庆十五年，吉林将军赛冲阿奏请添设民治机构，裁撤原设的理藩院主事，改设理事同知一员，驻伯都讷城，添设巡检一员，分驻孤榆树屯，治理民事，管理民人田地事宜。[4]嘉庆时期，流民在此基础上开垦土地如表 4-5 所示。[5]

表 4-5　嘉庆时期流民在吉林、宁古塔、伯都讷、三姓地区私垦升科地数量

单位：亩

地区	数量
吉林	325 898
宁古塔	1 321
伯都讷	245 683
三姓	66
合计	572 968

如表 4-5 所示，乾隆末年至嘉庆朝，流民私垦地主要在吉林、伯都讷地区，这表明流民私垦地之盛。

三、道咸同光时期由局部至全部的开发

18 世纪末 19 世纪初，清帝国步入晚期。1840 年的鸦片战争，西方列强用武力强行打开了中国的大门，中国从此成为列强瓜分的对象，内地与边疆地区呈现了严重的危机。我国东北地区界临日本、俄国，它们侵我东土，日甚一日。为此，朝廷内一些有识之士、边疆大吏无不大声疾呼，要求加强边

①《清仁宗实录》卷 236，嘉庆十五年十一月壬子，北京：中华书局，1986 年，第 175 页。
②《清仁宗实录》卷 190，嘉庆十二年十二月丙戌，北京：中华书局，1986 年，第 511 页。
③《清仁宗实录》卷 249，嘉庆十六年十月丁巳，北京：中华书局，1986 年，第 363 页。
④《吉林通志》卷 60《职官志》，台北：文海出版社，1965 年，第 3993 页。
⑤ 萨英额：《吉林外纪》卷 7《田赋》，长春：吉林文史出版社，1986 年，第 104—106 页。

务，开禁实边。吉林地区的开发正是在这种背景下进行的。这一时期吉林地区的开发，以道光初年伯都讷的开垦先发其端。道光元年（1821 年），吉林将军富俊奏请京旗苏拉移垦伯都讷，以民人代耕。道光四年，开垦闲荒 108 000 垧，但京旗苏拉久慕京华，视移垦吉林为畏途，终无一户移住。其开垦的土地遂归汉族民人所有，嗣后流民潜垦者益众。道光二十七年，清廷查出流民私垦伯都讷“珠尔山地八千余晌，蘊梨场以西代吉屯一带地一万一千余晌”①。咸丰十年（1860 年）十二月，吉林将军在奏请开荒济用的奏折中云：“查得吉林地方凉水泉南界舒兰以北土门子一带禁荒，约可垦地十万晌，省西围场边约可垦地八万晌，阿勒楚喀以东蜚克图站约可垦荒八万晌，双城堡剩存圈荒及恒产夹界边荒可垦地四万晌。”②上述荒地均经委员履勘，招民人认领，先交押租钱共 20 余万吊，俟五年后升课。③同治三年（1864 年），续将“东由伊勒们河起，西至伊通河止，并其间裁撤伊巴丹等五处废围”④开放，可垦地 28 665 垧，又将东自庙岭，西至伊勒们河之孤拉库等二围开放，净可垦地 8200 余垧。⑤同治五年十月，放垦吉林省桦皮甸子（桦甸市境内）地区，该地区为长白山支脉的封禁之地，其附近夹皮沟为砂金产地，潜往该地的挖金流民愈集愈多，难以驱逐。同治五年十月，上谕吉林将军富明阿，派人去该地调查流民实情，劝导其头目韩效忠“移出金场，妥为安插”⑥，转居务农。拟将“葳沙河毗连色勒河以下穆奇河、漂河、桦皮甸子等处沿边未开荒地，酌给该金夫等认领”，免交押荒银。开垦后“每熟地一垧连本年共收三年地租，市钱一吊九百八十文”。⑦同治七年，同治帝曾云：“吉林围场原为长养牲畜以备狩猎之用，设堆置卡封禁甚严，乃该处游民借开垦之名偷越禁地……有招佃之虚名，无征租之实效，数百年封禁之地利遂至荡然无存。”⑧所谓“荡然无存”，意味着封禁政策的破产。由此，至光绪末年吉林地区土地得到全面放垦，各地放垦情况分述如下。

（1）图们江流域的放垦。其原为禁山围场，康熙五十三年（1714 年），

①《吉林通志》卷 31《食货志四・屯垦》，台北：文海出版社，1965 年，第 2224 页。
②《清文宗实录》卷 339，咸丰十年十二月壬午，北京：中华书局，1987 年，第 1040 页。
③《清文宗实录》卷 339，咸丰十年十二月壬午，北京：中华书局，1987 年，第 1040—1041 页。
④《清穆宗实录》卷 101，同治三年四月乙未，北京：中华书局，1987 年，第 224 页。
⑤《清穆宗实录》卷 101，同治三年四月乙未，北京：中华书局，1987 年，第 224 页。
⑥《清穆宗实录》卷 187，同治五年十月辛丑，北京：中华书局，1987 年，第 348 页。
⑦《清穆宗实录》卷 187，同治五年十月辛丑，北京：中华书局，1987 年，第 348 页。
⑧《清穆宗实录》卷 241，同治七年八月戊辰，北京：中华书局，1987 年，第 341 页。

设珲春协领。咸丰朝中俄定约，割乌苏里江以东与俄，其地遂为东陲界要。咸丰朝禁令渐弛，始有私垦图们江北岸者。光绪初年，因俄人窥觇，而朝鲜边民越垦者渐众，遂有开放招垦之议。光绪七年（1881 年），吉林将军铭安奏云："垦成珲春地方熟地五千六百二十晌零一亩六分"[①]，设立春和、春芳、春华、春明、春融、春阳六社。南冈地方垦成熟地 18 939 余垧，设立志仁、尚义、崇礼、勇智、守信、明新六社。[②]五道沟地方垦成熟地 3073 余垧，设立春仁、春义、春礼、春智、春信五社。[③]黑顶子地方，光绪十三年（1887 年），设为靖边营兵试办屯垦地，十六年撤兵，以其地给民。光绪二十八年，垦地益众，交涉日繁，遂设延吉厅，治南岗（局子街）。宣统元年（1909 年），升厅为府，并于珲春添置同知厅。二年，于和龙峪设和龙县，析珲春西北延吉东境设汪清县，以资治理。

（2）松花江上游流域的放垦。其地东抵拉林河，南至柳条边，西与北为松花江所环绕。《吉林外纪》所称，"江带三方，田沃万顷"。清初属伯都讷厅管辖，以开发最早见称，康雍乾嘉道咸开发如前所述。光绪十三年，清廷勘明伯都讷厅纳租地共 128 378 余垧，丈出浮多地 32 292 余垧。翌年，勘明其辖境珠尔山纳租地 14 719 余垧，丈出浮多地 6599 余垧；蘊梨场纳租地 9938 余垧，浮多地 2548 余垧；北下坎地 2314 余垧，浮多地 948 垧；八里荒地 27 676 余垧，浮多地 6323 垧；隆科城地 37 642 垧，浮多地 6662 余垧。[④]

（3）拉林河流域的放垦。该地位于松花江南岸，与呼兰河隔江之望。乾隆初移京旗屯垦，然而所开垦之地多为汉民所有。咸丰末年，奏准开垦这一地区。光绪十四年，勘明拉林纳租地 28 751 余垧，丈出浮多地 189 余垧，其所属境内玛珽河于光绪五年，生、聚、教、养四牌内佃户垦成熟地 2755 余垧，又放出生荒内已垦熟地 4359 垧。光绪十三年，又续放余荒 2006 余垧。阿勒楚喀围场地方，光绪十一年，勘明纳租地 84 035 余垧，浮多地 1558 垧。[⑤]

（4）牡丹江流域的放垦。该流域包括宁古塔、阿克敦（今吉林省敦化市）等地，在张广才岭之西，松岭以东。宁古塔地区如前所述开发最早。光绪七

---

①《吉林通志》卷 31《食货志四·屯垦》，台北：文海出版社，1965 年，第 2233 页。

②《吉林通志》卷 31《食货志四·屯垦》，台北：文海出版社，1965 年，第 2233 页。

③《吉林通志》卷 31《食货志四·屯垦》，台北：文海出版社，1965 年，第 2233—2234 页。

④《清朝续文献通考》卷 18《田赋考十八·官田》，《钦定四库全书》，上海：上海古籍出版社，2002 年，第 594 页。

⑤《清朝续文献通考》卷 18《田赋考十八·官田》，《钦定四库全书》，上海：上海古籍出版社，1988 年，第 595 页。

年，设威远、居仁、由义、讲礼、兴让五社。阿克敦地方，于光绪十五年垦地 19 598 余垧。

（5）乌苏里江上游的放垦。其地指乌苏里江左岸穆棱、绥芬两河流域。清初隶宁古塔副都统。光绪七年，吉林将军铭安与督办边务大臣吴大澂等奏请放垦该地区。同年，设招垦局于三岔口，从事放垦绥芬河上流事宜。光绪十四年（1888 年），共放垦地 13 400 余垧，自光绪十八年，起租，收大租银 1 钱 8 分，小租银 1 分 8 厘。[①]

综上所述，咸同时期以后，吉林地区由局部开垦至全部放垦，表明吉林地区已进入全面开发阶段。

第三节　清代伯都讷地区的开发

伯都讷地处松嫩平原，三面环水，以盛产商品粮著称。清代伯都讷地区的开发及各个时期具有不同的特点。

一、顺康时期流人隶庄屯垦

伯都讷的开发始于顺康时期流人的隶庄屯垦。顺治元年（1644 年），福临入关定都北京，满洲八旗大部分随之入关。当时东北的情况是“荒城废堡，败瓦颓垣，沃野千里，有土无人，全无可恃”，时人疾呼当务之急是充实龙兴之地。[②]恰在此时，北方俄国的势力日渐东侵，为有效地反击沙俄入侵，清廷设在东北的兵力也与日俱增。顺康雍时期东北兵力如表 4-6 所示。[③]

表 4-6　顺康雍时期东北兵力情况　　单位：人

朝代	盛京兵力	吉林兵力	黑龙江兵力	合计	资料出处
顺治朝	5 846	3 172	2 000	11 018	《康熙会典》
康熙朝	13 880	6 753	6 797	27 430	《雍正会典》
雍正朝	20 048	11 255	5 954	37 257	乾隆元年版《盛京通志》

①《谕折汇存》，光绪二十年四月十九日，中国第一历史档案馆藏。

②《清圣祖实录》卷 2，顺治十八年三月丁巳，北京：中华书局，1985 年，第 65 页。

③ 周藤吉之：《清代东北的粮米漕运》，含发、树人译，《长白学圃》1988 年第 4 期。

如表 4-6 所示，雍正朝东北兵力的数量比顺治朝增加三倍。这些兵力的粮饷成了重要问题，顺治朝八旗兵与俄军的几次战役皆因粮饷供给不足而被迫撤军。[①] 这样，清廷除了从直隶、山东等地向黑龙江、吉林方面运送粮饷，也谋求自给自足，在当地解决。于是，清廷决定将流徙开原以南尚阳堡的罪犯改发吉林、伯都讷等地，隶屯垦田，解决军粮问题。顺治十六年（1659 年），清廷定："贪官赃至十两者，免其籍没，责四十板，流徙席北（伯都讷）地方。"[②]清初发遣伯都讷地方的流徙罪犯以贪污犯和遭文字朋党之祸的文人学者居多。如顺治十六年七月，"湖南道佥事吴甲周坐婪赃，流徙席北地方"[③]。康熙时，翰林院编修戴名世《南山集》一书中有根据已故方孝标《滇黔纪闻》，议论南明史事，用南明帝号，触犯忌讳，被人诬告为"私刻文集，肆口游谈，倒置是非，语多狂悖"[④]，惨遭文字狱，并将"方孝标同族人，不论服之已尽未尽，逐一严查，有职衔者，尽皆革退，除已嫁女外，子女一并即解刑部"发往伯都讷等地。[⑤]这些发遣的罪犯均拨给各官庄，以充壮丁，"由公家拨给官地，"[⑥]令他们耕种。时，伯都讷设有六处官庄，每一庄共十人，一人为庄头，九人为庄丁，庄丁主要是流徙罪犯，主要任务"非种田，即随打围烧炭"[⑦]。每壮丁，拨给地二十垧。土地皆荒地"一岁锄之犹荒，再岁则熟，三四五岁则腴，六七岁则弃之，而别锄矣"[⑧]。官庄庄丁生产的粮谷大部分要交给公仓作为粮饷，或"衙门有公费，皆取办官庄"[⑨]。康熙帝多次在上谕中强调，设立官庄的目的是"屯积粮草"，因为防戍官军，人口众多，"粮米所系最为紧要"，反复告诫吉林地方军政官员等"米粮甚为紧要，农事有误，关系非细，宜劝勉之，使勤耕种"[⑩]。当时官庄的剥削很重。据杨宾所见"一夫种二十垧，垧收谷自一石至二石，以土之厚薄为

---

① 刁书仁：《试论顺康时期的吉林官庄》，《吉林师院学报》1989 年第 3 期。

②《清世祖实录》卷 125，顺治十六年闰三月丁卯，北京：中华书局，1985 年，第 966 页。

③《清世祖实录》卷 127，顺治十六年七月庚午，北京：中华书局，1985 年，第 983 页。

④《清圣祖实录》卷 248，康熙五十年十月丁卯，北京：中华书局，1985 年，第 455 页。

⑤《清圣祖实录》卷 249，康熙五十一年正月丙午，北京：中华书局，1985 年，第 465 页。

⑥ 徐世昌：《东三省政略》卷 8《旗务·吉林省·旗制篇》，长春：吉林文史出版社，1989 年，第 1348 页。

⑦ 吴桭臣：《宁古塔纪略》，长春：吉林文史出版社，1993 年，第 85 页。

⑧ 方拱乾：《绝域纪略》，长春：吉林文史出版社，1993 年，第 101 页。

⑨ 吴桭臣：《宁古塔纪略》，长春：吉林文史出版社，1993 年，第 85 页。

⑩《清圣祖实录》卷 102，康熙二十一年五月丙寅，北京：中华书局，1985 年，第 32 页。

等”[①]。如以每垧平均一石半计算，一庄共收入 180 石，除了纳租 120 石以外，尚余 60 石，难以维持十口人一年的生活，并每人还要另外交“草三百束、猪一百斤、炭一百斤、石灰三百斤、芦一百束，凡家中所有悉为官物”[②]。这说明，官庄庄丁生产的粮谷除维持生存与再生产外，其余全部交给了国家。伯都讷官庄，每年上交粮食为一千八百石。[③]在反击沙俄战争中，松花江运粮船装载着伯都讷所产的粮米，运往黑龙江前线。其中一次“所需军粮，取诸科尔沁十旗及席北（伯都讷）、乌拉之官屯，约可得一万二千石，可支三年”[④]。可见官兵提供年需粮数量之多。

历史上伯都讷地区为极边苦寒之地，人烟稀少，交通不便，一向为罪犯流放之地，发遣罪犯在此地，“令其充当苦差，以磨折其凶狡之性”[⑤]，其艰苦落后程度可想而知。清初以对俄备战为契机，屯积粮秣，官遣罪犯，编入农籍，拨地责垦。他们在难以想象的艰苦条件下，变榛莽为良田，使过去人口稀少的边荒出现许多村屯聚落。尽管当时的农业开发从深度、广度上而言还很有限，但为以后的农业开发奠定了基础。伴随农业开发，城邑也随之建立起来。康熙三十一年（1692 年），宁古塔将军奏称“白（伯）都讷地方，系水陆通衢，可以开垦田土，应于此地，修造木城一座”[⑥]。设副都统，置驻防八旗，使伯都讷成为北方边外重镇，除具有政治、军事重镇的特点外，其经济也日益繁荣，并促进了周围地区一些集镇的发展，成为这些集镇的卫星城。

二、雍乾嘉时期流民冲破封禁私垦

顺康时期因抗俄急需粮饷，流人隶庄屯垦，如果说顺康时期的开发程度还处在浅层次的话，那么，严格意义的开发则在雍乾嘉时期。

雍正朝以前，伯都讷除流人置官庄外，主要是驻防八旗。康熙三十一年，以吉林副都统一人移驻伯都讷城，统辖满洲、蒙古、锡伯、卦尔察兵 4720 名。[⑦]设置旗地 18 530 日。雍正朝以后，关内汉人逐渐流入伯都讷地区，民

---

① 杨宾：《柳边纪略》卷 3，长春：吉林文史出版社，1993 年，第 45 页。
② 吴振臣：《宁古塔纪略》，长春：吉林文史出版社，1993 年，第 85 页。
③ 乾隆元年版《盛京通志》卷 24《田赋》，北京图书馆藏。
④《清圣祖实录》卷 106，康熙二十一年十二月庚子，北京：中华书局，1985 年，第 83 页。
⑤《清仁宗实录》卷 235，嘉庆十五年十月乙未，北京：中华书局，1986 年，第 163 页。
⑥《清圣祖实录》卷 155，康熙三十一年四月乙巳，北京：中华书局，1985 年，第 711 页。
⑦《清朝文献通考》卷 182《兵考四》，杭州：浙江古籍出版社，1988 年，第 6432 页。

地渐多，始设民治机构。雍正四年（1726年），伯都讷新设长宁县，设知县、典史、教谕等官，管理民人，管辖民地。[①]当时的民地，照奉天所属州县之例，每亩三分起科。雍正朝起科的民地仅 142 亩。[②]民人不多，民地不广。故盛京户部侍郎王朝恩上疏说：

> 船厂等处，新设永吉、泰宁、长宁三州县，民人入籍无多，丁口钱粮有限，请将从前安插各处流徙人等及本身已故而子孙戚属无力还乡者，除系赏旗为奴并当差之人，仍听将军管辖外，其余悉令拨给永、泰、长三州县管辖。嗣后发到徙民，并令于五年之后，一体完粮当丁。均应如所请。从之。[③]

因民人不多，清廷将流放吉林省的流徙罪犯，拨给三州县管辖，并令流徙罪犯五年后与民人一体纳粮当差。

至乾隆朝，伴随社会生产力的发展，人口骤增，关内土地不足，造成大量的过剩人口，地广人稀的东北地区成为流民寻求生存的乐土，所以乾隆朝流入吉省伯都讷地区的民人和民地猛增。汉族民人流入东北一个很重要的特点是，流民经锦州、广宁、开原，冲破奉省边境，流入吉省，造成流民北上的大势。据《黑龙江述略》卷4记载："盛京额设十七边门，以限内外，禁令綦严，而自乾隆中叶，游民挈家阑出者，已不能驱之。"流民沿柳条边进入吉林、伯都讷等地区。对此，清廷严令，伯都讷等地"为满洲根本，毋许游民杂处"，并令吉林地方将伯都讷"现有地亩，尽行清丈不拘年限，总以丈量之年为始，照数纳粮，如隐匿地亩，及民地捏指旗人名姓，不交钱粮者，将隐匿人与代隐人，一并治罪，地亩入官"。[④]并敕谕山东、山西、直隶、河南等地方官，严禁流入吉林、伯都讷等地区。[⑤]与此同时，废除吉林三州县。然而，流民非但未减少，反而增加。乾隆二十六年（1761年），伯都讷升科民地为19 294亩[⑥]，为雍正朝十几倍。不仅如此，清廷还丈出许多流民偷开的私垦地。乾隆十四年，伯都讷等处，查丈流民私垦地 13 898

---

①《清世宗实录》卷51，雍正四年十二月戊寅，北京：中华书局，1985年，第773页。
②《盛京通志》卷37《田赋一》，乾隆四十八年版。
③《清世宗实录》卷74，雍正六年十月壬午，北京：中华书局，1985年，第1100页。
④《清高宗实录》卷150，乾隆六年九月戊辰，北京：中华书局，1985年，第1153页。
⑤《清高宗实录》卷150，乾隆六年九月戊辰，北京：中华书局，1985年，第1153页。
⑥《盛京通志》卷37《田赋一》，乾隆四十八年版。

亩，清廷照盛京纳粮之例，编为三等，当年秋收即令纳粮。[1]这样伯都讷民地，从乾隆十四年始，照奉天省民人红册地之例，分三等征赋。银地，上则地亩征银三分，中则地每亩二分，下则地一分；米地，上则地每亩六升六合，中则地四升四合，下则地二升二合。[2]当时，仅在伯都讷、船厂等地"工商佣作人等，不下三四万"，清廷不得不承认这些流民"有业可守，未免难迁"的现状，不得不规定："如果情愿入籍，分别纳粮纳丁，随宜安插。"[3]乾隆三十四年，又查出阿勒楚喀、拉林地方流民二百四十二户，清廷定限一年，移入伯都讷给空地入籍，征收田赋。可见，伯都讷地区流民私垦之盛。

上述事实表明，乾隆朝以后，虽然清廷屡禁流民进入伯都讷地区，但流入的流民日益增多，开垦的土地也日益增加。乾隆四十一年（1776年），伯都讷额征陈民升科地为870顷13亩，为乾隆二十六年的四倍[4]。是年十二月，乾隆帝上谕再次重申禁止流人入境私垦。[5]但流民想尽办法"偷越"。乾隆四十六年五月，吉林将军和隆武奏言：流民"多由八沟（热河）等蒙古地方行走"，偷入伯都讷地区，请求朝廷，令"直隶、山东、陕西、山西各督抚，申饬所属，严禁偷越"。[6]但仍无济于事，仅乾隆四十六年十月至十二月见于实录记载的关于流民私垦地亩如何确定租赋等则一事，就讨论了三次。最后，清廷决定照奉天流民加赋余地之例升科。对此，光绪《大清会典事例》卷1119记载如下：

> （乾隆）四十二年以前陈民耕种地亩，照奉天陈民例分为上中下三等，银米各半征收，以后续行查出私开地亩，亦照奉天查出流民地亩加增粮额之例银米并征。

即仿照奉天查出私垦流民地亩之例，并征银米，每亩岁征银八分，并向旗仓纳粮四合四勺三抄五撮。[7]明显带有对流民私垦地惩罚之意。

---

①《清高宗实录》卷351，乾隆十四年十月癸巳，北京：中华书局，1986年，第840页。
②《盛京通志》卷37《田赋一》，乾隆四十八年版。
③《清高宗实录》卷356，乾隆十五年正月乙卯，北京：中华书局，1986年，第917页。
④《盛京通志》卷37《田赋一》，乾隆四十八年版。
⑤《清高宗实录》卷1023，乾隆四十一年十二月丁巳，北京：中华书局，1986年，第892页。
⑥《清高宗实录》卷1131，乾隆四十六年五月壬寅，北京：中华书局，1986年，第126页。
⑦ 光绪《大清会典事例》卷289《盛京户部·田宅》，光绪商务印书馆本。

嗣后，清廷禁止流民入境私垦的禁令仍不能实行。从乾隆末年至嘉庆初年，北方州县遭灾，清廷作为一时权宜的处置，不得不允许流民到吉林、伯都讷等地觅食。乾隆五十八年（1793 年）十一月，吉林将军恒秀上奏："上年直隶岁欠，蒙恩听求食流民出关，计到臣所属地方者万五千余人，吉林屡丰，流民均获生全。今年内地有灾，饬令回籍，咸云甫经全活，移回转若失业，路费亦艰，察其情形属实，似宜俯听，但人数众多，恐不肖杂处生事，请照例造入红册，自来岁为始，交丁银，除报部外，嗣有愿回籍者，注明开除。从之。"[①]清廷允许将流民编册入籍，交纳丁粮。

嘉庆朝流入伯都讷地区的流民私垦土地突增。嘉庆十二年（1807 年），清廷查出伯都讷所属拉林河西岸地方，流民私垦田地 1900 余亩，聚集人 1000 余户。[②]嘉庆十六年，据吉林将军赛冲阿疏报：伯都讷、拉林河等处开垦土地 48 204 亩，查出流民 9548 户，清廷只好让流民入籍，私垦之地照例升科。鉴于上述情况，同年，赛冲阿奏请添设民治机构。其文云：

> 伯都讷旧为长宁县治，设有知县等官，后因民数无多，改设巡检管理。自乾隆二十六年，前任将军恒禄以该处与蒙古相近，蒙古事繁，民人事简，将巡检裁汰，另设委署蒙古主事一员，管理蒙古事务，民人归于伯都讷副都统衙门兼理，一切刑钱事务，均由将军衙门覆核奏咨。迄今五十余年，生齿日众，事务倍繁，更兼近年以来外省流来携眷民人数千余户，在彼私垦地亩……臣现在清查办理统计，新旧民人已及万户，应征丁地钱粮二万余两，实非从前民数无多之可比，自应仍旧设立专员，以资治理，而专责成。[③]

清廷从赛冲阿之请，裁撤原设的理藩院主事，改设理事同知一员，驻伯都讷城，添设巡检一员，分驻孤榆树屯，治理民事。[④]

乾隆、嘉庆时期仅伯都讷地区流民私垦升科地见表 4-7。[⑤]

---

①《清高宗实录》卷 1440，乾隆五十八年十一月庚寅，北京：中华书局，1986 年，第 236 页。

②《清仁宗实录》卷 190，嘉庆十二年十二月丙戌，北京：中华书局，1986 年，第 511 页。

③《吉林通志》卷 60《职官志》，台北：文海出版社，1965 年，第 3991—3992 页。

④《吉林通志》卷 60《职官志》，台北：文海出版社，1965 年，第 3993 页。

⑤《吉林通志》卷 29《食货志二·田赋》，长春：吉林文史出版社，1986 年，第 513—514 页。

表 4-7　乾隆、嘉庆时期伯都讷地区流民私垦升科地数量　　单位：亩

丈出年代	续增流民私垦地	续增陈民私垦地
乾隆四十二至四十三年	73 911	—
乾隆四十六至四十七年	904	—
嘉庆六年	8 464	57 281
嘉庆八年	3 915	—
嘉庆十二年	104	50 851
嘉庆十四年	1 949	—
嘉庆十七年	15 970	32 938
合计	105 217	141 070

按表 4-7 所示，乾隆四十一年（1776 年）以后至嘉庆十七年（1812 年）伯都讷地区流民私垦地为乾隆四十一年以前的原额民地 99 978 亩的两倍多。当时，全省私垦升科地的数量据《吉林外纪》载，嘉庆朝吉林、宁古塔、伯都讷、三姓等地区流民私垦升科地的数量为 572 968 亩。[①]

由此可知，嘉庆朝吉林地区流民私垦升科地数量中，伯都讷地区为 245 683 亩，仅次于吉林地区的 325 898 亩，但伯都讷地区为宁古塔地区的 1321 亩的十八倍，为三姓地区 66 亩的几千倍，足以说明伯都讷流民私垦之盛[①]。这里需要指出的是，上述统计数字只能提供清廷官方承认入册升科纳税的私垦地情况，而未入册的流民的私垦地可想而知。因为流民一旦报官入籍，必须向地方政府承担赋税和沉重徭役，所以流民多脱籍、偷垦土地。对此，清廷屡申流民入籍，“将伊等地亩花名入册，交纳钱粮”[②]。

综上所述，雍乾嘉时期流民冲破封禁涌入伯都讷地区开垦土地，进一步促进了此地区的开发。

三、道咸以后局部开放到全部开垦

道咸以来，清朝国力更加衰弱，内地与边疆地区普遍出现危机。尤其吉林省疆域界临日本和俄国，面对龙兴之地边防不固、饷源难济、兵员不足、流民难驱的现实，清廷为维护统治，不得不对以前封禁政策做些变通，对吉

① 萨英额：《吉林外纪》卷 7《田赋》，长春：吉林文史出版社，1986 年，第 104—106 页。

② 光绪《大清会典事例》卷 158《户部·户口》，光绪商务印书馆本。

林省局部开始弛禁开放，由地方政府招募流民认领荒地，荒地垦熟后升科纳税。道光朝伯都讷地区荒地的开垦首当其冲，咸同以后伯都讷地区荒地的开垦得到全面开发。

道光朝，伯都讷屯垦是清廷为解决京旗生计，于京旗苏拉移驻之前，有组织、有计划地招募流民代京旗苏拉垦耕。道光二年（1822年）三月，富俊遵旨奏称：

> 因查伯都讷围场荒地亦系肥美，天地自然之利，可资旗人万年之养，与其使之就芜，何若垦之为田。第吉林旗人……派赴双城堡一千数百户，再无领赴伯都讷开垦之人，始议奏请招募民人认垦。①

这便是伯都讷招汉族民人屯垦的由来。道光四年十一月，伯都讷正式开始招民屯垦。当时，计划垦地二十万垧，据《招垦章程》规定：招募民人，每名给地三十大垧，四人联保，不准转租典卖，违者撤地追价入官，另行招佃。自所领地之年起第六年，每垧纳租制钱三百文，小租钱三十文。京旗苏拉到日，民人交出熟地二十大垧，余十大垧，即给领地民人作为己产。每垧仍征租制钱三百文，给与印结执业，并听其典卖，照例税契过粮。②是月十三日，奉谕旨，以伯都讷副都统衙门名义出示晓谕招垦，其文云：

> 奉谕旨：遂咨行伯都讷副都统等衙门出示晓谕招垦，派员丈地分屯，申画经界，名其地为新城屯，以道光五年为始，分八旗两翼，每旗立二十五屯，每屯各设三十户，以治本于农务滋稼穑八个字为号，每一次字编为二十五号，共计二百屯。③

从道光五年（1825年），招民认佃，当年认佃1127户，按八旗分拨43屯。翌年，认佃917户，分拨31屯。七年，认佃1556户，分拨46屯。三年认佃竟达 120 屯，达到预定数量。④如以拨给每户三十大垧计算，地亩总数达100 800 垧，三年达计划屯垦的一半以上。然而，垦熟之地京旗苏拉却无一户移驻，屯垦土地完全为汉族流民所耕种，归流民所有。光绪三年，吉林将

①《吉林通志》卷31《食货志四·屯垦》，台北：文海出版社，1965年，第2365—2366页。
②《吉林通志》卷31《食货志四·屯垦》，台北：文海出版社，1965年，第2339—2340页。
③《吉林通志》卷31《食货志四·屯垦》，台北：文海出版社，1965年，第2369页。
④《吉林通志》卷31《食货志四·屯垦》，台北：文海出版社，1965年，第2370页。

军铭安在奏疏中，谈及伯都讷屯垦原佃后人听到京旗移驻的风声莫名惊诧，其文说：

> 其号荒（新城屯）各佃领种多年，传衍数世，小民无知，不谙旗二民一之义（京旗二十晌，原垦佃民十晌），以为此地是伊等祖产，更有辗转典卖之户，忽闻抽撤归旗，群相疑惧，今若遽令退出，生计维艰，已属可悯，且恐流离失所或致别滋事端。[①]

至光绪初年，仅六七十年，原佃子孙已不知其祖先传下的土地是佃种的，有的佃户已将所领之地，辗转典卖。由此可见，伯都讷之民垦，以移驻京旗苏拉为目的，由民人代垦佃种，开拓的十万余垧的芜荒之地，既促进了此地区的开发，又以此屯垦为契机，使咸同以来伯都讷地区荒地的开垦得到全面开放。

咸丰年间，鉴于俄国人侵逼之甚，以及我国沃野千里、地广人稀、边备空虚的严峻形势，吉林将军景淳、黑龙江将军特普钦联合上奏：充实边陲，以御俄人；安插流民，以杜私垦；招垦征租，以裕俸饷；封禁参珠，不若放垦之有益民生。[②]在上述地方大吏的不断倡议下，清廷决定开放伯都讷地区的荒地，其开垦地区如下。

（1）蘊梨场荒地的开垦。此地位于伯都讷以东数十里，原是封禁贡山。道光二十七年（1847年），查出私垦地12 000余垧，至咸丰十年（1860年），准许开放闲荒地。[③]同治九年（1870年），勘放44 458垧6亩2分6厘荒地，每垧征荒价2000文，自流民承领六年后升科，垧征大租600文，小租60文。光绪四年（1878年），清廷派候选通判王绍元对此地毛荒3万余晌，“先尽旗户并附之站丁等备价承领，余则搭放民户”[④]。光绪十四年，勘明纳租地9938余垧，丈出浮多地2548余垧，升科纳租。[⑤]

（2）珠尔山荒地的开垦。此地也是封禁贡山。道光二十七年，查出私垦珠尔山地8000余垧，同治九年，允准开放，实测耕地8813垧3分，升科征收押租钱。

①《吉林通志》卷31《食货志四·屯垦》，台北：文海出版社，1965年，第2370页。

② 黄维瀚：《呼兰府志》卷12，民国四年铅印本。

③《吉林通志》卷31《食货志四·屯垦》，长春：吉林文史出版社，1986年，第533页。

④《谕折汇存》，光绪二十三年三月八日，中国第一历史档案馆藏。

⑤《吉林通志》卷31《食货志四·屯垦》，长春：吉林文史出版社，1986年，第533页。

（3）北下坎荒地的开垦。此地位于伯都讷城东北，其开放年代大致于咸丰十年（1860年）。光绪十四年（1888年），勘明纳租地2312垧8亩7分，丈出浮多地948垧2分，升科纳税。[①]

（4）八里荒的开垦。此地位于伯都讷城附近，长百余里，宽三四里至七八里不等。道光十九年（1839年），查出“北路驿站私开八里荒地亩擅作津贴，撤地入官征租”[②]。光绪十四年，勘明纳租地27 676垧2亩2分，丈出浮多地6323垧8亩，升科纳租。[③]

（5）隆科城荒地的开垦。此地位于伯都讷城以东，是封禁贡山。同治九年（1870年），奏请开放闲荒64 458垧。光绪十四年，勘明纳租地37 642垧9分3厘3毫，丈出浮多地6662垧3亩6分6厘7毫，升科纳租。[④]咸同以来，伯都讷开放土地的数量，光绪年间为280 327垧，[⑤]宣统年间为160 090垧。[⑥]至此，伯都讷地区土地全部开垦。

综上所述，清代伯都讷地区开发历经九朝，近三百年，各个时期具有不同的特点。顺治时期流入隶庄屯垦为开发之先导；雍乾嘉时期流民冲破封禁私垦，为开发之深入；咸同以后，荒地由局部开放到全面开垦，使荒地开垦得到为全面的开发。伯都讷地区荒地开发的历史证明，关内汉族流民是开发伯都讷地区的生力军，其历史功绩永载史册。

第四节　清中叶后东部边疆地区的开发

一、东部边疆危机与招民开垦政策

清代吉林东部边疆长白山区的宁古塔、珲春等地，为清朝祖先的发祥重地。清廷定鼎北京后，为保护龙兴之地，将兴京以东，伊通以南，图们江以北划为禁山围场。[⑦]其中，布尔哈通河、海兰河、噶哈哩河（即嘎呀河）为捕珠河；湖珠山、阿布达里山、乌尔库山、呼兰山等为采捕人参、貂狐、熊、鹿等动物

①《吉林通志》卷31《食货志四·屯垦》，台北：文海出版社，1965年，第2226页。
②《吉林通志》卷31《食货志四·屯垦》，台北：文海出版社，1965年，第2226页。
③《吉林通志》卷31《食货志四·屯垦》，台北：文海出版社，1965年，第2226页。
④《吉林通志》卷31《食货志四·屯垦》，台北：文海出版社，1965年，第222页。
⑤《吉林通志》卷31《食货志四·屯垦》，台北：文海出版社，1965年，第222页。
⑥《政治官报》，宣统元年十二月二日，中国第一历史档案馆藏。
⑦ 吴禄贞：《延吉边务报告》，长春：吉林文史出版社，1985年，第26页。

的山场。清廷对此“国朝封禁采捕之重地”[①]派置八旗驻防镇守，严禁汉族流民进入。直到道咸年间，东部边疆仍处于“人烟稀少，土地荒芜”的状况。

道光二十年（1840年），西方列强依恃武力打开清朝的国门，迫使清廷签订了一系列不平等条约。咸丰十年（1860年），营口开港，标志着东北沦为半殖民地半封建社会。随着列强的瓜分，中国边疆地区普遍出现危机。沙俄是东北边疆危机的制造者，咸丰八年中俄《瑷珲条约》和咸丰十年中俄《北京条约》的签订，沙俄割去中国黑龙江以北、乌苏里江以东地区的大片领土。对于沙俄掠夺中国领土的行径，马克思、恩格斯曾愤怒地揭露说：“由于进行了第二次鸦片战争，帮助俄国获得了鞑靼海峡和贝加尔湖之间最富庶的地域”，“从中国夺取了一块大小等于法德两国面积的领土和一条同多瑙河一样长的河流”。[②]沙俄攫取中国黑龙江以北、乌苏里江以东地区的领土后并不以此为满足，沙俄为把该地区变成其继续侵略我国东北的基地，不断向该地区移民，派驻军队。

东部边疆危机因中俄兴凯湖会议而加深。中俄《北京条约》除重申了《瑷珲条约》中割让中国黑龙江以北领土外，又迫使清廷割让了从乌苏里江口至图们江口以东到海，约四十万平方公里的土地给俄国。但条约签约之时，对上述边界并未经双方实地会勘，更没有设立界碑。根据条约规定：两国东部边界的走向划定，树立标志等事，仍需两国派员实地勘查、绘画、议定，作为《北京条约》的补充条款。为此，清廷派仓场侍郎成琦、吉林将军景淳同俄勘界代表滨海省省长卡扎凯维奇于咸丰十一年五月，在兴凯湖举行勘界会议。[③]中俄双方签订的《中俄续增条约》和《东界交界道路记文》中规定的中俄东部边界，对俄方十分有利。尤其在勘界立牌时，清廷官员吉勒图勘中途烟瘾发作，擅离职守，使俄方在勘界中为所欲为，致使有的界牌并未建立在《中俄续增条约》和《东界交界道路记文》所指定的位置上。从乌苏里江口长达一千公里的边界上，仅立八个木制界牌，且间距过远，所立界牌不仅极为简略草率，而且易于损坏移动，为后来的边界纠纷埋下祸根。兴凯湖会议以后，俄国仍不断违约，蚕食鲸吞吉林省东部领土。他们像贼一样，偷偷地将界牌向我方移动，安设俄卡，强设兵营。《北京条约》中明确规定：“两国交界与图们江之会处及该江口，相距不过二十里。”因此，《东界交界道

① 吴禄贞：《延吉边务报告》，长春：吉林文史出版社，1985年，第26页。

② 马克思、恩格斯：《马克思恩格斯选集》第三卷，中共中央马克思恩格斯列宁斯大林著作编译局译，北京：人民出版社，1995年，第37页。

③ 赵中孚：《清季东三省界务交涉》，台北：“中央研究院”近代史研究所，1972年，第126页。

路记文》中载明土字界牌设在“图们江左边距海不过二十里”的地方。然而，光绪十二年（1886 年），吴大澂等会勘东部边界时，“查咸丰十一年所立土字界牌之地，并未照准条约《记文》二十里之说”，而将土字界牌移至中国图们江口，“系俄国二十五里，中国五十里”之地。[①]沙俄通过不正当手段又侵占中国东部领土二十余里。不仅如此，珲春沙草峰以北的“黑顶子山濒江一带，久为俄人侵占”，竟于该地“添设卡兵，接通电线，有久假不归之意”[②]。与此同时，俄国还不断武装进犯。光绪元年，俄国侵入珲春河南岸。[③]光绪四年，又侵入石头岭一带。[④]对此，清廷要求俄国归还“已经吞进的土地”[⑤]。俄国非但不归还侵占中国的领土，还以武力相威胁。俄外交大臣的高级顾问若米尼在给外交大臣吉尔斯的信中说：对中国必须“用大炮提出明确的要求”，“把枪口对准他们的胸口”。[⑥]俄国的这种武力威胁不是停留在口头上，而是付诸行动。光绪六年，俄国沙皇亲自批准了关于俄国加强侵略乌苏里地区的武装力量的报告，决定新建“东西伯利亚步兵旅”，向南乌苏里地区派驻四个步兵营、三个骑兵连，设置十六门山炮，并运来武器、弹药。[⑦]同年，又把海参崴从滨海省划出，升级为市，改由特派总督管辖，成立海参崴“要塞军械部”。屯扎在中俄东部边界的俄兵“手执武器”，伺机进犯中国东部地区，进而侵占中国东北地区。中国东部边疆面临着严重危机。

东北号称龙兴之地，沃野千里，然边备空虚，饷源难济，兵员不足，人财两乏。要想有效地抵御外敌，保卫边疆，必须实行移民实边的政策来作为稳固边疆的保障。东北边疆移民实边的思想，自清初封禁东北伊始，一直持续到清末，先后提及此议者不下数十人，咸同以后伴随着边疆危机，提议者更多，态度更急迫。在倡导移民实边思想的潮流中，帮办吉林事务、负责吉林珲春地区勘界的吴大澂是其中的代表人物。

如前所述，面对东部边疆严重的危机，清廷不少官吏上书陈奏：“今日防务皆知以东三省为先，东三省以吉林为首要”，“今日俄患，惟珲春最近，

① 吴大澂：《吉林勘界记》，《小方壶舆地丛书》本。

② 吴大澂：《吉林勘界记》，《小方壶舆地丛书》本。

③《珲春乡土志》卷 1《舆地》，吉林省图书馆藏本。

④《宁安县志》卷 2，民国十三年本。

⑤ 马士：《中华帝国对外关系史》第 2 卷，张汇文、姚会庾、杨志信，等合译，北京：生活·读书·新知三联书店，1958 年，第 373 页。

⑥ 瓦西里耶夫：《外贝加尔的哥萨克》第 3 卷，1916 年赤塔版。

⑦ 瓦西里耶夫：《外贝加尔的哥萨克》第 3 卷，1916 年赤塔版。

惟三姓最危，塔城（宁古塔——笔者）居南北之中”。[①]在加强东部边防呼声的推动下，清廷统治者也认识到：“惟念中国边境与俄毗连，必宜慎固封守，以为思患预防之计。吉林之三姓、宁古塔、珲春等处，防务尤关紧要。”[②]光绪七年（1881年）四月，光绪帝谕旨是：“著责成吴大澂督办”吉林边务[③]。吴大澂受命，于四月二十一日从京出发，五月十七日到吉林城，与吉林将军铭安商酌防务事宜。[④]

东部边疆地区，由于长期封禁，致使人烟稀少，交通不便，边防空虚。对此，吴大澂提出一系列治理边疆的举措。这些举措概括为两点：一是购买利器以充实军队；二是招户垦荒以实边土。前者为加强边防建设，改善武器装备，提高军队战斗能力；后者为移民实边。吴大澂认为，这种实边政策含有两方面的内容：一方面，实边政策重视民众疾苦，将民众固着在土地上，开垦边荒，发展生产。他在光绪六年九月的一封家书中进一步阐发这种思想，“拟办垦荒，只要种地人多，自然出息渐广，此非难办之事，实有无穷之利。难议欲为议立章程，俾可行之久远，旗民、客民两受其益……此事办妥，边民皆得实惠，亦可不虚此行矣”。另一方面，实边政策是加强边防的有力措施。他说，“珲春、宁古塔边界地方，大半旷土，绝无人烟，又系山重水复之区，界址出入本不易辨，即隐被俄人侵占，中国地方官亦复茫然不知，日久难以理论，鄙意亟欲招民开垦，以实边隅”[⑤]。中国的实边政策与俄国经营边区的方针针锋相对。吴大澂指出：“俄人经营防垦专意于沿边地方，竭力布置，空旷无人之地，犬牙相错，不免暗中侵占；中国招垦多就腹地推广，而置边圉于不问。”[⑥]由此可见，吴大澂主张在边圉招民垦荒的目的在于加强边防，防俄入侵。

正是在上述移民实边思想的指导下，吴大澂等人在东部边疆地区设立招垦局，移民垦荒，使这一地区得到开发。

二、东部边疆的招垦与开发

光绪六年，清政府接受廷臣的建议，派吴大澂赴东部边疆地区督办宁古塔、

①《军机处录副奏折》，光绪六年正月十七日，中国第一历史档案馆藏。
②《清德宗实录》卷129，光绪七年四月己亥，北京：中华书局，1987年，第854—855页。
③《清德宗实录》卷129，光绪七年四月己亥，北京：中华书局，1987年，第855页。
④ 吴大澂：《奉使吉林日记》，江苏省图书馆抄本。
⑤ 吴大澂：《手书信稿》，江苏省图书馆抄本。
⑥ 吴大澂：《手书信稿》，江苏省图书馆抄本。

珲春的防务与屯垦事宜。当时，招民开垦的地区主要是与俄接界地区，其中珲春、三岔口、汪清、百草沟、穆棱河、南岗等地作为招垦的重点。

招民开垦的第一步就是设立招垦机构，派人勘查垦荒地区。吴大澂委任李金镛总理招垦工作，首先在珲春城设立招垦总局，下设书记四员、夫役五员，又分别于五道沟、南岗地区设立招垦分局，内各设委员一员、书识一员、夫役两员。[①]黑顶子收回后，又设立黑顶子招垦分局。光绪八年（1882 年）四月，吴大澂亲赴三岔口一带勘查垦荒区。五月，又建立了三岔口招垦总局，下设穆棱河招垦分局。招垦局设立后，各地招垦委员开始勘查荒地，招民报领。光绪七年，勘察南岗等处荒地。据南岗招垦分局荒地委员在同年六月的呈文中云：

> 南冈地方荒地既多，各处流民均系私自占垦，亟宜化私为公，设官分治。是以去岁蒙军副宪饬派查明该处虽与塔、珲二城接壤，均无碍于贡物禁山，始经奏明一律开放，饬令敝委员招户报领，给照升科。该处东西之高立岭迤北之汪清、荒沟等处并北面之托盘岭、古竹岭一带分界之处，距塔、珲二城均有二百余里，自去岁设立分局，各户纷纷呈领前来，即派员分路查丈，迄今数月之久。……嗣后蒋委员将五台、蛤蚂塘、西葳子等地亩 ，俱已丈清。[②]

由此可知，南岗、汪清、荒沟及附近地区均已勘查，一律开放，准民人报领。光绪七年九月，吉林将军铭安等奏："土门江东北一带系中国地土"，也招民垦种。[③]八年，吴大澂从宁古塔启程前赴三岔口等地查看招垦区的情况。据其奏称：

> 宁古塔东南之三岔口，为瑚布图河、大绥芬河两水汇流之处，绥芬河下游直达海参崴，由三岔口到俄界之双城子陆路一百五六十里，相距甚近，该处实塔城东南门户，沃壤平川，颇宜耕种。从前民户零星散处，仅有十七家，前派拣选知县潘民表设局招垦，安为抚辑，远近闻风陆续领地者约计已有千余人，一两年后三岔口可成为巨镇矣"。[④]

①《珲春县志》卷 4《田制》，长春：吉林文史出版社，1990 年，第 111 页。

②《宁古塔副都统衙门档案》，光绪七年六月，中国第一历史档案馆藏。

③《珲春副都统衙门档案》，光绪八年六月，中国第一历史档案馆藏。

④《宁古塔副都统衙门档案》，光绪八年四月，中国第一历史档案馆藏。

招垦局招垦民人极为广泛。首先，对当地“偷垦”“私自占垦”者“化私为公，设官分治”，使私垦汉人定居原地耕种。其次，从外地广招汉人。光绪八年（1882 年），吴大澂派人到山东各地招募汉民前来。据是年四月管理西路驿站监督二品顶戴花翎协领金福等呈报：“由山东登、莱、青各属招募来吉之务农乡民二百名，于本月二十一日出边抵境。所需大车二辆，已由民牌应付。”[①]又派人到奉天之金、复、盖一带续募屯兵二三百名，专为开垦蜂蜜山一带荒地，并在山海关一带，不拘多寡，以广招徕。此外，吴大澂还奏请调拨京旗苏拉来边区屯垦。他计划，京旗苏拉每旗酌拨 20 户、蒙旗 5 户，共拨 200 户，援照嘉庆年间双城堡移驻方案，每户赏治装盘费 30 两。沿途用车辆，由顺天、直隶、奉天各府州县按站换送。抵达垦区后，将年轻力壮的挑补为屯兵。未垦地前，每名每月发给口粮银 2 两，如不敷用，拟请每名每月加给口粮银 1 两，这样一家数口亦足够自给。[②]但朝廷上下阻力甚大，未得成行。最后，李金镛还将乌苏里江以东地区“愿迁移内地，自立村屯”的一百余户华民安置在珲春境内，允许他们认领荒地，建地盖房，重建家园。[③]

各招垦局对垦民生产和生活，采取与别处不同的政策，如对宁古塔、珲春等地区的新垦荒地，光绪七年一律不收垦民“押荒钱”。是年五月，吉林将军铭安、督办吴大澂上《请将塔、珲境内招垦新荒，一概不取押荒钱文》的奏折，在奏折中陈述其理由：

> 宁古塔、珲春所辖境内旗户均属寥寥，招垦新荒难求速效。即如峰密山一带大楞河南北两岸多系平原沃壤，约可垦地二十余万晌，无不距城太远，四无人居，虎狼麋鹿出入之乡，素为人迹所不到。须节节搭盖窝棚，招民居住，庶人马往来有投宿之地，路径渐远，旅行不致裹足，方可设法招徕渐推渐广。查吉林向章，领地一晌，须缴押荒二千一百文。现在宁古塔、珲春创办伊始，民情未必踊跃，如苏城各沟民户陆续来归，不但押荒钱未能一样收取，尚须筹款酌给马、粮、种，以示体恤。若再拘以文办理，必多掣肘，拟请示以限制本年领地

①《珲春副都统衙门档案》，光绪八年五月，中国第一历史档案馆藏。
②《宁古塔副都统衙门档案》，光绪九年六月，中国第一历史档案馆藏。
③《珲春副都统衙门档案》，光绪八年三月，中国第一历史档案馆藏。

之户，一概不取押荒钱文，并酌量给以工本，俾内向慕近悦远来亦变通亦招垦之法。如蒙特旨允准，他处不得援以为例。[①]

此上奏折得到清廷允准。由上述奏折可知，铭安、吴大澂等实事求是，因地制宜，鉴于塔、珲地区招垦伊始，“民情未必踊跃”，一改吉林省新领荒地一垧，“应缴押荒钱二千一百文”的规定。清廷对宁古塔、珲春地区新垦之地“一概不出押荒钱文”，以后是否收缴，再酌情办理。不仅如此，清廷对当地的招垦民也区别对待。“如苏城各沟民户陆续来归”，即乌苏里江以东地区的华民，长期受沙俄欺凌，返回珲春时一无所有。他们开垦荒地“不但押荒钱未能一律收取，尚须筹款酌给马、粮、种，以示体恤”。招垦局以上之举影响颇大，俄国境内华民同声感戴，“向风慕义，远近归心”[②]。

是年七月，招垦局拟珲春、宁古塔等地招垦章程，以告示的形式到处张贴。招垦章程关于鼓励垦荒的政策有如下内容：①因珲春、宁古塔等处旷土甚多，山荒地僻，人马不通，行旅往来视为畏途。垦户在交通要道盖房，官发补贴，每户盖两至三间，每间由招垦局拨津贴银 8 两。②对领地垦户，免缴押荒钱文，应收地租，每垧 660 文，俟五年后再交纳，其余官府摊派均免。此举的目的在于“以舒民力”。③为垦户代购耕牛。新垦荒地“所需牛马需费较多”，“贫民力难自购”，垦局特从朝鲜购 1000 头牛，拨给垦户，“收其半价，令三年内全数缴清”。④垦户领地标准，一般每户给地 30 垧，“不敷垦种者，准其并垦两户之地共六十晌”，小户之家不能承种者，“准其两家合耕三十晌”，但“不准其多领转相授受”。[③]

招垦形式一是以“社”为单位的民垦；一是以屯田营为单位的军垦。光绪七年（1881 年），珲春招垦局垦熟土地 5620 垧零 1 亩 6 分，设立春和、春芳、春华、春明、春融、春阳六社；南岗招垦分局垦熟地 18 939 垧 9 亩 3 分，设立志仁、尚义、崇礼、勇智、守信、明新六社；五道沟招垦分局垦成熟地 3073 垧 9 亩 6 分，设立春仁、春义、春礼、春智、春信五社。三局共垦地 27 634 多垧。[④]随着招垦活动的不断深入，招垦的民人和土地也不断增加。据《东三省政略》统计，清末民初延珲地区各社户口、土地如表 4-8 所示。[⑤]

①《宁古塔副都统衙门档案》，光绪七年六月，中国第一历史档案馆藏。
② 顾廷龙：《吴斋先生年谱》，剑桥：哈佛燕京革命学社，1935 年。
③《宁古塔副都统衙门档案》，光绪七年七月，中国第一历史档案馆藏。
④《珲春县志》卷 4《田制》，长春：吉林文史出版社，1990 年，第 111 页。
⑤ 徐世昌：《东三省政略》卷 1《边务》，长春：吉林文史出版社，1989 年，第 156 页。

表 4-8　清末民初延珲地区各社户口、土地情况

社名	户口数	土地数
志仁	1 443 户	107 171 垧 6 亩 2 分
尚义	988 户	7 015 垧 7 亩 9 分
崇礼	427 户	2 145 垧 8 分
勇智	1 376 户	10 135 垧 4 亩 5 分
守信	1 067 户	10 311 垧 2 亩 9 分
明新	173 户	2 045 垧 7 亩 8 分
春融	206 户	1 922 垧 4 亩 8 分
春阳	295 户	1 185 垧 2 亩
春明	132 户	1 094 垧 3 亩 6 分
春华	200 户	1 470 垧 5 亩 1 分
春芳	309 户	1 680 垧 3 亩 5 分
春和	90 户	1 009 垧 6 亩
春仁	76 户	704 垧 1 亩 6 分
春义	134 户	467 垧 9 亩 8 分
春礼	720 户	415 垧 6 亩 5 分
春智	970 户	406 垧 2 亩 4 分
春信	171 户	936 垧 8 亩 7 分
春耕	61 户	1 331 垧 8 亩
春云	10 户	560 垧 4 亩 6 分
春犁	35 户	608 垧 9 亩 8 分
春雨	12 户	198 垧
春郊	10 户	425 垧 7 亩 8 分
黑顶子	20 户	179 垧 4 亩 5 分
合计	8 925 户	56 968 垧 8 亩 6 分

由表 4-8 可知，延珲地区垦田数比光绪七年（1881 年）增加 2 倍多。

宁古塔境内招垦地区，在穆棱河到三岔口一带，主要招募当地民人和山东民人开垦。光绪八年，就地“先招数十人，令往穆棱河东边分设第一、第二屯，先行垦种”①。后又到“山东登、莱、青各属招募朴实农民二百人”②，前来垦种。先后在穆棱河、赶面石、马桥河、细鳞河、小绥芬河、三道岗子、

①《宁古塔副都统衙门档案》，光绪八年三月，中国第一历史档案馆藏。
②《宁古塔副都统衙门档案》，光绪八年三月，中国第一历史档案馆藏。

抬马沟、胡密力岭等地建立十多个村屯，垦地达 12 400 余垧。

驻军屯垦也是招垦的一种形式。主要在军队驻扎地区实行。据光绪七年（1881 年）《珲春、宁古塔招垦章程》规定："可令各兵就近试垦，或兼种菜蔬，所收粮菜暂不归官，负其扣饷。"[①]同年，靖边亲军左营在蜂蜜山一带进行驻军屯垦。至光绪九年，因边防形势紧迫，驻防军"难以兼顾"，将该地屯垦之军"即行撤回"。光绪十二年，黑顶子收回后，又派靖卫军前路步队一营，"试办黑顶子屯垦"。至光绪十六年，"裁黑顶子屯垦"，将开垦土地拨给当地民人。[②]

驻军屯垦与民垦比，成绩不如民垦，但其政治、军事意义远比经济意义突出，如《东三省政略》所云："边务督、帮办请行屯田之法，盖以兵开垦，既可为边荒繁富之基而寓兵于农，复可免边备空虚之患。"[③]时人总结驻军屯田有以下好处：其一，军队中年体迈弱兵很多，"一旦裁汰，便为游民"，"择其善者，而分以田，仍留为屯兵"，可防游勇之弊；其二，延珲地区荒地极多，实行屯田"既以其所出量输公家，又可充边防之费"；其三，"此时界未划清，多设防兵，或易滋外人口实，我以屯田为名，则彼无所藉口"；其四，"屯田既设"，则戍卫者皆为驻防，驻防者皆成土著，此后界务确定，即可永杜边患"；其五，延珲地区，山林丛密，"多胡匪居于此者"，"屯田既行则乡民皆有所恃，自相保卫，可安居无恐"。总之 ，驻军屯垦"庶可以厚兵力而消敌萌，辟地利而足民食"[④]。

此外，对越垦的朝鲜边民因地制宜，设立专垦区。清初，图们江流域为封禁区，所谓"国初时，吉、韩界禁极严，两国之民有私自越图们江一步者，由两国官吏处死，否亦格杀勿论"。[⑤]同治九年（1870 年），朝鲜咸镜北道连年天灾，"国内奇荒，饿殍载道，韩民遂不惜冒犯重禁，渡江越境"[⑥]，至图们江左岸者甚多。光绪七年，吉林将军铭安奉命查边，见朝鲜边民越垦情况严重，行文朝鲜政府，令朝民一律退回朝鲜境内。然朝鲜越垦边民安土重迁，多不愿返回。同年铭安、督办吴大澂上奏说："韩民越垦多年，庐墓相望，一旦尽令刷还，数千人失业无依，不特情实可怜，急切亦无办法，若听其以异籍之民日

①《宁古塔副都统衙门档案》，光绪七年七月，中国第一历史档案馆藏。

②《谕折汇存》，光绪二十三年三月八日，中国第一历史档案馆藏。

③ 徐世昌：《东三省政略》卷 1《边务》，长春：吉林文史出版社，1989 年，第 118 页。

④ 徐世昌：《东三省政略》卷 1《边务》，长春：吉林文史出版社，1989 年，第 118 页。

⑤ 吴禄贞：《延吉边务报告》，长春：吉林文史出版社，1985 年，第 60 页。

⑥ 吴禄贞：《延吉边务报告》，长春：吉林文史出版社，1985 年，第 60 页。

久占住，主客不分，殊非久计。”[①]为安抚朝鲜边民，光绪十一年（1885年），设管理朝鲜边民机构越垦局。光绪十六年，由总理衙门奏请，将朝鲜边民越垦之地“清丈升科，领照纳租，归地方官管辖”[②]。越垦局专管韩民垦荒事务，“划图们江北长约七百里，宽约四五十里为收纳韩民之地，所予韩民权利，且较华民为优”[③]。光绪二十年，吉林将军长顺奏：凡越垦之地，统建四大堡，堡分有社。镇远堡（今吉林省珲春市敬信镇）在珲春城西南，图们江北岸，建于黑顶子，分设八社；宁远堡（今吉林省和龙市）建于光雾峪，分设十三社；安远堡在珲春城正南，图们江北岸，建于章母得基，分设六社。另外，还有绥远堡建于杉松背，分设十二社。以上四保三十八社，其户口、地亩如表4-9所示。

表4-9 朝鲜边民越垦堡社户口及地亩情况

越垦堡社	户口	地亩	越垦堡社	户口	地亩
开太社	339户	1319亩3分	开发社	56户	164垧6亩3分
开华社	71户	240垧3亩6分	开文社	204户	958垧9亩7分
开运社	216户	75垧6亩8分	光风社	114户	257垧2亩7分
光化社	146户	502垧5亩3分	光昭社	226户	705垧6亩6分
光宗社	230户	1013垧8亩6分	光德社	255户	981垧6亩6分
雾晴社	166户	959垧8亩9分	荠霞社	152户	1184垧3亩5分
月朗社	76户	409垧4亩5分	茂官社	148户	491垧5亩6分
茂德社	210户	571垧3亩9分	茂赏社	147户	319垧5亩8分
茂功社	126户	345垧8亩2分	对杨社	329户	1088垧9亩5分
对越社	346户	1248垧1亩9分	对川社	101户	255垧4亩8分
对山社	63户	181垧7亩6分	白鹤社	67户	381垧6亩9分
白云社	75户	294垧2亩7分	白日社	51户	232垧6亩9分
白玉社	145户	613垧9亩3分	白金社	97户	351垧3亩8分
山溪社	48户	855垧6亩5分	上化社	47户	61垧9亩7分
德化社	422户	1490垧2亩7分	善化社	53户	1329垧1分
怀思社	95户	1083垧2亩7分	敦仁社	104户	32垧3亩3分
崇让社	95户	245垧9分	兴廉社	119户	426垧3亩2分
尚义社	195户	656垧2亩5分	敬信社	201户	720垧2亩3分
归化社	301户	771垧7亩5分	输诚社	154户	290垧2亩4分

① 吴禄贞：《延吉边务报告》，长春：吉林文史出版社，1985年，第63页。
② 吴禄贞：《延吉边务报告》，长春：吉林文史出版社，1985年，第63页。
③ 吴禄贞：《延吉边务报告》，长春：吉林文史出版社，1985年，第63页。

据表 4-9 中所列，计朝鲜垦民 5990 户，土地 23 113 垧 5 亩 8 分。[①]光绪十七年（1891 年），吉林将军又将珲春招垦总局和越垦局合并为抚垦局，迁到南岗（今吉林省延吉市），管理来垦汉人和越垦朝鲜民人的垦荒事务。

三、东部边疆开发的评价

首先，东部边疆地区的开发，带来土地、人口的增加。招民开垦卓有成效，使大量边荒变成良田。昔日野兽出没之地出现了人烟，逐渐形成村落。图们江北岸、海兰河、布尔哈通河一带平原沃壤大部分被开垦。据《吉林通志》记载：光绪七年，珲春地方垦成“熟地五千六百二十晌零一亩六分”；南岗地方垦成“熟地一万八千九百三十九晌九亩三分”；五道沟地方垦成“熟地三千零七十三晌九亩六分”。[②]这时期朝鲜垦民在镇远堡开垦土地 2214 垧 3 亩 7 分，在安远堡开垦土地 4245 垧 9 亩 2 分，在宁远堡开垦土地 5281 垧 5 亩 3 分。[③]随着土地的开发，人口较前大大增加。到光绪三十三年，延边境内户口计“八千九百二十五户，垦地五万六千九百六十八垧八亩六分”[④]。这里并不包括越垦局所辖四堡三十九社的朝鲜垦民。据统计朝鲜垦民有 5990 户。如果说上述统计数字多为汉族垦民与朝鲜垦民的话，那么土著民，即八旗驻防官兵及家属，据光绪十八年册报“户一千二百五十，丁口一万五千二百”[⑤]。因人口的增加，使该地区出现不少城镇。今天的珲春市、延吉市、和龙市、汪清县等都是在招垦区的基础上逐渐发展起来的。珲春西部有个凉水泉子（今吉林省凉水镇），光绪十二年，吴大澂与沙俄谈判勘界，路经这里的情形是“六十里中无人烟，膏腴一片空弃捐”，可是移民招垦后的凉水泉子又是另一派景象，“朝出藕耕荷锄便”，“从此垦辟相蝉联”，“鸡犬家家相毗连”[⑥]。三岔口地区，招垦前“民户零星散处，仅有十七家”。光绪十二年，已初具城镇规模，“铺户约有五十家，后街房屋亦次第兴造，不

① 吴禄贞：《延吉边务报告》，长春：吉林文史出版社，1985 年，第 66—68 页。

②《吉林通志》卷 31《食货志四・屯垦》，台北：文海出版社，1965 年，第 2233—2234 页。

③《吉林通志》卷 31《食货志四・屯垦》，台北：文海出版社，1965 年，第 2234 页。

④ 吴禄贞：《延吉边务报告》，长春：吉林文史出版社，1985 年，第 57 页。

⑤《吉林分巡道造送会典馆清册》，长白丛书本。

⑥ 吴大澂：《皇华纪程》，《中国边疆研究文库・东北边疆卷（七）》，哈尔滨：黑龙江教育出版社，2014 年，第 279 页。

数年间居然成市，农工商贾各有欣欣向荣之意”[①]。珲春镇的商业也有变化。以店铺为例，咸同时期店铺户，“头等十三家，二等九家，三等九家”，“铺户共三十一家，计十个月抽捐银二百一十一两五钱”[②]。光绪年间，店铺虽减少四家，但头等店铺由十二家增到十七家，三等店铺由九家减少到三家。[③]总的情况是在发展。

其次，东部边疆地区的开发，促使州县制的产生。伴随汉族民人大量流入，人烟日密，生聚日繁，商贾辐辏，先前的八旗协领、佐领衙门但习骑射，不谙吏治，已不适应管理的需要。光绪八年（1882年），吉林将军铭安在请求设道府厅县的奏折中云：“宁古塔、珲春地当冲要，为省城东南门户……密迩强邻，安辑抚循，尤不可缓”，“而宁珲两处招抚统民，办理屯垦，人烟日密，政务较繁，命盗户婚，仍就理于各城都统衙门，诚恐协佐备官，吏治未谙，难期整顿”。[④]清廷得奏后，以时机未成缓议。光绪二十八年，吉林将军长顺又上奏请求设置民治机构。他重申：“招致沿边各处佣民开垦，以实边地，迄今十余年，各处阡陌相望，民户日增，早经成邑成聚，自宜建官，以资故养。”[⑤]清廷允准。是年，在烟集岗（南岗）地方添设延吉厅，置抚民同知一员、巡检一员、教谕一员；在和龙峪设分防经历一员，归延吉厅管辖。其经历“专司缉捕，兼管华韩交涉及垦民一切词讼，凡越垦界内应征租赋，悉归该经历征收”[⑥]。同时，在三岔口添设抚民同知一员，名曰绥芬厅；穆棱河添设厅知事一员，名曰公防穆棱河知事。自此，东部边疆地区始有专门管理汉人和朝民事务的官衙。1909年，清廷裁珲春副都统，升延吉厅为延吉府，并设吉林东南路兵备道台公署，驻延吉，直接隶属吉林抚巡，管辖延吉府、珲春厅、东宁厅和敦化、穆棱、汪清、和龙等县，为现在东部边疆地区行政设治奠定了基础。

最后，东部边疆地区的开发，为巩固边防奠定了基础。吴大澂在奏疏里所向往的那种“相度地势，安设屯兵，俾户口渐增，荒芜渐辟，粮草渐足，

---

① 吴大澂：《皇华纪程》，《中国边疆研究文库·东北边疆卷（七）》，哈尔滨：黑龙江教育出版社，2014年，第291—292页。

②《宁古塔副都统衙门档案》，咸丰八年，中国第一历史档案馆藏。

③《珲春副都统衙门档案》，光绪四年正月，中国第一历史档案馆藏。

④《吉林将军铭安请求设道府厅县奏折》，光绪八年二月，吉林省档案馆藏。

⑤ 吴禄贞：《延吉边务报告》，长春：吉林文史出版社，1985年，第33页。

⑥ 吴禄贞：《延吉边务报告》，长春：吉林文史出版社，1985年，第33页。

商旅渐通，近可为边氓生聚之计，远可备岩疆捍卫之资”[①]的局面已基本实现。东部边疆地区开发以后，人口突增，城镇大兴，为抵御俄国入侵筑下一堵坚实的边墙。对此，俄国当局大为不安，曾不断派遣密探或借边务交涉之机到我国东部边疆地区刺探情报，并把这些情报分别编入外交部档案。从俄国方面的反馈看，招垦实边是较为成功的。

第五节　清代东北与关内的粮米海运贸易

有清一代东北与关内的海运贸易，尤其是粮米贸易相当频繁。其粮米贸易的流向前后期有明显的变化，清前期粮米由关内流向东北，清中叶后转为由东北流往关内，这种变化与汉族民人大量流入东北，开垦土地，促使东北农业生产提高，粮米贮藏增多有密切关系。

一、顺康时期东北与关内的粮米海运贸易

清初东北与关内的粮米海运贸易同清初东北经济及抗击俄军筹集军饷有密切关系。明末清初的东北地区，由于明清战争的破坏，“诸堡军民尽窜，数百里无人迹”[②]。人口锐减，熟田变为荒地，经济凋敝。为恢复残破的经济，清廷于顺治十年（1653 年），颁布了辽东招民开垦令，鼓励民人到东北开垦土地。[③]恰在此时，俄国的势力日渐东侵。顺治初年，清廷反击俄军的几次战役皆因粮饷供给不足，而被迫撤军。至康熙初年，俄军占据黑龙江雅克萨地区，并集结重兵，严重威胁到了东北边疆的安全。为反击俄军的入侵，清廷在东北的兵力也与日俱增。顺治朝东北兵力为 11 018 名，康熙朝为 27 430 名，雍正朝为 37 257 名。[④]随着东北兵力的增加，军需粮饷成为清廷亟待解决的问题。为此，清廷决定从康熙二十二年（1683 年）起，从关内海运粮饷于东北。是年三月，清廷派人“造船巨流河口，遣员验视辽河，以通军饷”。[⑤]清廷为能将关内海运的粮饷转输到黑龙江抗俄前线，将辽河、易屯河（伊通河）、

① 吴大澂：《皇华纪程》，《中国边疆研究文库·东北边疆卷（七）》，哈尔滨：黑龙江教育出版社，2014 年，第 291—292 页。

② 魏源：《圣武记》卷 1《开创》，《魏源全集》（第三册），长沙：岳麓书社，2004 年，第 18 页。

③ 乾隆元年版《盛京通志》卷 24《田赋》，北京图书馆藏。

④ 周藤吉之：『清朝に於ける滿洲駐防特殊性に関する考察』，『东方学報』十一，昭和十五年。

⑤《奉天通志》卷 29《清三·圣祖上》，沈阳：东北文史丛书编辑委员会，1983 年，第 572 页。

松花江流域的水系连接起来。具体做法是将由关内海运东北的粮米，溯辽河贮于巨流河附近开城仓，由此处船运粮米溯河而上，进入东辽河，卸于邓子村（东辽河的弯曲处小城子附近），收仓存贮。然后派蒙古官兵由此陆运粮食至伊通门仓，顺伊通河而下，贮存于易屯口仓，再由此利用松花江水运将粮饷运往黑龙江抗俄前线。当时巨流河河口有“长三丈，宽一丈为度”[①]的载米百石的运粮船60艘，水手600名，押船官兵300名，以资运输。

清廷在驱逐俄国入侵势力之后，为充实龙兴之地，对东北地区继续实行官为保护的单向海运粮米接济政策，这种情况一直持续到康熙末年。康熙二十五年（1686年）十二月，康熙帝上谕云：“闻有运盛京粮米于山海关内者，又泛海贩粜于山东者多有之，粮米所系最为紧要，况今防戍官军，人口众多，粮糈可以足用，不致缺乏耶。”[②]康熙二十九年四月，清廷以奉天、锦州二府的地丁钱粮饷银5000两和牛具银3000两购买关内粮食。[③]当时东北地方所存粮米不多，需由关内接济。对此，康熙帝极为关注，上谕中几次提及，粮米“转运维艰，朕心深为忧虑”，当他听到有将粮米蒸造烧酒之事，即刻派员前往“将此等糜费米粮之处，严加禁止”，并对粮米运转中“侵渔入己”[④]的官员严惩不贷。

康熙中叶，东北经济形势有所好转，但仍需靠关内粮米接济。康熙三十三年三月，清廷命户部郎中陶岱将山东滨海诸县常平仓米2万石，“从天津卫出海道运至盛京三岔口”[⑤]，开辟了由关内通向东北的海运航线，“此路既开，日后倘有运米之事，全无劳苦矣”[⑥]。是年八月，山东巡抚桑额奏请将山东登州等处粮米，从天津运至盛京三岔口。对此，康熙帝大为赞同，上谕云：“运米至盛京，实属善政，先所运米，大有裨益。”[⑦]九月，盛京户部侍郎阿喇弥“将山东运去之米，不行均给兵丁，又将秀岩地方应料理支给之米，不亲行料理”，康熙帝得知，勃然大怒，斥责阿喇弥“自简任侍郎以来，并不勤劳效力，凡事瞻徇情面，支吾塞责，甚属庸懦，盛京官员、兵丁

---

①《清圣祖实录》卷108，康熙二十二年三月庚戌，北京：中华书局，1985年，第96页。

②《清圣祖实录》卷128，康熙二十五年十二月丙辰，北京：中华书局，1985年，第372页。

③《奉天通志》卷29《清三·圣祖上》，东北文史丛书编辑委员会，1983年，第578页。

④《清圣祖实录》卷141，康熙二十八年五月壬戌，北京：中华书局，1985年，第546页。

⑤《清圣祖实录》卷162，康熙三十三年三月丙午，北京：中华书局，1985年，第775页。

⑥《清圣祖实录》卷162，康熙三十三年正月丙午，北京：中华书局，1985年，第775页。

⑦《清圣祖实录》卷164，康熙三十三年八月己亥，北京：中华书局，1985年，第793页。

无一人称其好者，著革职，同伊家口，发往黑龙江披甲效力”[①]。惩一儆百，以纠正由关内接济东北粮米中的不正之风。

康熙三十四年（1695年），内阁学士陶岱等遵圣旨，将河南、山东漕米截留5万石，运至盛京三岔口。翌年春，集中天津一带所有官造新船与商船，又调福建地区走洋商船来天津装运粮米海运奉天省，并对运粮商船实行免收其他货物杂税的奖励政策。[②]此次共转运河南、山东漕米20万石于东北地区。时值“黑龙江、吉林乌喇地方，频岁不登”[③]。清廷命盛京将军，“整缮船只，将盛京仓储米谷，以彼地人力，运五千石至莫尔浑阿敦之地积贮之”[④]，以备接济，“明年仍自天津运米至盛京补完仓储”[⑤]。当时清廷正全力进剿噶尔丹，平定准噶尔叛乱，征调东北八旗兵的粮饷全赖关内粮米接济。是年，从天津大沽运山东、河南粮米6万石，以备军民之需。康熙三十五年十二月，又将自天津运盛京之米赈济“科尔沁贫乏之众”[⑥]。康熙末年以来，东北地区经济逐渐恢复，农业生产有显著提高。康熙四十三年，盛京锦县储米6万石，宁远州储米5万石，其他承德等七州县各存一万六七千石，合计积储二十二三万石，但仍从关内购贮粮米。[⑦]康熙五十四年，署奉天将军前锋统领唐保住建议，用直隶、山东船只，运盛京近海锦州等处之米出粜到直隶、山东。康熙帝上谕大学士等曰：“唐保住所奏及部议俱非，将此米留本处”，即使“往来客商有愿买者”[⑧]，也必须限制数量，旨在保护龙兴之地的仓储。翌年，直隶巡抚赵弘燮建言，直隶永平府属地方歉收，而“闻得山海关外，米谷颇多，向因奏禁不敢入关，请暂开两月之禁”[⑨]，康熙帝从其请。康熙六十一年六月，康熙帝上谕：“盛京地方屡岁丰收，米谷价值甚贱，民间或致滥费，著令盛京米粮，不必禁粜，听其由海运贩卖，可传谕盛京将军、府尹知之。”[⑩]

①《清圣祖实录》卷165，康熙三十三年九月癸未，北京：中华书局，1985年，第796页。
②《清圣祖实录》卷171，康熙三十五年春二月壬辰，北京：中华书局，1985年，第846页。
③《清圣祖实录》卷178，康熙三十五年十二月辛亥，北京：中华书局，1985年，第917页。
④《清圣祖实录》卷178，康熙三十五年十二月辛亥，北京：中华书局，1985年，第917页。
⑤《清朝文献通考》卷34《市籴考三》，杭州：浙江古籍出版社，1988年，第5172页。
⑥《清圣祖实录》卷178，康熙三十五年十二月辛亥，北京：中华书局，1985年。
⑦ 光绪《大清会典事例》卷190《户部·积储·常平谷数》，光绪商务印书馆本。
⑧《清圣祖实录》卷262，康熙五十四年三月癸亥，北京：中华书局，1985年，第585页。
⑨ 光绪《大清会典事例》卷190《户部·积储·常平谷数》，光绪商务印书馆本。
⑩《清圣祖实录》卷298，康熙六十一年六月壬戌，北京：中华书局，1985年，第884页。

综上所述，顺康时期清廷靠政治强力，恃官府控制，将山东、直隶等地方粮米输入奉天省，由奉天省分别接济黑龙江、吉林及科尔沁蒙古等地，甚至连闽浙地方船只也被调用。康熙末年以来，东北内部日益充实，至雍正朝，东北地区的粮米开始逐渐运往直隶、山东等地。

二、东北与关内粮米海运贸易流向的变化

雍正朝以后，东北与关内间的粮米海运贸易流向发生变化，由先前的关内各省输往东北转为由东北输往关内各省，形成“关内之民以银易粟得赖资生”，“关外之民以谷易银，益见饶裕”[①]的局面。雍正元年（1723 年）七月，雍正帝谕户部：“近年盛京年岁丰收，米价亦贱，酌量动正项钱粮，采买数十万石，运送京师，大有裨益，著怡亲王隆科多会同详议具奏。”[②]户部遵旨，遣官往盛京采买粮米，“将锦州等处将军、府尹及内府佐领所属现存米石，查看总数，于近海口处，兑十万石”[③]，雇觅民船转运京师。雍正三年，天津等地米价腾贵，清廷行文奉天将军绰奇、府尹尹泰“将伊等地方粮十万石，由海运至天津新仓，交与该地方官收贮”[④]，并允许粮商将奉天的粮米运往天津贸易。[⑤]雍正四年，兵部侍郎杨汝谷奏：“直隶州县存仓米谷已皆发赈，请再运奉天米十万石至天津。”[⑥]雍正八年十月，山东青、莱、登三府州县受水患，雍正帝上谕：“奉天连年丰稔，各州县仓储及庄屯收贮，皆极充裕，且与东省一海之隔，顺风扬帆，一日可达。应趁此时北风之便，将奉天近海州县存贮米粮，运送二十万石至山东海口，交与地方官，俟明年二三月间，照市价平粜于小民，甚有裨益。”[⑦]于是，清廷派正白旗汉军都统祖秉衡、刑部右侍郎王朝恩前往奉天省办理。翌年二月，复令奉天将军等拨米二十万石，于五月内运至天津大沽口，由天津总兵等接运至德州，交与

---

①《清圣祖实录》卷 268，康熙五十五年四月戊申，北京：中华书局，1985 年，第 632 页。

②《奉天通志》卷 31《清五·世宗》，沈阳：东北文史丛书编辑委员会，1983 年，第 599 页。

③《清世宗实录》卷 9，雍正元年七月乙酉，北京：中华书局，1985 年，第 167 页。

④《清世宗实录》卷 34，雍正三年七月癸亥，北京：中华书局，1985 年，第 523 页。

⑤ 据《清世宗实录》卷 34，雍正三年七月癸亥条载：“谕户部，今岁天津等处地方，米价腾贵，著行文奉天将军绰奇、府尹尹泰，照去岁之例，将伊等地方粮十万石，由海运至天津新仓，交与该地方官收贮。再，若有自海运粮之商人，不必禁止，听其运至天津贸易，不许他往。”

⑥《清世宗实录》卷 43，雍正四年四月乙亥，北京：中华书局，1985 年，第 631 页。

⑦《清世宗实录》卷 99，雍正八年十月丁巳，北京：中华书局，1985 年，第 322 页。

山东巡抚酌量分拨。[①]

乾隆朝，东北地区与关内粮米海运贸易范围更加扩大。乾隆二年（1737年），直隶被灾，根据直隶总督李卫的建议，用天津商船前赴奉天锦州、宁远、海城、盖平、复州等处运米谷，以接济民食。[②]然而，是年八月，奉天府所属的锦州、宁远、广宁、义州等四州县因乾隆元年夏秋“雨水愆期，收成歉薄，米价腾贵”，为此“除海城、盖平、复州等处照例听商贩运外，其锦州府属四州县，所有官民存贮米粮，禁止商贩”[③]。乾隆三年三月，奉天将军博弟请禁商人贩卖粮米，未获准。[④]五月，奉天所属地方皆获丰收，“米豆价甚贱，米一石银四五钱，高粱一石银三钱余”[⑤]。而直隶各州县收成丰歉不一，米价腾贵。乾隆帝特颁谕旨：“奉天山东沿海地方商贾，有愿从内洋贩米至直隶粜卖者，文武大员毋得禁止。”[⑥]当时直隶商人贩运关外粮米者甚多。于是，奉天将军上奏：“锦州等处米谷加贵，请永禁海运。”[⑦]乾隆四年十月，乾隆帝上谕：“奉天乃根本之地，积贮盖藏，固属紧要，若彼地谷米有余，听商贾海运以接济京畿，亦裒多益寡之道，于民食甚有裨益。嗣后奉天海洋运米赴天津等处之商船，听其流通，不必禁止。若遇奉天收成平常，米粮不足之年，该将军奏闻，请旨再申禁约。”[⑧]翌年四月，兵部侍郎舒赫德上奏，关外粮米海运关内有三不便：其一，“天津、山东之船多载闲人来沈，及回则尽船载米”；其二，“海中岛屿，恐有无籍匪徒往来，日久聚集滋事”；其三，“奉属弁兵有银无米，若每岁多去米谷，益形拮据”。[⑨]

乾隆六年，粮米海运被禁止。是年四月，奉天将军额尔图奏请禁止海运。其文云：“查奉天米价，向属平贱，近年户口滋多，生齿日繁，又加各省贸易人众，本地所产仅足食用，边外蒙古、黑龙江、船厂等处，收成偶欠，亦

---

①《清世宗实录》卷103，雍正九年二月乙未，北京：中华书局，1985年，第359页。
②《清高宗实录》卷49，乾隆二年八月癸酉，北京：中华书局，1985年，第832页。
③《清高宗实录》卷49，乾隆二年八月癸酉，北京：中华书局，1985年，第832页。
④《清高宗实录》卷65，乾隆三年三月丙子，北京：中华书局，1985年，第58页。
⑤《清高宗实录》卷68，乾隆三年五月戊午，北京：中华书局，1985年，第95页。
⑥《清高宗实录》卷75，乾隆三年八月乙巳，北京：中华书局，1985年，第193页。
⑦《清高宗实录》卷81，乾隆三年十一月丙子，北京：中华书局，1985年，第279页。
⑧《清高宗实录》卷102，乾隆四年十月戊子，北京：中华书局，1985年，第544—545页。
⑨《清高宗实录》卷115，乾隆五年四月甲午，北京：中华书局，1985年，第687页。

赖接济。若听水陆兼运，则粮价增昂，旗民必致艰食，请禁止海运。”[①]乾隆帝从其请。然而，事实证明，禁止海运粮米并未奏效。因为东北粮米海运关内是基于农业经济不断发展，尤其是乾隆朝以后，东北农业经济有长足的发展，加之东北人口稀少，地大物丰，粮食自给有余，价格低于关内。而关内直隶、山东省等地，地薄人稠，一遇天灾人祸，必靠外省接济。乾隆八年（1744 年）十月，直隶、天津、河间等州县受灾，彼处官员纷纷上奏：“请弛海禁，俾商民贩运米谷流通接济天津等处民食。”[②]乾隆十二年三月，山东遭灾，地方官员上奏：“暂弛奉天米禁，听商转运山东接济。”[③]九月，将运往山东的十万石粮米“雇船先运三万三千石赴莱州府”[④]，其余六万七千石，“俟来岁春融，即委员雇船，赴奉领运”[⑤]。乾隆十三年三月，天津、静海二地歉收，七月由锦州、海城分别装载粮米四万石接济。[⑥]翌年，允许山东商人“领票来奉买粮，照数装运”，四月，运奉省各地余粮二十余万石于山东。[⑦]

乾隆十六年，直隶等地方米价昂贵，乾隆上谕直隶总督方观承，“酌动帑项，委员前往买米十万石，由海运津，查明缺额各州县，分拨存贮，以实仓储”[⑧]。二十四年八月，直隶地方又以“银十万两赴奉天等处采买，由海运直”[⑨]。二十七年，清廷下令开海禁。谕旨云：“奉天、直隶海船往来运贩米豆杂粮向有例禁。今夏近京一带雨水过多，市价未免稍昂，而奉属连年丰稔，若令商贩流通，于小民生计甚有裨益。”[⑩]并对商贩船只出入实行验票稽查制度，即“其由京往奉省者，令于步军统领衙门给票，由奉省来京者于奉天将军衙门给票，各州县往奉省者，于直隶总督衙门给票，庶彼此察核有凭，可杜冒滥诸弊”[⑪]。翌年二月，奉天将军舍图肯奉命弛海禁。其文云：“盛京遇丰收年，不准外运，则谷贱伤农，请嗣后停禁海运，

---

①《清高宗实录》卷 141，乾隆六年四月癸亥，北京：中华书局，1985 年，第 1033 页。
②《清高宗实录》卷 203，乾隆八年十月乙丑，北京：中华书局，1985 年，第 611 页。
③《清高宗实录》卷 287，乾隆十二年三月辛亥，北京：中华书局，1985 年，第 742 页。
④《清高宗实录》卷 299，乾隆十二年九月乙巳，北京：中华书局，1985 年，第 908 页。
⑤《清高宗实录》卷 303，乾隆十二年十一月癸卯，北京：中华书局，1985 年，第 960 页。
⑥《清高宗实录》卷 320，乾隆十三年七月丁巳，北京：中华书局，1986 年，第 262 页。
⑦《清高宗实录》卷 339，乾隆十四年四月乙未，北京：中华书局，1986 年，第 678 页。
⑧《清高宗实录》卷 396，乾隆十六年八月壬寅，北京：中华书局，1986 年，第 208 页。
⑨《清高宗实录》卷 594，乾隆二十四年八月己丑，北京：中华书局，1986 年，第 621 页。
⑩《清朝文献通考》卷 33《市籴考二》，杭州：浙江古籍出版社，1988 年，第 5165 页。
⑪《清朝文献通考》卷 33《市籴考二》，杭州：浙江古籍出版社，1988 年，第 5165 页。

即歉岁价不过昂，亦准载运，但不得过多，以至谷贵伤民。”[①]嗣后海运贸易转为自由。

乾隆二十八年（1763 年）四月，奉天将军奏请：承德、辽阳等九州县“粟米价自八钱至一两四钱不等；高粮价自五钱五分至八钱四分不等”，与其采买，不如从“旗民仓存米内拨出二十万石”[②]，待秋买补之。乾隆帝从其请，向直隶拨运 20 万石。乾隆四十三年，京畿地区粮价昂贵，将奉天所属州县粮米 5 万石转运天津。[③]乾隆四十九年四月，乾隆上谕奉天将军“酌量情形，或可采办二十万石上下之数，或十万石，陆续运京预备平粜，以资接济”[④]。翌年，奉天省米谷豆麦粮价较前更低，民间视粮米不甚爱惜。朝廷以为，与其铺张浪费，“不如转输邻省，以资接济，方为有益”，派天津商船 800 余艘赴奉天，装运粮米数十万石，“运赴直隶之大名、广平；河南之临漳以及山东德州、东昌、临清、济宁一带粜卖”[⑤]。十一月，又遣委员赴奉天省采买麦米 2 万石运京。乾隆五十九年，直隶、河间、天津及山东武定府等处歉收，粮价高昂。直隶、山东商人争先恐后赴奉天省贩运粮米。[⑥]如上所述，乾隆朝关外粮米多输往直隶、山东诸省，尽管乾隆五年以后，东北厉行封禁政策，但由于东北农业生产日益提高，粮米的贮量与日俱增，粮米愈来愈多地输往直隶、山东等地。

嘉道以后这种贸易流向仍继续保持。嘉庆六年（1802 年）八月，直隶各州县受灾，饥民多出口外。为赈济灾民，清廷在奉天省采买高粱四五万石，由奉天雇船派员押运至天津。[⑦]嘉庆八年，又将奉天旗民仓的粟米 20 万石运往通州。嘉庆十五年六月，直隶饥馑，清廷从奉天各地“旗仓内拨米五万石，民仓内拨米十五万石，运赴海口”，接济直隶地方。[⑧]嘉庆十七年五月，山东登、莱所属州县歉收，将奉天省各地“现存高粱三十余万石，酌分一半，令各商户由海船贩运登、莱等处售卖”[⑨]。道光朝山东、直隶等地，仍

①《清高宗实录》卷 680，乾隆二十八年二月己丑，北京：中华书局，1986 年，第 603 页。
②《清高宗实录》卷 685，乾隆二十八年四月壬子，北京：中华书局，1986 年，第 672 页。
③《清高宗实录》卷 1054，乾隆四十三年四月甲午，北京：中华书局，1986 年，第 81 页。
④《奉天通志》卷 35《清九・高宗四》，沈阳：东北文史丛书编辑委员会，1983 年，第 702 页。
⑤《清高宗实录》卷 1240，乾隆五十年十月癸未，北京：中华书局，1986 年，第 684 页。
⑥《奉天通志》卷 35《清九・高宗四》，沈阳：东北文史丛书编辑委员会，1983 年，第 713 页。
⑦《清仁宗实录》卷 86，嘉庆六年八月庚申，北京：中华书局，1986 年，第 136 页。
⑧《清仁宗实录》卷 230，嘉庆十五年六月癸巳，北京：中华书局，1986 年，第 93 页。
⑨《清仁宗实录》卷 258，嘉庆十七年六月戊申，北京：中华书局，1986 年，第 485 页。

“赖奉天粟米，以资接济”[①]。道光元年（1821 年）三月，将奉天存积粮米“分半出运，接济东省”[②]。道光三年八月，直隶被水灾“拨奉天粟米十五万石”[③]赈济。十二月，又于锦县采买粟米 5 万石运往直隶。[④]道光十二年，从奉天省购买粟米二十万石，储备京通各仓。翌年三月，直隶米价昂贵，商民贩运牛庄、盖平、复州、岫岩等地所囤粮米于直隶。[⑤]道光十六年，奉天省出口粮米过多，致使奉天省粮价昂贵，奉天省官员上奏：“高粱、粟米、苞米三项均暂停运。”[⑥]但“山东登、莱二府，向赖奉天高粱、粟米、苞米三项粮石以为接济”，于是自奉天省“拨高粱十二万石，并各海口杂粮，共约计一百万石，准令商人运赴山东接济”。[⑦]可见，东北地方粮米的经济价值愈来愈突出。

三、粮米海运贸易流向变化原因及粮米贸易性质

上述东北与关内粮米海运贸易流向的变化基于东北农业经济的不断发展，而东北农业经济的发展缘于关内汉族民人不断地流入东北，开垦土地，使东北粮米自给有余。下面，笔者以东北人丁、土地增加为例，说明东北农业经济发展情况。康熙朝、雍正朝奉天省的汉族人丁、民地数分别为：康熙二十年（1681 年），人丁 28 724 丁，土地 312 859 亩；雍正十二年（1734 年），人丁 47 476 丁，土地 2 622 727 亩。[⑧]雍正朝和康熙朝相比，人丁、土地均有显著增加。与此同时，雍正朝时期的旗地也在增加，康熙朝旗地 7 005 269 亩，雍正朝旗地 8 206 826 亩。[⑨]吉林、黑龙江地方，康雍时期土地也有很大发展。吉林地方每年纳粮额 20 700 石，黑龙江地方年纳粮额 18 300 石。[⑩]东北汉族人丁、土地的增加，带来粮米贮藏的增多。雍正十三年，清廷规定各州县储积的额米数：锦县、宁远州因户口殷繁，且沿海地方应接济

①《清宣宗实录》卷 31，道光二年三月丙寅，北京：中华书局，1986 年，第 557 页。
②《清宣宗实录》卷 31，道光二年三月丙寅，北京：中华书局，1986 年，第 557 页。
③《清宣宗实录》卷 58，道光三年九月己巳，北京：中华书局，1986 年，第 1021—1022 页。
④《清宣宗实录》卷 63，道光三年，十二月壬子，北京：中华书局，1986 年，第 1095 页。
⑤《清宣宗实录》卷 234，道光十三年三月丁酉，北京：中华书局，1986 年，第 507 页。
⑥《清宣宗实录》卷 280，道光十六年三月甲午，北京：中华书局，1986 年，第 316 页。
⑦《清宣宗实录》卷 280，道光十六年三月丙申，北京：中华书局，1986 年，第 319 页。
⑧ 乾隆元年版《盛京通志》卷 24《田赋》，北京图书馆藏。
⑨ 乾隆元年版《盛京通志》卷 24《田赋》，北京图书馆藏。
⑩ 乾隆元年版《盛京通志》卷 24《田赋》，北京图书馆藏。

邻省各贮米 10 万石；盖平、复州、海城等处滨海潮湿，难以久贮，各存米 4 万石；金州存米 6 千石；不沿海的承德铁岭、开原各存米 4 万石；辽阳州、广宁县存米 5 万石；永吉州仓储 1 万石；长宁县存米 5 千石。[①]其中，滨海的州县积贮粮米数额颇多，显而易见是以备海运关内接济民食之用。这种情况乾隆以后进一步发展，粮米多输往直隶、山东等地。尽管乾隆初年厉行封禁政策，但是这种政治干预并未产生多大的效力，关内汉族民人冲破封禁，继续开发着东北大地见表 4-10。[②]

表 4-10　乾隆朝奉天省人丁、户口统计情况

年代	人丁/丁	户数/户	人口/口
乾隆六年	49 412	60 057	359 622
乾隆二十六年	81 771	92 829	668 876
乾隆四十六年	82 803	115 194	792 092

由表 4-10 可知，人丁数乾隆末年为初年的 1.6 倍多，户口为 1.9 倍多。再从奉天省民地与旗地的数量看：乾隆四十五年（1780 年），民地 35 702 顷 10 亩，旗地 150 562 顷 28 亩。[③]与此同时，吉林、黑龙江两省农业经济也有长足的发展。吉林地区雍正朝以后汉族流民大量流入开垦土地，其人丁乾隆初年为 4327 丁，乾隆末年为 27 470 丁；旗地雍正朝为 8426 顷 10 亩，乾隆末年为 21 905 顷 52 亩；民地雍正朝为 273 顷 55 亩，乾隆末年为 11 619 顷 81 亩。土地面积的增加，必然使粮米贮藏额增加。乾隆朝奉天省备城旗仓储额 20 万石，民仓储额 52 万石。黑龙江省粮米贮藏齐齐哈尔、黑龙江各 10 万石，墨尔根 6 万石，呼兰 10 万石，共计 36 万石。[④]吉林地区义仓存粮 2065 石。[⑤]虽然上述数字很可能是额数而非实际贮藏量，但有一点可以确信，伴随汉族民人对东北的开发，东北地区农业经济不断发展，粮米产量日益增加。东北地区的粮米除自给自足外，余粮愈来愈多地海运到直隶、山东等地。嘉道以后这种海运流向仍继续保持。

清代东北粮米海运的性质，可分为三种形式：其一，官府购买，即官府

①《清朝文献通考》卷 35《市籴考四》，杭州：浙江古籍出版社，1988 年，第 5186 页。

②《盛京通志》卷 35《户口》，乾隆四十八年版。

③《盛京通志》卷 35《户口》，乾隆四十八年版。

④ 刁书仁：《略论清代东北与内地的粮米海运贸易》，《清史研究》1993 年第 4 期。

⑤《清高宗实录》卷 191，乾隆八年闰四月丁丑，北京：中华书局，1985 年，第 456 页。

委员赴东北与地方官员协调，留足当地所需粮米数量，将余粮上报，由官府拨官船运输。这种形式多施行于禁海之年，不受官府禁止海运粮米政策的限制，不过这种形式并不具有商业贸易性质，只是官府调剂盈歉的一种措施。其二，官向民买，即政府出钱到东北各州县采买征购，所谓“照时价采买米石存贮”，奉天省各海口，“倘有急需，即可委员搬运，随到随办”[①]。这实际上是一种官对民间的商业活动。其三，商人贩运，即听任商人自由采买，利用供求关系及关外粮米价格自行调整贩运。这种情况一般是在弛禁之年，通过此种方式，“酌盈剂虚有无相通”[②]。这种情况下官府无法掌握商民贩运的数量，但对此也并非无法控制，而是实行商民领票采买的办法，即“商贾米船放行之时，该地方官给与印票”，行文知照直隶总督，沿途“巡海官弁，亦时加查验”，米船到达目的地，“卸米之后，直隶地方官给与回照”[③]，仍行文知照奉天省地方官。

总之，东北与关内各省间的粮米贸易，无论哪种形式，都不难看出，清廷对海运粮米贸易是加以限制的。尽管如此，东北与关内，尤其是与直隶、山东的粮米海运贸易日渐频繁，如《清朝经世文编》卷48《漕运篇》“海运提要序”中所云：“自从康熙年间，大开海道，始有商贾经过登州海面，直趋天津、奉天，万商辐辏之盛，亘古未有。”

①《清高宗实录》卷124，乾隆五年八月壬寅，北京：中华书局，1985年，第821页。
②《清高宗实录》卷81，乾隆三年十一月丙子，北京：中华书局，1985年，第279页。
③《清高宗实录》卷75，乾隆三年八月乙巳，北京：中华书局，1985年，第193页。

第五章

东北八旗围场、牧厂及其开放

第一节 清代东北八旗围场

有清一代“国语骑射”作为清朝的基本国策，为保留满洲八旗具有“国语骑射”的特技，清廷先后设置京畿永定门外的南苑围场、热河木兰围场、盛京围场、吉林围场、黑龙江围场。这五大围场中，属于东北地区的围场有三个，下面，笔者就东北围场有关问题加以讨论。

一、东北三大围场的设置

清代东北围场最初设于天命四年（1619年），康熙年间分为三大围场。据《西安乡土志》载：“国朝天命四年，灭叶赫后设大围场。”①《东三省政略》也载：“天命四年九月壬申，克叶赫东城，降西城，设盛京围场协领管守。”②可见，东北围场是努尔哈赤灭叶赫后在其故地草创的。皇太极即位后，经常至围场狩猎演武。天聪六年（1632年）十月，皇太极“率诸贝勒及官四十员，兵千三百人，出地载门，猎于叶赫地方”③。翌年十二月，皇太极又与其兄代善及诸贝勒，“率每旗一纛额真，每甲喇一旗长，每牛录四护军，行猎于叶赫地方”④。皇太极在改元称帝的第二年，即崇德二年（1637年）闰四月，又“率诸王猎于叶赫地方”⑤。清入关统一全国后，太平盛世，

---

①《西安乡土志》，光绪三十四年版。

② 徐世昌：《东三省政略》卷6《民政·奉天省附件》，长春：吉林文史出版社，1989年，第1026页。

③《清太宗实录》卷12，天聪六年十月丁亥，北京：中华书局，1985年，第174页。

④《清太宗实录》卷16，天聪七年十一月辛亥，北京：中华书局，1985年，第218页。

⑤《清太宗实录》卷35，崇德二年闰四月乙卯，北京：中华书局，1985年，第449页。

兵戈休矣，满洲八旗渐疏骑射。为保持满洲八旗跃马弯弓、纵横驰骋、研习武备，以防染指汉习，清廷遂于康熙初年按地域划分盛京、吉林、黑龙江三大围场，定行围之例。

盛京围场为东北较大围场之一，南起三知河，北至伊通河，东自辉发城，西至威远堡边门，东西 180 里，南北 490 里，面积相当于今吉林省梅河口市、辉南县、东丰县，辽源市西安区（原东辽县与辽源市合治）、西丰县等五县市区。盛京围场由大围场和鲜围场两大部分组成。大围场“为肆武之地”，鲜围场专备捕打鲜品，呈进贡物。鲜围场，即今梅河口市境内。大围场根据围内大小河流流向分为东流水围场、西流水围场。东西流的划分，据《西安县志》卷 1 载：“东流水，指辉发诸水东入松花江者言之；西流水，指叶赫诸水入辽河者言之，其界在西安东平间钢叉岭一带。”以松辽分水岭为界，将向西流入辽河诸水的围场称为西流水围场；将向东流入第二松花江诸流的围场称为东流水围场。盛京围场依围猎方式，分为御围、王多罗束围、鲜围、鸳远围及历年应捕围五种，计 104 围。御围（10 围），供皇帝狩猎之区，备皇帝巡幸盛京时用；王多罗束围（11 围），为盛京内务府捕牲丁的狩猎区域，作为定规年年捕获进贡物；鲜围（14 围），生擒鹿或捕获可作乾肉的鹿；鸳远围（含 6 围），意为处僻远之狩猎地；历年应捕围（含 63 围），又称大围场，为满洲八旗兵每年肆武狩猎之地。[①]

吉林为清朝发祥重地，其原住民大多为满洲八旗。吉林地区山多林密，便于野兽生息，自古以来就是狩猎之地。吉林围场较小，围场的围数，咸丰十一年（1861 年），吉林将军景伦在奏折中云：吉林“尚有围场二十一处”[②]。吉林围场各围互相连接，相对集中，这从康熙二十一年（1682 年）玄烨东巡时行围情形就可证明。《清圣祖实录》载：是年三月庚申，上巡幸乌拉地方行围，辛酉次鄂尔多哈达，壬戌次哈达必喇，癸亥次喇湖塔鄂佛罗，甲子次庚额，乙丑次库鲁，戊辰次阿尔滩诺门，己巳次色穆恳必喇，皆行围。[③]由此可见，如果各围互不连接，不可能如上所述每天都行围狩猎。吉林围场根据地域分为吉林西围场、伯都讷围场、阿勒楚喀所属蜚克图围场。吉林西围场，因位于吉林省城之西而得名。据《吉林外纪》载：其卡伦十一处，即“恩

① 天海谦三郎：《皇产》，《满洲旧惯调查报告书》，大连：南满洲铁道株式会社，大正四年。
② 光绪《大清会典事例》卷 179《户部·屯田》，光绪商务印书馆本。
③《清圣祖实录》卷 101，康熙二十一年三月，北京：中华书局，1985 年，第 20—21 页。

格木阿林、萨伦、依勒们、苏瓦延、伊通、库尔讷窝集、呢雅哈气、依巴丹、玛法塔嘎尔罕、汪邑、古拉库，以上十一处卡伦，官兵两月更换”[①]。据此考其境域：南与盛京围场为界，北达伊通县伊勒们站的驿路，东由伊勒们河岸至西威远堡门，其中心应为从伊勒们河至伊通河一带。[②]大致相当于今天吉林省伊通满族自治县和磐石市境内；伯都讷围场，位于沿松花江曲折处西行到东拉林河附近，南达通浩色、陶赖昭驿站以北的松花江一带，大致相当于今吉林省的扶余、榆树两市；阿勒楚喀所属蜚克图围场，位于蜚克图以东老营口山、大青背山、甬子沟、香炉砑子一带，大致在今黑龙江的宾县境内。吉林西围场与盛京围场相连成狭长形，乾隆十九年（1754 年），乾隆帝东谒祖陵，巡幸吉林围场，曾赋诗云：“吉林围接盛京围，天府秋高兽正肥。本是昔年驰猎处，山情水态记依稀。”[③]

黑龙江围场，据光绪《大清会典事例》载：“索约尔济围场，周一千三百里，西界喀尔喀车臣汗部落，南界科尔沁乌珠穆沁部落，东与北俱界黑龙江，共设卡座四十处。”[④]乾隆五十五年奏准：将索约尔济围场分赏黑龙江索伦巴尔呼及蒙古各部落札克萨等，“以索尔济山为界，东自哈哈河口，至索约尔济山根，北自察罕库图勒，至索约尔济山根，为黑龙江所属地方，分给索伦等”。[⑤]由此可知，清廷于乾隆五十五年将位于黑龙江省西南部的索约尔济围场，分别赏给索伦巴尔呼及蒙古部落的札萨克，以索约尔济山为界，将其东北部黑龙江所属之地分给索伦部为围场。然而，黑龙江所属的索伦围场经嘉道咸三朝至同治七年（1868 年）行围之举，因“争自军兴以来，东三省官兵征调频仍，且俸饷未能如期照数关领，由是行围之事，久已停止”[⑥]。

二、围场的职能与管理

清廷设置围场的目的有二：一是为满洲八旗“操演技艺”；二是为皇室进“贡鲜”。“操演技艺”，即行围。行围是八旗兵于围场进行狩猎习武的活动。八旗兵行围，分临时行围和定期行围两种。临时行围，在皇帝巡幸时

---

① 萨英额：《吉林外纪》卷 3，长春：吉林文史出版社，1986 年，第 45 页。
②《清穆宗实录》卷 101，同治三年四月乙未，北京：中华书局，1987 年，第 224 页。
③《吉林通志》卷 6《天章志》，台北：文海出版社，1965 年，第 470 页。
④ 光绪《大清会典事例》卷 709《行围·索约尔济围场》，光绪商务印书馆本。
⑤ 光绪《大清会典事例》卷 709《行围·索约尔济围场》，光绪商务印书馆本。
⑥《清穆宗实录》卷 243，同治七年九月癸卯，北京：中华书局，1987 年，第 383 页。

举行，届时由兵部咨会盛京、吉林将军率各城八旗兵丁参加，由统围大臣分八旗各翼举行合围。清入关以后，清帝时刻不忘祖训：我朝“天下弯弓善射，国语纯熟”[①]。康熙、乾隆、嘉庆、道光诸帝都曾巡幸东北，亲临围场行围。

康乾时期，为东北围场全盛时期，康熙帝三次东巡，几乎每天都行围打猎。关于康熙帝东巡行围的情况，康熙二十一年（1682年）扈从康熙东巡的高士奇在其所著《扈从东巡日录》中记载甚详。据他所见，皇帝行围时，先“以随驾军密布四周，旗色分八部，各以章京主之，分左右翼弛山谷间……惟视蓝旗所向，以为分合，有断续不整者，即以军法治之”。合围时“以镶黄旗大纛居中为首，圣驾在大纛之前，按辔徐行。两翼门纛相遇，则立而不动，以俟后队渐次逼近，谓之合围”。每当合围时“缇骑环山，旌旄焰野，狐兔麋鹿散走围中”，开一面释之，这时，“或皇上亲射，或皇太子射之”，身边亲王、大臣不得旨，不敢发矢，待兽有出围者方许诸人捕之。待中午“就山阳张黄幄”，进行野餐，“一日凡两合围，约行八九十里”。[②]又据《清圣祖实录》载，康熙帝于康熙二十一年巡幸吉林地方，曾指示宁古塔将军巴海、副都统萨布素等：“围猎以讲武事，必不可废，亦不可无时。冬月行大围，猎底行年围，春夏则看马之肥瘠，酌量行围。令贫人采取禽兽皮肉，须预先传明日期，以便遵行，所获禽兽，均行分给。围猎不整肃者，照例惩治，不可时加责罚，苛求琐屑。遇有猛兽，须小心防御，以人为重，勿致误有所伤。”[③]康熙五十年八月，康熙驻跸鄂尔楚克哈达，“是日，哨获大鹿十一只”，随从的吉林佐领那柳不胜惊喜，赞叹：“臣生长本地，一日获十一鹿者，臣实未经见，真神奇也。”康熙笑答曰：“朕从来哨鹿行围多所杀获，何神奇之有？”[④]乾隆帝于乾隆八年（1743年）东巡曾到吉林围场，赞誉盛京、吉林二将军及行围的八旗将士云：“依缰执役两将军，率下从公各效勤。都是沛丰诸子弟，争先奋勇起风云。”[⑤]嘉道以后，清廷内忧外患，国力中衰，东北各围场无帝王足迹。

定期行围，即按一定时节演围狩猎。有行围与大围两种。行围，各围场时间并非一致，盛京围场在芒种节前后，视马之肥瘠，酌量行围。大围，在

①《啸亭杂录》卷1《不忘本》，北京：中华书局，1980年，第16页。
② 高士奇：《扈从东巡日录》，长春：吉林文史出版社，1986年，第106页。
③《清圣祖实录》卷102，康熙二十一年五月丙寅，北京：中华书局，1985年，第32页。
④《清圣祖实录》卷247，康熙五十年八月庚辰，北京：中华书局，1985年，第449—450页。
⑤《吉林通志》卷6《天章志》，台北：文海出版社，1965年，第470页。

小雪前后，故亦称冬围。据《吉林外纪》载："每年小雪节后，捡选各城官兵一千名，行围采捕贡献，即于比较技勇，分别记注功过。"[①]每年十月，"将军启陈举冬围以闻"，然后先期由"荒营总理派员弁进山修围道，验营厂标记，戒期督管围总理率官兵以行"。由将军衙门，副都统衙门，兵、户、工、刑诸司，内外诸城抽调"官总四十有九，兵以千，各以职从"[②]。还有围纛、佛勒纛、梅勒纛、鸟图里纛、五杆十面旗帜。"行围时，按八旗排阵而行，成围时，无令不得擅射， 二十余日乃归。"[③]除此，还有不定期的围猎，即"四季常出猎打围，有朝出暮归者，有三两日而归者，谓之打小围……所得者虎、豹、猪、熊、獐、狐、鹿、兔、野鸡、雕羽等物"[④]。这种定制，咸同以后，因清廷库款支绌，经费无出，时停时兴，加之流民犯禁入围场偷垦，麋鹿往来之途被阻断，兽类日渐减少，行围最后终止。

围场不仅是狩猎演武的场所，也是为清皇室提供"贡鲜"的场所。围场从开围到废围，清朝历代帝王都按定例要求东北三将军及盛京内务府向皇室进贡野味。盛京围场与吉林围场在向皇室进贡的品种数量上有所不同。据《盛京典制备考》所载，盛京围场所贡分为鲜围应进、冬围应进、鹿差应进、应进年贡等。鲜围应进，即每年第一次进贡称初次鲜，在八月份派八旗兵进围场捕行；冬围应进，即每年冬围时举行，分两回进贡称二次鲜、三次鲜；鹿差应进，属各外城委派八旗兵进贡的分初回、二回、三回、四回进贡；应进年贡，每二年进贡一回，在当年四月由演围旗丁捕获，于省城（奉天） 饲养到十月送至北京。鲜围应进贡品为鹿尾五盘、鲜鹿舌五个、鲜鹿肋条十块、鲜鹿发尔什二十块、鹿大肠五根、鹿盘肠五根、鹿肚五个、汤鹿肉七块、晾鹿肉三十块、东鸭六十只。[⑤]其他几次进贡品种，大体相同，但数量要远远多于此。"贡鲜"剩余下来的皮肉，发给围猎的八旗兵丁食用。此外，内务府三旗还派捕牲丁三十名于王多罗束围场，每年定例纳鹿干肉二千七百束、生鹿一百二十头。道光二年（1822 年）谕旨：减六百束，其余每三束折银一钱。道光六年又谕：鹿干肉皆折银两，改纳生鹿一百二十只的规定，每只折银三两交纳。吉林围场，每年十月份进贡的鲜品有："二年野猪一口、一年

① 萨英额：《吉林外纪》卷 8《杂记》，长春：吉林文史出版社，1986 年，第 126 页。
②《吉林通志》卷 51《武备志 · 兵志二 · 驻防下》，台北：文海出版社，1965 年，第 3453 页。
③《吉林通志》卷 51《武备志 · 兵志二 · 驻防下》，台北：文海出版社，1965 年，第 3455 页。
④ 吴桭臣：《宁古塔纪略》，长春：吉林文史出版社，1993 年，第 93 页。
⑤ 崇厚：《盛京典制备考》卷 4《礼司应办事宜》，光绪二十五年刊本，第 14 页。

野猪一口、鹿尾七十盘、野鸡七十只、树鸡十五只、稗子米一斛、铃铛米一斛。”①此定例直到咸同以后围场开放后才停止。

清廷为保证驻防八旗演武及贡鲜，对围场的管理极为严格。盛京围场在盛京将军之下设围场总管，围场四周设十二个卡伦（监视所），每个卡伦派八旗官一名，旗兵二十名，并常置一支由八旗武官二十四员、旗兵四百八十员组成的监视队，分三班，四个月轮换一次，负责围场的巡视。②吉林围场在将军监督下特设 “荒营”，设置总理及行走章京、领催、外郎五员，向导兵十人，管理围场事务。荒营内行走官员，每月轮换率兵巡视各卡伦哨所缉捕犯禁奸民入山。吉林围场常设卡伦十一个，每个常置旗官一人，巡兵十一人，两月轮番负责围场的监视任务。③此外，盛京围场总管衙门还在每年各季节派八旗官兵巡视。立夏前，由围长带领梅伦二员，专达兵六名，周查围场；白露前，派梅伦一员、专达两名率卡伦兵十五人，驻扎柳河身稽查越界捕打牲畜的捕鲜官兵；寒露前，委官两名、专达四名率卡伦兵看守围场内的草木。④清廷对密猎私垦犯禁的“奸民”依刑律条款，加以重罚。兹将《大清律例·盗贼篇》有关条款抄录如下：

盛京威远堡南至凤凰城边外山谷附近围场处所，拿获偷伐木植、偷打鹿只人犯，审实果系身为财主，雇倩多人者，杖一百，流三千里。若无财主，一时会合，各出本钱，并雇人偷伐木植、偷打鹿只，越渡边关隘口者，杖一百，徒三年。为从及贩卖，并偷窃未得者，各减为首及已得一等。如系刨挖鹿窖，首从各于前例流徒罪上加一等治罪，分别面刺偷窃木植牲畜字样，未得者免刺，再犯者各于本罪上加一等治罪。其越边偷窃柴草、野鸡等项，初犯枷号一个月，再犯枷号两个月，三犯枷号三个月，满日各杖一百。为从及偷窃木得者，各减为首及已得一等俱免刺，并递回原籍，严加管束。倘于递籍后，复行出边偷窃者，即在犯事地方，枷号两个月，杖六十，徒一年。如再有犯，以次递加。其

① 崇厚：《盛京典制备考》卷 4《礼司应办事宜》，光绪二十五年刊本，第 15 页。
② 崇厚：《盛京典制备考》卷 5《围场处应办事宜》，光绪二十五年刊本，第 20 页。
③ 萨英额：《吉林外纪》卷 3，长春：吉林文史出版社，1986 年，第 45 页。
④ 崇厚：《盛京典制备考》卷 5《围场处应办事宜》，光绪二十五年刊本，第 19 页。

因偷窃未得递籍管束，复有越边偷窃者，仍照初犯例枷号一个月，杖一百，递籍严加管教。[①]

清廷对入围犯禁者依情节给予不同程度惩罚的同时，对围场官吏渎职行为，亦给予处罚。嘉庆六年（1802 年），清廷规定："盛京等处围场，如有潜入偷打牲畜，私挖蘑菇，砍伐木植等事，讯明该犯，或系吉林等处所属，或系威远等边口附近所属，失察之该界官，均罚俸一年。至巡察围场火班官查拿不办，亦罚俸一年。"[②]其目的在于保护鲜贡及围猎制度。

三、余论

清代围场制度与有清一代相伴始终，它作为清代国家建构的组成部分，是首崇满洲国策的重要体现，这种国策集中体现在清廷将"国语骑射"作为满洲传统而加以保留。"国语"，即满语，或称"清语"；"骑射"，即指骑马奔驰中射箭中的，它是满族长期狩猎生活中的民族特技。历史上，努尔哈赤为统一女真各部将分散的女真人编入八旗组织中，八旗制度具有军事、行政和生产三方面的职能，而"国语骑射"恰好体现了这种职能，它是统治全国的强有力的工具。

早在清入关前，皇太极就曾强调："我国家以骑射为业，今若不时亲弓矢，惟耽宴乐，则田猎行阵之事必致疏旷，武备何由而得习乎。盖射猎者演武之法……朕欲尔等时时不忘骑射……欲尔等识之于心转相告诫，使后世子孙遵守毋变弃祖宗之制耳。"[③]清入关后，太平盛世，为防止八旗子弟渐染汉习、骄逸自安、不习弓马，康熙以后诸帝时时告诫八旗官兵不忘"太祖、太宗开国之初常率诸贝勒大臣亲行校猎"，不忘"世祖一统中外岁时行幸南苑间或幸塞外行围，以习武备"。[④]在清廷统治者看来，东北是大清朝的龙兴之地，在其地设置围场、讲武事有着十分重要的意义，如嘉庆帝所说，东北"为王迹肇基之地，必当再三历勤思开创艰难，而骑射为国家根本重务，

① 阿桂等纂：《大清律例·盗贼篇》，北京：中华书局，2015 年。
② 光绪《大清会典事例》卷 709《行围·盛京围场》，光绪商务印书馆本。
③ 《清太宗实录》卷 34，崇德二年四月丁酉，北京：中华书局，1985 年，第 446 页。
④《清朝文献通考》卷 139《王礼考》，杭州：浙江古籍出版社，1988 年，第 6059 页。

秋狝岁举讲武习劳，即籍以倡率戎行不忘旧俗”[①]。因此，为使满洲八旗不忘骑射，清廷经常组织行围狩猎，这种狩猎活动实际是大规模的军事演习，包括皇帝在内身着甲胄，佩带弓箭，率领八旗王公大臣及八旗骑兵按季节在围场围猎较射。乾隆帝对保持骑射民族传统的认识更为深刻，他说：“古者春搜夏苗秋狝冬狩皆因田猎以讲武事，我朝武备超越前代，当皇祖时屡次出师所向无敌，皆因平日训练娴熟，是以有勇知方人思敌忾。若平时将狩猎之事废而不讲，则满洲兵弁习于宴安，骑射渐至生疏矣。”[②]为保留“国语骑射”的民族特点，清廷力图通过科举考试、学校教育等手段加以强化。康熙时期，规定八旗子弟参加文科的乡试、会试，要先试其步射、骑射，合格后才能应文科考试，以此将首崇满洲的特权固定下来。然而，“国语骑射”作为清廷维护全国最高统治的一项国策，充分体现清统治者主观愿望，伴随满族受汉族经济文化的影响与冲击，至乾隆以后，满洲八旗非但未能保留其精于骑射的特长，甚至有的满洲八旗连字数不多的履历册也不会用满文填写。对此，嘉庆帝在嘉庆八年（1840年）五月的上谕中云：

> 东三省系我朝根本之地，清语即如乡谈，原应不学而能，乃竟有不晓清语之人。想东三省似此者尚复不少，相沿成习，不惟不晓清语，必致技艺废弛，所关綦重，不可不加整饬。著盛京、吉林、黑龙江将军等各将所管官弁严行教训，务令马步射骑精锐，清语娴熟，毋忘本业。[③]

教训也好，训斥也罢，都于事无补。随着“国语骑射”的废弛，行围制也逐渐废止。

应当指出，清廷为保留八旗骑射的特技，严格对围场的管理，对私入围场围猎、私垦者予以取缔与惩罚，使围场形成禁中之禁。这种政策的直接后果是使广阔的山野长期处于人迹鲜至、与世隔绝的状态，客观上延缓了东北地区经济文化的发展。咸同年间，东北面临内忧外患、财政枯竭的危机，清廷最后允准招民开垦东北围场。

---

①《清朝续文献通考》卷181《王礼考·大狩》，上海：上海古籍出版社，2002年，第144页。

②《清朝文献通考》卷140《王礼考》，杭州：浙江古籍出版社，1988年，第6065页。

③《清仁宗实录》卷113，嘉庆八年五月壬寅，北京：中华书局，1986年，第501页。

第二节　吉林、盛京八旗围场的开放

一、吉林围场的开放

吉林围场，是吉林驻防八旗官兵练武围猎的场所。康熙二十一年（1682年），析出吉林西围场、伯都讷围场、阿勒楚喀所属蜚克图围场。吉林西围场南与盛京围场为邻，其范围东起伊勒们河，西至威远堡边门，其中心应为从伊勒们河至伊通河一带。大致相当今伊通满族自治县和磐石市境内。伯都讷围场，位于沿松花江曲折处西行至东拉林河附近，南达通浩色、陶赖昭驿站以北的松花江一带，大致相当今吉林省扶余、榆树两市。阿勒楚喀所属蜚克图围场位于蜚克图以东老营口山、大青背山、甬子沟、香炉砑子一带，大致相当今黑龙江宾县境内。[①]

吉林围场中最先开放的是伯都讷围场。嘉庆二十三年（1819年）十月，吉林将军富俊奏请"查明伯都讷围场荒地备垦"[②]，以备京旗苏拉移驻。嘉庆帝谕旨松宁等详查妥议，俟定议后再会同富俊办理。据松宁具奏："以试垦伯都讷围场地亩经费不敷，请俟双城堡屯地陆续升科后接办。"[③]此事遂告终止。道光元年（1821年）十二月，伯麟等上奏，伯都讷围场"可垦地二十余万晌"[④]。但因该处旗人为双城堡屯垦所选派，一时难以续派，故决定由流民代垦。然而"此项屯田原为移驻在京闲散旗人而设，将来移驻之后"，旗民经界不清，彼此不能相安。[⑤]为此，道光帝忧心忡忡，上谕云："吉林乃我朝发祥根本之地，一旦招集无数民人，不知其意何居，且聚之易而散之难，其理易见，即如所言，随时移驻京旗闲散，此项民人日久安居，又将何以措置，可再明白回奏。"[⑥]同年三月，富俊遵旨覆奏："因查伯都讷围场荒地亦系肥美，天地自然之利，可资旗人万年之养，与其使之就芜，何若垦之为田。第吉林旗人……派赴双城堡一千数百户，再无领赴伯都讷开垦之人，

① 赵珍：《资源、环境与国家权力——清代围场研究》，北京：中国人民大学出版社，2012年，第90—92页。

②《清仁宗实录》卷349，嘉庆二十三年十一月庚子，北京：中华书局，1986年，第612页。

③《清仁宗实录》卷349，嘉庆二十三年十一月庚子，北京：中华书局，1986年，第612页。

④《清宣宗实录》卷27，道光元年十二月辛巳，北京：中华书局，1986年，第479页。

⑤《清宣宗实录》卷27，道光元年十二月辛巳，北京：中华书局，1986年，第479页。

⑥《清宣宗实录》卷31，道光二年三月丙午，北京：中华书局，1986年，第544页。

始议奏请招募民人认垦。”[①]道光四年（1824 年）十一月，伯都讷围场正式开始招民开垦。计划垦地 20 万垧。招垦章程规定：招募民人，每名给地 30 大垧。四人联保，不准转租典卖，违者撤地追价入官，另行招佃。自所领地之年起第六年，每垧纳租制钱 300 文，小租钱 30 文。京旗苏拉到日，民人交出熟地 20 大垧，余 10 垧，即给领地民人作为己产。每垧仍征租制钱 300 文，给与印信执业，并听其典卖，照例税契过粮。[②]是月十三日，以伯都讷副都统衙门名义，出示晓谕招垦，其文如下：“奉谕旨，遂咨行伯都讷副都统等衙门，出示晓谕招垦，派员丈地分屯，申画经界，名其地为新城屯。以道光五年为始，分八旗两翼，每旗立二十五屯，每屯各设三十户，以治本于农务滋稼穑八个字为号，每一字各编为二十五号，共计二百屯。”[③]从道光五年招民认佃，当年认佃 1127 户，按八旗分拨 43 屯。翌年，认佃 917 户，分拨 31 屯，七年认佃 1556 户，分拨 46 屯。三年认佃总数达 120 屯，已达到预定数。[④]如以拨给每户 30 大垧计算，地亩总数达 100 800 亩，三年达开放围场计划的一半以上。

继伯都讷围场后开放的是吉林西围场。吉林西围场地连盛京，流民经常偷越卡伦、封堆，故围场内兽类逐渐减少。道光七年二月，道光帝谕军机大臣云：“本日据富俊参奏，围场内私行放入民人偷砍树木之员，已分别议处。盛京、吉林围场，每年猎杀牲兽，原为我满洲官兵操演技艺而设，向来牲兽甚多。兹据富俊奏称：上年行围，猎打数围，未获一鹿，且围场内时有贼人支搭寮棚。”[⑤]同年十一月，在围场内查出鹿窖二百余所。咸丰十年（1860 年）十二月，吉林将军景淳等奏请：“省西围场边，约可垦地八万余晌，阿勒楚喀迤东蜚克图站，约可垦荒八万余晌”[⑥]，是为吉林西围场开垦之始。当时仅限于围场边处，封堆以外之地。同治三年（1864 年），续放吉林西围场之地。是年四月，据景淳等奏请，户部议奏：“东由伊勒们河起，西至伊通河止并其间裁撤伊巴丹等五处废围，除留建公所外，净可垦地二万八千六百六十五垧。又东自庙岭起至一座毛地方，复由该处南面折至迤西之钓鱼台

①《吉林通志》卷 31《食货志四・屯垦》，台北：文海出版社，1965 年，第 2365—2366 页。
②《吉林通志》卷 31《食货志四・屯垦》，台北：文海出版社，1965 年，第 2339—2340 页。
③《吉林通志》卷 31《食货志四・屯垦》，台北：文海出版社，1965 年，第 2369 页。
④《吉林通志》卷 31《食货志四・屯垦》，台北：文海出版社，1965 年，第 2370 页。
⑤《清宣宗实录》卷 114，道光七年二月庚午，北京：中华书局，1986 年，第 915 页。
⑥《清文宗实录》卷 339，咸丰十年十二月壬午，北京：中华书局，1987 年，第 1040 页。

止，西以伊勒们河为界，北以旧设卡堆为界并其间裁撤之孤拉库等二处废围，除留建公所外，净可垦地八千二百三垧五亩”[①]，并“将倒木河之北旧有佛斯亨、海兰两围挪移，并将萨伦河等处各围一并移设，所有空旷闲荒地亩一并开垦”[②]。同治七年（1868年），因吉林八旗兵“需饷孔亟，请开垦围荒”，经派人确切查勘，“约计可垦之地共得二万晌有奇”。[③]八月，同治帝在上谕中亦云：“吉林围场原为长养牲畜以备狩猎之用，设堆置卡封禁甚严，乃该处游民借开垦之名偷越禁地，私猎藏牲，斩伐树木，迨林木牲畜既尽又复窜而之他，有招佃之虚名，无征租之实效，数百年封禁之地利遂至荡然无存。”[④]这表明封禁政策破产。因此，清廷对上述可垦的两万垧围荒，除一部分用作家屋、凿井、道路用地外，其余全部自同治八年起五年后升科征租。至光绪七年（1881年）吉林西围场全部开放。清廷将此围荒分为八牌，东四牌为博文、笃行、诚忠、允信四社，西四牌为耕读、勤俭、敦厚、崇礼四社，收押租，耕种五年后升科。[⑤]

阿勒楚喀所属蜚克图围场，咸丰十一年（1861年）开放。据《吉林通志》载：“阿勒楚喀所属蜚克图站迤东围场闲荒柳树河子、甬子沟、三清宫、二道河子、大石头河、晾网等处垦地十七万六千二百五十五垧三亩七分，咸丰十一年奏准开垦。”[⑥]同年，咸丰帝谕军机大臣云：“阿勒楚喀迤东蜚克图站约可垦地八万晌，仍照旧先取押租，俟五年升科。”[⑦]光绪六年，又派通判王绍元等履亩勘丈，共查出碍围佃民910余户，垦熟地亩一万余垧，阿属围场仅存“大青背山附近，斜长四五十里，宽十数里之地未经侵碍”[⑧]。清廷鉴于“近年围猎久停，官长亦耳目不及，故民愈聚而愈众，地愈垦而愈多”的事实，认为“若概予驱逐，各佃民耕凿相安，转使流离失所，况人烟稠密，禽畜早无处潜踪，事隔多年，势难规复”，不得已将“柳树河、甬子沟佃民开垦碍围之地一律清丈，给照升科”。[⑨]光绪十一年开始征租，据《吉林通

①《清穆宗实录》卷101，同治三年四月乙未，北京：中华书局，1987年，第224页。
②《清穆宗实录》卷101，同治三年四月乙未，北京：中华书局，1987年，第224页。
③《清穆宗实录》卷236，同治七年六月丙寅，北京：中华书局，1987年，第258页。
④《清穆宗实录》卷241，同治七年八月戊辰，北京：中华书局，1987年，第341页。
⑤《吉林通志》卷31《食货志四·屯垦》，台北：文海出版社，1965年，第2219页。
⑥《吉林通志》卷31《食货志四·屯垦》，台北：文海出版社，1965年，第2219页。
⑦ 光绪《大清会典事例》卷167《户部·田赋二》，光绪商务印书馆本。
⑧《吉林通志》卷29《食货志二·田赋》，台北：文海出版社，1965年，第2168—2169页。
⑨《吉林通志》卷29《食货志二·田赋》，台北：文海出版社，1965年，第2169—2170页。

志》载：是年，纳租地 84 035 垧 8 亩 1 分，丈出浮多地 91 558 垧 3 亩 3 分。[①]

二、盛京围场的开放

盛京围场设于天命年间。[②]盛京围场为东北较大围场，南起三通河，北至伊通河，东自辉发城，西至威远堡边门，东西 180 里，南北 490 里，面积相当今吉林省梅河口市、辉南县、东丰县，辽源市西安区、西丰县等五市区。盛京围场由鲜围场和大围场两大部分组成。鲜围场“专备捕打鲜品”，向清皇室呈进贡物；大围场为八旗官兵“肆武之地”。大围场根据围内河流流向分为西流水与东流水围场。盛京围场经顺康雍乾嘉道六朝，至咸同以后，由于行围经费无措，加之围场邻接吉林省内的荒地渐次开垦，鹿只往来之途被阻断。同治十三年（1874 年）以后废除行围，至光绪五年（1879 年）奏请行围正式开放，盛京围场开放历经 25 年，按时间先后分三个阶段，即鲜围场的开放、西流水围场的开放、东流水围场的开放。

鲜围场的开放。鲜围场，约在今吉林省梅河口市境内。光绪五年，署将军侍郎崇厚选派委员周历履查盛京围场情形，彼等回奏曰：“流民潜入私垦为时既久，人户众多，如那丹伯、土口子、梅河等处以及大沙河一带，垦地居民阡陌相连，并有直隶难民陆续前来，搭盖窝棚者，概行驱逐，铤而走险，所关甚重，不得不急思安插。”[③]其中，所列私垦地区大多为鲜围之区，请求“宽其既往，已垦者概予查丈升科，未垦者划清界限”，仅仅“宽留大围场，以便讲武照旧举行”。[④]清廷准其所奏，复派记名副都统、兵司协领文绪总办围场事宜。据文绪等奏报：彼等查看围场山水形势，划分界限，“鲜围场，原有私垦流民就地升科”，统计开垦地亩，“自土口子起入东大沟，斜向东北，至色力河旧封堆止，长三百五六十里，南北宽一百余里，至四五十里不等，南与新设通化县接壤，北界现挑围濠及五石封堆辉发河南为界……除山林树木外，共计拨领押荒熟各地一百零二万余亩”。[⑤]收押荒东钱 102 万余两，照东边外章程，每岁征正额银 2 分，耗羡银 1 分，于本年秋后起征，按年纳课，是为盛京围场开放之始。随后，盛京将军设海龙围场总管，掌全

---

①《吉林通志》卷 31《食货志四·屯垦》，台北：文海出版社，1965 年，第 2232 页。

② 据光绪三十四年版《西安乡土志》载：“国朝天命四年，灭叶赫后设大围场。”

③《奉天通志》卷 45《清十九·德宗二》，沈阳：东北文史丛书编辑委员会，1983 年，第 933 页。

④《奉天通志》卷 45《清十九·德宗二》，沈阳：东北文史丛书编辑委员会，1983 年，第 933 页。

⑤《奉天通志》卷 45《清十九·德宗二》，沈阳：东北文史丛书编辑委员会，1983 年，第 933 页。

围事务。其下署坐办围场左右翼长驻扎朝阳镇、山城子，置防御四人、骁骑校四人、笔帖式一人分掌其事。又设海龙城抚民通判，管理词讼诸事，并封禁残余围场。

西流水围场的开放。如前所述，盛京大围场，据围内大小河流向分为东西流水围场。据《西安县志》载："东流水，指辉发诸水东入松花江者言之；西流水，指叶赫诸水入辽河者言之。"即以松辽分水岭为界，将向东流入第二松花江诸河流域，称为东流水围场；将向西流入辽河诸水流域，称为西流水围场。西流水围场相当于今吉林省西安、西丰之地。光绪二十一年（1895年）十二月，盛京将军依克唐阿奏请开放西流水围场。他在上奏中云："奉天大围场仿照开垦鲜围场成案，一律招民开垦，惟此八十五围数万亩之地，非一时所能全垦，其数万户之民，亦非一时所能全招，拟先将西近海龙城一带之大围场招民开垦，以四十五围为限，其余四十围依旧封禁。"[①]朝廷允准，委派盛京户部侍郎良弼为西流水围场垦务大臣。同年九月二十五日，良弼由省城启程，督同委员等，携带绳弓，驰赴围场，奏定勘荒章程六条，在威远堡门及开原县商家台设土地勘放分局，于降雪前"共丈得毛荒四万余亩"，所收荒价遵照奏定章程，每亩三钱归公，共收库平银一万余两，拟即送交盛京部库储存。[②]然而，因东西流水围场界"山岭互相插入，势不能无所溢用"[③]。光绪二十五年七月，"查明共溢占全围者十围，半围者五围，三分之二者二围，三分之一者一围"[④]。翌年三月，光绪帝在上谕中批驳良弼办理西流水围场垦务，"溢占多用，希冀罔利……办理全无章法，并将朱朱胡一围自行占领九十余方"[⑤]，擅权舞弊，将其革职，永不叙用。西流垦务著派清锐接办，命其务须彻底清理，将应办一切章程，妥为筹商，奏明办理。时值义和团运动爆发，办理围场垦务暂时停止。光绪二十七年六月，清廷又派新任盛京工部侍郎钟灵前往办理。钟灵受命，亲身巡视各围场，发现良弼"前发执照，纷杂不一，轇轕实繁"[⑥]，遂令"各领户，于一月内将前领执照呈缴备核"[⑦]。并定章程六条，设四分局进行清丈。钟灵于任内勘放整理二十围，

①《谕折汇存》，光绪二十二年三月三日，中国第一历史档案馆藏。
②《谕折汇存》，光绪二十二年十一月十四日，中国第一历史档案馆藏。
③《谕折汇存》，光绪二十六年三月十六日，中国第一历史档案馆藏。
④《谕折汇存》，光绪二十六年三月十六日，中国第一历史档案馆藏。
⑤《谕折汇存》，光绪二十六年三月十六日，中国第一历史档案馆藏。
⑥《谕折汇存》，光绪二十九年二月二十一日，中国第一历史档案馆藏。
⑦《谕折汇存》，光绪二十九年二月二十一日，中国第一历史档案馆藏。

其中对有地无照者一律补纳地价，但其在整理过程中，搜刮民财，收受贿赂，光绪二十九年（1903 年）被参奏革职。是年六月，由垦务大臣廷杰代之。廷杰上任伊始，首先剔除积弊，奏定章程十条，从事残部二十五围的整理。三十年二月，与海龙府知府孙昌寿协力，于适宜之地酌留数十亩乃至百余亩的义地，又于车马往来之区，酌留宽一弓（五尺）的道路敷地。同年十一月，西流水围场全部开放。

综上，西流水围场原四十五围，加良弼越放十八围，共计六十三围，西流水围场的全部开放历经九年，垦务大臣四易其人，制定章程四次，丈放事务纷杂，民事诉讼繁多，为奉天省之最。

东流水围场开放于光绪二十五年。如前所述，盛京围场，光绪二十三年经户部议奏："西四十五围先行招垦，东四十围仍旧封禁。"[①]光绪二十四年七月，钦奉上谕："金州、旅顺等处现已划归俄人，所有租界民亟宜别筹安插，奉天围场除奏准开垦外，尚有四十余围留作禁山，其地足数分拨，著依克唐阿体察情形，奏明办理。"[②]翌年九月，清廷令晋昌办理东流水围荒。据晋昌等奏报，彼等是年十一月二十八日，由省城赴围场，见东流水围场"地势壮阔，脉远而长，兼之山岭回环，川路纡折，内平衍而外险阻，诚为吉林之南障，而奉省备防之后路也。其围界南控海龙，北达伊通，西与西流毗连一岭，东通朝阳各镇，东西斜长一百余里，南北宽至数十里，或百余里不等"[③]。彼等酌商，拟于围内适中之区，宽留城基一处，与西流势成犄角，其四周酌设大小十二镇，并于附近城镇地方，"相其形势，如果可以屯兵或宜牧养，即择要划留，以备将来之用，其余但系可垦之地，均应挨次丈量，编立号数"[④]。因开绳已届冬初，嗣因大雪弥漫，难施绳丈，遂于腊月间停止清丈，共丈出上中下八千余号，约地 30 万亩。如前所述，此项荒地原为安插俄属租界金州旗民，但是"租界以内事关交涉，当经咨由总理衙门转行知照，并令该委员赴旅面商俄员，乃几经辩论，彼坚不允"[⑤]。其主要原因"恐众户迁徙，赋役无出，故多方推脱"[⑥]，以致义和团运动爆发，此事遂致搁置。光绪

①《谕折汇存》，光绪二十六年三月十六日，中国第一历史档案馆藏。
②《谕折汇存》，光绪二十六年三月十六日，中国第一历史档案馆藏。
③《谕折汇存》，光绪二十六年三月十六日，中国第一历史档案馆藏。
④《谕折汇存》，光绪二十六年三月十六日，中国第一历史档案馆藏。
⑤《谕折汇存》，光绪二十六年三月十六日，中国第一历史档案馆藏。
⑥《谕折汇存》，光绪二十六年三月十六日，中国第一历史档案馆藏。

二十七年（1901 年）春，清廷又命副都统衔协领英凯，修正章程，续放东流水围荒。规定："无论旗民均准一体交价报领。"[①]于光绪三十年九月底一律丈放完竣。除西流水占用拨补酌留各项地亩不计外，共二十二围，放地 1 167 270 亩，城基地 2148 亩 4 分，镇基地 312 亩 5 分，共收库平银 1 451 029 两，经费库平银 217 654 两 2 钱 5 分。[②]然而，在开放过程中"新辟围荒，隐匿浮地，弊混丛滋"[③]。光绪三十三年十二月，东三省总督徐世昌重定清丈东流水围地试办章程，派员设局请丈收价放领。[④]至宣统二年（1910 年），东流围荒全部丈放。

第三节　东北八旗牧厂地的开放

清代东北八旗牧厂地开放的问题，是清代东北史研究中久未涉猎的问题。本节拟就东北八旗牧厂地的开放过程及与此相关的问题，作初步探讨。

一、道咸以降东北面临的形势

道光二十年（1840 年），西方列强恃武力打开了清朝的大门，清朝成为列强瓜分的对象。19 世纪末 20 世纪初，清朝从内地到边疆普遍出现了危机。东北地区界临日俄，日俄侵略的魔掌伸入东北各个领域。咸丰十一年（1861 年），营口开港，西方列强的势力侵入中国东北。《瑷珲条约》《北京条约》的签订，让俄国夺去了中国黑龙江以北、乌苏里江以东一百多万平方公里的土地。咸丰八年及以后的三十几年间，俄国非法侵入松花江十多次，无理要求在松花江上航行，实质上是要夺取中国内河的航行权。不仅如此，俄国还不断吞食吉林省东部边疆地区。咸丰十一年后，俄国擅自将界碑向中国移动，安设俄卡、强设兵营，并在黑龙江大肆掠夺漠河金矿。日本在甲午中日战争后，也将大量资本投入中国东北。俄国在甲午战争后，以干涉日本退还辽东半岛为借口，向清廷索取报酬。光绪二十三年，俄国与清政府签订《中俄密约》，取得了在东北修筑和经营中东铁路的特权。光绪二十六年，俄国又以

①《谕折汇存》，光绪三十一年四月一日，中国第一历史档案馆藏。

②《谕折汇存》，光绪三十一年四月一日，中国第一历史档案馆藏。

③《政治官报》，光绪三十三年十二月十六日，中国第一历史档案馆藏。

④《奉天官报》，第 24 号，宣统三年九月十七日，辽宁省档案馆藏。

义和团运动为借口，悍然出兵东北，制造了骇人听闻的“江东六十四屯惨案”和“海兰泡惨案”。光绪三十年（1904年）至光绪三十一年的日俄战争给东北人民造成了巨大的损失，战后缔结的《朴次茅斯条约》，将南北满洲划为日俄的势力范围。至此，东北边疆面临的危机日益加深。而这时的清政府腐败无能，加上对东北仍实行封禁政策，使东北人民无法生活下去，于是东北大地上出现了“马贼”横行，“金匪”“矿匪”“参匪”遍地的局面，这些实质上是各地饥民的反清斗争。但清政府在面临内外交困的严峻形势下，却采取“安内攘外”的政策，将主要兵力用于镇压人民起义。由于清廷频繁征调兵员，对外大量赔款，整个国家财政危机和边防废弛的局面，尤以东北最为突出。据《清文宗实录》记载，仅咸丰二年（1852年）至咸丰七年，“吉林、黑龙江马队官兵，先后调往各路军营助剿，为数约有一万三千名”，而留在原驻防地，“吉林兵尚有六千余名，黑龙江兵计有二千余名”[①]，造成东北兵员严重不足。封禁政策导致东北地区地多人少，财政经费不能自给。东三省经费原由户部领取，咸丰初年，改为由各省调拨，解至盛京户部，三省分别关领。同治以后，各省拨济东三省经费，几乎年年缺额。上述的反清斗争、兵丁内调、财政危机，充分表明东北边疆所面临的严峻形势。对此，有识之士大声疾呼要加强东北边务，弛禁放荒。清廷在国际形势压迫下及国内舆论和如潮似涌的流民冲击下，为了缓和日趋恶化的边疆危机，不得不放弃封禁东北的政策，逐步开放官荒旗产。

二、八旗牧厂地的开放

东北的八旗牧厂主要设在奉天省，如大凌河牧厂、盘蛇驿牧厂、养息牧厂等。大凌河牧厂，位于奉天省锦州南部，大小凌河流域，“东至右屯卫，西至鸭子厂，南至海，北至黄山堡，东西长九十里，南北长十八里至六十里不等，计地万七千九百余顷”[②]。盘蛇驿牧厂，原为大凌河牧厂的一部分，位于“广宁迤南，距城自四五十里至七八十里不等”，“东西斜长一百二三十里，南北横亘三十里至七八十里不等”。[③]“养息牧厂”满语为suruke（音译苏鲁克，汉语为养息），因苏鲁克河而得名。位于“锦州府广宁县北二百

①《清文宗实录》卷228，咸丰七年闰五月辛丑，北京：中华书局，1987年，第550页。

②《清朝文献通考》卷12《田赋考·官田》，杭州：浙江古籍出版社，1988年，第4961页。

③《奉天公署档》，第4389号，辽宁省档案馆藏。

一十里，牧场设杜尔笔（都尔鼻）山下”，“东至科尔沁左翼前旗九十里，西至吐默特左翼界（今承德府朝阳县——原文注）六十里，南至彰武台边门五十里，北至科尔沁左翼前旗二百里”。[①]牧区“东西距百五十里，南北距二百五十里”[②]，相当于今辽宁省彰武县全境。上述三大牧厂皆设于清初。据光绪《大清会典事例》记载，“顺治五年题准：奉天中前所、前屯卫、中后卫三处地亩，令八旗均分为牧厂，自东迤西先给两黄旗、次两白旗、次两红旗、次两蓝旗”[③]。同书又载：“顺治年间定：大凌河骟马，每群岁给黑豆三百仓石。”[④]清廷对牧厂的管理，因牲畜种类不同，养息牧厂分两部分，即陈苏鲁克与新苏鲁克。新苏鲁克为牧厂西北新开河（流经今彰武县境内者，注入新民市境称柳河）的上游，长宽各四十里的狭窄地区。此外，全牧区 95% 属于陈苏鲁克。陈苏鲁克，清初直辖于内务府庆丰司，后归盛京礼部，乾隆三十年（1765 年）交盛京将军管辖。牧厂“额设月食二两银翼长二员，食一两银副翼长四名，牧长十四名”[⑤]。新苏鲁克，康熙三十二年（1693 年）设立，由盛京将军管辖，“额设月食二两牧长一员，月食一两副牧长一名，领催二名，牧牛人十五名”[⑥]。大凌河牧厂，最初直属兵部，康熙九年以后移内务府上驷院，乾隆十五年，归盛京将军管辖。清代八旗牧厂地属清廷的封禁区，所谓“留为牧马地，不许民间开垦”[⑦]。事实上，乾隆以来汉族流民就已进入八旗牧厂开垦土地，咸同以后逐渐开放。

（1）大凌河八旗牧厂地的开放。大凌河牧厂的开垦始于乾隆十三年。是年，将原放牧的一万八千余匹马，划拨给蒙古王公及商都达布逊诺尔总管一万匹，余下八千匹编成二十群。这样，使原来的牧厂地有余，于是沿牧厂西部向东划分方圆十里，允许八旗官兵耕种，即文献所载：“今既裁减马群，应于马厂西界横截十里，给予官兵就近耕种，以资养赡。”[⑧]嗣后，大凌河牧厂逐渐被开垦。乾隆四十年，“岫岩城五块石各兵丁牧马官厂内有山东流来民人偷垦地亩，私造房间”，户部议准：“不必拆毁，令其入官，仍著伊

①《沈故》卷 2《杨柽木厂》，沈阳：辽沈书社，1985 年，第 296 页。
②《清朝文献通考》卷 12《田赋考・官田》，杭州：浙江古籍出版社，1988 年，第 4959 页。
③ 光绪《大清会典事例》卷 161《户部・盛京牧场》，光绪商务印书馆本。
④ 光绪《大清会典事例》卷 1206《内务府・大凌河刍萩》，光绪商务印书馆本。
⑤《彰武县志》卷 1《疆域》，民国二十二年。
⑥ 崇厚：《盛京典制备考》卷 5《围场处应办事宜》，光绪二十五年刊本，第 21 页。
⑦ 光绪《大清会典事例》卷 161《户部・盛京牧场》，光绪商务印书馆本。
⑧ 光绪《大清会典事例》卷 161《户部・盛京牧场》，光绪商务印书馆本。

等居住耕种纳租。”[①]乾隆四十六年（1781 年），户部又议准：“牧场辽阔，近来王公牧放渐稀，流寓小民渐渐聚成屯落，势难禁其私垦，不若准其耕种升科，作为有收之土。惟实与游牧毗连者，仍禁私垦，地利渐兴，耕与牧固不相妨也。”[②]十年后的乾隆五十六年，又奏准：“大凌河东西牧厂荒地三十一万八百余亩，按地亩数目，分别肥瘠，应设二等庄头三十八名，每名拨给地五千一百亩，三等庄头二十六名，每名拨给地四千五百亩，各令开垦。”[③]咸同以后，冒禁偷垦牧厂地者愈加增多。咸丰六年（1856 年）四月，户部查出锦县民人穆亭扬偷垦大凌河牧厂地达八千亩之多。[④]同治元年（1862 年）四月，户部奏称：查明大凌河一带闲荒，并非牧马之地，理应招垦，咨文盛京将军“详细稽查，将民人私种地亩一概报明入官，按亩升科，造册送部，以收地利而裕饷需”[⑤]。

大凌河八旗牧厂地的全面开放是在光绪二十七年（1901 年）。是年七月，盛京将军增祺上《拟将大凌河牧厂招垦收价以裕饷糈》一折，光绪帝以为增祺所奏“尚属实在情形，著照所请，由该将军进派妥员，详细开办，并将未尽事宜，酌定章程，奏明办理”[⑥]。曾祺奉圣旨，选派候选知府李淦为总办，带同各员役前往设局丈放，察勘土地肥瘠，分别酌定荒价，制定《丈放大凌河牧厂地亩酌定章程》。[⑦]章程主要内容：①丈放地域。锦州杏山、女儿河以东，大凌河以西四甬碑，大凌河以南至海，“东西斜长六七十里，南北二三十里不等”，有土地四十六七万亩，拟由该地域从东至西划分为礼、义、仁、智、信五段。②设置丈放机构。于奉天城设立清丈总局，牧厂内设行局。行局内设总办、帮办、委员、夫役管理丈放事宜。③确定报领原则。章程规定：牧群官丁、旗人、民人“于此次招垦地内，准其一体交价报领，不愿承领者，听其自便”。④对牧厂内私垦土地的规定。“私垦各地，非止一年，现令从实报出，复加勘丈，仍准原户报领，按照土地，每亩交库平银二两一钱，均请免追以前花利。倘敢隐匿，抗违不报，或从多报少，即行撤地另放，以剔宿弊。”⑤征收地价。依土地分为平地与山荒。平地分为四等。上地，

①《清朝文献通考》卷 5《田赋考・八旗田制》，杭州：浙江古籍出版社，1988 年，第 4906 页。
② 王庆云：《石渠余纪》卷 4，《近代中国史料丛刊》第八辑，台北：文海出版社，第 413 页。
③ 光绪《大清会典事例》卷 161《户部・盛京牧场》，光绪商务印书馆本。
④《清文宗实录》卷 195，咸丰六年四月壬辰，北京：中华书局，1987 年，第 109 页。
⑤《清穆宗实录》卷 26，同治元年四月己卯，北京：中华书局，1987 年，第 710—711 页。
⑥《谕折汇存》，光绪二十八年二月一日，中国第一历史档案馆藏。
⑦《谕折汇存》，光绪二十八年二月一日，中国第一历史档案馆藏。

每亩收库平银二两一钱；中地，每亩收库平银一两四钱；下地，每亩收库平银七钱；最下亩，每亩收库平银二钱八分；山荒地分为三等。上等，每亩收库平银三钱五分；中等，每亩收库平银一钱七分；下等，每亩收库平银八分四厘。这样大凌河牧厂，从光绪二十七年（1881年）七月开始丈放，至第二年已丈出地四十六七万亩，而且“其私垦熟地，暨山荒尚不在内”，“收价已逾五十余万两，颇济目前之急，而报领者仍复接踵而至”。[①]据光绪三十三年档册记载：“大凌河牧厂升科地，粮地五十一万一千八百八十亩九分六厘八毫五丝二忽，又丈放浮多山荒地九十四亩八厘七毫五丝，应征正课银一万三千二百三十二两八钱七分六厘六毫三丝九忽三微，耗羡银四千五百九十六两一钱一分八厘三毫二丝三忽。”[②]至此，大凌河八旗牧厂地全部开放。

（2）盘蛇驿八旗牧厂地的开放。盘蛇驿八旗牧厂，即大凌河东厂。这里因汉族流民流入早，道光年间即部分开放。至同治元年（1862年），户部奏称：“大凌河一带闲荒，并非牧马之地，理应招垦”，咨文盛京将军“详细稽查，将民人私种地亩一概报明入官，按亩升科”。[③]翌年十一月，据副都统恩合奏称：“广宁属界牧场，经该副都统督率佐领分段查丈，招佃认垦荒地二十二万余亩，按上中下则，共收押荒银二万两，查出私开地亩，依照上则，共收押荒银四百两。”[④]盘蛇驿八旗牧厂地的全部开放是在光绪二十九年。是年九月，盛京将军曾祺上奏云：“窃查奉天广宁县迤南之盘蛇驿旧有牧厂一区，东西斜长约一百二三十里，南北横亘三十里至七八十里不等，前于同治初年经锦州副都统恩合奏请丈放招垦……迄今共实剩升科地二十一万余亩”，“现拟派员普遍绳丈，逐户清查，凡现在交纳官租之地，仍旧原户管业……下余闲荒亦即按地之高下，以定价之等差，一律招户认领”。[⑤]曾祺的上奏得到朝廷允准。同年十月，曾祺会同锦州副都统钮楞额、盛京户部侍郎溥颋等筹办开放事宜。光绪三十一年三月，制定了《酌定丈放盘蛇驿牧厂地亩章程》八条。[⑥]其要点：①酌定地价。生荒地定为上中下三等，上等每亩收库平银一两四钱，中等每亩收库平银七钱，下等每亩收银二钱八分，

---

①《谕折汇存》，光绪二十八年二月一日，中国第一历史档案馆藏。

②《内阁官报》，第120号，宣统三年十一月二日，中国第一历史档案馆藏。

③《清穆宗实录》卷26，同治元年四月己卯，北京：中华书局，1987年，第710页。

④《清穆宗实录》卷86，同治二年十一月丁卯，北京：中华书局，1987年，第808页。

⑤《谕折汇存》，光绪二十九年九月二十六日，中国第一历史档案馆藏。

⑥《谕折汇存》，光绪三十一年三月二十五日，中国第一历史档案馆藏。

其私垦成熟之地，大半膏腴定为上中两等，每亩均照生荒加价七钱，上等每亩收库平银二两一钱，中等每亩收平库银一两四钱。②设局派员。于牧厂地适中之处沟帮子设行局，简派各员专司其事。③酌收经费。奉天省丈放各地荒地，均于正价外，收一成五厘经费，作为“设局派员薪工车马等项之需”，“收取一成五厘经费，俾资办公”。④收价给照。为避免拖欠假掩诸弊，按照《大凌河放垦章程》规定：“领户交价，由行局收支处兑收讫，发给执照，赴地所，听候委员挨次拨放。”土地丈放至翌年四月结束，“共计上中下生熟地五十七万四千二百一十一亩三分六厘八丝，应收正价库平银三十二万一千零八十九两五钱零八丝，经费库平银四万八千一百六十三两四钱三分八厘一丝二忽，现已一律收齐”[①]。

（3）养息八旗牧厂地的开放。康熙三十一年（1692年），科尔沁左翼前宾图郡王旗及土默特旗献东鲁荒为永陵、福陵、昭陵祭牲牧养[②]，故“彰武县属全境地亩，本系牧放官牛羊厂甸”[③]。该牧厂地也早为汉族民人与蒙人私垦。嘉庆九年（1805年），就查出私垦地二万四千四十六垧，清廷严令将“有碍游牧地九千四百四十六垧全部严毁”外，其无碍游牧地九十一万四千六百垧，按蒙古户口三千五百三十名，每名给地四垧，其中翼长四员，再给二十垧，牧长、牧厂四十员，每员再给十垧作为随缺地“永远定额，不准多垦”。[④]嘉庆十七年，钦差大臣松筠、盛京将军和宁会同办理大凌河试垦，同时在养息牧厂划出一部分牧厂地亦招旗人、民人开垦。至翌年秋，“已开垦成熟八千四百顷（一万六千八百亩）”[⑤]。据其所奏：五年以后，可开垦熟地八十八万亩。嘉庆帝阅此上奏，以为“此时若尽行裁撤，平毁沟壕，拆逐窝铺，转多纷扰，此事既不糜国家经费，每年又增收租谷，竟以仍行开垦为是”[⑥]。命晋昌前往查明养息牧厂试垦地，议定适宜办法具奏。[⑦]晋昌等确定试垦地以后，议奏六条办法。[⑧]主要内容：①试垦五年间，垦地八十四万亩。其中，锦州属旗丁领垦三十二万亩，广宁属旗丁领垦十三万亩，义州属

①《谕折汇存》，光绪三十三年五月三日，中国第一历史档案馆藏。
② 吴廷燮：《奉天郡邑志》卷2，满蒙丛书本，1921年。
③《奉天公署档》，第4389号，辽宁省档案馆藏。
④ 光绪《大清会典事例》卷161《户部・盛京牧场》，光绪商务印书馆本。
⑤ 光绪《大清会典事例》卷161《户部・盛京牧场》，光绪商务印书馆本。
⑥ 光绪《大清会典事例》卷161《户部・盛京牧场》，光绪商务印书馆本。
⑦《清仁宗圣训》卷60，北京：北京燕山出版社，1998年，第5898页。
⑧ 光绪《大清会典事例》卷161《户部・盛京牧场》，光绪商务印书馆本。

旗丁领垦六万亩，苏鲁克三营牧丁领垦十二万亩。②领垦的土地，准雇民人开垦，或租与民人耕种，及与民人夥种多种，均听其便。③领垦地五年后，照奉天伍田升科之例，每亩征银四分，责成该管官催征，汇解盛京户部充饷。④对领垦地的管理。由广宁、义州佐领内拨派总管一员，由省城八旗防御内选拔界官两员，并派马兵二十四名，步兵九十五名以充差役。

养息牧厂地的全面丈放始于光绪二十二年（1896年）。是年五月，允许汉人交价认领。丈放的区域，即“新陈苏鲁克八十四村屯所留草牧厂段六十五万余亩，牧厂排地十四万六千亩，前后共放生熟各地五十八万余亩”[①]。丈放过程，援照盛京围场定例，“每亩三钱三分交纳荒价，三年后起科”[②]。并派盛京户部侍郎傅顾为垦务大臣，下设委员，管理土地丈量、征收地价诸事。光绪二十五年五月，又划出作为蒙汉杂居马厂地余荒八万九千六百四十九亩，以及救恤贫穷蒙人为目的的余地三万五千三百一十九亩。[③]至光绪三十三年，由盛京将军赵尔巽主持拟定章程全部清丈。清丈章程要点[④]：①征收地价。熟地每亩收价六钱六分，以三钱六分作为经费；荒地每亩收价三钱三分，以三分作为经费。②浮多地亩，如系熟地先尽原垦之户承领，倘系荒地，归首先呈报之人具领，统限于丈明后二十日内交清地价。③所放熟地当年起科，生荒三年后起科，每亩岁征银三分。这次清丈土地连同此前丈放土地在内，一律清丈后发给土地执照。下面列举一份光绪三十三年清丈时发给领户的土地执照，内容如下：

> 钦命镇守盛京等处将军兵部尚书都察院右都御史、奉天旗民地方事务兼粮饷赵为发给印照事。照得彰武地亩原丈底册经乱遗失，且地照多未换给，无凭稽核，必须普遍覆丈，其养息牧试垦续垦租地缺额甚巨，亦应彻底清查。经本军督部堂拟定章程，奉准设局并案清丈，除彰武县原放地亩免交地价外，其余无论租地及浮多闲荒一律收价丈放。前已出示晓谕，并派员勘办在案。兹据领户白令阿承领补辰字第参百七拾参号段地五拾亩，应交地价并一五经费，共库平银拾六两五钱，已遵章交清，合行发给印

①《谕折汇存》，光绪二十四年六月十三日，中国第一历史档案馆藏。

②《谕折汇存》，光绪二十三年二月二十八日，中国第一历史档案馆藏。

③ 天海谦三郎：《一般民地·附录》，《满洲旧惯调查报告》，大连：南满洲铁道株式会社，大正四年。

④《谕折汇存》，光绪三十三年四月六日，中国第一历史档案馆藏。

照。粘连原给丈单，收执管业，照章于光绪三十四年起科，每亩按年完正课银二分，耗银一分，毋得拖欠，须至印照者。①

土地执照为领户土地所有权的法律凭证，执照除说明为何清丈土地，发给执照外，更主要的是载明领户承领土地的数量，应交地价及起科年限，这是八旗牧厂地向一般民间私有地转化的法律凭证。

至此，清代东北八旗三大牧厂地全部开放，总计出放土地一百八十多万亩。

三、对八旗牧厂地开放的评价

首先，牧厂地的开放标志着清廷首崇满洲的封禁政策失败。东北为清廷的发祥重地，清廷向来“注重根本，封禁綦严”。清廷封禁东北的目的有三：一是确保龙兴之地不为汉族民人占有，将东北视为满洲根本之地。乾隆五年（1740 年），乾隆帝上谕曾说：东北“为满洲根本之地，所关甚重，今彼处聚集民人甚多，悉将地亩占种……与其徒令伊等占种，孰若令旗人耕种乎？即旗人不行耕种，将地亩空闲，以备操兵围猎，亦无不可”②。清廷宁愿土地荒废，也不准汉人开垦，惧怕汉人流入过多，其根本重地难保。可见，满洲贵族在统治经济文化远比自己先进的汉族时，持有一种疑惧心态。因此，清廷将东北作为根据地，以防万一，留有后退之路。二是确保满族原有风俗。所谓满洲原有风俗，即“国语骑射”，满族为狩猎民族，“皆善于骑射”，八旗制度就是从满族早期的狩猎组织演变而来。清代牧厂的设立体现了清廷将“国语骑射”作为民族的传统而加以保留。嘉庆帝曾说：东北“为王迹肇基之地，必当再三历勤思开创艰难，而骑射为国家根本重务，秋狝岁举讲武习劳，即藉以倡率戎行不忘旧俗”③。三是独占东北的特产。清廷利用政治强力把东北大量土地圈为国有，其中大部分又为满洲贵族采捕人参、鹿茸、貂皮、珍珠等而封禁的山林川泽。而清代牧厂具有讲武习劳的职能，向有“禁中之禁”之称。故清廷在牧厂设有定界，严禁民人耕牧、居住。历史事实表明，清朝首崇满洲的政策阻碍了东北地区的迅速开放，使东北广大地区处于

① 天海谦三郎：《一般民地·附录》，《满洲旧惯调查报告》，大连：南满洲铁道株式会社，大正四年。

②《清高宗实录》卷 115，乾隆五年四月甲午，北京：中华书局，1985 年，第 687—688 页。

③《清朝续文献通考》卷 181《王礼考·大狩》，上海：上海古籍出版社，2002 年，第 144 页。

封闭状态，致使龙兴之地边防不固、饷源不济、兵员不足。因此，道咸以来，要求弛禁放垦之议接连陈上，清廷面临东北地区沃野千里、地广人稀、边备空虚、人财两乏的状况，不得不逐步开放东北地区。如同治帝所云：“数百年封禁之地利，遂至荡然无存。”[①]所谓“荡然无存”，即意味着封禁政策的彻底破产。

其次，牧厂地的开放加速了官荒旗产向民地转化，改变了东北土地关系。综观东北土地占有关系主要有三，即官地、旗地、民地。所谓官地，即国有土地。国有土地在东北土地占有关系中居绝对主导地位，直至清季，“考其总数，实占全省地亩之大半”[②]。八旗牧厂地就是由清廷直接控制的国有土地，这种土地是清廷民族统治的产物，与关内高度发展的地主制经济比，应该说是一种落后的经济形态。清朝八旗牧厂地的开放，本质上是关外的国有土地向私有土地的转化。在开放中，清廷对所领地亩准其“每亩缴价库平银一两二钱，照章请领新照，永定执业”[③]。尽管这种变化表现为所有制关系由国有向私有转化，更意味着东北地区土地所有制关系与关内地主经济趋于一致，但这种变化就历史发展的进程而言是进步的。

最后，牧厂地的开放进一步促进了东北地区的开发。辛亥革命前后，奉天省土地已垦者十之八九，光绪三十四年（1908年），有耕地637 000余顷。[④]比顺治年间增长22倍。吉林省拉林河流域、松花江上游地区、图们江流域、乌苏里江流域；黑龙江省呼兰河流域、通肯河流域，以及瑷珲地区；东部蒙古地区的蒙荒围场、伊通河流域、洮儿河流域等地区都得到全部开发。八旗牧厂地开发的结果促使东北荒漠大开，人口猛增，城镇繁兴，商业日密。与此同时，为管理众多的民人，废八旗制，建州县制，东三省将军改为总督。至此，东三省才正式成为与关内同样的行省。

①《清穆宗实录》卷241，同治七年八月戊辰，北京：中华书局，1987年，第341页。

② 徐世昌：《东三省政略》卷8《旗务·奉天省·田亩篇》，长春：吉林文史出版社，1989年，第1342页。

③《谕折汇存》，光绪二十九年八月三十日，中国第一历史档案馆藏。

④《满洲经济年报》，1934年，辽宁省档案馆藏。

第六章 附　论

第一节　明代女真人的村屯组织与八旗牛录制的关系

女真人的聚落是以村屯为单位的地缘组织。明代以降，由于女真人口繁衍生息，和不同姓氏的女真人交往，使原来的血缘组织穆昆不断迁徙，形成许多嘎山（村屯），这种村屯组织是穆昆组织外在的地缘形式的组织。在八旗牛录制取代穆昆制度后，村屯归牛录额真统辖，由拨什库和村拨什库管理。

一、明代女真人的村屯组织

满族的前身为明代女真人。考察明代女真人的社会组织，对于认识满族社会结构颇有裨益。

明代女真人的社会组织，通常是以两种方式划分：一种按血缘，层层划分为哈拉（hala）、穆昆；另一种按地域，即按嘎珊（gasan）来划分。在实际生活中，这两种方式又相互交错在一起。明代女真人，原始的氏族形态已经相隔很远，其原始的氏族形态，已经很难考察。我们只能知道同一男性祖先的子孙，被称为同一哈拉，“哈拉”汉意为“姓”。哈拉分裂为若干个子哈拉，分居在不同之地，称为穆昆。由某个哈拉迁徙到某地的穆昆，称穆昆哈拉。乾隆初年，成书的《八旗满洲氏族通谱》中的“氏族”，就称为穆昆哈拉。满族人称自己的姓氏为穆昆哈拉。《八旗满洲氏族通谱》御制序云：“哈拉得之于生，穆昆是来自所居的地方。”[①]十分准确地表达了穆昆与哈拉

①《八旗满洲氏族通谱·御制序》，《钦定四库全书》，上海：上海古籍出版社，1987年，第4页。

的关系。我们知道，族外婚是氏族分裂的重要原因。氏族繁衍到一定程度必然分裂、迁徙，并与不同姓氏的氏族交往，才能满足氏族成员的婚姻要求。《满洲实录》记载的清开国传说中的始祖布库里雍顺入主三姓部时，娶百里的女儿为妻子，就是最好的证明。元末明初的政治动乱促进了女真氏族的大迁徙。大约从努尔哈赤建国上溯六世到八世，女真社会经历了一次大动荡。这次大动荡，除了居住在黑龙江以北和绥芬河上游、乌苏里江上游的"野人"女真的一些地方仍保持着哈拉外，其他女真皆由于迁徙而完成了由哈拉向穆昆的过渡。例如，曾为建州左右卫主体氏族之一的觉罗哈拉则分为八个穆昆。关于觉罗哈拉的分布过程，《八旗满洲氏族通谱》（简称《通谱》）记述得较为翔实：

> 觉罗为满洲著姓，内有伊尔根觉罗、舒舒觉罗、西林觉罗、通颜觉罗、阿颜觉罗、呼伦觉罗、阿哈觉罗、察喇觉罗等氏。其氏族繁衍，各散处于穆溪、叶赫、嘉木湖、兴堪、萨尔浒、呼讷赫、雅尔湖、乌喇、瓦尔喀、松花江、阿库里、佛阿喇、哈达、汪秦等地方。[①]

《通谱》虽成书于乾隆初年，但因该书为稽考满族祖先源流之作，因此，对女真人由哈拉向穆昆过渡的过程辨析得较为清晰，符合"因生赐姓，胙土命氏"的特点。

明朝初年，明廷在女真居住地区设置众多卫所。明廷采取"因其部族"，授其"酋长为都督、都指挥、指挥、千百户、镇抚等职，给与印信，俾仍旧俗，各统其属"。[②]这里所称的部，就是按女真人所居之地生活的穆昆，卫所基本上是以穆昆为单位设置的，如女真胡里改部为一个穆昆，明设建州卫，由阿哈出出任穆昆达，执掌卫事。[③]女真斡朵里部也为一个穆昆，由猛哥帖木儿任穆昆达。猛哥帖木儿为努尔哈赤的六世祖，宣德八年（1433 年），猛哥帖木儿及其长子权豆被兀狄哈女真所杀，斡朵里穆昆损失惨重，由其弟凡察统掌穆昆事。[④]猛哥帖木儿次子董山逃回后，其穆昆成员拥立他继其父为

①《八旗满洲氏族通谱》卷 13，《钦定四库全书》，上海：上海古籍出版社，1987 年，第 4 页。

②《明史》卷 90《兵制二》，北京：中华书局，1974 年，第 2222 页。

③《明太宗实录》卷 25，永乐元年十一月辛丑条载："女直野人头目阿哈出等来朝，设建州卫军民指挥使司，阿哈出为指挥使，余为千百户所镇抚，赐诰印冠带袭衣及钞币有差。"

④ 董万崙：《清肇祖传》，沈阳：辽宁人民出版社，1992 年，第 16 页。

穆昆达，执掌建州左卫。凡察为另一个穆昆达，执掌建州右卫。由此可知，穆昆是明代女真社会氏族组织的基本形态。由于处于明朝统治之下，穆昆外在的形式是明朝的卫所，氏族的穆昆达是明朝所设卫所的官员。

如果进一步考察穆昆的内部组织就会发现，每一个穆昆内，有若干个血缘关系的包（即家，boo）的家庭。“包”在满语中本意是居住在一个房屋的、建立在婚姻和血缘关系基础上的家庭，是以一夫一妻制为基础的一户。可见，女真人最基本的社会单位是家，即户。成化十一年（1475年），据曾被建州女真劫去后逃到朝鲜的汉人阿家化说，他14岁时，为建州人松古老掠来，随住其家，“松古老妻一人，子二人，女一人，唐（汉人）女二人”[①]。正德十二年（1517年），建州酋长金主成可的女婿童尚时向朝鲜平安道节度使李长生谈及其家族时说：“主成可率二子同居，长子、次子及我则各居。”[②]这位松古老是一位能聚众一千几百骑的女真酋长，家里仅5口人。而另一位女真首领松古老仅与二子同居，至多是4口之家。由此可见，明代女真人的家是建立在婚姻和血缘关系基础上的一夫一妻制的家庭。

这种家分布在村落或村屯（寨）里。女真人的村屯（寨），至少在金代就存在。《金史语解·部族》条载：劾山部的劾山为噶珊，被称作乡。[③]在明初的《华夷译语》中见到村为哈厦（hasa）。《清文汇书》中gasan称村。《增订清文鉴》云：沿着各城郭（hecenrhoton）的外侧的党或里（falga 法拉嘎）的街道住的家称 gasan。[④]康熙朝《御制清文鉴》卷十二嘎山条载：yayahotonhecenitulergifaigatehengebegasansembi 汉语为，城堡外围若干法拉嘎构成的住所称嘎珊。法拉嘎，据《清文总汇》载：“宗族之族与穆昆法拉嘎同。”[⑤]羽田亨《满和辞典》falga条收集了falga的各种含义：“1、一族、同族（10、人伦：二族）；2、部落，一街上にある家の集団（19、城廓：党）；3、书记が事务を执所、役场（20、部一：甲）；4、Niruifalga同，村の集会所（汇:本佐领人众聚会议话的去处，即Nirulifalga 也）。”[⑥]上述引文括号前为日文解释，括号内为清代满语辞书的解释。由此解释不难看出，法拉嘎

①《李朝成宗实录》卷52，成宗六年二月戊申，东京：学习院东洋文化研究所，1958年，第480页。

②《李朝中宗实录》卷31，中宗十二年十二月乙丑，东京：学习院东洋文化研究所，1958年，第243页。

③《金史·附录·金国语解》，官称条，北京：中华书局，1975年，第289页。

④《增订清文鉴》卷19，乾隆三十六年，武英殿本。

⑤《清文总汇》卷12，光绪二十三年，荆州驻防翻译总学刻本。

⑥ 羽田亨编：《满和辞典》，东京：国书刊行会，昭和四十七年版，第125页。

含义在不断演变，即由血缘组织的“族”的同义语变为地缘组织的“党”“甲”，最后演变为佐领的议事场所。由此可知，法拉嘎为穆昆的同义语，嘎山是由原属一个穆昆或不同宗族的法拉嘎所组成的地缘组织。

金代女真的村屯（寨）最早见于《大金国志》卷 2《纪年》太祖武元皇帝条下云：“天辅元年春，升皇帝寨，曰会宁府，建为上京……先是，女真之初，无城郭，止呼曰皇帝寨、国相寨、太子庄，至是议焉。”这些寨无疑指的是 gasan。据金代文献记载，金代这种村寨很多，这些寨子前面多冠以孛堇字样，如上京路合叔孛堇寨、蒲里孛堇寨、托撒孛堇寨、浚达河孛堇寨等。这些寨中的孛堇即为部长，是管辖寨子的首领。其后，猛安谋克制确立后，孛堇被授予猛安（千夫长）、谋克（百夫长）的称号。[①]此种情况与明末编八旗牛录，各屯长任命牛录额真下屯拨什库的情况相似。据《金史》载：“京府州县郭下则置坊正，村社则随户众寡为乡，置里正，以按比户口，催督赋役，劝课农桑。村社三百户以上则设主首四人，三百以下三人，五十户以上二人，以下一人，以佐里正，禁察非违。置壮丁，以佐主首巡警盗贼。猛安、谋克部村寨，五十户以上设寨使一人，掌同主首。”[②]由上可知，猛安谋克的村落，五十户以上置寨使一人，管理户口，督促赋役，劝课农桑，巡警盗贼。这种寨使的职掌与明末清初牛录下村屯设的屯拨什库的职掌亦颇相似。由此我们可以断定，明末清初的八旗牛录村屯制起源于金代女真的村屯制。

明代女真的村屯称 gasan。迄今为止，有关记载明代女真村屯组织的史料中，最基本的史料是《李朝王朝实录》中《李朝端宗实录》卷 13，端宗三年（1455 年）三月己巳条，所收的朝鲜咸吉道体察使李思哲对居住在图们江两岸建州等女真人的调查报告。建州女真在元代居住今黑龙江省依兰县，即沿松花江和牡丹江的斡朵里部和胡里改部，元末分别南迁。14 世纪末，迁徙到图们江流域，朝鲜东北部，15 世纪三四十年代又部分迁徙到浑河流域。建州女真活动范围东北起图们江流域，西南到鸭绿江的山地，特别是浑河上流和图们江流域，是建州女真人聚居的地区。

下面，我们根据李思哲的报告，考察一下居住在图们江流域的女真人的村屯组织。

---

①《金史·附录·金国语解》，官称条，北京：中华书局，1975 年，第 2891 页。

②《金史》卷 46《食货志一·户口》，北京：中华书局，1975 年，第 1031 页。

（1）会宁附近有 21 个村屯。其中，7 个为斡朵里村屯、13 个为兀良哈村屯，还有 1 个类型不详。从血缘关系看，每个村屯均为多姓，没有一个村屯是血缘的同姓，如会宁附近的吾弄草村屯李贵也管下的斡朵里部，“四十余家，内壮丁八十余名”，有 13 个姓氏，其中，童姓五家、李姓两家、浪姓三家。①检考其世系也并非同一血缘，就连猛哥帖木儿之子凡察家族父子兄弟也分居在五个村屯。

（2）锺城附近有 7 个村屯，皆属兀良哈。血缘村屯只有 1 个，未载其家数，只记“右入族类三十余名”②，其余均是多姓。

（3）稳城镇附近有 5 个村屯。其中，4 个为兀良哈村屯，1 个为女真村屯。③血缘村屯没有，皆多姓。

（4）庆源附近有 10 个村屯。其中，4 个为兀良哈村屯，6 个为女真村屯。血缘村屯没有，都是多姓。

（5）庆兴镇附近有 8 个村屯。其中，5 个为骨看兀狄哈村屯，3 个为女真村屯。除骨看兀狄哈两个血缘村屯外，其余皆为多姓。

图们江流域的女真分布是这样，居住在其他地方的女真也莫不如此。李朝成宗六年（1475 年），朝鲜碧潼郡中寺住僧被建州女真首领李甫儿加大（李满住之子）掳掠，途经婆猪江，据他所见“历野人所居之屯五：初屯十余家，第二屯又十余家，第三屯二十余家，第四屯又二十余家，第五屯六七家也”④。李朝中宗二十三年（1528 年），朝鲜边将言及鸭绿江中游女真人的分布：“彼人所居，非如大都，而无城郭，或二十余家，或三十余家，作屯聚居。”⑤

如前所述，“村屯”或“村落”，满语称嘎山，为女真人社会组织。从以上所考察的女真村屯中我们可以获得如下认识：明代女真的村屯以地缘性为主，基本上一个部的人居住在一个村屯。李思哲报告中言及的大约 50 个女真部落，有 45 个部落，各自居住在村屯，只有 1 个兀良哈和 2 个女真人居住在庆源镇以东四十五里江外的下训春屯，这说明，女真的部落仍有一定的凝

①《李朝端宗实录》卷 13，端宗三年三月己巳，东京：学习院东洋文化研究所，1957 年，第 546 页。

②《李朝端宗实录》卷 13，端宗三年三月己巳，东京：学习院东洋文化研究所，1957 年，第 546 页。

③ 此处朝鲜文献所载的“女真”，为狭义女真，专指居住图们江流域的女真。

④《李朝成宗实录》卷 53，成宗六年三月庚申，东京：学习院东洋文化研究所，1958 年，第 483 页。

⑤《李朝中宗实录》卷 61，中宗二十三年四月壬戌，东京：学习院东洋文化研究所，1959 年，第 470 页。

聚力。但应引起注意的是，同一部的女真人已经分属在许多村屯，如斡朵里部人分居在会宁镇附近 7 个村屯，兀良哈部人分居在 28 个村屯，表明女真人的部已被村屯所切割，每个村屯由嘎山达来管理。氏族组织不知不觉地变成了地缘组织。在嘎山达外，还有哈拉达姓长、族长，管理婚姻和祭祀，表明地缘性居主要地位，血缘性的组织跨村屯还保留。

笔者再举两条稍晚的史料来进一步说明。据《满洲实录》卷 1 记载：万历十一年（1583 年），建州女真栋鄂部部长克辙巴颜引兵攻宁古塔部所属东南两处地方，宁古塔贝勒相与谋曰："我等同祖所生，今分居十二处（gasan），甚是涣散，何不聚族（mukun）而居，众议皆定。独武泰（索长阿子）不从曰：我等同住一处，牲畜难以生息，吾今诣妻父哈达汗处，请兵报仇，于是遂借兵。"这里所说的宁古塔贝勒分别为德世库、刘阐、索长阿、觉长安、包朗阿、宝实，他们是努尔哈赤的先祖，满语为"六主"，由福满所生。其中"觉长安"为努尔哈赤的祖父。当时，六主与其子分居在 12 个村屯，这些村屯以赫图阿拉为中心，近者 5 里，远者 20 里，环卫而居。由此可知，宁古塔部至少分居在 10 个村屯。这种村屯是以地缘为主，带有血缘性的组织，而这种血缘性的组织长期保留着。

明代女真的村屯一般由 10 户至 40 余户人家组成居多。据李思哲报告：会宁镇吾弄草居住斡朵里人 40 余家，壮丁 80 余名。会宁镇以西 135 里远的无乙屯居住兀良哈人 20 余家，壮丁 40 名，会宁镇以西 90 里斜地屯住兀良哈人 15 家，壮丁 30 名。不足 10 家的村屯有 10 个，11 家到 20 家的村屯有 4 个，21 家至 30 家的村屯有 4 个，31 家至 50 家的村屯有 3 个。锺城镇附近的 7 个村屯中，10 家以下的村屯有 3 个，11 家到 20 家的村屯有 2 个，20 家以上的有 2 个。[①]鸭绿江流域女真人的村屯也大致相同，每村屯"或二十余家，或三十余家，作屯聚居"[②]。

建立在女真人基层单位家基础上的村屯由族长和村屯长来管理。凌纯声所著的《松花江下游的赫哲族》一书中详细记载了赫哲人的社会组织。据他所述，氏族是赫哲社会的基层组织，当时氏族有两个名称，一是哈拉（姓），一是穆昆（族）。哈拉为其原来的母氏族，穆昆为哈拉中的一支迁徙他地的

①《李朝端宗实录》卷 13，端宗三年三月己巳，东京：学习院东洋文化研究所，1957 年，第 546 页。

②《李朝中宗实录》卷 61，中宗二十三年四月壬戌，东京：学习院东洋文化研究所，1959 年，第 470 页。

子氏族。女真人的姓氏和氏族是一个词，也称“穆昆哈拉”。同一哈拉或同一穆昆的人必须遵守同一族规，不许通婚，实行严格的族外婚。每一族由族人公举族长一人，一般由德高望重、有财力者担任。族长管理全族的司法行政，如有离婚事宜，当事者报告族长，由族长裁决。如发现族长有不法行为，由全氏族建议另选举他人，若干个氏族聚居的地方为屯，屯长赫哲语称嘎山达（gasanda），由各氏族长选举，管理一屯的事务。凌纯声所载赫哲族的情况对我们认识明代女真人社会组织大有裨益。

明代女真人的生产活动是以村屯或以族为单位进行的。朝鲜世宗十二年（1447 年），据朝鲜平安道都节制使朴以宁的报告，建州女真人“其渔猎之时，则自三月至于五月，又自七月至于十月，人数多不过三十，少不下十余……或曰野人渔猎者，率以二十余人为群，皆于郁密处结幕，每一幕三四人共处，昼则游猎，夜则困睡，积柴燃火。贼之多少，昭然可知”[①]。这条材料反映了女真人的生产活动是以村屯、同族为单位，各家出男丁，结成十几人、三十几人不等，分为若干幕，每幕几人“于郁密处”从事狩猎活动。幕是居留的小屋，或曰窝铺，满语称塔坦（dadan），住在同一塔坦从事狩猎的人，或由同族或同村屯组成。可见，塔坦是一种生产组织。这种生产组织在狩猎时有一定的分工，所谓“胡人之风，分山守之，利其山之产焉，若弃旧守之山，则无可依居处”[②]。若遇战争时，则集结几百人甚至几千人，共同行动。正如《满洲实录》中所描述的那样，“前此凡遇行师、出猎，不论人之多寡，照依族（mukun）寨（gasan）而行，满洲人出猎开围之际，各出箭一枝，十人中立一总领曰额真，属九人而行，各照方向，不许错乱”[③]。这种从事狩猎的生产组织塔坦，后来演变为“拖克索”，即女真庄田。万历二十三年（1595 年），出使建州的朝鲜使臣申忠一访问努尔哈赤所居旧老城。据他所见，各村屯由三十户组成的居多。他还特别指出，他所经村屯有努尔哈赤、舒尔哈齐兄弟、童流水、童时罗破、童阿斗等人的农幕（拖克索）。努尔哈赤弟兄的农幕（庄田）各四十余户，构成一个村屯，并设管庄人管理。所谓“奴酋

①《李朝世宗实录》卷 115，世宗二十八年八月辛酉，东京：学习院东洋文化研究所，1956 年，第 526 页。

②《李朝中宗实录》卷 81，中宗三十一年正月壬戌，东京：学习院东洋文化研究所，1959 年，第 456 页。

③《满洲实录》卷 3，北京：中华书局，1986 年，第 117—118 页。

农幕，王致掌之。”[①]这种庄（拖克索）当时大多为女真酋长所有。万历十一年（1583年），叶赫酋长杨吉砮与哈达酋长孟格布禄有隙，“焚孟格布禄及仲兄所分庄各十，岱善庄一，胁所属百余人去”[②]。这种农庄主要由掠夺的汉人和朝鲜人从事生产。村屯的村长，即朝鲜官员申忠一在《建州纪程图记校注》所说的各部落的酋长。关于其职掌，该书载：“各部落酋长，聚居于城中，动兵时，则传箭于诸酋，各领其兵，军器、军粮使之自备”，“粮饷，奴酋于各处部落，例置屯田，使其部酋长，掌治耕获，因置其部，而临时取用。”[③]这里所说的各部落应是各村落、村屯。酋长就是各村屯的村长，平时管理耕种之事，战时率各村屯之兵自备军器、军粮参战。

二、明代女真村屯编入八旗牛录

明代女真人的村屯被编入八旗牛录村屯，始于万历二十九年。时，明末女真社会存在很多部。松花江流域有海西四部；浑河流域有建州五部；东海方面有三部；长白山有二部，如《满洲实录》所载：“各部蜂起，皆称王争长，互相战杀，甚且骨肉相残，强凌弱，众暴寡。”[④]万历十七年，努尔哈赤统一建州诸部，伴随统一战争的进行，归服人口日众，先前带有血缘关系的军事与生产组织村屯，已不适应统一战争的需要，遂于万历二十九年，将女真的村屯组织整编为牛录。《满洲实录》载：“是年，太祖将所聚之众，每三百人内，立一牛录额真管属。前此，凡遇行师出猎，不论人之多寡，照依族寨而行。满洲人出猎开围之际，各出箭一支，十人中立一总领，属九人而行，各照方向，不许错乱。此总领呼为牛录额真。”[⑤]先前以一族一村为单位的生产组织形式，至此被吸收为以三百男为一牛录的社会组织中。最初设黄、白、红、蓝四旗。万历四十三年，努尔哈赤又增加四旗，最后确立了八旗牛录制度。对这一重大事件，《满文老档》记载如下：

> 聪睿恭敬汗将收集众多之国人，尽行清点之，均匀排列，每三百丁编一牛录（niru），牛录设额真（eien）一人，牛录额真下设

① 申忠一：《建州纪程图记校注》，沈阳：辽宁大学历史系，1979年，第13页。
②《清史稿》卷223《杨吉砮传》，北京：中华书局，1976年，第9136页。
③ 申忠一：《建州纪程图记校注》，沈阳：辽宁大学历史系，1979年，第24—25页。
④《满洲实录》卷1，北京：中华书局，1986年，第21页。
⑤《满洲实录》卷3，北京：中华书局，1986年，第117—118页。

代子（daise）二人，章京（janggin）四人、村拨什库（gasdnbosoku）四人。将三百男丁以四章京之分编塔坦（tatan），无论作何事，去何地，四塔坦人按班轮值，其同工、同差、同行走。[①]

根据上段材料可知，牛录本来是女真社会中的狩猎组织，这种狩猎组织是以族、寨为基础。努尔哈赤因统一战争的需要，将归附日众的国人平均划一，以三百男丁编为一牛录，置牛录额真，其下置代子（骁骑校）二人。每牛录三百丁分成四塔坦（塔坦是牛录村屯下的基层组织），由一名章京和村拨什库管理塔坦的各种事务。

如前所述，明代女真的村屯一般以十户至三四十户组成居多，男丁在七八十左右，与牛录村屯三百男丁相比差距甚大，如何将原来的村屯编入牛录村屯中，很有探讨的必要。据《八旗通志》和《八旗满洲氏族通谱》所载，努尔哈赤编设牛录，当时概称之为“国初”的牛录，到努尔哈赤即汗位时，大体以原各村屯三百男丁为准。这样，把原来的村屯编成了一个牛录，如苏完地方的三潭，“正白旗人费英东扎尔固齐同族，世居苏完地，国初领三百户来投，编牛录，令其子布赖统之”[②]。长白山地方辉和氏叶克书，“国初，率尼马察村三百余人来归，编佐领使统之”[③]。原来的村屯被分为几个牛录的也有，如尼马察地方的西林觉罗氏雅尔纳，“国初，同亲伯之子阿格巴颜，率领部属来归，编三佐领”[④]。安诸拉库地方的他塔喇氏罗屯，“国初，率八百户来归……编二佐领”[⑤]。与此同时，原几个村屯编成一个牛录的也很多，如宁古塔地方的宁古塔氏湖克特克，国初，率九村五十户来归，被编成半个牛录。[⑥]穆溪地方的伊尔根觉罗氏阿尔嗒什“国初，率七村户口来归，太祖高皇帝，以宗室之女妻之，设佐领，令其长子阿山统焉”[⑦]。此外，国初努尔哈赤将战争俘获的人口赐给有功之臣管辖，也属此种情况，如《碑传集》弘毅公额宜都家传记载：“诏以公所俘获者，益以赏给户口，为三佐领，

① 中国第一历史档案馆、中国社会科学院历史研究所译注：《满文老档》，北京：中华书局，1990年，第36页。

②《八旗满洲氏族通谱》卷1，《钦定四库全书》，上海：上海古籍出版社，1987年，第13页。

③《八旗满洲氏族通谱》卷39，《钦定四库全书》，上海：上海古籍出版社，1987年，第1页。

④《八旗满洲氏族通谱》卷17，《钦定四库全书》，上海：上海古籍出版社，1987年，第5页。

⑤《八旗满洲氏族通谱》卷11，《钦定四库全书》，上海：上海古籍出版社，1987年，第19页。

⑥《八旗满洲氏族通谱》卷41，《钦定四库全书》，上海：上海古籍出版社，1987年，第42页。

⑦《八旗满洲氏族通谱》卷12，《钦定四库全书》，上海：上海古籍出版社，1987年，第5页。

隶公家，俾无预上役，为公私属，供田虞，并采人参，备药物以奉公。”[①]额宜都为开国五大臣之一，努尔哈赤因其征战有功，将俘获的人口赏给他，编成三佐领，作为私属，为其从事农耕、狩猎等活动。像这样被俘获众多人口编入牛录的事例有很多，又如长白山地方富察氏苏尔东阿，“国初来归，令其镇守辉发。时有七村人，据佛多扣城以叛，苏尔东阿率兵往围，三月下之，招降四十户，以招降户口，编佐领使统焉”[②]。需要指出的是，这里所说的“俘获者”或“投降者”与上文所载的从某部“来归者”身份是不同的。“来归者”编入牛录成为旗丁，“俘获者”“投降者”编入牛录成为旗下奴仆，在主人的田庄从事耕种。这种情况，为万历四十七年（1619年）降后金的朝鲜官员李民寏亲眼所见：“自奴酋及诸子，下至卒胡，皆有奴婢（互相买卖）、农庄（将相则多至五十余所），奴婢耕作，以输其主，军卒则但砺刀剑，无事农亩者。”[③]

上述牛录村屯是以原来村屯为基础，以三百男丁为基准重新编成的，这种村屯中的血缘关系愈来愈让位于地缘关系。先前管理各部部长、村屯的村屯长、族长被编入八旗牛录组织中，成为牛录额真下的章京和村拨什库，也称为守堡，如《满文老档》天命六年（1621年）三月条载：给管牛录的千总银各十两，布各十匹，缎子各一匹，给村拨什库、守堡布各四匹。[④]天聪八年（1634年）四月，皇太极改革官名，牛录额真改牛录章京，章京改小拨什库（也称拨什库），不过有的地方亦称拨什库为千总。据《柳边纪略》载：“每站笔帖式（俗呼邦识）一、拨什库（俗呼千总）一。”[⑤]即吉林将军所辖地方的拨什库就称千总。牛录组织的职掌如下。

首先，管理牛录村屯田土耕种。《满文老档》天命六年七月十日载，努尔哈赤在下达的文书中说：“著各路大臣、千总、管田千总、管屯守堡，招各该牛录之人迅速收割粮穀。所收粮穀集中快打，除净秕糠，乘夜凉窖之。勿效往日轻疏懈怠，费阿拉、额赫霍洛、毕彦、喀尔喀、依鄂佛洛及其以东

---

① 钱仪吉纂：《碑传集》卷3《弘毅公额宜都家传》，北京：中华书局，1993年，第39页。

②《八旗满洲氏族通谱》卷26，《钦定四库全书》，上海：上海古籍出版社，1987年，第29页。

③ 李民寏：《建州闻见录校释》，沈阳：辽宁大学历史系，1978年，第43页。

④ 中国第一历史档案馆、中国社会科学院历史研究所译注：《满文老档》，北京：中华书局，1990年，第184页。

⑤ 杨宾：《柳边纪略》卷3，长春：吉林文史出版社，1993年，第51页。

之粮皆留梗割之，自此以西之粮照旧不留梗割之。”[1]天命八年（1623 年）五月二十三日，努尔哈赤在下给都堂的文书中又说：“勿效法汉人耨田二次，我之旧例乃拔草后复除，倘效法汉人耨田二次，则田沟内将起硝，亦恐不能尽除作物根部之草，著该管章京尽速督催耕作。”[2]这两条材料说明章京、守堡、村领催负责牛录村屯的田间管理收获及粮食贮存等。

其次，负责牛录村屯的户口调查。《满文老档》天命八年七月二十三日载，努尔哈赤听说牛录下旗丁掠夺汉人的财物、粮食，令详细调查各自牛录的人，“著牛录额真、两名代子以及四名千总，将该处所居之人名造册携带之，早晚查点。倘尔等不加严查，尔放任滋事，一经他人首告，即将尔备御、千总、守堡等治罪”[3]。千总、守堡负责牛录村屯的户口调查，并稽查不轨之人，如《清太宗实录》天聪元年（1627 年）六月条载：“近闻盗贼蜂起，乘马劫杀，如管堡拨什库，有不修葺堡墙，不稽察盗贼者，与贼同罪……如管堡拨什库，有敛民食物，馈送巡察官员者，与受并罪之。”[4]

最后，管理牛录村屯的徭役。《满文老档》天命七年三月十九日载：“总兵官穆哈连遣马守堡往取筑城之人、牛车。该马守堡往而不催，反索乡人银两。乡人遂将此告于副将（刘）爱塔。副将爱塔拿马守堡问之曰：‘尔不催征人、牛、车，为何索取乡人银两乎？’”将其治罪。[5]由此可知，守堡还负责征发牛录村屯的牛只、车辆及人丁去服徭役。

上述女真人村屯被编入八旗牛录村屯是努尔哈赤统一女真各部战争的需要，原来村屯组织已不适应战争的需要，加之各部归服日众，急需整齐划一，于是将原村屯组织编入八旗牛录村屯之中。

---

① 中国第一历史档案馆、中国社会科学院历史研究所译注：《满文老档》，北京：中华书局，1990 年，第 218 页。

② 中国第一历史档案馆、中国社会科学院历史研究所译注：《满文老档》，北京：中华书局，1990 年，第 491 页。

③ 中国第一历史档案馆、中国社会科学院历史研究所译注：《满文老档》，北京：中华书局，1990 年，第 552 页。

④《清太宗实录》卷 3，天聪元年六月戊午，北京：中华书局，1985 年，第 49 页。

⑤ 中国第一历史档案馆、中国社会科学院历史研究所译注：《满文老档》，北京：中华书局，1990 年，第 362 页。

第二节　海西王台称雄女真考论
——兼论明代女真统一的历史趋势

在努尔哈赤起兵前的近一个世纪，明代女真各部豪强巨酋迭起，尤其是海西哈达部的王台称雄女真达三十年之久，大有统一女真之势，这是明初以降，近200年间不曾有过的、反映出女真统一的历史趋势。以往学界多关注建州女真及努尔哈赤对女真统一的研究，对海西女真，特别是王台称雄女真则很少关注，本节拟就王台称雄女真诸问题作以讨论。

一、海西王台世系考索

明中叶海西女真南迁后，逐渐形成哈达、叶赫、辉发、乌拉四部。四部中居于开原东南小清河畔的哈达部，至王台时，“哈达万汗最强，且忠于明朝，为叶赫、辉发、乌拉三部盟主”[①]。

王台，为明朝文献称谓，清代文献称作“万”。“万”，系“王台”之缩译，这种称谓显然是汉称。《清史稿》本传解释：“‘台’‘万’音近，明于东边酋长称汗者，皆译为‘王’某，若以王为姓，万亦其例也”，故称王台。[②]王台的世系，《清实录》载：

> 哈达国万汗，姓纳喇，其国原名扈伦，后建国于哈达处，因名哈达。乃乌拉贝勒始祖纳齐卜禄第七代孙也。其祖克世纳都督，为族人巴代达尔汉所害，万奔席北部相近之绥哈城居焉。其叔汪住外兰（王忠—笔者）奔哈达，主其部落。后哈达人叛，汪住外兰被杀，其子博尔坤舍进杀其人以报父仇。至绥哈城迎兄万，为部主。万于是攻取附近部落，远者又招徕之，其势乃盛。遂称为汗，国号哈达。其时，叶赫、乌喇、辉发及满洲之浑河部，具属之。[③]

由此可知，王台，姓纳喇氏，为纳齐卜禄七世孙。纳齐卜禄为哈达与乌

① 魏源：《圣武记》卷1《开创》，北京：中华书局，1984年，第4页。
②《清史稿》卷223《万传》，北京：中华书局，1977年，第9129页。
③《清太祖武皇帝实录》卷1《世系源流·哈达世系》，北京：故宫博物院，1932年。

拉共主，姓那喇，同源于海西女真塔山前卫。始祖纳齐卜禄传至第五代杜儿机生二子，长子克世纳，次子古对朱颜。古对朱颜之后，别为乌拉部。六世祖（即王台祖父）克世纳，生二子，长子王忠，次子克失音辰。克世纳，明人称速黑忒。《辽夷略》载："南关之夷酋速墨忒，塔山前卫左都督也。故而生二子，长曰王忠，袭祖职；次曰克失音辰。"克失音辰为王台之父，《山中闻见录》卷10《东人志·海西》载："王台者，忠之侄，而速黑忒之孙也。"

王台祖父速黑忒，最早见于《明实录》，记载为弘治十五年（1502年）。是年十一月，"塔山前等卫女直指挥速黑忒等各来贡，赐宴并采段、衣服等物有差"[①]。这表明，塔山前卫南迁到新居地后开始向明朝贡。其新迁之地，"居松花江，据开原北四百余里，为迤北江上诸夷入贡必由之路"[②]。《大明一统志》标示的地名"一迷河"（今饮马河），"在开原城北四百里"[③]。由此可知，速黑忒居地应为松花江饮马河入江口一带，系"江上诸夷人"入贡必由之路。时居"开原城外山贼"猛克，"常邀各夷归路，夺其赏，速黑忒杀之"，因"有功朝廷"，得到明廷"狮子、彩币一袭，金带大帽各一"的赏赐，并特受"左都督"官职。速黑忒由于得到明廷支持，又控制入贡之路，"人马强盛，诸部畏之"[④]。然而，在嘉靖十三年（1534年）前，部内叛乱，速黑忒为族人巴代达尔汉所杀。[⑤]王台叔王忠（汪住外兰）率部分族众逃至哈达部，王台逃至"席北部相近之绥哈城"，王忠率众"至哈达部为酋长"[⑥]成为哈达部的建立者。冯瑗的《开原图说》载："忠自嘉靖初，始从混同江上建寨于靖安堡边外七十里，地名亦赤哈答，以便贡市。亦赤哈答在开原东南，故开原呼为南关也。"[⑦]"亦赤哈答"（icehada），满语意为"新峰"。《盛京通志》载："哈达石城，在衣车峰之西南，周围二百四十步，南一门。"同书又载："哈达新城，在衣车峰之上，旧哈达贝勒，自开原县

①《明孝宗实录》卷193，弘治十五年十一月壬辰，台北："中央研究院"历史语言研究所，1962年，第3564页。

②《明世宗实录》卷123，嘉靖十年三月甲辰，台北："中央研究院"历史语言研究所，1962年，第2970页。

③《大明一统志》卷89，外夷条，万历万寿堂刻本。

④《明世宗实录》卷123，嘉靖十年三月甲辰，台北："中央研究院"历史语言研究所，1962年，第2970页。

⑤《明世宗实录》卷161，嘉靖十三年三月乙酉，台北："中央研究院"历史语言研究所，1962年，第3591页。

⑥《清太祖武皇帝实录》卷1《哈达世系》，北京：故宫博物院，1932年。

⑦ 冯瑗：《开原图说》卷下《海西夷南关枝派图说》，玄览堂丛书本。

界旧城，迁居于此。”[①]“哈达石城”或“旧城”，为王忠率族众至哈达所建之城。王忠利用哈达地处开原，控制贸易、入贡要路，实力迅速壮大。嘉靖十九年（1540年），他因“强杀者帖列山等卫夷把秃郎中等，夺其敕书三十五道”，并“令其部落额克捏等”冒名入贡，被明廷边官发现，罚其“禁不许入贡验放”。[②]嘉靖二十二年，王忠因“预行传报”虏情有功，获得明廷“赏银三十两，采缎二袭”。[③]同年七月，明廷升其为都督佥事。嘉靖三十年七月，王忠率部众“二十八人入奏，请升袭都督、都指挥等职”，明廷予以允准。[④]自此，王忠势力愈加强大，史载：“东夷诸种无不受其约束者，无论近边各卫站，岁修职贡，惟中（指王忠——笔者）为政。”[⑤]嘉靖三十一年，哈达部又起内讧，王忠被杀，其子“博尔坤舍进杀其人以报父仇，至绥哈城迎兄万，为部主”[⑥]。至此，王台始掌哈达部。

二、王台称雄女真诸部

王台执掌哈达后，“海西益繁衍，尽服从台，共推戴台以为君长”[⑦]。是时，“建州王杲、王兀堂、鹅头、忙子胜、李奴才，毛怜李碗刀及祝孔革子逞加奴、仰加奴，尽服从台。台居静安堡外，有室庐，耕植，与诸夷异矣。修款广顺关，地近南，称南关。逞加奴、仰加奴修款镇北关，地近北，称北关云。开原孤悬，扼辽肩背，东建州，西恍惚大，二夷常窥辽塞，台介东西二夷间，捍蔽令不得合，最忠顺，因听袭祖速黑忒职，为东陲诸夷长者兄三十年”[⑧]。王台强盛时，哈达的疆域：“东尽灰扒、兀剌，南尽汤河、建州，北尽仰、逞二奴，延袤几千余里。”[⑨]这是明初以来，近200年间不曾有过

① 阿桂等纂：《盛京通志》卷10《城池志》，京都：京都大学图书馆藏，第18页。

②《明世宗实录》卷235，嘉靖十九年三月癸巳，台北：“中央研究院”历史语言研究所，1962年，第4811页。

③《明世宗实录》卷273，嘉靖二十二年四月乙酉，台北：“中央研究院”历史语言研究所，1962年，第5364页。

④《明世宗实录》卷375，嘉靖三十年七月辛卯，台北：“中央研究院”历史语言研究所，1962年，第6681页。

⑤ 冯瑗：《开原图说》卷下《海西夷南关枝派图说》，玄览堂从书本。

⑥《清太祖武皇帝实录》卷1《世系源流·哈达世系》，北京：故宫博物院，1932年。

⑦ 瞿九思：《万历武功录》卷11《王台列传》，明万历刻本。

⑧ 彭孙贻：《山中闻见录》卷10《东人志·海西》，辽宁省图书馆影印清抄本。

⑨ 瞿九思：《万历武功录》卷11《王台列传》，明万历刻本。

的。此时的王台，“远者招徕，近者攻取，其势愈盛，遂自称哈达汗”[①]。王台称雄女真诸部，具体如下。

（1）恭顺明廷，约束女真各部。王台居广顺关边外，地近开原南，而居开原以东的建州、以西的蒙古，常窥犯辽东边塞。王台恭顺明廷，修贡安边，介于建州与蒙古之间，约束诸部，令其不得犯边。嘉靖三十七年（1558 年）五月，女真叶赫部首领太杵（或台杵）为父报仇，进攻明边柴河堡。王台得知，遂率众执太杵（或台杵）及所掠人畜、财物献于明廷，嘉靖皇帝“嘉其忠顺”，对王台及部下予以升赏。[②]嘉靖四十一年三月，“开原边外夷人忽失塔等盗边”，王台又派遣部下哈乞纳率兵前往平定，擒拿忽失塔等“夷人”，嘉靖皇帝下诏斩忽失塔等，并“令抚臣犒赏”王台等有功者。[③]隆庆六年（1572 年），建州左卫指挥王杲因抚顺备御贾汝翼，削减女真抚赏“蘖酒及稷米”等，“甚至榜掠酋长”，引起女真不满，王杲遂纠集部众，欲掠明边，“捕杀吏卒，冀湔雪夙昔之愤”，自度兵马不足，向王台借兵。王台予以拒绝，并对王杲云：“幸得为保塞吏，正颇忠贞，有如一日。以马甲佐若等，即若等藉我稍愉快，我何面目复见汉太师马法（太师马法，夷尊称汉边吏也）乎？若且休矣。”[④]王杲不听劝诫，率兵抢掠明边，俘获 250 余人及大量财物。明开原兵备王之弼派裨将孟堂急赴哈达，令王台宣谕王杲，“亟还我所卤略，毋侵害边境”，并承诺王杲若速送还所掠人畜，“因复市赏”如旧。王台赴建州寨，劝说王杲送还所掠人畜。在王台的斡旋下，王杲遂送还所掠明人畜，明廷遂恢复马市抚赏。[⑤]万历元年（1573 年），王杲复与建州首领来力红等袭扰明边，杀明备御使裴承祖及裨将刘承奕，掠明军 200 余人。辽东巡抚张学颜，令王台逮捕王杲、来力红。王台奉命送还王杲所掠军士 84 人及执杀明官元凶兀黑。[⑥]翌年十月，辽东总兵李成梁率重兵捣毁王杲所居城寨。王杲走投无路，“度生平唯王台相得甚欢”，遂率溃众投奔哈达王台。令王杲意想不到的是，

①《清太祖武皇帝实录》卷 1，北京：北京：故宫博物院，1932 年。

②《明世宗实录》卷 459，嘉靖三十七年五月庚申，台北：“中央研究院”历史语言研究所，1962 年，第 7765 页。

③《明世宗实录》卷 507，嘉靖四十一年三月己亥，台北：“中央研究院”历史语言研究所，1962 年，第 8366 页。

④ 瞿九思：《万历武功录》卷 11《王台列传》，明万历刻本。

⑤ 瞿九思：《万历武功录》卷 11《王台列传》，明万历刻本。

⑥ 彭孙贻：《山中闻见录》卷 10《东人志 · 海西》，辽宁省图书馆影印清抄本。

王台竟将其及家室 27 人擒拿，槛送辽东，最后被磔市京师。[①]为此，万历帝特下诏书，对王台予以表彰，诏书云：“王台缚送首恶，忠顺可嘉，其加勋衔，迁二子都督佥事，赐金二十两，大红狮子纻丝衣一袭。”[②]随即，授其为王台龙虎将军。自此，王台以龙虎将军威号，统辖“塞外诸蛮夷”，保塞甚盛。[③]

（2）居南关要地，控制贸易通道，专“居停之利”。南迁后的哈达部以东辽河支流哈达河为中心，东与居辉发河流域的辉发部为邻；南以柴河和英额河的分水岭为界，邻建州女真；西入广顺关通开原；北与叶赫为邻。王台所居南关，近明辽东地区，受汉区文化影响，经济发达。嘉靖十九年（1540 年），明大学士翟鑾奉命巡行东北，见“海西夷室居田食，建官置卫，颇同中国”[④]。曾任明开原参政的冯瑗在其《开原图说》中也载：“彼其屋居耕食，分地世官，非专事射猎”，“屋居火食，差与内地同，而户知稼穑，不专以射猎为生”。[⑤]南关居近汉地，使得王台“颇有室屋耕田之业”[⑥]，为其称雄诸部奠定经济基础。

王台称雄女真后，控制贸易通道，专“居停之利”，充当中间商人，成为马市贸易的垄断者。当时，野人女真各部所产貂皮、人参、珍珠等进入辽东马市，必经南关至开原入广顺关交易，然后由关内商人转运全国各地。史载，“东珠、紫貂，天下之厚利也，利从江夷来”[⑦]。又云：“参貂、马尾之利，皆东夷所产，东夷有远自混同江来者，有远自黑龙江者，或千余里，或二三千里，非有近夷为居停之人，其可依而译焉。”[⑧]王台及所部充当“居停之人”，在汉商与女真人中间“依而译焉”，从中牟利。王台称雄时，哈达南关成为参貂等交易物的主要供给基地，“貂皮自开原东北数千里而远江上之夷贩之东北天山间，岁以七、八、九月，一入中国，必取道海西，行夷遮道分其利，然后入中国”[⑨]。远至黑龙江一带貂皮要销往辽东马市，必取道南关，“行夷”王台“遮道分其利”。由于王台擅参貂厚利，“每岁市貂参之利不下数万”，蓄聚綦富，威震女真各部。女真各部“尽服从台，共推

① 瞿九思：《万历武功录》卷 11《王台列传》，明万历刻本。

② 彭孙贻：《山中闻见录》卷 10，《东人志·海西》，辽宁省图书馆影印清抄本。

③ 瞿九思：《万历武功录》卷 11《王台列传》，明万历刻本。

④《明世宗实录》卷 234，嘉靖十九年二月丁卯，台北：“中央研究院”历史语言研究所，1962 年，第 4790 页。

⑤ 冯瑗：《开原图说》卷下《海西夷南关枝派图说》，玄览堂从书本。

⑥ 瞿九思：《万历武功录》卷 11《王台列传》，明万历刻本。

⑦ 熊廷弼：《筹辽硕画》卷 1，丛书集成初编本。

⑧ 冯瑗：《开原图说》卷下《海西夷南关枝派图说》，玄览堂从书本。

⑨ 瞿九思：《万历武功录》卷 11《王台列传》，明万历刻本。

戴台，以为君长”。[1]

（3）控制敕书，执诸部牛耳。明朝建立后，积极招抚女真各部，女真首领纷纷接受招抚，来京朝贡。明廷采取“因其部族”，授其“酋长为都督、都指挥、指挥、千百户、镇抚等职，给与印信，俾仍旧俗，各统其属”。[2]明廷任命女真官员，授予女真首领的印信就是官印；诰敕就是官职委任状，也称敕书，是女真进京朝贡和领受赏赐的凭证。敕书既是女真首领权力的象征，又是女真首领获取财富的凭证。所谓女真敕书之争，实质是权力与财富之争。

明朝初年，女真首领进京朝贡仅为臣属的政治义务，并不具有贸易的性质，如文献所载：各处夷人，“所贡之物，会同馆呈报到部，主客部官赴馆点检见数”，例不给价。[3]明廷只是本着“厚往薄来”的原则，对朝贡的女真首领给予抚赏与回赐，如永乐帝上谕所云：“朕怀绥远人，凡鞑靼、女直野人来朝者，皆赐赉之遣还，令所经郡县给廪馔，厚待之。”[4]明中叶后，随着商品经济的发展，国内市场进一步扩大，刺激女真社会经济迅速发展，这种发展体现在朝贡贸易上，女真不仅要求扩大贸易数量，也要求增加贸易的次数，反映出女真在朝贡贸易上经济诉求愈来愈突出。因为在朝贡贸易中，有贡就有赏，有赏就有市，赏与市已经成为女真社会生活必需品的重要来源。特别是对女真首领而言，朝贡贸易成为他们扩充权力、增殖财富的重要途径。由于明廷发给女真首领的敕书代表着管辖部众的权力，又是朝贡的凭证，因而，争夺敕书的事件从嘉靖中期便愈发严重，一发不可收拾。

敕书争夺始于王台祖父速黑忒和其叔父王忠。速黑忒居“迤北江上诸夷入贡必由之路”，“人马强盛，诸部畏之”。[5]他经常率所部阻贡盗边，兼并抢夺他卫敕书，冒名入贡。速黑忒被杀后，其子王忠利用哈达近开原控制朝贡要路，垄断各部入贡。他首先抢夺者帖列卫敕书35道，后因侦报虏情有功，升为都督。当时是，“东夷诸种无不受其约束者，无论远近各站岁修职贡，惟中为政”[6]。时，叶赫贝勒祝孔革抢夺敕书700道，被王忠“执而戮

① 瞿九思：《万历武功录》卷11《王台列传》，明万历刻本。

②《明史》卷90《兵制二》，北京：中华书局，1974年，第2222页。

③ 申时行：《明会典》卷108《礼部·朝贡通例》，北京：中华书局，1989年，第585页。

④《明太宗实录》卷63，太宗五年正月乙亥，台北：“中央研究院”历史语言研究所，1962年，第905页。

⑤《明世宗实录》卷123，嘉靖十年三月甲辰，台北：“中央研究院”历史语言研究所，1962年，第2970页。

⑥ 冯瑗：《开原图说》卷下，《海西夷南关枝派图说》，玄览堂从书本。

之，夺其贡敕及季勒寨”[①]。其后哈达内讧，王忠被杀，王忠子为其父报仇后，请王台为哈达部长。王台“远者招徕，近者攻取，其势愈盛”，遂自称哈达汗。[②]时，“抚顺、开原而北，属海西，王台制之；清河南抵鸭绿江，属建州，兀堂制之，并有市。王台控弦万骑，建州酋王杲、兀堂，毛怜酋逞家奴、仰加奴皆隶焉”[③]。《清太祖实录》也载：“其势乃盛，遂称为汗，国号哈达。其时，叶赫、乌喇、辉发及满洲之浑河部，具属之。”[④]王台强盛时，统辖的疆域：“东尽灰扒、兀剌，南尽汤河、建州，北尽仰、逞二奴，延袤几千余里。”[⑤]就是说，全海西四部女真与北建州女真都置于王台的统辖。这样，明廷对女真颁发的1500道敕书则大部分控制在王台手中，或者说王台至少已完全掌控明廷颁给海西女真的1000道敕书，建州500道敕书也受其约束。女真各部敕书的兼并与纷争，打破了女真各部“自相统属，打围牧放，各安生业”，“各自雄长，不相归一者”[⑥]的相互钳制、各自分散的状态，这是与明廷的初衷大相径庭。对此，在明廷的强力干预下，万历十年（1582年），明廷对敕书进行重新分配，南关王台持有敕书700道，北关逞家奴、养家奴持有敕书300道。可见，哈达王台所控制的敕书仍占绝对优势。王台控制的女真大部分敕书成为其称雄女真的经济基础，同时加速了女真社会的重新组合，代表着女真统一的历史趋势。

三、余论

从嘉靖初到万历十一年努尔哈赤起兵之前的近半个世纪，女真族民族意识迅速增强，各部豪强巨酋迭起，尤其是哈达王台，强盛达三十年，他恭顺明廷，居南关要地，控制贸易，专“居停之利”，控制敕书，执诸部牛耳，从而号令海西、建州女真各部。所谓“海、建诸部日强，皆建国称汗”[⑦]，是对东北地区华夷关系变化，女真从分散走向统一历史趋势的概括。然而，王台称雄女真，虽未能完成女真统一大业，但其实践活动在女真统一的进程

① 彭孙贻：《山中闻见录》卷10《东人志·海西》，辽宁省图书馆影印清抄本。

②《清太祖武皇帝实录》卷3，北京：故宫博物院，1932年。

③ 彭孙贻：《山中闻见录》卷7，《李成梁传》，辽宁省图书馆影印清抄本。

④《清太祖实录》卷3，万历二十七年九月丁未，北京：中华书局，1986年，第45页。

⑤ 瞿九思：《万历武功录》卷11《王台列传》，明万历刻本。

⑥《明神宗实录》卷444，万历三十六年三月丁酉，台北：“中央研究院”历史语言研究所，1962年，第8430页。

⑦《明史》卷222《张学颜传》，北京：中华书局，1974年，第5854页。

中，具有里程碑性的重要意义。

王台称雄女真，充分表明15世纪中叶至16世纪中叶，东北女真社会与东亚主要国家一样，都处于剧烈的变革时期，以明朝为中心的“华夷秩序”受到严峻挑战，传统的华夷关系开始发生变化，反映女真社会统一的历史趋势。这种传统的华夷关系变化始于正统十四年（1449年）的“土木之变”后，由于女真各部陆续南迁，女真原来“自相所属，打围牧放，各安生业”[①]的均衡格局被打破。建州三卫女真几经迁徙，南迁至婆猪江和苏子河流域；海西女真也相继南迁到今开原东北至松花江一带，逐渐形成哈达、叶赫、乌拉、辉发四个强大的部落集团。女真各部南迁后，加强了各部之间、各族之间的联系，促使了女真社会迅速变化。同时，女真社会的变化更加刺激了其向明朝获取人口、财富的欲望，不断地犯边抢掠人畜，对明辽东地区的统治秩序构成了严重的威胁。马文升在《抚安东夷记》中言：“朵颜三卫并海西、建州夷人处处蜂起，辽东为之弗靖者数年。”在女真诸部中，最早向明廷“华夷秩序”挑战的是建州三卫。建州三卫南迁到苏子河、婆猪江流域后，成为女真诸部中最先进、最强盛的部分。正统以后，建州三卫集结蒙古、海西女真各部不断犯边，抢掠人畜财物，对明廷统治秩序构成了极大的威胁。成化年间，明廷分别于成化三年（1467年）、成化十五年两次出兵，并令朝鲜协助出征，对建州三卫进行两次“捣巢”之征，致使三卫中有威望、有影响的著名首领如李满住等都死于是役，从此，强盛的建州三卫一度衰落。从16世纪始，海西女真继之而起，先后有强部豪酋速长加及其子祝孔革、速黑忒、王忠等强部豪酋迭起，其势力互为消长。至王台时其势乃盛，遂建国称汗。这表明，随着女真族的进步与发展，其民族意识不断增强，开始由分散走向集中，由微弱走向强大，反映出女真社会统一的历史趋势。这种趋势集中体现在敕书的争夺上，敕书是女真社会权势与财富的标志，敕书越多，代表权势越大，财富越多。敕书争夺的结果，使王台掌握多额敕书，得以称雄女真各部，成为强部豪酋，女真族统一的历史过程正是通过此体现出来的。

王台称雄女真的实践活动为努尔哈赤成功地把握历史机遇，完成对女真统一留下了珍贵的历史遗产。王台死后，女真统一的历史使命落到努尔哈赤身上。历史给努尔哈赤提供的机遇与王台大致相同，努尔哈赤成功了，但王台却没能成功。究其原因，王台在将这种历史机缘变为现实性的过程中，没

①《李朝太宗实录》卷7，太宗四年五月甲戌，东京：学习院东洋文化研究所，1954年，第413页。

能成功地处理好各种错综复杂的关系。王台称雄女真各部达三十年之久，强盛时“远者又招徕之，其势乃盛，遂称为汗”。至晚年，“为人残暴，黩货无厌，凡以事赴诉者，赂金币辄以曲为直，否则以直为曲，群下效尤，每使人诸路，皆骄纵无忌，索货贿鹰犬之属，下及鸡豚，悉被扰害。又以好恶为毁誉，万不察其实，惟群下言是听。自戕其国，以故所创基业，即自败之。其民多叛投叶赫，并先附诸部皆叛”，哈达遂衰。[①]稍后的建州巨酋王杲，“为人聪慧，有才辩”，是时“建州诸夷，悉听杲调度”。但其对明坐大、不称臣，“视杀汉官如艾草”，抄掠明边为常事，终遭明廷捣巢之征。[②]对同时代的乌拉布占泰、叶赫纳林布禄等也莫不如此。而努尔哈赤则从王台身上汲取经验教训，在将这种历史机缘转变为现实的过程中，依据时局的变化及与敌手斗争的需要，及时调整诸方面的关系，对女真各部由近及远，联大灭小，先弱后强，直至将其全部吞灭；对明朝称臣纳贡，极表“忠顺”；对蒙古通过联姻、盟誓极尽笼络；对朝鲜主动结好。在成功的道路上，左右逢源，最终成功崛起，完成统一女真的伟业。[③]

第三节　清太祖朝实录史料研究

笔者有幸参加国家《清史》纂修工程，承担清太祖、清太宗朝人物传记的撰写，《清太祖武皇帝实录》《满洲实录》《清太祖高皇帝实录》成为案头时时翻检之书。笔者在撰写人物传稿的过程中，对其史料价值及其差异有了进一步认识。本书结合笔者在人物传撰写实践中的体会，对太祖朝实录中若干史料作一初步比对研究。

一、《清太祖武皇帝实录》《满洲实录》《清太祖高皇帝实录》的纂修

（一）《清太祖武皇帝实录》的纂修

清太祖实录，初纂于天聪七年（1633年）。天聪九年，完成《太祖实录图》。据《清初内国史院满文档案译编》载：“先是，天聪汗命画工张俭、

①《清太祖高皇帝实录》卷3，万历二十七年九月丁未，北京：中华书局，1986年，第45页。

② 瞿九思：《万历武功录》卷11《王杲列传》，明万历刻本。

③ 刁书仁：《努尔哈赤崛起与东亚华夷关系的变化》，《中国边疆史地研究》2012年第3期。

张应魁二人恭绘先代英明汗实录图，至是绘成。赏张俭人一对、牛一，张应魁人一对。”[①]《清太宗实录》也载：“画工张俭、张应魁恭绘《太祖实录图》成，赏俭人口一户、牛一头，应魁人口一户。”[②]至崇德元年（1636年）十一月十五日，太祖实录全部告竣。《满文老档》十月十五日条，详细记载了太祖实录告成进呈时的仪式：

> 太祖、太后实录告成进呈，尽陈圣汗四宝。仪仗毕，诸和硕亲王、多罗郡王、多罗贝勒、固山贝子及文武各官，左右序立。礼部官入奏圣汗，圣汗御崇政殿时奏乐。圣汗陛坐毕，国史院大学士刚林捧满字表文、希福捧蒙字表文、罗绣锦捧汉字表文，率共同修纂之满蒙汉笔帖式进呈。时赞礼官赞排班，众皆排班，赞跪。大学士希福、刚林、罗绣锦高捧表文跪于前，诸笔帖式跪于后。礼部受满蒙汉三种官员进呈表文，跪于汗前一一宣读。其表文曰：“国史院希福、刚林及满蒙汉笔帖式等跪奏宽温仁圣汗：钦奉宽温仁圣汗谕旨，纂修太祖承天广运圣德神功肇纪立极仁孝武皇帝、太后孝慈昭宪纯德真顺成天育圣武皇后实录，以满、蒙、汉三体字编译成书，以为万世之史。崇德元年十一月十五日。”[③]

天聪九年（1635年）完成的仅是《太祖实录图》，只是简单记述一笔。这次是文字编纂全部告竣，举行隆重仪式庆贺，从大学士希福、刚林到所有参与编纂的人员都得到赏赐。对此，乾隆定修本《清太宗实录》也有载录。所不同的是，只记“太祖武皇帝实录告成进呈”，无“太后实录”字样。[④]这里有两个问题需要说明，一是《满文老档》为何称“太祖、太后实录”，是否有“太后实录”，如果有，与“太祖实录”是何关系。二是乾隆朝定修本为何称“太祖武皇帝实录”。首先，回答第二个问题。崇德元年四月，皇太极称帝时，努尔哈赤尊谥为“承天广运圣德神功肇纪立极仁

---

① 中国第一历史档案馆：《清初内国史院满文档案译编》，北京：光明日报出版社，1989年，第184页。

②《清太宗实录》卷24，天聪九年八月乙酉，北京：中华书局，1985年，第320页。

③ 中国第一历史档案馆、中国社会科学院历史研究所译注：《满文老档》，北京：中华书局，1990年，第1698页。

④《清太宗实录》卷32，崇德元年十一月乙卯，北京：中华书局，1985年，第404页。

孝武皇帝”[①]。故实录最后完成时，加谥为“太祖承天广运圣德神功肇纪立极仁孝武皇帝实录”[②]。这之前，只能称太祖实录。其次，回答是否有“太后实录”的问题。太后，即指皇太极生母，叶赫那拉氏，叶赫贝勒杨吉砮之女。皇太极即位后，尊谥其为“孝慈昭宪纯德真顺成天育圣武皇后”[③]。笔者认为，自殷周设左史记言右史记事，特别是南朝梁武帝时创实录体，记载皇帝的活动，向无太后专史之列。在以帝王为中心的时代，后妃也只不过是皇帝的附属。《满文老档》将原属“太祖实录”中加入“太后”，与之并列，是刚刚登上皇位的皇太极向世人表明自己嫡出的身份，以此表明其即位的合法性。所谓“太后实录”，应是挂名在太祖实录上，从来就不曾单有之书。到雍乾时期修订太祖实录时，依官修史书传统成例，无须再书太后之名。如书太后名，则与实录书法不相合，因此，只称《太祖武皇帝实录》。

《清太祖武皇帝实录》在顺治初年多尔衮摄政时曾修改过。《清世祖实录》顺治八年（1651 年）闰二月乙亥条，载有刚林因谄附多尔衮获罪，其中一条为擅改国史罪。当时审讯刚林，据其供云，“睿王取阅太祖实录，令削去伊母事，遂与范文程、祁充格同抹去”，后多尔衮获罪，刚林坐“擅改实录，隐匿不奏”罪。[④]顺治九年正月，福临命再修太祖实录时，将大妃被迫殉死史事又补写插入。顺治十二年二月，《清太祖武皇帝录》重修本与《清太宗实录》同时告成，《清世祖实录》载：

> 内翰林国史院侍读黄机奏言：自古仁圣之君，必祖述前谟，以昭一代文明之治，年来纂修太祖、太宗实录告成。伏乞皇上特命诸臣，详加校订，所载嘉言善政，仿《贞观政要》《洪武宝训》诸书，辑成治典。恭候皇上钦定鸿名，颁行天下，尤望于万机之暇，朝夕省览，身体力行，绍美前休。[⑤]

现故宫博物院所藏 1932 年铅排本，所据本应为顺治重修本。顺治重修本，仍留有称皇太极为“天聪皇帝”，天命建元以前，称努尔哈赤为“太祖”，建元以后称“帝”。例如，天命十年（1625 年）八月十一日条载：

---

①《清太宗实录》卷 28，崇德元年四月丙戌，北京：中华书局，1985 年，第 363 页。
②《清太宗实录》卷 32，崇德元年十一月乙卯，北京：中华书局，1985 年，第 404 页。
③《清太宗实录》卷 28，崇德元年四月丙戌，北京：中华书局，1985 年，第 363 页。
④《清世祖实录》卷 54，顺治八年闰二月乙亥，北京：中华书局，1985 年，第 432 页。
⑤《清世祖实录》卷 89，顺治十二年二月丁卯，北京：中华书局，1985 年，第 702 页。

“太祖未即位时，先娶之后，生长子出燕，赐号阿儿哈兔土门，次子带善，号古英把土鲁。继娶后，所生莽古儿泰、得格垒。中宫皇后生皇太极，即天聪皇帝也。”①

顺治重修本，基本上是《清太祖武皇帝实录》初纂本的照抄，改写处只限于大妃殉死等个别地方。

（二）《满洲实录》的纂修

《满洲实录》共有四部，用满、汉、蒙三种文字书写，并有插图。第一部绘写本，成书于天聪九年（1635年），第二部和第三部绘写于乾隆四十四年（1779年），第四部绘写于乾隆四十六年。四部实录分别收藏在乾清宫、上书房、盛京、避暑山庄。我们现在所见只有上书房本，收藏于中国第一历史档案馆。中华书局出版的《满洲实录》影印本，所据就是该馆所藏的上书房本。该本卷末有乾隆帝“敬题重绘太祖实录战图八韵”诗一篇，其注云：“实录八册，乃国家盛京时旧本，敬贮乾清宫，恐子孙不能尽见，因命依式重绘二本，以一本贮上书房，一本恭送盛京尊藏，传之奕世，以示我大清亿万年子孙，毋忘开创之艰难也。”②《国学文库》本《满洲实录》是据旧抄本重印，卷后有乾隆帝《敬题重绘〈太祖实录战图〉八韵》“重绘传奕世”句注云：“……兹复命敬绘此册，贮之避暑山庄，以便披阅，永凛守成。”③由此可见，乾隆朝重绘的《满洲实录》是以《太祖实录战图》为底本“依式重绘”的。

关于乾隆朝重绘《满洲实录》的时间，《清高宗实录》乾隆四十四年正月乙卯条载：“大学士于敏中等奏，前奉谕旨，令主事门应兆恭绘开国实录。图内事迹，应派员缮写，拟分清字、蒙古字、汉字，各派中书四员，在南书房恭缮。并轮派懋勤殿行走翰林一人入直，照料收发。报闻。”④由此可知，重绘《满洲实录》的工作最迟始于乾隆四十四年正月。同书，乾隆四十六年五月辛巳条载，乾隆帝上谕云：“开国实录，着八阿哥传原写清、汉、蒙古字各员，敬谨再缮一分，并着门应兆照旧绘图。”⑤这说明，第四部《满洲

①《清太祖武皇帝实录》卷4，天命十年八月，北京：故宫博物院，1932年。

②《满洲实录》卷8，北京：中华书局，1986年，第423页。

③《清实录·影印说明·注释（一）》，北京：中华书局，1985年，第9页。

④《清高宗实录》卷1075，乾隆四十四年正月乙卯，北京：中华书局，1985年，第436页。

⑤《清高宗实录》卷1131，乾隆四十六年五月辛巳，北京：中华书局，1985年，第109页。

实录》重绘始于乾隆四十六年（1781年）五月。由此可以断定，乾隆朝重绘《满洲实录》，从始修到纂成的时间，在乾隆四十四年到乾隆四十七年。乾隆朝纂修《满洲实录》之事，除以上大学士于敏中的奏文和乾隆帝的上谕外，《清高宗实录》中别无记载。

（三）《清太祖高皇帝实录》的纂修

康熙朝改修太祖实录，始于康熙二十一年（1682年）。《清圣祖实录》是年十月辛卯条载："重修太祖高皇帝实录，以武英殿大学士勒德洪为监修总裁官，大学士明珠、李霨、王熙、黄机、吴正治为总裁官，内阁学士萨海、喇巴克、侍读学士胡简敬为副总裁官。"①改修的理由是因为太祖实录没有谕制序文及进呈表文、凡例、目录等，与历代实录体例不合。康熙二十五年四月，改修太祖实录告成。《清圣祖实录》载：

> 太祖高皇帝实录告成，光昭一代之典章，永垂万世之模范。其监修总裁等官，着有勤劳，宜加宠锡。监修总裁官、礼部尚书武英殿大学士勒德洪，着加太子太傅。总裁官、太子太傅武英殿大学士明珠，着加太子太师。礼部尚书保和殿大学士王熙、礼部尚书武英殿大学士吴正治、吏部尚书文华殿大学士宋德宜，俱着加太子太傅。副总裁以下各官，俱照例议叙。②

康熙朝改修太祖实录费时三年半，改修本定名为《大清太祖承天广运圣德神功肇纪立极仁孝睿武弘文定业高皇帝实录》。谥号中的"高皇帝"是康熙元年四月加上的。③

康熙朝改修的《清太祖高皇帝实录》与《清太祖武皇帝实录》相比，在体例上有很大的改进。《清太祖高皇帝实录》中卷首有康熙帝的序文、监修总裁官勒德洪的进呈表文，以及凡例、目录、纂修人员名单等，这些都符合实录体例。④这反映出在清入关前，修史尚属首创，而清入关以后才逐渐规范起来。

乾隆朝定修本《清太祖高皇帝实录》，修于雍正十二年（1734年）。《清世宗实录》载："三朝实录内人名、地名、字句与圣祖仁皇帝实录，未曾画一。

---

①《清圣祖实录》卷105，康熙二十一年十月辛卯，北京：中华书局，1985年，第69页。

②《清圣祖实录》卷125，康熙二十五年四月壬寅，北京：中华书局，1985年，第332页。

③《清圣祖实录》卷6，康熙元年四月丙辰，北京：中华书局，1985年，第111页。

④《清太祖高皇帝实录·卷首》，北京：中华书局，1986年，第1—10页。

请派满汉大臣，率同简选翰林官员，重加校对，敬谨缮录，用垂万世。”[①]据乾隆帝在定修本前的序文可知，定修本成书于乾隆四年（1739 年）十二月十日。不知何因，《清高宗实录》中未见记载。定修本主要依据康熙朝改修本“重加校定”。据乾隆帝《清太祖高皇帝实录·序》云：

> 太宗文皇帝继天登阼，命儒臣敬辑实录，规模略备。圣祖仁皇帝复加搜考修纂成书，尊藏内府，并贮史宬。惟是山川、疆土以及臣僚名氏前后间有异同，清汉之文或简或繁，未经画一。我皇考世宗宪皇帝惧有舛讹，特开史馆重加校订，按日进呈，亲为阅定。朕缵承丕绪，仰体前徽，用复洁诚，披览卷帙如旧，缮录一新。[②]

由上可知，乾隆朝定修本《清太祖高皇帝实录》与康熙朝改修本《清太祖高皇帝实录》无太大区别。只是乾隆朝定修本中，人名、地名等更加文雅，对努尔哈赤的溢美之词更多些。雍正十二年（1734 年），努尔哈赤的谥号在康熙朝“睿武”二字下，又加上“端毅钦安”四字。成书的乾隆朝定修本实录，全称为《大清太祖承天广运圣德神功肇纪立极仁孝睿武端毅钦安弘文定业高皇帝实录》。

二、三种太祖实录的对读与比较

笔者在撰写传稿的过程中，通过对《清太祖武皇帝实录》《满洲实录》《清太祖高皇帝实录》对读与比较，发现《清太祖武皇帝实录》与《满洲实录》所载史实基本接近。相比之下，《满洲实录》中人名、地名等专有名词不仅比《清太祖武皇帝实录》文雅，甚至比乾隆朝定修本《清太祖高皇帝实录》还文雅。但对个别重要史实的记载，《清太祖武皇帝实录》多保留历史原貌；而《满洲实录》《清太祖高皇帝实录》则多改为溢美之词，并增加一些原来《清太祖武皇帝实录》中未载的史实。下面，笔者以 1932 年故宫博物院本《清太祖武皇帝实录》（简称《武录》）与中华书局影印本《清太祖高皇帝实录》（简称《高录》）为例，通过对相关史实对读，来比较两书的史料价值。

第一，《武录》基本上能保留历史原貌，而《高录》则多改为溢美、不

①《清世宗实录》卷 150，雍正十二年十一月庚子，北京：中华书局，1985 年，第 852 页。

②《清太祖高皇帝实录·卷首》，乾隆《清太祖高皇帝实录·序》，北京：中华书局，1986 年，第 11 页。

实之词。关于对明朝的称谓，是清朝最敏感、最忌讳的问题。《武录》尚能尊重历史实际，仍以明之属国自称，而《高录》则不然，改为对等称呼。以下试举几例。

《武录》戊子年（1588年）四月条载：

太祖遂招徕各部，环满洲而居者，皆为削平，国势日盛。与大明通好，遣人朝贡，执五百道敕书，领年例赏物。①

而《高录》戊子年四月甲寅条则载：

是时，上招徕各路，归附益众，环境诸国，有逆命者，皆削平之，国势日盛。明亦遣使通好，岁以金币聘问。②

万历二十四年（1596年）二月，明朝与朝鲜遣使到建州，《武录》载：

大明国遣官一员，高丽国亦遣官二员，从者共二百人来。太祖令部兵尽甲，亲迎至妙弘廓地界，接入大城，以礼相叙。公事毕，辞别而去。③

《高录》则记为：

明遣官一员、朝鲜官二员，从者二百人来。上令我军尽甲，观兵于外，遇于妙弘廓地界，迎入大城，优礼答遣之。④

由此可见，《武录》对明称“大明”，仍将自己置于其属国地位；而《高录》则改为与其对等地位。

《武录》在给明朝的文书中，一般称“申奏大明”，而《高录》则一律改为“上遗明书”，如《武录》载：

己酉年二月，太祖遣使申奏大明国曰：“邻朝鲜境斡儿哈部众，皆吾所属，有入朝鲜者，乞传谕查与，故奏”。万历皇帝遣

①《清太祖武皇帝实录》卷1，戊子年四月，北京：故宫博物院，1932年。
②《清太祖高皇帝实录》卷2，万历十六年四年甲寅，北京：中华书局，1986年，第35页。
③《清太祖武皇帝实录》卷1，丙申年二月，北京：故宫博物院，1932年。
④《清太祖高皇帝实录》卷3，万历二十四年二月戊戌，北京：中华书局，1986年，第41页。

使谕朝鲜国，查千余户与之。[①]

《高录》则载：

己酉春二月癸丑朔，上遗明书曰：“邻朝鲜境而居瓦尔喀部部众，皆吾所属也。可往谕，令彼察出予我”。于是，明遣使谕朝鲜国，归我千余户。[②]

关于国号问题。从《满文老档》和明朝及朝鲜方面的文献记载来看，天聪九年（1635年）以前，主要称其国为“建州卫”“后金”或“金”；称其国人为女真或女直。对此，《武录》中还有一些保留，而《高录》和《满洲实录》则改为“满洲”，如天命三年（1618年）四月，努尔哈赤率军攻抚顺时，于旷野处夜宿，向额驸恩格德尔等讲前朝故事。《武录》载：

取抚顺所，行至它哄即臭泥泊旷野处安营而宿。是晚，帝将先朝金史讲与恩格得里厄夫原系蒙古、查哈量厄夫原系查哈儿国臣，乃曰：“朕观自古为君者，身经征战之苦，皆未得永享其尊。今兴此兵，非欲图大位而永享之，但因大明累致我忿恨，容忍不过，无可奈何，故兴师也。”[③]

《武录》中，在涉及金朝史事时，称金朝为“先朝”，自认为其是金朝的后裔。而《高录》则改为“金朝”，有意抹杀后金与金朝的承继关系，如《高录》载：

取抚顺所，至它哄荨漠之野驻营。时蒙古贝勒恩格德尔、萨哈尔察国长萨哈连二额驸随军营。上告以金朝往事，因谕曰：“朕观自古帝王虽身经战伐，劳瘁备尝，天位之尊，亦未有永享之者。今朕兴此兵，非欲图大位，而永享之也。但因明国屡构怨于朕，不得已而征之耳。[④]

国号问题最明显的改动莫过于天命四年五月的朝鲜来书。《高录》载：

---

①《清太祖武皇帝实录》卷2，己酉年二月，北京：故宫博物院，1932年。

②《清太祖高皇帝实录》卷3，万历三十七年四月癸丑，北京：中华书局，1986年，第51页。

③《清太祖武皇帝实录》卷2，天命三年四月十四日，北京：故宫博物院，1932年。

④《清太祖高皇帝实录》卷5，天命四年四月癸卯，北京：中华书局，1986年，第70页。

五月庚戌，朝鲜遣使者一人、从十三人，随我国使臣赍书至。其辞曰："朝鲜国平安道观察使朴化，顿首致书满洲国主，吾二国接壤而居，明与我二国，历二百余载，毫无怨恶。今贵国与明为仇，因而征战，生民涂炭，不特邻邦，即四方皆动干戈矣，亦非贵国之善事也。明与我国，犹如父子，父之言，子敢违乎，盖大义所在，不可拒也。事属既往，今勿复言。张应京偕四人来，方悉此事原委，然邻国亦自有交道也。来书云：我若向来有意与明结怨，天即鉴之，推此心也，诚保世滋大，受天之佑者矣。自此以往，克协大道，同归于善，当亦明所深愿，其温纶不久即下。吾二国各守疆圉，复修前好，岂不美哉。"①

而《武录》则记载为：

五月二十八日，朝鲜遣官一员、从者十三人，并前使者赍书至。其书曰："朝鲜国书，平安道观察使朴化，致书于建州卫马法足下，吾二国地土相连，大明为君，吾二国为臣，经二百余载，毫无怨恶。今贵国与大明为仇，因而征战，生民涂炭，不特邻邦，即四方皆动干戈矣，亦非贵邦之善事也。大明与我国犹如父子，父之言于岂敢拒，盖太义也，吾亦不愿此举，其如不从何？事属已往，今不必言。若等情由，闻张应京等四人来言方知。然邻国亦自有交道也。来书云：吾有心与大国之君结怨，穹苍鉴之。即此一念，便可常享天眷，受福无疆，以后果行合大道，明朝闻之必喜，善言不久而下矣。吾二国各守边疆，复乎前好，乃为善也。"②

由此可见，《武录》中，对朝鲜国来文称"致书于建州卫马法足下"尚有保留③。而《高录》竟将一直使用的建州卫、女真国字样，完全改作"满洲国"。

第二，《高录》与《武录》比，有意增加了《武录》中未载的内容。例如，努尔哈赤的五十三道上谕。这些上谕，不仅《武录》不载，《满文老档》也不见收录。《高录》中增加的这五十三道上谕，在努尔哈赤即位后连续有

①《清太祖高皇帝实录》卷6，天命四年五月庚戌，北京：中华书局，1986年，第85页。
②《清太祖武皇帝实录》卷3，天命四年五月二十八日，北京：故宫博物院，1932年。
③"马法"，为酋长之意。

七道，天命三年（1618年），攻取抚顺后连续有五道，六年，攻下辽阳后连续有二十五道，天命十一年，努尔哈赤病逝前有六道，其他的散见于各年中。下面，笔者试举天命三年四月的两道上谕：

> 壬午，上谕贝勒诸臣曰："人君，即天之子也，贝勒诸臣，即君之子也。民，即贝勒诸臣之子也。君以父事天，敬念不忘，克明厥德，仰承天锡丕基，则帝祚日隆。贝勒诸臣以父事君，敬念不忘，勿怀贪黩之心，勿为奸慝之事，以公忠自效，则爵位常保。民于贝勒诸臣，敬念不忘，遵守法度，勿萌奸宄，勿行悖乱，则身无祸患。如君受天之佑，以为无与于天，曰：'此我才力所致也'。遂不勤修治道，措注失宜，天若谴之，移其国祚，能自守天位乎。贝勒大臣，受君之恩，以为无与于君，曰：'此我才力所致也'。心怀奸慝，恣行贪黩，君若谴之，褫其爵位，能自保身家乎。至于民，不遵贝勒、大臣约束，而行奸宄悖乱之事，必致获咎，而祸患随之矣。"①
>
> 上谕侍臣曰："尝闻自古恃德者昌，恃力者亡，未有立志公诚而或失，居心邪慝而反得者，故自上至下，有立志公诚者，谓之积善。善既积，有不致福者乎。居心邪慝，而横行暴虐者，谓之积恶。恶既积，有不受祸者乎。凡满洲、蒙古、汉人若去邪慝、存公诚，斯可受福远祸已。自朝廷百官以及万民，虽贵贱不同，然祸非外来，皆由自致，何也？天命之为君，不能修大业，行善事，以顺天意而合人心，乃溺志卑下，即于慆淫，天必谴之，基业废坠矣。君命之为臣，不能殚忠勤，恪共厥职，而邪辟存心，怠忽从事，君必罪之，身亦不保矣。至庶民行一不善之事，则刑戮随之，所谓凡人之祸，皆由自致者，此也。"②

其他的上谕也同样，均为努尔哈赤对贝勒、大臣的谆谆告诫。所言皆属儒家治国安邦之论，努尔哈赤当时未必通晓，显然是后世为赞颂太祖高皇帝的圣明而有意编排的。

第三，《高录》与《武录》比，在满文汉译上，纠正了《武录》中许多不确切或错误之处。例如，万历十三年（1585年）努尔哈赤征哲陈部，其族

①《清太祖高皇帝实录》卷5，天命三年闰四月壬午，北京：中华书局，1986年，第72—73页。
②《清太祖高皇帝实录》卷5，天命三年闰四月壬午，北京：中华书局，1986年，第72—73页。

弟札亲、桑古里见哲陈部众，大惧，解其甲与人，受到努尔哈赤的斥责。此事《武录》载：

有夹陈、桑古里二人豹郎刚之孙也，见敌兵大恐，解其甲与人。太祖怒曰："汝等在家，每自称雄于族中，今见敌兵，何故心怯，解甲与人？"言讫，自执旗先进。①

而《高录》则记载为：

有尼麻喇城五祖包朗阿孙札亲、桑古里，见敌众大惧，解其甲与人。上怒曰："尔平日自雄于兄弟乡党间，今临阵，何惧敌众，反解甲与人耶。"乃亲执纛先进。②

由此可见，《高录》改为"平日自雄于兄弟乡党间"，显然比《武录》所载"汝等在家，每自称雄于族中"确切。天命三年（1615年）九月，后金略抚顺城北会安堡，《武录》载：

九月二十五日，遣兵掠会安堡，屠戮甚众，得人畜一千，其中有屯民三百斩于抚顺关，留一人，割双耳，令执书回。③

而《高录》则记载为：

庚戌，我军略地至抚顺城北之会安堡，俘千人，戮三百人于抚顺关，留一人。④

《武录》作"其中有屯民三百斩于抚顺关"，不准确。天命四年正月，后金复明书。《武录》载：

二十二日，令大明使者李继学及通使赍书回，其书曰："皇上若声辽人之罪，撤出边之兵，以我为是，解其七恨，加以王封，岂有不罢兵之理？再将我原赏及抚顺所原有敕书五百道，并开原所有敕书千道，皆赐吾兵，将我与大臣外加缎三千匹，金三

①《清太祖武皇帝实录》卷1，乙酉年四月，北京：故宫博物院，1932年。
②《清太祖高皇帝实录》卷2，乙酉年四月壬寅，北京：中华书局，1986年，第33页。
③《清太祖武皇帝实录》卷2，天命三年九月二十五日，北京：故宫博物院，1932年。
④《清太祖高皇帝实录》卷5，天命三年九月庚戌，北京：中华书局，1986年，第75页。

百两，银三千两。”[①]

而《高录》则记载为：

丙午，上遣明使李继学及通事一人还，赍书以告曰：“皇帝若能正辽人之罪，撤出边之兵，悉直吾言。释吾七恨，崇以王位，兵乃罢。其抚顺所原有敕书五百道、开原所原有敕书千道，仍给我军士，再以彩币三千、黄金三百、白金三千、为吾大臣等输焉。”[②]

《武录》写作“再将我原赏及抚顺所原有敕书五百道，并开原所有敕书千道”句误。以上只是笔者在对《高录》与《武录》的对读中发现的一些例子，类似问题还有许多。

三、三种太祖实录对有关重要史实的隐讳问题

孟森先生早年在《读清实录商榷》文云，“清一代君臣所标举之美德，有八大字，曰：敬天法祖，勤政爱民。……大致清所以维持纲纪，亦尚得力于此。清一代之君，无有甚不肖，如明之武宗、熹宗者，即其验也。惟其法祖之意，过犹不及，务使祖宗所为不可法之事，一一讳饰净尽，不留痕迹于实录中。而改实录一事，遂为清世日用饮食之恒事，此为亘古所未闻者”[③]。孟森先生所说清实录中的隐讳问题，太祖实录最为严重。如前所述，太祖实录每改修一次，就粉饰隐讳一次。如万历二十七年（1599年）九月，努尔哈赤杀哈达孟格布禄和刚盖之事。《武录》中载：

后，太祖欲以女莽姑姬与孟革卜卤为妻，放还其国。适孟革卜卤私通嫔御，又与刚盖通谋欲篡位，事泄，将孟革卜卤、刚盖与通奸女，俱伏诛。[④]

《高录》则记载为：

上欲释孟格布禄归国，适孟格布禄与我国大臣噶盖，谋逆事

①《清太祖武皇帝实录》卷3，天命四年一月二十二日，北京：故宫博物院，1932年。
②《清太祖高皇帝实录》卷6，天命四年正月丙午，北京：中华书局，1986年，第77页。
③ 孟森：《读清实录商榷》，《明清史论著集刊》，北京：中华书局，1959年，第619页。
④《清太祖武皇帝实录》卷2，己亥年三月，北京：故宫博物院，1932年。

泄，俱伏诛。[①]

努尔哈赤大福晋被迫殉死之事也是如此。《武录》载：

帝后原系夜黑国主杨机奴贝勒女，崩后复立兀喇国满泰贝勒女为后，饶丰姿，然心怀嫉妒，每致帝不悦，虽有机变，终为帝之明所制，留之恐后为国乱，预遗言于诸王曰："俟吾终必令殉之"，诸王以帝遗言告后，后支吾不从，诸王曰："先帝有命，虽欲不从不可得也"。[②]

太宗朝修太祖实录，顺治朝重修实录时，需突出皇太极、福临的正统地位，因此，《武录》强调"帝后原系夜黑国主杨机奴贝勒女，崩后复立兀喇国满泰贝勒女为后"。大福晋殉死，是先帝"留之恐后为国乱，预遗言于诸王曰：'俟吾终必令殉之。'"

而《高录》关于大福晋殉死之事，则记载为：

先是，孝慈皇后崩后，立乌喇国贝勒满太女为大妃。辛亥辰刻，大妃以身殉焉，年三十有七，遂同时而殓。[③]

至康熙朝和乾隆朝改修太祖实录时，事过境迁，已无政治需要，遂将大福晋被迫殉死过程删去，只留"大妃以身殉焉"。《高录》中，类似此例者颇多。更为重要的是努尔哈赤亲弟舒尔哈齐和其长子褚英等之死，三种实录均竭尽隐晦。

舒尔哈齐是清肇兴时期仅次于其兄努尔哈赤的人物。明代官私文献多有载录。在明人看来其与努尔哈赤都是建州首领，并称其兄弟为都督。《明实录》载："建州等卫夷人都督、都指挥速儿哈赤等一百员名……俱赴京朝贡，赐宴如例。"[④]万历三十六年（1608 年），舒尔哈齐在努尔哈赤赴明朝贡 20 天后，第三次赴京朝贡。明廷分别赐予其兄弟敕书 357 道、140 道不等，并赐舒尔哈齐为建州右卫首领。像这样一位重要人物，清朝的官私著述中却很少提及。翻检《高录》，有关舒尔哈齐的记载仅有七条。其中，记其出生和逝世各一条，娶乌拉女一条，乌拉布占泰娶其二女两条，征哈达和取东海女真两条。

---

①《清太祖高皇帝实录》卷 3，万历二十七年九月丁未，北京：中华书局，1986 年，第 45 页。

②《清太祖武皇帝实录》卷 4，天命十一年八月，北京：故宫博物院，1932 年。

③《清太祖高皇帝实录》卷 10，天命十一年八月丙午，北京：中华书局，1986 年，第 142 页。

④《明神宗实录》卷 312，万历二十五年七月戊戌，台北："中央研究院"历史语言研究所，1962 年勘本，第 5837 页。

关于舒尔哈齐之死，《武录》载：

（万历三十九年）八月十九日，太祖同胞弟打喇汉把土鲁薨，年四十八岁。[①]

《满洲实录》载：

（万历三十九年）八月丙戌，上弟达尔汉巴图鲁贝勒舒尔哈齐薨，年四十八。[②]

《高录》载：

（万历三十九年）八月丙戌，上弟达尔汉巴图鲁贝勒舒尔哈齐薨，年四十八岁。[③]

三种太祖实录对舒尔哈齐之死的记载，如出一辙。所不同者，成书最早的《武录》，尚未推算干支，直接用数字书写。可见，太祖实录对舒尔哈齐之死竭尽隐讳。

舒尔哈齐之死，明代与朝鲜文献则多有记载。王在晋的《三朝辽事实录》载：

（万历三十九年）奴酋忌其弟速儿哈赤兵强，计杀之。复耀兵侵兀喇诸酋。[④]

彭孙贻的《山中闻见录》载：

万历三十九年辛亥六月，部议如科臣言复奏，神祖乃许其入贡。已，太祖忌其弟速儿哈赤兵强，计杀之。[⑤]

黄石斋的《博物典汇》记载得更加详明：

（万历三十九年）初，酋一兄一弟，皆以骁勇雄部落中。兄弟始登垄而议，继则建台，策定而下，无一人闻者。兄死，弟称

①《满洲实录》卷3，万历三十九年八月十九日，北京：中华书局，1986年，第144页。

②《清太祖武皇帝实录》卷2，辛亥年八月十九日，北京：故宫博物院，1932年。

③《清太祖高皇帝实录》卷3，万历三十九年八月丙戌，北京：中华书局，1986年，第51页。

④ 王在晋：《三朝辽事实录·总略》，刁书仁点校：《先清史料》，长春：吉林文史出版社，1990年，第3页。

⑤ 彭孙贻：《山中闻见录》卷1《建州》，潘喆、李鸿彬、孙方明：《清入关前史料选辑》第三辑，北京：中国人民大学出版社，1991年。

> 三都督。酋疑弟二心，佯营壮第一区，落成置酒，招弟饮会，入于寝室，锒铛之。注铁键其户，仅容二穴，通饮食，出便溺。弟有二名裨，以勇闻，酋恨其佐弟，假弟令召入宅，腰斩之。长子数谏酋勿杀弟，且勿负中国，奴亦困之。其兄逆乃天性也。①

石斋所云，努尔哈赤有兄则误。努尔哈赤兄弟五人，其最长，其中一弟早亡，故云兄弟四人，也不为误。舒尔哈齐排行三，石斋所称三都督。舒尔哈齐与努尔哈赤同母弟中，还有排行第四的雅尔哈齐，卒于舒尔哈齐之前，故误以为兄。其余兄弟，穆尔哈齐天命五年（1620年）卒，巴雅喇天命九年卒，皆卒于舒尔哈齐之后。

朝鲜文献《建州闻见录校释》也云：

> 小乙可赤有战功，得众心，五六年前，为奴酋所杀。②

以上明朝和朝鲜文献虽未能详细地记载舒尔哈齐之死的有关史事，但却一致记载其被努尔哈赤所杀，而清官修实录却有意溢美努尔哈赤在清勃兴时的“高皇帝”形象，不顾事实真相，竭尽讳隐。

努尔哈赤长子褚英之死也是如此。《武录》和《满洲实录》对褚英史事记载仅有四条，即万历二十六年（1599年）征安诸拉库③、三十五年取东海女真④、三十六年征乌拉⑤和天命十一年八月追述努尔哈赤家世提及其名。⑥而对褚英之死因，两书则一字不存。《高录》中除载录以上四条外，对褚英之死，只记载为：

> 乙卯年（1615年）闰八月乙巳朔，皇长子洪巴图鲁阿尔哈图土门贝勒褚英薨，年三十六。⑦

《满文老档》万历四十一年三月二十六日条，记载了褚英被囚及原因，对努尔哈赤将其处死，却隐讳不书。而《旧满洲档》同条则明确记载其被努尔哈赤处死。文曰：

---

① 黄道周：《博物典汇》卷20《四夷附奴酋》，明崇祯八年刻本。
② 李民寏：《建州闻见录校释》，沈阳：辽宁大学历史系，1978年，第42页。
③《清太祖武皇帝实录》卷1，戊戌年正月，北京：故宫博物院，1932年。
④《清太祖武皇帝实录》卷2，丁未年五月，北京：故宫博物院，1932年。
⑤《清太祖武皇帝实录》卷2，戊申年三月，北京：故宫博物院，1932年。
⑥《清太祖武皇帝实录》卷4，天命十一年八月，北京：故宫博物院，1932年。
⑦《清太祖高皇帝实录》卷4，万历四十三年闰八月乙巳，北京：中华书局，1986年，第60页。

> 聪睿恭敬汗以其长子阿尔哈图图门，心术不善，不认己错，深恐日后败坏治生之道，故令将其囚居于高棚。经过二年多之深思，虑及长子若生存，必会败坏国家。倘怜惜一子，则将危机众子侄、诸大臣和国民。遂于乙卯年，聪睿恭敬汗五十七岁，长子三十六岁，八月二十二日，始下决断，处死长子。①

朝鲜文献也载：努尔哈赤长子褚英，“为奴酋所杀”②。

太祖实录对努尔哈赤处死其弟、其子竭尽隐讳，但实录中不经意也流露出事实真相。天命六年（1621 年）正月十二日，在努尔哈赤与诸子孙对天焚香发誓的誓词中云：

> 蒙天父地母垂祐，吾与强敌争衡，将辉发、兀喇、哈达、夜黑，同一音语者俱为我有，征仇国大明得其抚顺、清河、开原、铁岭等城，又破其四路大兵，皆天地之默助也。今祷上下神祇，吾子孙中纵有不善者，天可灭之，勿令刑伤，以开杀戮之端。如有残忍之人，不待天诛，遽兴操戈之念，天地岂不知之，若此者亦当夺其算。昆弟中若有作乱者，明知之而不加害，俱怀理义之心，以化导其愚顽，似此者天地佑之。俾子孙百世延长，所祷者此也。自此之后，伏愿神祇不咎既往，惟鉴将来。③

是年，努尔哈赤 63 岁，感到自己年事已高，率诸子孙对天发誓：毋骨肉相残，以子孙相保为念。誓词中所云：“伏愿神祇不咎既往，惟鉴将来”，则是其对以往处死其弟、其子，骨肉相残的忏悔。以上记载可佐证其处死其弟、其子之事实。

清朝肇兴时期，努尔哈赤与舒尔哈齐、褚英等产生矛盾纠葛，以致努尔哈赤将二人处死，这是满族宗室贵族权力争夺的必然反映。而太祖实录中却极力为努尔哈赤避讳，在改修实录过程中，尽力隐晦了这一历史真相。

孟森先生评价《清实录》时曾说：“清实录，以天聪间所修太祖实录为最早，宜其最近真相，然修饰原文，使真相不存，亦始于是。”④此评价直

---

①《旧满洲档》第 1 册，台北故宫博物院本，第 73—74 页。
② 李民寏：《建州闻见录校释》，沈阳：辽宁大学历史系，1978 年，第 41 页。
③《清太祖武皇帝实录》卷 3，天命六年正月十二日，北京：故宫博物院，1932 年。
④ 孟森：《明清史论著集刊》，北京：中华书局，1959 年，第 203 页。

到今天仍是不易之论。

综上所述，笔者的认识是，从《清太祖武皇帝实录》始，清后世之主为彰显其祖宗创业之功，不断修饰、美化和隐讳清开国史事，一再改修实录，为历代实录编纂史上所罕见。今天我们编修《清史》，撰写太祖朝人物，在使用太祖实录时，必须对几种实录对读，相互参照。同时，更要与《旧满洲档》《满文老档》等档案，以及明朝与朝鲜文献作比较考证，才能取得翔实可信的史料，从而提高新修《清史·太祖太宗朝》人物传记的质量。

第四节　努尔哈赤崛起与东亚华夷关系的变化

努尔哈赤是清朝兴起史上最具影响力的人物。国内外学术界对其研究已有大量的成果问世。[①]笔者认为，对努尔哈赤仍存在可深入研究的空间，如先行的研究中,没能将努尔哈赤的崛起置于16世纪中叶东亚地区华夷关系变化的语境中进行考察,也没能由此阐释其因势利导巧妙地处理与女真、蒙古、明朝、朝鲜诸多关系，以及其成功崛起的历史必然性。本节试从16世纪中叶东亚地区华夷关系变化的视域，探讨努尔哈赤是如何成功崛起的。

一、努尔哈赤崛起的东亚环境

16世纪中叶，东北女真社会与东亚主要国家一样，都处于激烈的变革之

① 迄今国内学术界出版关于努尔哈赤研究的专著有，阎崇年：《努尔哈赤传》（北京出版社，1984年）；滕绍箴：《努尔哈赤评传》（辽宁人民出版社，1986年）；周远廉：《清太祖传》（人民出版社，1994年）；陈捷先：《努尔哈齐写真》（远流出版事业股份有限公司，2005年）、《清太祖时期满洲与朝鲜关系考》（学海出版社，1985年）。相关的研究有，张存武：《清代中韩关系论文集》（商务印书馆，1987年）；黄枝连：《东亚的礼仪世界：中国封建王朝与朝鲜半岛关系形态论》（中国人民大学出版社，1994年）等。日本的研究主要有，今西春秋：《论努尔哈赤“七大恨”》（《东洋史研究》1—4辑，1936年2月）；和田清：《清太祖与李成梁的关系》（稻叶博士还历纪念《满鲜史论丛》，1938年6月）；和田清：《清太祖兴起的事迹》（《东洋学报》1951年第2期）；神田信夫：《努尔哈赤与清朝的建立》（《图说世界文化史大系》1959年第19卷）；石桥秀雄：《努尔哈赤进出辽东前后的考察》（和田博士古稀纪念《东洋史论丛》1961年）；田中通彦：《十五世纪女真族社会和初期努尔哈赤政权的结构》（《历史人类》1977年第3期）。相关著作有，园田一龟：《明代建州女直史研究》（国立书院，1953年）；三田村泰助：《清朝前史研究》（东洋史研究会京都同朋舍，1965年）；河内良弘：《明代女真史研究》（京都同朋舍，1992年）等。韩国相关研究有，全海宗：《中韩关系史论集》（中国社会科学出版社，1997年）；崔韶子：《明清时代中韩关系史研究》（梨花女子大学出版社，1997年）；韩明基：《光海君时代对明、后金的关系》（《震檀学报》79，震檀学会，1995年）等。

中，“各部蜂起，皆称王争长，互相战杀”[①]。以明朝为中心的“华夷秩序”受到严峻挑战，传统的华夷关系开始发生变化。

明代东亚地区，以明朝为中心的华夷秩序构建始于洪武年间，完备于永乐年间。朱元璋建国伊始，一改元朝征服扩张的外交政策，以“共享太平之福”[②]的和平外交理念，重构东亚区域秩序。[③]翌年，明朝与高丽建交。[④]随后，遣使日本、占城等国。[⑤]洪武四年（1731 年）十月，日本、安南等国遣使赴明朝贡[⑥]，表明东亚区域关系秩序初步确立。与此同时，明朝也将东北边疆地区作为其构建东亚区域秩序的重要一环。洪武四年，明廷设定辽都卫指挥使司[⑦]，后改为辽东都指挥使司。[⑧]洪武二十年，大将军冯胜率军，进逼金山，元将纳哈出投降。[⑨]辽东战事刚一结束，明朝便着手构建东北地区的统治秩序。明廷依据东北民族分布的特点“因俗而治”。辽东地区，明初多为汉族军户及家属帮丁居住，设辽东都司，置 25 个军事卫所，行政、司法则隶属山东行省管辖，如明人所言：“国初旧制，山东、辽东原系一省。”[⑩]明初辽东地区不置州县，广置卫所，是由于该地“边鄙瓯脱之俗，华夷杂糅之民，迫近胡俗，易动难安，非可以内地之治治之也”[⑪]。东部蒙古地区，属于游牧民族文化圈。洪武二十年九月，明置大宁都指挥使司（简称“大宁都司”）。[⑫]大宁都司（今内蒙古昭乌达盟宁城县大明城），辖境包括河北长城以北和西剌木伦河以南地区。明廷依据东部蒙古居住为主的特点，设朵颜、泰宁、福

---

①《满洲实录》卷 1，癸未岁至甲申岁，北京：中华书局，1986 年，第 20 页。

②《李朝太宗实录》卷 7，太宗四年四月甲戌，东京：学习院东洋文化研究所，1954 年，第 413 页。

③《明太祖实录》卷 68，洪武四年九月辛未，台北：“中央研究院”历史语言研究所，1962 年，第 1277—1278 页。

④《明史》卷 320《朝鲜传》，北京：中华书局，1974 年，第 8279 页。

⑤《明太祖实录》卷 38，洪武二年正月乙卯，台北：“中央研究院”历史语言研究所，1962 年，第 775 页。

⑥《明史》卷 2《太祖本纪二》，北京：中华书局，1974 年，第 26 页。

⑦《明太祖实录》卷 67，洪武四年七月辛亥，台北：“中央研究院”历史语言研究所，1962 年，第 1253—1254 页。

⑧《明太祖实录》卷 101，洪武八年十月癸丑，台北：“中央研究院”历史语言研究所，1962 年，第 1712 页。

⑨《明史》卷 129《冯胜传》，北京：中华书局，1974 年，第 3798 页。

⑩《明神宗实录》卷 543，万历四十四年三月戊子，台北：“中央研究院”历史语言研究所，1962 年，第 10319 页。

⑪《全辽志·叙》，《辽海丛书》，沈阳：辽海书社，1985 年影印本，第 1 页。

⑫《明太祖实录》卷 185，洪武二十年九月癸未，台北：“中央研究院”历史语言研究所，1962 年，第 2777 页。

余兀良哈三卫。[①]三卫初隶大宁都司，大宁都司内迁后，三卫改由奴儿干都司管辖。[②]明廷设置兀良哈三卫的意图，是“三卫作藩东镇，所以捍御北虏，率服东夷（建州女真——笔者）”[③]，即通过三卫钳制北元和女真的势力。朱棣即位后，继续实行和平的外交理念，积极与东亚各国交往，宣布“自今诸藩国人愿入中国者听”[④]。并先后派使八次分赴朝鲜、安南等国，予以赏赐，邀其朝贡。[⑤]同时，在女真居住地广置卫所，实行部族（落）与卫所相结合的管理体制，如明廷在建州女真居地图们江流域设置建州卫[⑥]；在海西女真居地松花江流域设置兀者卫[⑦]；在野人女真居地黑龙江下游设置奴儿干卫等。[⑧]永乐七年（1409 年），奴儿干都司设立后，又陆续设置众多卫所。这些卫所与辽东所设的卫所不同，明廷采取“因其部族”，授其“酋长为都督、都指挥、指挥、千百户、镇抚等职，给与印信，俾仍旧俗，各统其属”[⑨]。所授官职世袭，无年俸，卫所随其部落迁徙而迁徙，治所无常，无衙属。卫所政治上必须听命于朝廷，服从征调，以时朝贡。

14 世纪中叶至 15 世纪末，明廷在东亚地区所建构的秩序，对维护东亚区域地区的稳定与安全取得明显成效，同时，明朝在东亚的地位也日益提升，如《明史·成祖三》所载：明朝“威德遐被，四方宾服，受朝命而入贡者殆三十国。幅陨之广，远迈汉唐。成功骏列，卓乎盛矣”[⑩]。然而，进入 16 世纪中叶，以明朝为中心的东亚“华夷秩序”受到严峻挑战，周边社会“夷”

①《明太祖实录》卷 196，洪武二十二年五月辛卯，台北：“中央研究院”历史语言研究所，1962 年，第 2946 页。

② 永乐元年，大宁都指挥室司内迁保定，七年闰四月，明廷设奴儿干都司，原大宁卫所辖兀良哈三卫改由奴儿干都司管辖。

③《明孝宗实录》卷 195，弘治十六年正月甲午，台北：“中央研究院”历史语言研究所，1962 年，第 3598 页。

④《明太宗实录》卷 24，永乐元年十月辛亥，台北：“中央研究院”历史语言研究所，1962 年，第 435 页。

⑤《明太宗实录》卷 23—34，永乐元年八月至十月，台北：“中央研究院”历史语言研究所，1962 年，第 417—605 页。

⑥《明太宗实录》卷 25，永乐元年十一月辛丑，台北：“中央研究院”历史语言研究所，1962 年，第 460 页。

⑦《明太宗实录》卷 26，永乐元年十二月辛巳，台北：“中央研究院”历史语言研究所，1962 年，第 479 页。

⑧《明太宗实录》卷 26，永乐元年十二月辛巳，台北：“中央研究院”历史语言研究所，1962 年，第 479 页。

⑨《明史》卷 90《兵制二》，北京：中华书局，1974 年，第 2222 页。

⑩《明史》卷 7《成祖三》，北京：中华书局，1974 年，第 105 页。

的势力开始兴起。

如前所述，以明朝为中心的"华夷秩序"，通过"朝贡""册封"维护东亚地区的稳定与安全。明初封贡关系的基本特点是朝贡贸易与海禁政策相表里。"朝贡贸易"指明与周边国家、民族交往与通商贸易，这种交往与通商通常是以朝贡的形式，在明朝的控制下，有贡有市，贡市相连的贸易；"海禁政策"指明为防御元末以来的海上"倭寇"，禁止沿海商民私自出海，从事海上走私贸易。15 世纪末，由于商品经济发展、都市生活活跃，东亚主要国家与民族自主意识日益增强，东亚海域走私贸易活跃，支配东亚地区关系秩序的朝贡贸易体系开始受到严峻的挑战。例如，日本至 16 世纪中叶，石见等银矿的陆续开采，使日本白银产量骤增。白银作为日本的主要输出品，在对外贸易中获得了巨大利益，给日本社会带来巨大影响。同时，白银贸易的巨大利益也给日本带来自强与自信，刺激其"自民族主义"膨胀，从而使日本开始摆脱以明朝为中心的"华夷秩序"，欲构建以日本为中心的日式华夷体系。

以明为中心的"华夷秩序"不仅受到来自日本等周边国家的挑战，也受到明廷国家内"北虏"的严重威胁。"北虏"指蒙古和女真等边疆地区的势力。下面，笔者以 15 世纪末以来，东北东部蒙古和女真势力的兴起为中心，论述努尔哈赤崛起时，明朝在东北地区的统治秩序的变化。

明朝在东北地区统治秩序变化之一，辽东卫所屯田制的破坏，动摇了明朝在东北统治秩序的基础。辽东卫所屯田制是明辽东地区基本的经济结构。从明初始，明廷倡导大兴屯田，使辽东地区"数千里内，阡陌相连，屯堡相望"①。辽东屯田保障了辽东都司和奴儿干都司的粮食供给。然而，15 世纪中叶后，辽东屯田破坏十分严重。时人叶向高言："盖在洪、永间，辽东屯粮以石计者七十万，今十七万。"②明初屯田所产粮食约 70 万石，明中叶后，已缩减至 17 万石，失额竟达约 53 万石。屯田破坏的主要原因是辽东官将、富豪私役军丁，侵吞田地，如兵部右侍郎马文升所云："辽东各卫近城膏腴田地，多被卫所官员富豪占种，却将累年放免充军名下未蠲之粮分派贫乏余丁、老幼。"③熊廷弼也尖锐地指出："今屯田多为势豪所侵占，而贫弱军

①《全辽志》卷 6《外志·史考》，《辽海丛书》，沈阳：辽海书社，1985 年影印本，第 42 页。

② 叶向高：《屯政考》，丛书集成续编本，台北：新文丰出版公司印行。

③《明宪宗实录》卷 161，成化十三年正月丁未，台北："中央研究院"历史语言研究所，1962 年，第 2948 页。

余以无田包有田，少田包多田，往往而是。以此赔补愈重，逃亡愈多。”[①]由此造成辽东军户生活愈加贫困，相率逃亡。嘉靖七年（1528 年），辽东 25 卫，原额军士 156 900 余名，“今见役止六万余名，其间且多老弱”[②]。至万历时，辽东军户相继逃亡者竟达十之八九。值得注意的是，有相当数量的军户逃到女真居地。有人统计，辽东军户“年来相率逃趋者，无虑十万余名”，时有“生于辽，不如走入胡”[③]之说。辽东屯田的破坏从根本上动摇了明廷在东北统治秩序的基础。

明朝在东北地区统治秩序变化之二，蒙古、女真族陆续南迁，原来“自相所属”的均衡格局被打破。明初，明廷在蒙古、女真居地广置卫所的目的，如永乐帝在招抚居住朝鲜半岛东北部女真的敕谕中所云：

> 今朕即大位，天下太平，四海内外，皆同一家，恐尔等不知，不相统属，强凌弱，众暴寡，何有宁息之时？今听朕言，给与印信，自相统属，打围牧放，各安生业；经商买卖，从便往来，共享太平之福。[④]

从敕谕中不难看出，明廷招抚女真、广置卫所的目的是使周边各“夷”族之间避免相互兼并，各自保持“自相统属，打围牧放，各安生业”的分散状态，从而无法形成与明廷抗衡的势力。对此，万历时礼部侍郎杨道宾在上疏中说得十分清楚：

> 夫夷狄自相攻击，见谓中国之利，可收渔人之功。然详绎成祖文皇帝所以分女直为三，又析卫所地站为二百六十二，而使其各自雄长，不相归一者，正谓中国之驭夷狄必离其党而分之，护其群而存之。未有纵其蚕食，任其渔猎，以养其成，而付之于无可奈何者也。[⑤]

明廷设立众多卫所的目的是使“夷狄”各部“各自雄长，不相归一者”，

---

① 熊廷弼：《筹辽硕画》卷 1《修复屯田疏》，北京图书馆影印本。

②《明世宗实录》卷 88，嘉靖七年五月丙戌，台北：“中央研究院”历史语言研究所，1962 年，第 2001 页。

③ 何尔健：《按辽御珰疏稿》，罗振玉：《玉简斋丛书》，宣纪二年。

④《李朝太宗实录》卷 7，太宗四年四月甲戌，东京：学习院东洋文化研究所，1954 年，第 413 页。

⑤《明神宗实录》卷 444，万历三十六年三月丁酉，台北：“中央研究院”历史语言研究所，1962 年，第 8430 页。

以达到各民族之间势力均衡，相互钳制，便于明廷的统治长治久安。至 15 世纪中叶，各民族分散隔绝的格局被打破，蒙古、女真各部陆续从原居地南迁。蒙古兀良哈三卫，从原居地南迁到今辽河以西，辽宁省西半部及内蒙古昭盟、河北的北部地区；建州三卫女真几经迁徙，于正统初年南迁至婆猪江和苏子河流域；海西女真也相继南迁到今开原东北至松花江一带，至 16 世纪中叶，逐渐形成哈达、叶赫、乌拉、辉发四个强大的部落集团。[①]兀良哈三卫和女真各部南迁后，改变了原来“自相所属”的分散状态，加强了各部之间、各族之间的联系，使其社会迅速进步。同时，其社会进步也刺激了其向明朝获取人口、财富的欲望，不断地犯边抢掠人畜，对辽东地区构成了严重的威胁。正统十四年（1449 年）的“土木之变”，是明廷统治陷入全面危机的转折点。马文升所言：“正统十四年，也先犯京师，脱脱卜花王犯辽东，阿乐出犯陕西，各边俱失利。而辽东被杀虏尤甚，以故朵颜三卫并海西、建州夷人处处蜂起，辽东为之弗靖者数年。”[②]

明廷在承受蒙古和女真两大势力接连不断犯边的双重压力下，北部防线不断收缩。为防御蒙古和女真的袭扰，明廷不断向东北投入大量人力、物力，修边墙、筑城堡、墩台，派驻重兵防守。万历初年，明廷为防御建州女真的犯边，又派辽东总兵李成梁在辽东边墙的南端向东修筑宽甸六堡，令军士且耕且守。[③]但这些耗费巨资、让辽民不堪重负的军事设防，根本起不到防御日益强大的蒙古和女真作用。万历三十三年（1605 年），明廷不得不放弃宽甸六堡。[④]三年后，明辽东官员与努尔哈赤宰白马祭天，设盟誓，定边界，约定双方各守边境，不得越境。[⑤]表明建州“属夷”已向以明朝为中心的“华夷秩序”挑战，始与明廷划疆而治。

明朝在东北地区统治秩序变化之三，女真族等民族意识增强，开始由分散走向集中，由微弱走向强大，反映出女真社会统一的历史趋势。15 世纪中

① 佟冬主编：《中国东北史》第三卷，长春：吉林文史出版社，2001 年，第 656—755 页。

② 马文升：《抚安东夷记》，潘喆、李鸿彬、孙方明编：《清入关前史料选辑》第一辑，北京：中国人民大学出版社，1984 年，第 3 页。

③ 瞿九思：《万历武功录·王兀堂、赵锁罗骨列传》，潘喆、李鸿彬、孙方明编：《清入关前史料选辑》第一辑，北京：中国人民大学出版社，1984 年，第 29 页。

④ 茅瑞徵：《东夷考略》“女直”条载：“三十三年，李成梁再出镇则议，徙宽甸新疆民六万余人内地，弃新疆为瓯脱。”潘喆、李鸿彬、孙方明编：《清入关前史料选辑》第一辑，北京：中国人民大学出版社，1984 年，第 50 页。

⑤《清太祖武皇帝实录》卷 2，戊申年三月，北京：故宫博物院，1932 年。

叶，建州、海西女真等各部相继南迁后，至16世纪中叶，女真社会迅速发生变化。这种变化集中表现在敕书的争夺，敕书是女真社会权势与财富的标志。敕书越多，代表权势越大，财富越多。敕书争夺的结果，使掌握多额敕书的部落及首领成为强部豪酋。敕书的争夺，表明女真社会的变化，强凌弱，众暴寡，女真氏族组织趋于解体，财富愈来愈集中在少数女真首领手中。这些强部豪酋加强对其他女真各部的控制，女真族统一的历史过程正是通过这种敕书之争体现出来的。[①]在女真诸部中，强部豪酋崛起始于建州三卫。建州三卫南迁到苏子河、婆猪江流后，成为女真诸部中最先进、最强盛的部分，也是最早向明廷"华夷秩序"挑战的中坚力量。正统以后，建州三卫集结蒙古、海西女真各部不断犯边，抢掠人畜财物，对明廷统治秩序构成极大的威胁。成化年间，明廷分别于成化三年（1467年）、成化十五年两次出兵，并令朝鲜协助出征，对建州三卫进行两次"捣巢"之征[②]，致使三卫中有威望、有影响的著名首领，如李满住等都死于是役，从此强盛的建州三卫一度衰落。建州三卫虽遭此重创，但在女真由分散走向统一的发展史上具有重要意义。从16世纪始，海西女真继之而起，先后有强部豪酋速长加及其子祝孔革、速黑忒、王中[③]、王台等强部豪酋迭起，其势力互为消长。速长加[④]，海西叶赫部先祖，居季勒寨。正德年间，率部数次犯边，为明廷枭斩开原。[⑤]其子祝孔革[⑥]为报父仇，屡次犯边。正德八年（1513年），听抚入贡，请求袭父职。[⑦]正德十四年，明廷升其为都督佥事。[⑧]祝孔革袭职后，时时阻贡犯边，掌控敕书达七百道，成为嘉靖初年的豪酋。嘉靖十二年（1533年）为哈达部首领王中所杀，夺其敕书及季勒诸寨。[⑨]速黑忒[⑩]，海西乌拉部先世，弘治年间为塔山前卫首领。"居松花

---

①《清太祖武皇帝实录》卷1，满洲源流，北京：故宫博物院，1932年。

② 刁书仁：《成化年间明与朝鲜两次征建州女真》，《史学集刊》，1999年第2期。

③ 海西哈达首领，《明实录》作"王中"，明代其他文献也写作"王忠"。

④《八旗满洲氏族通谱》作"齐尔噶尼"；明代文献作的儿哈尼、速长加。

⑤ 据《明武宗实录》正德八年八月己亥条载："竹孔革之父的儿哈尼本塔鲁木卫指挥佥事，以入寇被杀。"

⑥《八旗满洲氏族通谱》作褚孔格；明代文献作祝孔革、竹孔革、主孔革、褚孔格。

⑦《明武宗实录》卷103，正德八年八月己亥，台北："中央研究院"历史语言研究所，1962年，第2124页。

⑧《明武宗实录》卷174，正德十四年五月己亥，台北："中央研究院"历史语言研究所，1962年，第3362页。

⑨《山中闻见录》卷10《东人志·海西》，潘喆、李鸿彬、孙方明：《清入关前史料选辑》第三辑，北京：中国人民大学出版社，1991年，第142页。

⑩《清太祖武皇帝实录》作克世纳都督。

江，距开原四百余里，为迤北江上诸夷入贡必由之路，人马强盛，诸部畏之。”[①]自称杀开原城外山贼猛克有功，被明廷授予左都督。[②]授职后，阻贡犯边，敛聚敕书，号令海西诸部。不久，因部落内叛乱被杀。[③]王中[④]，速黑忒子[⑤]。速黑忒被杀后，王中逃至哈达部为酋长，利用其居地近开原，控制朝贡要道，迅速崛起。嘉靖二十二年（1543年），约束诸部入贡，被明授予都督。“东夷诸种无不受其约束者，无论近边各卫站，岁修职贡，惟忠为政。”[⑥]当时，敢于与王中抗衡者，惟叶赫祝孔革，后为王中杀之，夺其敕书。这样海西等卫敕书999道，皆被王中掌控。其“部众强盛，凡建州、海西、毛怜等一百八十二卫、二十所、五十六站皆畏其兵威”[⑦]。王中死后，其侄王台继掌哈达部，仍称雄女真各部。与王台势力强盛的同时，曾遭明廷“捣巢”之征的建州女真，在沉寂了数十年后，再度复兴。自称建州左卫都指挥的王杲，筑城寨于古埒（今辽宁省新宾满族自治县鼓楼乡），为女真苏克素护部部长，“建州诸夷，悉听杲调度”[⑧]。稍后，在佟家江流域又出现一位巨酋王兀堂，自称建州右卫首领。是时“东夷自抚顺、开原而北，属王台制之；自清河以南抵鸭绿江属建州者，兀堂亦制之”[⑨]。这些强部豪酋，控制敕书，约束诸部。所谓“海、建诸部日强，皆建国称汗”[⑩]，是对东北地区华夷关系变化，女真从分散走向统一历史趋势的概括。然而，在努尔哈赤崛起之前，虽有上述众多女真先人在女真统一的征程中，曾各领风骚，但最终都没能完成统一女

①《明世宗实录》卷123，嘉靖十年三月甲辰，台北：“中央研究院”历史语言研究所，1962年，第2970页。

②《明世宗实录》卷123，嘉靖十年三月甲辰，台北：“中央研究院”历史语言研究所，1962年，第2970页。

③《明世宗实录》卷161，嘉靖十三年三月乙酉，台北：“中央研究院”历史语言研究所，1962年，第3591页。

④ 清代文献，如《清太祖武皇帝实录》作“王住外郎”；明代文献作“王忠”。

⑤ 张鼐：《辽夷略》，潘喆、李鸿彬、孙方明编：《清入关前史料选辑》第一辑，北京：中国人民大学出版社，1984年，第101页。

⑥《开原图说》卷上《靖安堡图说》，李澍田主编：《海西女真史料》，长春：吉林文史出版社，1986年，第276页。

⑦ 王在晋：《三朝辽事实录·总略》，刁书仁点校：《先清史料》，长春：吉林文史出版社，1990年，第3页。

⑧ 瞿九思：《万历武功录·王杲列传》，潘喆、孙方明、李鸿彬编：《清入关前史料选辑》第一辑，北京：中国人民大学出版社，1984年，第35页。

⑨ 茅瑞征：《东夷考略·建州》，潘喆、孙方明、李鸿彬编：《清入关前史料选辑》第一辑，北京：中国人民大学出版社，1984年，第64页。

⑩《明史》卷222《张学颜传》，北京：中华书局，1974年，第5854页。

真的大业，唯独努尔哈赤继其后，实现了先人的夙愿，成功崛起。

二、努尔哈赤的成功崛起

努尔哈赤的成功崛起，除上述 16 世纪中叶，东北地区统治秩序变化给其提供历史机缘外，还在于努尔哈赤因势利导巧妙处理好与女真、明朝、蒙古、朝鲜的关系，最终成功崛起。

（一）对女真：由近及远，先弱后强，联大灭小

万历十一年（1583 年），努尔哈赤起兵之初，势单力薄，处境十分险峻。他首先面临如何协调宗族内部关系的问题。当时，宗族内部多有不服，几次谋害努尔哈赤，甚至勾结外族部落，袭击其所属瑚济寨。[①]对此，努尔哈赤则以宽容的态度，妥善处理与宗族的关系，团结族众，化解矛盾，共同对敌。在统一建州女真过程中，努尔哈赤采取“顺者以德服，逆者以兵临”[②]的策略，如苏克素护部内萨尔浒城主诺米纳、加木河寨主刚哈鄯、沾河寨主常书、杨书因与尼堪外兰有仇，几人相议后来投奔努尔哈赤，对努尔哈赤说：“念我等先众来归，毋视为编氓，望待之如骨肉手足。”[③]努尔哈赤欣然承诺，与之对天盟誓。他们归附后，努尔哈赤待之亲如手足，并将其妹许配给刚哈鄯为妻。而对叛逆者，努尔哈赤则严惩不贷。诺米纳后来违背盟约，努尔哈赤设计杀之。[④]努尔哈赤起兵后，归附日众。特别是额亦都、安费扬古、费英东、何和礼、扈尔汉等人的先后来归，努尔哈赤均委以重任，与其肝胆相照，荣辱与共。[⑤]以上因素，使努尔哈赤势力由小变大，由弱变强，至万历十七年完成对建州女真的统一。[⑥]

努尔哈赤统一建州女真后，兵锋指向海西扈伦四部。南迁后的扈伦四部，环开原而居，控制贡道，收其厚利，势力强大。扈伦四部对努尔哈赤并不以为然，认为其“以无名常胡之子，崛起为酋长，合并诸部，其势渐至强大，

---

①《清太祖武皇帝实录》卷 1，癸未年秋八月，北京：故宫博物院，1932 年。

②《清太祖武皇帝实录》卷 1，癸未年秋八月，北京：故宫博物院，1932 年。

③《清太祖武皇帝实录》卷 1，癸未年夏五月，北京：故宫博物院，1932 年。

④《清太祖武皇帝实录》卷 1，癸未年秋八月，北京：故宫博物院，1932 年。

⑤ 关于额亦都、安费扬古、费英东、何和礼、扈尔汉事迹，见《八旗通志》初集卷 142、《钦定八旗通志》卷 178、《八旗通志》卷 141、《八旗通志》卷 224、《钦定八旗通志》卷 156，本人的传记。

⑥《清太祖武皇帝实录》卷 1，戊子年四月，北京：故宫博物院，1932 年。

我辈世积威名，羞与为伍”[①]。遂结盟共同对付努尔哈赤。努尔哈赤在处理与扈伦四部的关系上，采取利用四部之间的矛盾，联大灭小、由近及远、集中优势各个击破的策略，相继吞并哈达、辉发、乌拉、叶赫。扈伦四部中，乌拉、叶赫最强。以灭乌拉为例，努尔哈赤将灭乌拉比为“伐大树”，从万历二十一年（1593 年）至四十一年用 20 年时间，才砍倒这棵“大树”。万历二十一年古勒山之役，乌拉贝勒布占泰被擒，至万历三十五年乌碣岩之战，努尔哈赤对布占泰采取恩养、宴赏、婚媾、盟誓等手段，施以和为主、以战为辅的“远交”之计，以便腾出手来采取各个击灭的“近攻”之策，即对付实力较弱的哈达、辉发。[②]古勒山之役，布占泰被擒，努尔哈赤非但未杀他，反而“释其缚，赐猞猁狲裘，养之”[③]。三年后，又助布占泰为乌拉部长。[④]这期间，努尔哈赤先后几次与布占泰联姻，在与乌拉联姻结盟的同时，于万历二十七年灭哈达。[⑤]至万历三十五年的乌碣岩大战，努尔哈赤与乌拉第一次正面军事较量，大败乌拉军。[⑥]此役后，双方在实力对比上发生明显变化，从此，乌拉一蹶不振，建州其势大盛。[⑦]随后，努尔哈赤乘机灭辉发。[⑧]随后，建州曾三次征乌拉，其中，努尔哈赤两次亲征，万历四十一年灭乌拉。[⑨]乌拉灭亡后，整个形势朝着有利于建州方面发展，为吞并叶赫、征明奠定了基础。万历四十四年，努尔哈赤建国称汗，建元天命。天命三年（1618 年），努尔哈赤起兵攻明，首战抚顺。翌年，取得萨尔浒战役大捷，随后乘胜挥师叶赫，破其城，叶赫遂亡。[⑩]至此，努尔哈赤基本完成对女真各部的统一。对此，《满文老档》记载：“是年，自明国以东，至东海，朝鲜国以北，蒙古国以南，凡属诸申语言之诸国，俱已征服而统一矣。”[⑪]

---

①《李朝宣祖实录》卷 23，宣祖二十二年七月己卯，东京：学习院东洋文化研究所，1961 年，第 293 页。

② 刁书仁：《试论努尔哈赤征乌拉之战》，《吉林师范学院学报》，1987 年第 2 期。

③《清太祖武皇帝实录》卷 1，癸巳年九月，北京：故宫博物院，1932 年。

④《清太祖武皇帝实录》卷 2，丙申年二月，北京：故宫博物院，1932 年。

⑤《清太祖武皇帝实录》卷 2，丙申年三月，北京：故宫博物院，1932 年。

⑥《清太祖武皇帝实录》卷 2，丁未年正月，北京：故宫博物院，1932 年。

⑦《李朝光海君日记》卷 14，光海君元年三月辛卯，东京：学习院东洋文化研究所，1962 年，第 144—145 页。

⑧《清太祖武皇帝实录》卷 3，丁未年九月，北京：故宫博物院，1932 年。

⑨《清太祖武皇帝实录》卷 2，癸丑年十二月，北京：故宫博物院，1932 年。

⑩《清太祖武皇帝实录》卷 2，天命四年八月，北京：故宫博物院，1932 年。

⑪ 中国第一历史档案馆、中国社会科学院历史所译注：《满文老档》，北京：中华书局，1990 年，第 117 页。

由上可知，努尔哈赤在统一女真过程中，凭借其智慧和胆略，充分汲取先人的经验教训，起兵以后，正确处理与女真各部的关系，采用远交近攻、分化瓦解、集中优势各个击破的策略，最终完成对女真的统一。可见，努尔哈赤与此前的女真首领王忠、王台，以及与同时代的女真首领纳林布禄、布占泰相比，历史机遇虽基本相同，但他们却不能完成女真各部的统一，原因就在于此。

（二）对明廷："称臣纳贡"，极表"忠顺"

努尔哈赤对明朝并不避讳自己"属夷"的身份。努尔哈赤起兵之初，他以"属夷"自称，承认明廷为"上国"，接受明廷的敕书，向明廷称臣纳贡，寻机发展自身势力。直至建"金国"，称"英明汗"前，明廷都没有觉察到他的异念，反而以为其保塞有功，不断给其加官晋爵。明廷在东北地区建构统治秩序的基本点就是要力图保持女真各部"自相所属"的分散、平衡状态，以便"分而治之"进行统治。一旦女真出现强部巨酋，与明廷抗衡，明廷便诉诸武力进行征讨，使女真各部重新回归到其原来的均衡状态。成化年间，明与朝鲜对建州三卫的用兵；万历二年（1574 年），明对建州巨酋王杲之征；万历十二年，李成梁诱杀叶赫贝勒杨吉砮、清佳砮等，都是明对女真有计划的"捣巢"行动，这些强部豪酋受到重创后，从此一蹶不振。努尔哈赤则从他们身上汲取教训，为不重蹈覆辙，他在起兵之初，便对明"称臣纳贡"，极表"忠顺"。

万历十一年，努尔哈赤得知其父祖为明军误杀后，并未怪罪明廷，只追究尼堪外兰的罪责。其言："杀我祖、父者，实尼康外郎唆使之也，但执此人与我，即甘心焉。"[①]可见，他是有意避免与明廷为敌，从而博得明廷的同情与好感。而明廷自知理亏，给其敕书"三十道，马三十匹"，并授予其都督官职。[②]努尔哈赤以此为基础，开始了统一女真的事业。三年后，努尔哈赤攻尼堪外兰所居鄂勒珲城，城破，尼堪外兰逃入明辖境，明边将并未帮助这位欲立为"满洲国主"的尼堪外兰，任由努尔哈赤率军入境对其进行捕杀。不仅如此，明廷因误杀其父祖，自此"岁输银八百两、蟒缎十五匹，通和好

①《清太祖武皇帝实录》卷 1，癸未年二月，北京：故宫博物院，1932 年。

②《清太祖高皇帝实录》卷 1，万历十一年二月甲申，北京：中华书局，1986 年，第 26 页。

焉”[①]。努尔哈赤灭尼堪外兰，奠定了其统一建州女真的基础。他在统一建州女真的过程中，对明廷一再表示“忠顺”，从而赢得明廷的信任。万历十七年（1589年），女真首领克五十率部抢掠柴河堡，被明军追杀，逃入建州，努尔哈赤遂斩杀克五十，向明送还克五十所掠人畜。明廷以努尔哈赤“屡还汉人口，且斩克五十有功，得升都督，制东夷”[②]，称其“有（王）台风”，“宜拜爵大都督，而称忠顺也”。[③]从是年起，努尔哈赤开始进京朝贡。[④]万历二十三年，明廷仿照优礼王台之例，以努尔哈赤“保塞功，升龙虎将军”[⑤]。万历二十六年，努尔哈赤再次入京进贡，明廷“赐宴宠劳之”[⑥]。当时，努尔哈赤“窃名号，夸耀东夷，则势愈强”[⑦]。同年，努尔哈赤遣长子褚英等征东海女真安褚拉库部，“取屯寨二十余，所属人民尽招徕之”[⑧]。哈达王台死后，其子孙内讧，势力遂衰。王台子孟格布禄袭位后，投靠叶赫，其虽成为叶赫的附庸，但叶赫仍不时地抢掠哈达人畜、敕书。孟格布禄无力抵抗，只好向努尔哈赤求救。万历二十七年，努尔哈赤借故杀孟格布禄。[⑨]明廷一向扶持哈达，为此，明廷下诏切责努尔哈赤擅杀孟格布禄之罪，令其将囚禁在建州的孟格布禄子吴尔古岱送还给哈达主政。努尔哈赤仍表现出“忠顺”的样子，对明廷唯命是从。万历二十九年，努尔哈赤将其女莽姑姬嫁给吴尔古岱为妻，使其“率所部人民以归”哈达[⑩]。吴尔古岱回哈达后，因得不到明廷的支持，处境艰难，不得不依附建州。努尔哈赤乘机收其敕书、屯寨、人畜，

①《清太祖高皇帝实录》卷2，万历十四年七月甲午，北京：中华书局，1986年，第35页。

② 茅瑞征：《东夷考略·建州》，潘喆、孙方明、李鸿彬编：《清入关前史料选辑》第一辑，北京：中国人民大学出版社，1984年，第65页。

③ 瞿九思：《万历武功录》卷11《奴儿哈赤列传》，潘喆、孙方明、李鸿彬编：《清入关前史料选辑》第一辑，北京：中国人民大学出版社，1984年，第33页。

④《明神宗实录》卷215，万历十七年九月乙卯，台北：“中央研究院”历史语言研究所，1962年，第4028页。

⑤ 海滨野史：《建州私志》上卷，潘喆、孙方明、李鸿彬编：《清入关前史料选辑》第一辑，北京：中国人民大学出版社，1984年，第265页。

⑥ 海滨野史：《建州私志》上卷，潘喆、孙方明、李鸿彬编：《清入关前史料选辑》第一辑，北京：中国人民大学出版社，1984年，第265页。

⑦ 茅瑞征：《东夷考略·建州》，潘喆、孙方明、李鸿彬编：《清入关前史料选辑》第一辑，北京：中国人民大学出版社，1984年，第65页。

⑧《清太祖高皇帝实录》卷3，万历二十六年正月丁亥，北京：中华书局，1986年，第42页。

⑨《清太祖武皇帝实录》卷2，己亥年三月，北京：故宫博物院，1932年。

⑩《清太祖高皇帝实录》卷3，辛丑年正月庚子，北京：中华书局，1986年，第45页。

哈达遂亡。[①]万历三十五年（1607年），努尔哈赤又乘机吞并辉发部。[②]

哈达、辉发灭亡后，明廷才对一向“忠顺”的努尔哈赤有所觉察。兵部官员疏言：“奴儿哈赤既杀猛酋，而室其子，已又执而囚之，南关不绝如线，南关熸，乃蚕食北关，尽并海西诸夷，奴酋自此益强，遂不可制矣。”[③]礼部官员亦言：“国家本藉女直制北虏，而今已与北虏交通，本设海西抗建州，而今已被建州吞并……更闻奴儿哈赤与弟速儿哈赤皆多智习兵，信赏必罚，妄自尊大，其志不小。”[④]明廷已感到努尔哈赤势力的日益强盛必将成为其心腹大患。因此，明廷极力扶持叶赫，通过叶赫联合乌拉，牵制建州，并以停贡、停市等方式对其予以制裁，企图逼迫其就范。[⑤]明廷的停市，使建州人参烂掉十万余斤。努尔哈赤为达到向明通参貂之利的目的，又对明妥协。《全边略记》载，努尔哈赤“愿去车价，减贡夷，退还地界，辽抚李柄以为可从也”[⑥]。明廷又一次被努尔哈赤的“忠顺”所迷惑。

万历四十一年，努尔哈赤灭乌拉。至此，除叶赫部外，努尔哈赤基本上统一女真各部，成为东北地区最强大的势力。万历四十四年，努尔哈赤在赫图阿拉称“英明汗”，建立“后金国”。但对外仍以“建州国”或“女直国建州卫管束夷人之主佟奴儿哈赤”自称[⑦]，对明廷仍保持臣属地位。两年后的天命三年（1618年），努尔哈赤终于脱掉对明“忠顺”的外衣，以“七大恨”誓师征明，开始公开向明宣战。首战抚顺取得大捷，开始问鼎辽东。

努尔哈赤起兵以来，之所以对明廷极表“忠顺”，一是汲取明对女真“捣巢”之征的历史教训，避免重蹈先人覆辙；二是获得明廷的信任，借明廷所赐官爵，抬高身价，有利于统一女真各部的战争。

---

①《明神宗实录》卷528，万历四十三年正月乙亥，台北：“中央研究院”历史语言研究所，1962年，第9935—9938页。

②《清太祖高皇帝实录》卷3，万历三十五年九月辛卯，北京：中华书局，1986年，第49—50页。

③《明神宗实录》卷366，万历二十九年十二月辛未，台北：“中央研究院”历史语言研究所，1962年，第6850页。

④《明神宗实录》卷444，万历三十六年三月丁酉，台北：“中央研究院”历史语言研究所，1962年，第8431页。

⑤《明神宗实录》卷484，万历三十九年六月丁亥，台北：“中央研究院”历史语言研究所，1962年，第9121—9126页。

⑥《全边略记》卷10，万历三十八年五月，潘喆、孙方明、李鸿彬编：《清入关前史料选辑》第一辑，北京：中国人民大学出版社，1984年，第233页。

⑦ 申忠一：《建州纪程图记校注》，沈阳：辽宁大学历史系，1979年，第22页。

（三）对蒙古：联姻科尔沁、争取喀尔喀、打击察哈尔

努尔哈赤起兵后，十分注意与东部蒙古的关系。16世纪中叶，东部蒙古有科尔沁蒙古、内喀尔喀蒙古、察哈尔蒙古。当时，明廷为遏制努尔哈赤的势力，一改先前“藉女直制北虏”为“以西虏制东夷”[①]的策略，企图利用蒙古对建州构成军事上夹击的态势。而蒙古本身亦不希望努尔哈赤势力强大，以威胁其自身利益。因此，努尔哈赤要统一女真各部，问鼎辽东，必须处理好与蒙古的关系。努尔哈赤对东部蒙古采取联姻科尔沁，争取喀尔喀，孤立察哈尔的策略。

原来，科尔沁蒙古与叶赫、乌拉关系密切。万历二十一年（1593年），科尔沁翁阿岱、莽古思、明安三贝勒率万余骑参加叶赫组织的征建州的九部联军，结果大败建州，明安等落荒而逃。[②]战后，努尔哈赤非但未怪罪科尔沁，反而采取友好态度，对俘获的蒙古将士予以优待，“被锦衣，骑战马，使还其巢穴”[③]。明安等十分感动，翌年正月，明安“始遣使往来”。自此，科尔沁“蒙古各部长，遣使往来不绝”[④]。但科尔沁仍与扈伦四部保持密切关系。万历三十六年，努尔哈赤征乌拉部时，科尔沁贝勒瓮阿岱出兵协助乌拉，临战之际，见建州军势盛不能敌，遂撤军。[⑤]不久，科尔沁主动向建州联姻。万历四十年，明安送其女与努尔哈赤为妃，努尔哈赤备厚礼亲迎，大宴成婚。[⑥]这是建州与蒙古第一次联姻，意义重大而深远。努尔哈赤在世时，同科尔沁联姻达十次之多。科尔沁蒙古成为后金最早的政治同盟。

努尔哈赤与科尔沁联姻结盟的同时，积极争取喀尔喀五部。当时，喀尔喀蒙古五部内部矛盾重重。努尔哈赤遂采取利用矛盾、分化瓦解、各个争取的策略。万历三十三年，喀尔喀巴岳特部达尔汉贝勒之子恩格德尔因与其父不和，携良马20匹来朝。努尔哈赤因其是“越敌国（明与叶赫）而来

①《明神宗实录》卷444，万历三十六年三月丁酉，台北：“中央研究院”历史语言研究所，1962年，第8431页。

②《清太祖武皇帝实录》卷2，癸巳年九月，北京：故宫博物院，1932年。

③ 申忠一：《建州纪程图记校注》，沈阳：辽宁大学历史系，1979年，第29页。

④《清太祖武皇帝实录》卷1，甲午年正月，北京：故宫博物院，1932年。

⑤ 中国第一历史档案馆、中国社会科学院历史所译注：《满文老档》，北京：中华书局，1990年，第6页。

⑥ 中国第一历史档案馆、中国社会科学院历史所译注：《满文老档》，北京：中华书局，1990年，第12页。

者”[①]，极为重视，并给予其丰厚的赏赐，使其归还游牧地。翌年十二月，恩格德尔又率喀尔喀五部贝勒的使节前往建州，进献骆驼、马匹等物，并尊努尔哈赤为“昆都仑汗”（汉语恭敬之意）。[②] 从此，喀尔喀各部与建州交往频繁，“往来不绝”[③]。仅万历四十二年（1614 年）一年间，喀尔喀五部的扎鲁特部就有三位女子嫁给努尔哈赤之子，即扎鲁特贝勒钟嫩女嫁给代善为妻；扎鲁特内齐汗妹嫁给莽古尔泰为妻；扎鲁特贝勒哈拉巴拜贝勒女嫁给德格类为妻。[④]1616 年，努尔哈赤建国称汗，次年二月，恩格德尔率众来朝祝贺并求与后金联姻，努尔哈赤遂将舒尔哈齐之女许配给恩格德尔为妻[⑤]，恩格德尔遂成为后金第一位蒙古“额驸”。此后，恩格德尔多次来朝，受到努尔哈赤的特殊礼遇。[⑥]为进一步争取喀尔喀蒙古，努尔哈赤曾致书恩格德尔，劝其移居辽阳，承诺赐给他土地、人丁，恩格德尔欣然同意。[⑦]努尔哈赤如此厚待恩格德尔，对争取喀尔喀蒙古，孤立察哈尔蒙古林丹汗起了重大作用。喀尔喀巴林部首领武纳格受其影响也率部众 72 人前来归附，努尔哈赤见其“有勇略，兼通蒙古文及汉文，赐‘巴克什’号”[⑧]。这样，喀尔喀五部中只有炒花与宰赛两部继续与后金为敌，在后金攻取辽沈时，努尔哈赤采取政治盟誓与武力征讨交替并用的策略，迫使喀尔喀五部不敢出兵助明，使后金避免腹背受敌，顺利攻战辽沈。

努尔哈赤对察哈尔部则采取孤立政策。察哈尔蒙古是元朝后裔，因其祖先被推选为大元可汗，该部首领便世袭蒙古汗位，号称蒙古诸部的共主。成吉思汗第十五世孙达延汗长子博迪子打来孙的四世孙虎墩兔[⑨]，清代文献称作林丹汗，其自比元太祖，自称蒙古主巴图鲁成吉思汗，每年从明廷获取大量的赏银。林丹汗自努尔哈赤起兵后，特别是依附于其部的科尔沁奥巴、明

①《清太祖武皇帝实录》卷 2，乙巳年三月，北京：故宫博物院，1932 年。

②《满洲实录》卷 3，万历三十四年十二月，北京：中华书局，1986 年，第 125—126 页。

③《清太祖武皇帝实录》卷 2，丙午年十二月，北京：故宫博物院，1932 年。

④ 中国第一历史档案馆、中国社会科学院历史所译注：《满文老档》，北京：中华书局，1990 年，第 27 页。

⑤《清太祖高皇帝实录》卷 5，天命二年二月丙申，北京：中华书局，1986 年，第 67 页。

⑥ 中国第一历史档案馆、中国社会科学院历史所译注：《满文老档》，北京：中华书局，1986 年，第 295 页。

⑦ 中国第一历史档案馆、中国社会科学院历史所译注：《满文老档》，北京：中华书局，1986 年，第 416 页。

⑧《钦定八旗通志》卷 186，《武纳格传》，台北：台湾学生书局，1968 年，第 12617—12618 页。

⑨《明史》卷 327《鞑靼传》，北京：中华书局，1974 年，第 8491 页。

安等蒙古贝勒先后归附努尔哈赤，引起其极大的不满，如明人张鼐所言："虎墩兔憨为西虏帝，然累岁思我邀我贡市王爵……岂肯坐视奴帝辽阳，断其市贡之利乎？"[①]这样就造成林丹汗与努尔哈赤之间的矛盾冲突。林丹汗发誓统一蒙古各部，以与努尔哈赤相抗衡。林丹汗在武力统一蒙古各部中，激起各部对其的仇恨与不满。努尔哈赤则利用蒙古各部与林丹汗的矛盾，先后与科尔沁、喀尔喀诸部结盟联姻，建立通好关系，使察哈尔在蒙古诸部被日益孤立。[②]

努尔哈赤与蒙古通好、联姻、结盟等，目的是使双方建立一种互不侵犯的、联盟式的关系，使蒙古在其与明廷的对抗中保持中立，不对后金构成威胁。后金与东部蒙古关系的全面展开，是在努尔哈赤夺取辽东后，而对蒙古的全面控制与利用则是在皇太极时期。

（四）对朝鲜：主动建立通好关系

朝鲜半岛与中国东北地区山水相连，战略地位十分重要。明与朝鲜建交后，朝鲜被纳入以明为中心的华夷体系之中。明廷试图通过朝鲜控制居住在图们江、鸭绿江流域的女真诸部。而李氏朝鲜为提升自身在东亚周边国家与民族中的地位，对女真部落也效仿明廷的"华夷秩序"，建立以其为核心的"小中华"朝贡体系。朝鲜世祖国王曾言："野人、倭人俱为我藩篱，俱为我臣民，王者等视无异，或用为力，或用为声，不可以小弊拒却来附之心。予即位以后，南蛮北狄，来附者甚众，皆愿为我子，此天所诱也，非予智力。"[③]由此可见，朝鲜将女真鄙视为不开化的"野人"，将日本视为"藩篱""臣民"，就是说，除明廷外，东亚地区的国家和民族须向其称臣纳贡。因此，朝鲜对居住在其相邻地区的女真部众，实行顺服者"羁縻抚绥"[④]，不顺服者诉诸武力的政策。有明一代，朝鲜曾对女真进行过多次征讨。成化年间，朝鲜还配合明廷两次征建州女真，杀死建州卫首领李满住，使建州女真遭受致命的打击。努尔哈赤为了不使李满住的历史悲剧重演，主动与朝鲜交结。

---

① 张鼐：《辽夷略》，潘喆、孙方明、李鸿彬编：《清入关前史料选辑》第一辑，北京：中国人民大学出版社，1984年，第90页。

② 中国第一历史档案馆、中国社会科学院历史研究所译注：《满文老档》，北京：中华书局，1990年，第105页。

③《李朝世祖实录》卷8，世祖三年七月庚寅，东京：学习院东洋文化研究所，1957年，第163页。

④《李朝世宗实录》卷69，世宗十七年七月乙未，东京：学习院东洋文化研究所，1956年，第438页。

万历二十年（1592年），日本大举入犯朝鲜，明廷为维护东亚地区的关系，派援军入朝抗倭。努尔哈赤得知后，主动请缨渡江征杀倭寇。他以建州与“朝鲜界限相连，今朝鲜既被倭奴侵夺，日后必犯建州”为由，请求“情愿拣选精兵，待严冬冰合，即便渡江，征杀倭奴”。[①]朝鲜对其此举表面上云：“忠心可嘉，委当允行”，内心以为“夷情叵测，心口难凭”，婉言予以拒绝。[②]

壬辰战争期间，明廷放松了对建州女真的控制，为努尔哈赤的崛起提供了机遇。努尔哈赤在致力于统一女真各部的同时主动与朝鲜交往。万历二十三年七月，他遣使带着书信到朝鲜满浦，主动归还所捕的越境采参的朝鲜边民，并在信中“曲示礼意”，希望“两境之民毋得侵犯相害”[③]友好交往。而朝鲜对其刷还朝民的友好举动，虽表示“厚意可嘉”，但在回书中却言：“天朝法禁，故我国与贵卫境土相近而不能私相往来，其来已久。今若违天朝之禁，而开无前之例，逾越边境，采参横行，则不但两处之民，私自开衅，以败好意，而天朝亦必以为不可。”[④]以明廷不许“私相往来”为由，加以拒绝。恰在此时，发生了朝鲜渭原官兵射杀女真人事件。朝鲜听到努尔哈赤要率兵渡江报仇的传闻后，为缓和与建州的关系，遂派南部主簿申忠一等人出使建州，向努尔哈赤赔礼道歉。申忠一等人在建州佛阿拉期间，受到盛情款待，努尔哈赤再三表示：“自今两国如一国，两家如一家，永结欢好，世世无替。”[⑤]申忠一等人回国时，努尔哈赤还以回帖的方式，请求朝鲜国王：“后日，天朝官害我，你替我方便一言，呈与天朝通知，我有酬报。”[⑥]由此可见，努尔哈赤主动与朝鲜交结，欲与其建立通交关系的目的是防备明廷一旦对努尔哈赤的“忠顺”有所察觉时，希望朝鲜能从中斡旋，助其一臂之力。

努尔哈赤与朝鲜的关系在光海君即位后发生了突破性的变化。万历三十

①《李朝宣祖实录》卷30，宣祖二十五年九月甲戌，东京：学习院东洋文化研究所，1961年，第383页。

②《李朝宣祖实录》卷30，宣祖二十五年九月甲戌，东京：学习院东洋文化研究所，1961年，第383页。

③《李朝宣祖实录》卷65，宣祖二十八年七月丁酉，东京：学习院东洋文化研究所，1961年，第345页。

④《李朝宣祖实录》卷65，宣祖二十八年七月丙申，东京：学习院东洋文化研究所，1961年，第346页。

⑤ 申忠一：《建州纪程图记校注》，沈阳：辽宁大学历史系，1979年，第19页。

⑥ 申忠一：《建州纪程图记校注》，沈阳：辽宁大学历史系，1979年，第22页。

五年（1607年），朝鲜宣祖国王子光海君即位后，迫于努尔哈赤的强大攻势，一改先前仇视女真的态度，采取事大与交邻并行的外交政策，即对明朝和建州实行等距离双边外交。努尔哈赤建国称汗后的第二年，即遣使携带国书前往朝鲜，向国王光海君："枚数七宗恼恨，归怨中朝（指明朝——笔者），且求助己，约以通和息兵。"这次后金使臣从满浦入朝鲜境受到"款待赠物"，故朝鲜文献载："虏使之至我境，自此始矣。"[①]萨尔浒之战后，努尔哈赤加大与朝鲜交往的力度，双方通使不断，两国关系出现前所未有的松动。朝鲜光海君被废，李倧即位后，后金与朝鲜的交往终止[②]，皇太极即位后，发兵征朝鲜，解除了后顾之忧，开始全力征明。

三、余论

如前文所述，努尔哈赤之所以能迅速成功崛起，是16世纪中叶东亚地区的历史环境给其提供了机遇，这一时期东亚地区处于大变容时期。由于商品经济发展，白银作为货币流通活跃化，14世纪以来，以明朝为中心的东亚"华夷秩序"趋于崩坏，处于"属夷"地位的国家与民族先后出现新兴的势力与政权。这些新兴的势力与政权试图通过各自的实践探索，欲冲破以明为中心的"华夷秩序"藩篱，建构各自独立的新的政权体制。在这个"江山代有才人出"的时代，杰出人物登上历史舞台，如我们熟知的丰臣秀吉就是其中的一位。16世纪中叶，白银的海外输出给日本带来了巨大的利益，为丰臣秀吉完成日本统一奠定了坚实的基础。在日本统一过程中，丰臣秀吉实行"检地"、"刀狩令"、"身份统治令"、直属常备军等措施，使其政治集权化臻于完备。[③]此时，丰臣秀吉已不满足于国内的统治，开始向以明朝为中心的"华夷秩序"挑战，欲建立以日本为中心的日式朝贡体系。1587年，丰臣秀吉给其爱妻的信中云："在我生存之年，誓将唐之领土纳入我之版图。"[④]1592年，丰臣秀吉发动"壬辰倭乱"，欲借朝鲜"假道攻明"，实现其构建日式

①《李朝光海君日记》卷139，光海君十一年四月壬戌，东京：学习院东洋文化研究所，1962年，第552页。

② 刁书仁：《论朝鲜光海君时期与后金、明朝的关系》，中国社会科学院历史研究所清史研究室编：《清史论丛》，北京：中国广播电视出版社，2006年。

③ 依田熹家：《简明日本通史》，卞立强、李天工、霍慧英译，上海：上海远东出版社，2004年，第124页。

④ 日本参谋本部编：《日本战史·朝鲜战役》，东京：村田书店，1924年，第11页。

朝贡体系的梦想。四月，日军从釜山登陆，仅20天就攻占朝鲜王京。五月十八日，丰臣秀吉给其养子丰臣秀次的一份备忘录中，迫不及待地勾画出其日式朝贡体系的蓝图。在这幅蓝图中，不仅朝鲜，就连明朝都将成为日本的属地，天皇迁都北京，日本公卿、将领被授予封地，丰臣秀吉本人坐镇宁波，收取天下各国朝贡厚利。①然而，这场战争由于身为东亚共主的神宗皇帝为"恤危藩"，不惜倾国力援朝，最终使丰臣秀吉陷入困境，使朝鲜免于亡国灭种之灾。同时，明朝也为此付出沉重的代价，使得明朝元气大损，国运衰微，为辽东边夷努尔哈赤崛起提供了历史机缘。对此，村井章介有着深刻的揭示："丰臣秀吉播下的种子，却为努尔哈赤所收获。"②

努尔哈赤成功地把握了这次历史机遇。先前的祝孔革、王忠、王台，王杲、王兀堂，以及同时代的布占泰、纳林布禄等女真首领，也包括前述的丰臣秀吉，虽然历史也给他们提供了相同的机遇，但这些人物却都没能成功。原因在于，这些杰出人物在将这种历史机缘变为现实性的过程中，没能成功地处理好各种错综复杂的关系，如哈达王台，约束女真各部达几十年之久，强盛时"远者又招徕之，其势乃盛，遂称为汗"③。至晚年，却不能处理好与女真诸部的关系，致使"先附诸部皆叛"，哈达遂衰。④稍后的建州巨酋王杲，"为人聪慧，有才辩"，是时"建州诸夷，悉听杲调度"⑤。但其对明坐大，不称臣，"视杀汉官如艾草"，抄掠明边为常事，终遭明廷捣巢之征。⑥同时代的乌拉布占泰、叶赫纳林布禄、丰臣秀吉等莫不如此。而努尔哈赤则从他们身上汲取经验教训，在将这种历史机缘转变现实的过程中，依据时局的变化及与敌手斗争的需要，及时调整诸方面的关系。对女真各部由近及远，联大灭小，先弱后强，直至全部吞灭；对明朝称臣纳贡，极表"忠顺"；对蒙古通过联姻、盟誓极尽笼络；对朝鲜主动结好。在成功的道路上，左右逢源，最终成功崛起。

---

① 日本参谋本部编：《日本战史·朝鲜战役》，东京：村田书店，1924年，第33页。

② 村井章介：《中世倭人传》，东京：岩波新书，1993年，第222页。

③《清太祖高皇帝实录》卷3，万历二十七年九月丁未，北京：中华书局，1986年，第45页。

④《清太祖高皇帝实录》卷3，万历二十七年九月丁未，北京：中华书局，1986年，第45页。

⑤ 瞿九思：《万历武功录》卷11《王杲列传》，潘喆、孙方明、李鸿彬编：《清入关前史料选辑》第一辑，北京：中国人民大学出版社，1984年，第35页。

⑥ 瞿九思：《万历武功录》卷11《王杲列传》，潘喆、孙方明、李鸿彬编：《清入关前史料选辑》第一辑，北京：中国人民大学出版社，1984年，第35页。

第五节 舒尔哈齐史事考实

笔者研究清开国史时，一直有个疑团困惑不解，为何努尔哈赤胞弟舒尔哈齐的史事，明清两朝文献记载截然不同，这其中必有隐情。笔者根据明清和朝鲜文献，作舒尔哈赤史事考实，试图揭开这桩历史疑案。

一、明朝、朝鲜官私著述中所记的舒尔哈齐

舒尔哈齐是清肇兴时期地位仅次于其兄努尔哈赤的人物。其事迹在明代官私文献和朝鲜文献中多有载录。在明朝人与朝鲜人心目中，舒尔哈齐同努尔哈赤都是建州卫首领。明官修实录将其与其兄努尔哈赤称为都督。《明神宗实录》载：

> 建州等卫夷人都督、都指挥速儿哈赤等一百员名……俱赴京朝贡，赐宴如例贡。[①]

万历三十六年（1608 年），舒尔哈齐在其兄赴明朝贡 20 天后，第三次赴京朝贡。同书载：

> 万历三十六年十二月乙卯，颁给建州等卫女直夷人奴尔哈赤、几勒等三百五十七名，贡赏如例。[②]

> 万历三十六年十二月甲戌，颁给建州右等卫女直夷人速儿哈赤等一百四十名，贡赏如例。[③]

明廷分别赐予努尔哈赤敕书 357 道，舒尔哈齐 140 道，命舒尔哈齐为建州右卫首领。

明人私家著述，也多将舒尔哈齐与努尔哈赤并提。《博物典汇》载：

①《明神宗实录》卷 312，万历二十五年七月戊戌，台北：“中央研究院”历史语言研究所，1962 年，第 5837 页。

②《明神宗实录》卷 453，万历三十六年十二月乙卯，台北：“中央研究院”历史语言研究所，1962 年，第 8551 页。

③《明神宗实录》卷 453，万历三十六年十二月甲戌，台北：“中央研究院”历史语言研究所，1962 年，第 8560 页。

奴酋父负不赏之功，宁远(李成梁——笔者)相其为人有反状，惎之。以火攻，阴设反机以焚之死。时奴儿哈赤甫四岁，宁远不能掩其功，哭之尽哀，抚奴儿哈赤与其弟速儿哈赤如子。

又云：

初酋一兄一弟，皆以骁勇雄部落中。兄弟始登垅而议，既则建台，策定而下。[①]

此书所记努尔哈赤年龄有误。努尔哈赤生于嘉靖三十八年（1559年）。李成梁攻阿台，努尔哈赤与舒尔哈齐父祖死于是役，为万历十一年(1583年)，是年，努尔哈赤应为24岁。但将努尔哈赤与舒尔哈齐二人并称，则是明人通行的说法。舒尔哈齐骁勇善战，雄长于所部，则是事实。《山中闻见录》载：

初，宁远伯李成梁之诛阿台也，王台所属建州部教场、子塔失，并从征阿台，死于兵。塔失有二子，长即太祖，次速儿哈赤，具幼，李成梁抚之。太祖既长，身长八尺，智力过人，隶成梁标下。每战必先登，屡立功，成梁厚待之，太祖亦尽死力，成梁俾为都指挥，领祖、父遗众。太祖乃将弟速儿哈赤，俱走之东方，有众千余，渐北侵张海、色失诸部，蚕食之。[②]

此书所记也将努尔哈赤与舒尔哈齐并称。《东夷考略》也载：

当是时，奴酋新并南关，势张甚，益结西虏，啮灰扒(辉发部——笔者)、黑龙江上诸夷。宽奠新疆居民余六万口逼奴酋穴住种，参貂市易渐狎。李成梁再出镇，乃委原任参将韩宗功徙还故土，弃新疆为瓯脱。复因奴、速二酋先后请金缯，即于叆阳、清河诸沿边田土，摊派给赏。[③]

万历初年，辽东总兵李成梁展边，于建州居地修筑宽甸六堡，“汉夷杂处”，争执不断，建州要求归还故土。万历三十四年，成梁将六万汉民驱回

① 黄道周：《博物典汇》卷20《四夷附奴酋》，明崇祯八年刻本。

② 彭孙贻：《山中闻见录》卷1《建州》，潘喆、李鸿彬、孙方明：《清入关前史料选辑》第三辑，北京：中国人民大学出版社，1991年，第4页。

③ 茅瑞征：《东夷考略·建州》，潘喆、孙方明、李鸿彬编：《清入关前史料选辑》第一辑，北京：中国人民大学出版社，1984年，第78页。

边内，却奏成为建州的“归疆”。由于建州的“归疆”，明廷每年犒赏努尔哈赤白银500两，舒尔哈齐白银300两。该书在记载这段史实时，也是将“奴、速二酋”并提。

舒尔哈齐的地位不仅在明朝人看来如此，当时邻国朝鲜人对其的看法也是如此。朝鲜文献一般称努尔哈赤为老哈赤或老乙哈赤；称舒尔哈齐为小哈赤，或小儿哈赤。申忠一的《建州纪程图记校注》中载：

> 佟交清哈，一子托时，一女（婿）童好罗厚子忽哈。一子奴儿哈赤，己未生。……一子毛儿哈赤，壬戌生。……一子小儿哈赤，甲子生。……奴儿哈赤、小儿哈赤同母，毛儿哈赤异母云。[①]

佟交清哈、托时为舒尔哈齐兄弟祖父觉昌安、父塔克世。奴儿哈赤，为努尔哈赤；小儿哈赤，即舒尔哈齐，嘉靖四十三年（1564年）生。关于兄弟二人的体貌特征，同书载：

> 小酋体胖壮大，面白而方。耳穿银环，服色与其兄一样矣。[②]

朝鲜官方史书也多以其兄弟并称。《李朝实录》宣祖二十二年（1589年）七月丁巳条载：

> 平安兵使书状，满浦呈内：建州卫彼人童坪者等十八名、童海考等十六名、童多之等四十八名归顺出来言内，左卫酋长老乙可赤兄弟，以建州卫酋长李以难等为麾下属，老乙可赤则自中称王，其弟则称船将，多造弓矢等物。分其军四运：一曰环刀军；二曰铁锤军；三曰串赤军；四曰能射军。间间练习，胁制群胡。从令者馈酒，违令者斩头，将为报复中原之计。[③]

文中努尔哈赤“自中称王”，称舒尔哈齐为“船将”。“船将”，其意不明。“巴图鲁”，汉译为“威武勇士”。“达尔罕”，原为北方民族的武职称谓。只有大汗本人或有特殊功勋者，才能荣获此称号。据此推断，文中的“船将”应指舒尔哈齐的统兵将帅身份。因为万历二十七年（1599年）以

① 申忠一：《建州纪程图记校注》，沈阳：辽宁大学历史系，1979年，第22—23页。
② 申忠一：《建州纪程图记校注》，沈阳：辽宁大学历史系，1979年，第24页。
③《李朝宣祖实录》卷23，宣祖二十二年七月丁巳，东京：学习院东洋文化研究所，1961年，第293页。

前，建州称“贝勒”者，仅其兄弟二人，实际与其兄并称“二王”。

万历二十三年（1595年）十一月，朝鲜通事河世国访问建州时，分别拜见努尔哈赤与舒尔哈齐。《李朝宣祖实录》载：

> 老乙可赤常时所住之家，麾下四千余名，佩剑卫立，而设坐交椅。唐官家丁，先为请人拜辞而罢，然后，世国亦为请入揖礼而出。小乙可赤处一样行礼矣。老乙可赤屠牛设宴，小乙可赤屠猪设宴，各有赏给。……老乙可赤兄弟所住家舍，则盖瓦，各以十坐分为木栅，各造大门，别设楼阁三处，皆为盖瓦。大概目睹，则老乙可赤麾下万余名，小乙可赤麾下五千余名，长在城中，而常时习阵。千余名各持战马、着甲，城外十里许练兵。而老乙可赤战马则七百余匹，小乙可赤战马四百余匹，并为点考矣。[①]

翌年正月，朝鲜使臣申忠一访问建州，在其所著《建州纪程图记校注》中，也是以其兄弟并称。《建州纪程图记校注》载：

> 丙申（万历二十四年）正月初一巳时，马臣、歪乃将奴酋言，来请臣参宴。臣与罗世弘、何世国往参。奴酋门族及其兄弟姻亲，与唐通事在东壁；蒙古、沙割者、忽可、果乙者、尼麻车诸惫时，剌温兀剌各部在北壁；臣等及奴酋女族在西壁；奴酋兄弟妻子及诸将妻，皆立于南壁炕下；奴酋兄弟则于南行东隅地上，向西北坐黑漆倚（椅）子，诸将俱立于奴酋后。……诸将进盏于奴酋时，皆脱耳掩，舞时亦脱，惟小酋不脱。[②]

文中沙割者为萨克察；忽可为虎尔哈；果乙者为瓜勒察；尼麻车为尼玛察诸贝勒；剌温兀剌为海西女真乌拉；惫时为贝勒。

舒尔哈齐在明朝和朝鲜官私著述中，名声显赫，多有载录，其地位除努尔哈赤外，无人可比。

---

①《李朝宣祖实录》卷69，宣祖二十八年十一月戊子，东京：学习院东洋文化研究所，1961年，第405页。

② 申忠一：《建州纪程图记校注》，沈阳：辽宁大学历史系，1979年，第25页。

二、清朝官修史书中所记的舒尔哈齐

和明朝与朝鲜官私文献记载相反，舒尔哈齐的事迹在清朝的官修史书中却无迹可寻。检索《清实录》，有关舒尔哈齐的记载仅有以下数条：

显祖嫡妃喜塔喇氏，乃阿古都督女，是为宣皇后。生子三，长即上也，称为聪睿贝勒。……次名舒尔哈齐，号达尔汉巴图鲁。①

丙申年（万历二十四年）冬十二月癸亥朔，乌喇贝勒布占泰，感上再生恩，事如父，以妹妻上弟贝勒舒尔哈齐。遂迎归。大宴成礼。②

戊戌年（万历二十六年）冬十二月壬子朔，乌喇贝勒布占泰，感上再生恩，率从者三百人来谒。上妻以弟贝勒舒尔哈齐之女，赐甲胄五十副，敕书十道，礼遣之。③

己亥年（万历二十七年）秋九月丁未朔……（努尔哈赤）率兵征哈达。贝勒舒尔哈齐，请为先锋自试，上许焉，命统兵一千为前队。既抵哈达，哈达兵出，舒尔哈齐按兵不战。告上曰："彼兵出矣"。上曰："岂谓此城无兵而来耶"。遂督兵进击。时舒尔哈齐兵填拥于前，上麾之使开，路塞不能入，乃沿城而行，城上发矢，军士多被伤者，上督兵攻其城。癸丑，克之。④

癸卯年（万历三十一年）正月戊午朔……（努尔哈赤）又以弟贝勒舒尔哈齐女妻之，遣大臣以礼往送为婚。⑤

丁未年（万历三十五年）春正月乙丑朔，东海瓦尔喀部蜚悠城长策穆特黑来朝。告上曰："吾等因地方遥阻，附乌喇，乌喇贝勒布占泰，遇吾等虐甚，乞移家来附。上命弟贝勒舒尔哈齐、长子洪巴图鲁贝勒褚英、次子贝勒代善、一等大臣费英东、侍卫扈尔汉，率丘三千，至蜚悠城徙之。时夜阴晦。军中大纛之上有

---

①《清太祖高皇帝实录》卷1，万历十一年，北京：中华书局，1986年，第24页。
②《清太祖高皇帝实录》卷3，万历二十四年十二月癸亥，北京：中华书局，1986年，第42页。
③《清太祖高皇帝实录》卷3，万历二十六年十二月壬子，北京：中华书局，1986年，第42页。
④《清太祖高皇帝实录》卷3，万历二十七年九月丁未，北京：中华书局，1986年，第44页。
⑤《清太祖高皇帝实录》卷3，万历三十一年正月戊午，北京：中华书局，1986年，第46页。

光，众以为异，扪视无有，复树之，光如初。”贝勒舒尔哈齐曰：“吾自幼从上征讨，所历之地多矣，未见此异，其非吉兆耶。”欲还兵。贝勒褚英、代善曰：“或吉或凶，兆已定，吾等何所见而遽还，且何以报皇父命耶。”遂决意前进。至蜚悠城，尽收环城屯寨，凡五百户，令扈尔汉率兵三百，护之先行。时乌喇贝勒布占泰发兵万人，邀诸路。……初，我军与乌喇接战时。贝勒舒尔哈齐率五百人止山下，及二贝勒破敌追击，始驱兵前进，适有大山间之，绕山行，未能多所斩获。追班师。上赐弟贝勒舒尔哈齐号达尔汉巴图鲁，以长子洪巴图鲁褚英，遇大敌，率先击败其众赐号阿尔哈图土门，以次子代善，阵斩博克多，又与兄并进克敌，赐号古英巴图鲁。上初命大臣常书、侍卫纳齐布护从两贝勒，常书等不随两贝勒前进，反率兵百人与舒尔哈齐同止山下，无所斩获遂论死。舒尔哈齐请曰：“诛二臣，与我死无异。”上乃宥其死，罚常书金，夺纳齐布所属之人。①

辛亥年（万历三十九年）八月丙戌，上弟达尔汉巴图鲁贝勒舒尔哈齐薨。年四十八。子六人，长阿敏、次扎萨克图、次图伦、次寨桑古、次济尔哈朗、次篇古。②

以上七条材料是《清实录》中关于舒尔哈齐从生到死的全部记录。这七条材料中，记载其出生和逝世各一条，娶乌拉女一条，乌拉布占泰娶其二女两条，征哈达与取东海女真，舒尔哈齐畏缩不前两条。《清实录》中所载的舒尔哈齐史实与记载其兄努尔哈赤的事迹相比，简直是天壤之别。

清入关以后，设置国史馆，撰写开国宗室王公大臣传。笔者查遍宗室王公传，发现就连毫无事迹可言的宗室王公都有专传，唯独舒尔哈齐无传，仅在其子济尔哈朗传首附其事迹云：

镶蓝旗和硕贝勒郑亲王济尔哈朗，追封亲王舒尔哈齐之第五子也。舒尔哈齐为太祖高皇帝同母弟，初封贝勒。岁丁未，奉命偕洪巴图鲁贝勒褚英、代善贝勒及一等大臣费英东、扈尔汉辖，率兵三千，往徙东海瓦尔喀部之蜚悠城人。尽收其环城屯寨五百

①《清太祖高皇帝实录》卷 3，万历三十五年正月乙丑，北京：中华书局，1986 年，第 47 页。
②《清太祖高皇帝实录》卷 3，万历三十九年八月丙戌，北京：中华书局，1986 年，第 51 页。

户，大获而归。因赐号“达尔汉巴图鲁”。辛亥年八月丙戌薨，年四十八。顺治十五年五月，追封亲王，谥曰壮。有子六人，长阿敏、次扎萨克图、次图伦、次寨桑古、次济尔哈朗、次篇古。篇古、阿敏有传。①

寥寥173字，对其事迹语焉不详。民国年间修的《清史稿》中有《舒尔哈齐传》。传文云：

庄亲王舒尔哈齐，显祖第三子。初为贝勒。蜚悠城长策穆特黑苦乌拉之虐，愿来附。太祖令舒尔哈齐及贝勒褚英、代善，诸将费英东、杨古利、常书，侍卫扈尔汉、纳齐布，将三千人往迎之。夜阴晦，军行，纛有光，舒尔哈齐曰：“吾从上行兵屡矣，未见此异，其非吉兆耶！”欲还兵，褚英、代善不可。至蜚悠，尽收环城屯寨五百户而归。乌喇贝勒布占泰发兵万人邀于路。褚英、代善力战破之。舒尔哈齐以五百人止山下，常书、纳齐布别将百人从焉。褚英、代善既破敌，乃驱兵前进，绕山行，未能多所斩获。师还，赐号达尔汉巴图鲁。既，论常书、纳齐布护从两贝勒，常书止山下不力战罪，当死。舒尔哈齐曰：“诛二臣，与杀我同”。上乃宥之，罚常书金百，夺纳齐布所属。自是上不遣舒尔哈齐将兵。舒尔哈齐居恒郁郁，语其第一子阿尔通阿、第三子札萨克图曰：“吾岂以衣食受羁于人哉？”移居黑扯木。上怒，诛其二子。舒尔哈齐乃复还。岁辛亥八月薨。顺治十年，追封谥。子九，有爵者五：阿敏、图伦、寨桑武、济尔哈朗、费扬武。②

《清史稿》全文345字，其中用240字叙述蜚悠城故事，皆采录于《清实录》。该传中载，舒尔哈齐“移居黑扯木，上怒，诛其二子，舒尔哈齐乃复还”，本于《满文老档》己酉年（1609年）三月十三日条和天聪四年（1630年）六月初七日条。③由此可见，《清史稿》中《舒尔哈齐传》不过是抄录

①《八旗通志》初集卷130《郑亲王济尔哈朗传》，长春：东北师范大学出版社，1985年，第3555页。

②《清史稿》卷215《显祖诸子》，北京：中华书局，1977年，第8942页。

③ 中国第一历史档案馆、中国社会科学院历史研究所译注：《满文老档》，北京：中华书局，1990年，第7—8页；中国第一历史档案馆、中国社会科学院历史研究所译注：《满文老档》，北京：中华书局，1990年，第1048页。

拼凑清代官书而已。另外，清代官修史书中所载舒尔哈齐的事迹多有隐讳。

三、恢复舒尔哈齐的历史真相

清代文献所载舒尔哈齐的事迹多有隐讳，有必要根据明代和朝鲜文献复原舒尔哈齐的历史本来面貌。

舒尔哈齐，塔克世[①]第三子，其母为喜他拉氏，是努尔哈赤同母弟。[②]明嘉靖四十三年（1564 年）生。祖父觉昌安[③]和父亲塔克世先后担任建州左卫指挥使。舒尔哈齐 5 岁时，生母不幸病故。继母纳拉氏心胸狭隘，刻薄寡恩，舒尔哈齐兄弟经常受到其无理责骂。14 岁时，舒尔哈齐与其兄努尔哈赤不堪继母虐待，离家外出谋生。[④]此后，舒尔哈齐随同努尔哈赤到山林里挖人参、采山货，定期运到抚顺马市贩卖，换取生活用品。童年及少年时代的舒尔哈齐历尽艰辛，饱经磨难，练就成健壮的体魄，聪睿的才干，精湛的骑射。[⑤]

此时，女真社会正处于大变动之中。史载："各部蜂起，皆称王争长，互相战杀，甚且骨肉相残。"[⑥]而与明冲突也时有发生。万历十一年（1583 年），其外祖父阿台[⑦]因犯明边，为明辽东总兵李成梁所杀。其祖父觉昌安与父塔克世亦不幸被明军误杀。[⑧]同年五月，舒尔哈齐随从其兄努尔哈赤愤然起兵，为死难父祖报仇，揭开清朝"创业史"的序幕。这一年，舒尔哈齐刚刚 20 岁。从此，舒尔哈齐成为其兄的得力助手，与努尔哈赤一起跃马弯弓，驰骋疆场，立下赫赫战功。

舒尔哈齐随从努尔哈赤起兵时，部众仅百余人，他与其兄努尔哈赤并肩战斗，到处追杀仇人尼堪外兰，直至仇人授首，仍马不停蹄地继续征战建州

---

① 塔克世《建州纪程图记》写作"托时"，《清太祖武皇帝实录》写作"塔石"，明朝文献写作"他失""塔失"。

②《李朝宣祖实录》卷 70，宣祖二十九年正月丁酉条载："奴儿哈赤、小儿哈赤同母，毛儿哈赤异母。"

③ 觉昌安《建州纪程图记》写作"佟交清哈"，《清太祖武皇帝实录》写作"觉常纲"，明朝文献写作"叫场"。

④《清太祖武皇帝实录》卷 1 载：努尔哈赤"十岁丧母，继母妒之，父惑于继母言，遂分居，年已十九矣，家私止给些许。"据此推算，努尔哈齐分家，外出谋生时，舒尔哈齐 14 岁。

⑤ 申忠一：《建州纪程图记校注》，沈阳：辽宁大学历史系，1979 年，第 24 页。

⑥《清太祖武皇帝实录》卷 1，北京：故宫博物院，1932 年。

⑦ 马晋允《通纪辑要》云："王杲不道，歼我疆吏，成梁因塔失为向导，遂枭王杲于藁街。塔失者，叫场之子，杲之孙婿也。因以杲之余地畀塔失，使为建州卫左卫指挥。"陈继儒《建州考》云："阿台之婿曰塔失，则奴酋之父也。"

⑧ 程开祜：《东夷奴儿哈赤考》，见《筹辽硕画》卷首，北京图书馆影印本。

女真诸部。在艰苦的军事斗争中，舒尔哈齐果敢、顽强，坚忍不拔，凭着其超人的胆识和才干，赢得建州女真部众的信赖，其权势和地位也日益显赫。万历十六年（1588 年），其与努尔哈赤先后兼并建州所属浑河、董鄂、哲陈、完颜等部，并于前一年，在嘉哈河与硕里河汇合处，硕里河口“筑城三层，启建楼台”，“定国政，凡作乱、窃盗、欺诈悉行严禁”。[①]翌年，其兄努尔哈赤则“自中称王”，舒尔哈齐被称为“船将”。[②]

万历二十三年八月，舒尔哈齐实现了多年梦寐以求的愿望，即代表建州向明廷朝贡。[③]十一月，朝鲜通事河世国初到建州佛阿拉城，见舒尔哈齐与其兄努尔哈赤享有同样的地位与权力，两人居处完全相同，就连两人设宴招待河世国的礼仪都基本相同。稍不同的是，努尔哈赤麾下精兵万余名，战马七百余匹；舒尔哈齐麾下精兵五千余名，战马四百余匹。[④]十二月，朝鲜使臣申忠一访问建州时，分别向其兄弟二人赠送礼物，“奴酋兄弟皆受之，而多谢云”。努尔哈赤设宴款待，舒尔哈齐也设宴款待，并对申忠一说：“军官不但为兄而来，我亦当接待。”舒尔哈齐设宴的规格、礼仪与其兄努尔哈赤比毫不逊色。[⑤]舒尔哈齐对申忠一说：“日后你佥使若有送礼，则不可高下于我兄弟。”[⑥]万历二十五年七月，舒尔哈齐第二次赴京师朝贡，明廷官员对其有意示好，称其为建州卫“都督”“都指挥”[⑦]。明人称其为“二都督”[⑧]，舒尔哈齐欣然接受，并将自己与努尔哈赤同视为建州女真的首领。

此时，努尔哈赤已感受到舒尔哈赤的威胁，兄弟之间遂出现裂痕。万历二十七年九月，努尔哈赤发兵征哈达，命舒尔哈齐率先锋 1000 人先行，哈达部事前有准备，列阵以待，舒尔哈齐却迟迟没能进攻，努尔哈赤率大军到后，

①《清太祖武皇帝实录》卷 1，丁亥年六月，北京：故宫博物院，1932 年。

②《李朝宣祖实录》卷 23，宣祖二十二年七月丁巳，东京：学习院东洋文化研究所，1961 年，第 293 页。

③《明神宗实录》卷 288，万历二十三年八月丙寅，台北：“中央研究院”历史语言研究所，1962 年，第 5342 页。

④《李朝宣祖实录》卷 69，宣祖二十八年十一月戊子，台北：“中央研究院”历史语言研究所，1962 年，第 405 页。

⑤ 申忠一：《建州纪程图记校注》，沈阳：辽宁大学历史系，1979 年，第 19—21 页。

⑥ 申忠一：《建州纪程图记校注》，沈阳：辽宁大学历史系，1979 年，第 28 页。

⑦《明神宗实录》卷 312，万历二十五年七月戊戌，台北：“中央研究院”历史语言研究所，1962 年，第 5837 页。

⑧ 熊廷弼在《筹辽硕画》卷 1《题为狡酋近状叵测》中，援引驻扎哈达旧寨的建州官兵之语：“我都督与二都督速儿哈赤近日不睦，恐二都督走投北关，令我们在此防范。”

怒斥舒尔哈齐："此来岂为城中无备耶？"又厉声呵斥："汝兵向后！"[①]并亲自指挥兵马攻城。舒尔哈齐从未受到如此责斥，愤然带兵后退。经六天六夜的激战，哈达城终于被攻克，但兄弟之间的裂痕却难以愈合。

明辽东总兵李成梁侦知舒尔哈齐兄弟之间有隙，乘机极力拉拢。令其子李如柏"纳奴弟素儿哈赤女为妾"[②]，以结姻好。万历三十三年（1606 年）二月，舒尔哈齐之妻病故，李成梁特派守备官佟某置办酒席 20 桌及牛羊等牲畜，前往吊祭，并给予特殊的礼仪。[③]舒尔哈齐与明频繁交往，使努尔哈赤顿生戒心，甚至怀疑舒尔哈齐欲借助明廷以自立。

舒尔哈齐与努尔哈赤之间的猜忌与矛盾，在乌碣岩之战中暴露出来。万历三十五年正月，东海女真不堪忍受乌拉部贝勒布占泰的袭扰，其瓦尔喀部蜚悠城主策穆特黑前来建州，请求归附，派兵保护。[④]舒尔哈齐奉命为统兵主帅，与其侄褚英、代善等统马步兵三千，前往迎归。因舒尔哈齐与布占泰有姻亲关系（舒尔哈齐娶其妹为妻，而将两女嫁给布占泰）[⑤]极不情愿前往。但舒尔哈齐最担心之事还是发生了，当其带领五百部民返回行至图们江畔乌碣岩（今朝鲜咸镜北道钟城以南防垣乌碣岩洞）时，遭遇布占泰所派万余兵马阻截，双方展开激战。褚英、代善拼力厮杀，而舒尔哈赤却带 500 兵停留山下观望不前。等到褚英等击败乌拉兵时，舒尔哈齐才驱兵跟随褚英等班师。事后，努尔哈赤并没有惩罚舒尔哈齐，还赐予其"达尔汉巴图鲁"称号。但将舒尔哈齐属下常书、纳齐布二将，以不进战之罪论死。[⑥]舒尔哈齐深知其兄之意，遂进言："若杀此二将，则我亦属当死之列矣！"[⑦]以咄咄逼人之势，迫使努尔哈赤让步。努尔哈赤虽免其二将死罪，但给予二将重罚，同时

①《清太祖武皇帝实录》卷 2，己亥年九月，北京：故宫博物院，1932 年；《清太祖高祖实录》卷 3，己亥年九月丁未，北京：中华书局，1986 年，第 44 页。

②《明神宗实录》卷 582，万历四十七年五月癸未，台北："中央研究院"历史语言研究所，1962 年，第 11055 页。

③ 辽宁省档案馆藏：《明档·屏风档》003 号，《明代辽东残档选编》，沈阳：辽宁大学历史系，1979 年，第 10 页。

④《清太祖武皇帝实录》卷 2，丁未年正月，北京：故宫博物院，1932 年。

⑤《清太祖武皇帝实录》卷 1，丙申年十二月，北京：故宫博物院，1932 年；《清太祖武皇帝实录》卷 1，戊戌年十二月，北京：故宫博物院，1932 年；《清太祖武皇帝实录》卷 1，辛丑年十一月，北京：故宫博物院，1932 年；《满洲实录》卷 2，北京：中华书局，1986 年，第 108 页、第 119—120 页。

⑥ 中国第一历史档案馆、中国社会科学院历史研究所译注：《满文老档》，北京：中华书局，1990 年，第 2 页；《清太祖武皇帝实录》卷 2，丁未年正月，北京：故宫博物院，1932 年。

⑦ 中国第一历史档案馆、中国社会科学院历史研究所译注：《满文老档》，北京：中华书局，1990 年，第 3 页。

剥夺舒尔哈齐兵权。此后，舒尔哈齐痛感与努尔哈赤势难并存，遂抑郁寡欢，忧愤满腹。舒尔哈齐曾发怨言："此生有何可恋，不如一死！"[①]遂与其诸子商议，欲携其部众，移居黑扯木（今辽宁省铁岭市东南42公里）。

万历三十六年（1608年）十二月，舒尔哈齐在努尔哈赤赴京朝贡20天后，第三次赴京朝贡。明廷分别赐予其兄弟敕书360道、140道不等，并命舒尔哈齐为建州右卫首领。[②]努尔哈赤已警觉，明廷是存心扶植其弟，以此来削弱自己的势力。

翌年初，舒尔哈齐返回，努尔哈赤力劝其勿移居黑扯木，但舒尔哈齐去意已决，拒不听劝阻。[③]至三月，努尔哈赤采取断然措施，尽夺舒尔哈齐全部财产，将其长子阿尔通阿、三子札萨克图处死；其次子阿敏因代善、皇太极等力谏免于一死，但夺其所属财产一半。[④]舒尔哈齐怀着悔愧的心情，回到建州。自责云："多蒙兄汗赡养，曾欲别往以居，洵属狂妄，实乃我之过也。"努尔哈赤"遂以籍收之国人、僚友，于当年，悉数归还弟贝勒"[⑤]。可是，两年后，即万历三十九年八月十九日，年仅48岁的舒尔哈齐却突然故去。[⑥]

四、关于舒尔哈齐之死

舒尔哈齐的历史本来面貌已如上述。关于舒尔哈齐之死，迷雾重重，成为清开国史上一桩疑案，笔者认为有必要对其之死作专门考辨。

舒尔哈齐之死，清代官书记载如下。

《满文老档》载：

> 后，弟贝勒仍不满其兄聪睿恭敬汗之待遇，不屑天赐之安乐生

① 中国第一历史档案馆、中国社会科学院历史研究所译注：《满文老档》，北京：中华书局，1990年，第7页。

②《明神宗实录》卷453，万历三十六年十二月乙卯、甲戌，台北："中央研究院"历史语言研究所，1962年，第8557、8560页。

③《清太宗实录》卷8，天聪五年正月壬寅，北京：中华书局，1986年，第110页。

④《清太宗实录》卷8，天聪五年正月壬寅，北京：中华书局，1986年，第110—111页；中国第一历史档案馆、中国社会科学院历史研究所译注：《满文老档》，北京：中华书局，1990年，第1048页。

⑤ 中国第一历史档案馆、中国社会科学院历史研究所译注：《满文老档》，北京：中华书局，1990年，第8页。

⑥ 中国第一历史档案馆、中国社会科学院历史研究所译注：《满文老档》，北京：中华书局，1990年，第8页。

活，遂于辛亥年（万历三十九年）八月十九日卒，享年四十有八。[①]

《清太祖武皇帝实录》载：

（万历三十九年）八月十九日，太祖同胞弟打喇汉把土鲁薨，年四十八岁。[②]

《满洲实录》载：

（万历三十九年）八月丙戌，上弟达尔汉巴图鲁贝勒舒尔哈齐薨，年四十八。[③]

《清太祖高皇帝实录》载：

（万历三十九年）八月丙戌，上弟达尔汉巴图鲁贝勒舒尔哈齐薨，年四十八岁。[④]

《八旗通志·济尔哈朗传》首附其事迹载：

辛亥年八月丙戌薨，年四十八。[⑤]

以上清朝官书关于舒尔哈齐之死的记载，如出一辙。所不同者，成书早的《满文老档》《清太祖武皇帝实录》尚未推算日支，直接使用数字。从舒尔哈齐最后之史事分析，其死存在诸多疑点。

有关舒尔哈齐之死，明代与朝鲜文献记载如下。

《三朝辽事实录》载：

（万历三十九年）奴酋忌其弟速儿哈赤兵强，计杀之。复耀兵侵兀喇诸酋。[⑥]

《山中闻见录》载：

万历三十九年辛亥六月，部议如科臣言复奏，神祖乃许其入

① 中国第一历史档案馆、中国社会科学院历史研究所译注：《满文老档》，北京：中华书局，1990年，第8页。

②《清太祖武皇帝实录》卷2，辛亥年八月，北京：故宫博物院，1932年。

③《满洲实录》卷3，万历三十九年八月，北京：中华书局，1986年，第144—145页。

④《清太祖高皇帝实录》卷3，万历三十九年八月丙戌，北京：中华书局，1986年，第51页。

⑤《八旗通志》初集卷130《郑亲王济尔哈朗传》，长春：东北师范大学出版社，1985年，第3555页。

⑥ 王在晋：《三朝辽事实录·总略》，刁书仁点校：《先清史料》，长春：吉林文史出版社，1990年，第10页。

贡。已，太祖忌其弟速儿哈赤兵强，计杀之。[①]

朝鲜《建州闻见录校释》载：

小乙可赤有战功，得众心，五六年前，为奴酋所杀。[②]

该书作者于万历四十七年（1619年），曾受命率军助明参加萨尔浒之战，兵败被俘，翌年七月，获释回国。此书为作者将行军作战、战败被俘、囚禁建州期间的所见所闻。文中所云，舒尔哈齐“五六年前，为奴酋所杀”，应为在建州所闻，故时间未必十分准确，但是舒尔哈齐为努尔哈赤所杀，应是确切无疑。

以上的明朝和朝鲜文献虽未能有较详细地记载舒尔哈齐之死的相关史事，但却一致记载其死为努尔哈赤所杀，而清代官书不过是有意溢美努尔哈赤在清勃兴时期的“太祖高皇帝”形象，不顾事实真相，竭尽讳隐而已。

如前文所述，努尔哈赤并非所谓仁慈之君，他与其弟舒尔哈齐的矛盾与裂痕，《清实录》中已见。万历二十七年征哈达时，他们兄弟之间已出现裂痕。万历三十五年，乌碣岩之战后，两人的矛盾已充分暴露，自后努尔哈赤不令舒尔哈齐领兵，表明其已动杀机。作为一奶同胞的舒尔哈齐深知其兄的“威暴桀骜之势”[③]，顺者昌，逆者亡，乃努尔哈赤“天性也”。[④]舒尔哈齐感到“此生有何可恋，不如一死！”[⑤]便于万历三十七年，与其诸子商议，欲携其部众，移居黑扯木。兄弟二人矛盾白热化，努尔哈赤大开杀戒，处死舒尔哈齐长子阿尔通阿和三子札萨克图，其次子阿敏因代善、皇太极等力谏免于一死，但夺其所属财产一半。[⑥]舒尔哈齐的两个儿子被杀后，他怀着悔愧的心情，复归建州。[⑦]努尔哈赤对舒尔哈齐不加宽恕，将其“会入于寝室，锒铛之，注铁键其户，仅容二穴，通饮食，出便溺”[⑧]。令舒尔哈齐暗无天

① 彭孙贻：《山中闻见录》卷1《建州》，罗振玉：《玉简斋丛书》，宣统二年。

② 李民寏：《建州闻见录校释》，沈阳：辽宁大学历史系，1978年，第42页。

③ 李民寏：《建州闻见录校释》，沈阳：辽宁大学历史系，1978年，第45页。

④ 黄道周：《博物典汇》卷20《四夷附奴酋》，明崇祯八年刻本。

⑤ 中国第一历史档案馆、中国社会科学院历史研究所译注：《满文老档》，北京：中华书局，1990年，第7页。

⑥《清太宗实录》卷8，天聪五年正月壬寅，北京：中华书局，1986年，第111页；中国第一历史档案馆、中国社会科学院历史研究所译注：《满文老档》，北京：中华书局，1990年，第1048页。

⑦ 中国第一历史档案馆、中国社会科学院历史研究所译注：《满文老档》，北京：中华书局，1990年，第8页。

⑧ 黄道周：《博物典汇》卷20《四夷附奴酋》，明崇祯八年刻本。

日，求生不能，求死不得，万历三十九年（1611年）八月十九日，努尔哈赤死于禁所。明朝与朝鲜文献所称，其弟由努尔哈赤所杀，非诬传也。

舒尔哈齐死后的十一年，即天命六年（1621年）正月，晚年的努尔哈赤与诸子孙对天焚香发誓曰：

> 蒙天父地母垂祐，吾与强敌争衡，将辉发、兀喇、哈达、夜黑同一音语者俱为我有，征仇国大明得其抚顺清河开原铁岭等城，又破其四路大兵，皆天地之默助也。今祷上下神祇，吾子孙中纵有不善者，天可灭之，勿令刑伤，以开杀戮之端。如有残忍之人，不待天诛，遽兴操戈之念，天地岂不知之，若此者亦当夺其算。昆弟中若有作乱者，明知之而不加害，俱怀理义之心，以化导其愚顽，似此者天地佑之。俾子孙百世延长，所祷者此也。自此之后，伏愿神祇不咎既往，惟鉴将来。①

是年，63岁的努尔哈赤预感到自己年事已高，故率诸子孙对天发誓，毋骨肉相残，以子孙相保为念。誓词中所云："伏愿神祇不咎既往，惟鉴将来"，则是其对以往杀其弟、其子，骨肉相残的忏悔。可佐明其杀弟之事实，不希望子孙效仿。

以上所钩沉的是舒尔哈齐在清朝肇兴时期的史事，努尔哈赤与其产生矛盾纠葛，以至于最后其被努尔哈赤所杀，这是满族宗室贵族权力争夺的必然反映。而清官书为达到为努尔哈赤隐讳的目的，对舒尔哈齐这样一位赫赫有名的人物记载颇少，竭尽隐晦，有失历史的公平。

第六节 论皇太极对辽东汉人政策的调整
——以对辽官、辽将的争取为中心

满族进入经济、文化高于本民族的汉族农耕社会辽东地区，怎样统治人口众多的汉族，如何处理满汉之间的矛盾，在明清双方力量角逐中，如何争取明辽东的辽官、辽将，使清朝获得战争的主动权，这些都是满族统治集团

①《清太祖武皇帝实录》卷3，天命六年正月十二日，北京：故宫博物院，1932年。

所面临的新课题。然而，带有浓厚民族意识的努尔哈赤仍将掠夺屠杀汉人作为其聚集财富和与汉族交往的方式，最终导致满汉民族矛盾尖锐，使金国的发展陷入困境。皇太极即位伊始，从总结其父政策失误入手。皇太极针对努尔哈赤对辽东汉人政策的失误采取了一系列对汉人的调整政策，赢得了汉人的支持与拥戴。同时，皇太极又成功地争取了明辽东的辽官、辽将，使清朝获得了明清战争的主动权，从而彻底摧毁明朝的宁锦防线，顺利入关。在清朝统一全国的过程中，辽东的辽官、辽将发挥了重大作用。

一、皇太极对努尔哈赤时期辽东汉人政策的调整

天命十一年（1637 年）八月，努尔哈赤逝世，九月，皇太极继汗位。①皇太极即位时，金国面临着十分严峻的形势。由于主客观诸因素，努尔哈赤晚年在实施各项政策上出现严重失误，其中最大的失误是对待辽东汉人的政策。努尔哈赤进入辽东地区后，对汉人实行屠杀、镇压的民族高压政策，激起汉族各阶层的奋起反抗，导致满汉民族矛盾十分尖锐，使金国的发展陷入困境。

皇太极对其父的失误是了如指掌的。他即位后，将施政的方针放在调整政策、纠正失误上。皇太极先是对辽东汉人政策方面进行了调整。他即位第四天就颁布一项新令，新令明确规定："国中汉官、汉民"是金国的"民"，"治国之要，莫先安民"。这里所言之"安民"，并非一般意义上的"安民"，而是要调整其父对汉人政策的失误，缓解满汉之间的矛盾，对从前被迫逃亡的汉人一律赦免。②这样就使金国统治下的汉人，从此获得一种安全感。新令的颁布，有利于缓和金国满汉之间民族矛盾，并取得十分明显的效果："由是汉官、汉民皆大悦，逃者皆止，奸细绝迹。"③

随后，皇太极又发布了旨在改善汉人社会地位，提高其在生产中的积极性的谕令。谕令中强调："满汉之人，均属一体，凡审拟罪犯，差徭公务，毋致异同"，应一律平等，不得亲满歧汉。诸贝勒、大臣及属下，如"有擅取庄民牛羊鸡豕者，罪之"。谕令又云：停止诸如"修城郭边墙"等"有妨农务"工程，即便有的话，也"止令修补，不复兴筑"，以保证汉人"专勤

①《清太宗实录》卷 1，天命十一年九月庚午，北京：中华书局，1985 年，第 24—25 页。
②《清太宗实录》卷 1，天命十一年九月甲戌，北京：中华书局，1985 年，第 26 页。
③《清太宗实录》卷 1，天命十一年九月甲戌，北京：中华书局，1985 年，第 26 页。

南亩，以重本务”。[①]接着，皇太极又对汉人实施“分屯别居，编户为民”的政策。先前努尔哈赤统治辽东时，实施歧视汉人的编庄政策：“汉人每十三壮丁编为一庄，按满官品级，分给为奴”，将大批的汉人强行降为满洲八旗庄屯的奴仆，使其失去人身自由，供八旗权贵任意驱使、欺凌，致使“汉人每被侵扰，多致逃亡”。这次编庄，皇太极一改其父编汉人为奴的政策，依官员品级，“每备御给壮丁八、牛二，以备使令。其余汉人，分屯别居，编为民户，择汉官之清正者辖之”[②]。使原庄屯中近 40%的汉人恢复自由身份，满汉分居，各自立庄，汉人由清正廉洁的汉官管理。从此，汉人不再受满洲八旗权贵欺压凌辱，大大缓解了金国内满汉之间的矛盾。

不仅如此，皇太极还对归附汉人，实施不杀、不辱，妥善安置，予以“恩养”的政策。努尔哈赤时，攻城略地，无论汉人降否一律屠杀。天命三年（1618年），努尔哈赤攻明清河城，城破，“尽杀其兵，被杀者之下，压死未受伤者亦甚众”[③]。翌年，努尔哈赤攻陷开原，“城中士卒尽被杀”[④]。努尔哈赤夺取铁岭后，对城内官民也“尽杀之”[⑤]。努尔哈赤进入辽沈后，对汉人仍采取屠杀政策。皇太极对其父的错误政策曾有深刻的反省。天聪三年（1629年）十月，皇太极在给遵化巡抚王元雅书中云：“昔辽东叛民，我曾杀之，甚是懊悔。今图治更新。此无俟我言，尔等亦闻之也。”[⑥]向明廷官员公开承认其父，也包括他本人过去对辽东汉人、汉官的屠杀是错误的，他深感懊悔，并明确表示要纠正过错，“图治更新”。他说：“民人皆我赤子，来归之后，自当加以恩养。”[⑦]同年十一月，皇太极率军征明时，获悉从征的蒙古贝勒对归附的明朝官民加以侵害，即刻以蒙、汉文下旨给满蒙贝勒大臣曰：

> 朕与贝勒等，会师征明，志在绥定安辑之地。归降之地土，即我地土，归降之民人，即我民人。凡贝勒大臣，有掠归降地方财物者，杀无赦，擅杀降民者抵罪，强取民物者，计所取之数，

①《清太宗实录》卷 1，天命十一年九月丙子，北京：中华书局，1985 年，第 26 页。

②《清太宗实录》卷 1，天命十一年九月丁丑，北京：中华书局，1985 年，第 26 页。

③ 中国第一历史档案馆、中国社会科学院历史研究所译注：《满文老档》，北京：中华书局，1990 年，第 65 页。

④《清太祖武皇帝实录》卷 3，天命四年六月，北京：故宫博物院，1932 年。

⑤《清太祖武皇帝实录》卷 3，天命四年七月，北京：故宫博物院，1932 年。

⑥ 中国第一历史档案馆、中国社会科学院历史研究所译注：《满文老档》，北京：中华书局，1990 年，第 949 页。

⑦《清太宗实录》卷 5，天聪三年十月辛巳，北京：中华书局，1985 年，第 77 页。

倍偿其主。朕方招徕人民，而诸贝勒大臣，辄敢横行，扰害民人，是与鬼蜮无异。此而不诛，将何以惩。贝勒大臣等，尚其仰体朕心，广宣德意焉。[①]

谕旨中充分体现出皇太极对归附的汉人重在“恩养”的政策。为实施对汉人的“恩养”政策，皇太极下令将“管辖汉民各官，以抚养之善否”作为“分别优劣”的考核标准。对不善“恩养”者，严惩不贷，如甲喇章京殷廷辂因“其不善抚恤”汉人，致使“民数耗损”而被诛。[②]

皇太极对努尔哈赤时期实行的辽东汉人政策作了调整，取得了明显的成效，赢得了辽东汉人的支持与拥戴。汉人深切感到：“似此豢养之恩，虽肝脑涂地，实难报称万一也。”[③]当然，皇太极对努尔哈赤时期实行的汉人政策作的调整也引起一些八旗满洲贵族的不满。他们曾感叹：“昔太祖诛戮汉人，抚养满洲，今汉人有为王者矣，有为昂邦章京者矣。至于宗室，今有为官者，有为民者。时势颠倒，一至于此。”[④]八旗满洲贵族所感叹的“时势颠倒，一至于此”，恰好说明皇太极对努尔哈赤时期实行的汉人政策调整的成功。

二、皇太极对明辽官、辽将的成功争取

皇太极在对辽东汉人政策调整的同时，也十分重视争取让明辽官、辽将归顺的工作。皇太极深知，金国与明国在辽东之战是殊死决战，争夺土地、城池、财物固然重要，但争取辽官、辽将更为重要，如其上谕所云：“金银币帛虽多得不足喜，惟多得人为可喜耳。金银币帛用之有尽，如收到一二贤能之人，堪为国家之助，其利赖宁有穷也。”[⑤]基于这种认识，皇太极不惜代价积极争取明辽东的辽官、辽将。

皇太极首先争取的是辽将毛文龙。毛文龙虽是浙江人，但起家辽东，初为辽东巡抚王化贞部下的游击。天启元年（1621年），毛文龙率兵从海上袭击金国的镇江（今辽宁省丹东市），取得镇江大捷，被明廷授予总兵官，命其进驻皮岛。[⑥]毛文龙募集辽东逃民十余万及溃散的辽兵辽将，组成数万人

①《清太宗实录》卷5，天聪三年十一月乙酉，北京：中华书局，1985年，第78页。
②《清太宗实录》卷21，天聪八年十一月壬申，北京：中华书局，1985年，第278—279页。
③《清太宗实录》卷17，天聪八年正月癸卯，北京：中华书局，1985年，第225页。
④《清太宗实录》卷64，崇德八年正月辛酉，北京：中华书局，1985年，第881页。
⑤《清太宗实录》卷6，天聪四年四月己卯，北京：中华书局，1985年，第96页。
⑥《清太宗实录》卷4，天聪二年四月丙辰，北京：中华书局，1985年，第59页。

的武装力量。他的部下将官有百余人，多数“皆冒毛姓，为其子弟裔孙”[①]。这支“毛家军”，利用皮岛位于明国、金国、朝鲜三国之间的交通要冲，在努尔哈赤晚年时，多次从背后袭击、威胁金国，成为钳制金国后方的一支力量。皇太极即位后，为解除毛文龙对金国后方的威胁，从天聪元年（1627年）下半年开始，就派副将王子登去皮岛作争取让毛文龙归顺金国的工作。时，明廷政局变化，天启帝去世，崇祯帝即位，魏忠贤失势。曾攀附魏忠贤并受其庇护的毛文龙深感处境危机，为保存自己的实力，亦欲密与金国交通。[②]朝鲜文献载：“毛将之心，凡三变，魏忠贤当权时，自结忠贤，及新皇帝即位，欲为自权之计，潜通于虏。”[③]毛文龙欲与皇太极联合行动，金国负责攻取山海关，他负责袭取山东登莱，然后各自独霸一方。但就皇太极而言，他想通过密约争取毛文龙及其所部的归顺,故对毛文龙的主张并未做出积极反应。天聪二年三月，毛文龙就此事催促皇太极：“汗未思之乎？山海关为北京之前门，登莱二府乃北京之后门也。岂能为此小故，而弃天下之大事乎？”[④]不久，刘兴祚叛金逃至皮岛，他告知毛文龙，金国与之交往的真实意图是想招抚其归顺金国。对此，毛文龙正中下怀，求之不得。他给皇太极信中谈及归附的条件时说：“你如何待我，如佟、李之隆，我不肯。”[⑤]提出如归金国，其地位要高于此前归附的佟养性、李永芳等，要求皇太极封他为刘豫式傀儡王。[⑥]正当双方交往频繁、讨价还价之时，金国使者科廓突然被拘，皇太极怀疑毛文龙有诈，遂终止交往。不久，毛文龙竟被袁崇焕斩杀。《清太宗实录》载此事云：“文龙欲与我国通好，屡遣使致书。因遣科廓等同从者四人，赉书答之，往来数次。文龙乃执科廓等，解送燕京。寻宁远巡抚袁崇焕，以文龙与我国私通杀之。”[⑦]因毛文龙被斩杀，皇太极争取其归顺工作未能成功。毛文龙之死，从战略上削弱了对金国的牵制力量。

---

①《清太宗实录》卷4，天聪二年四月丙辰，北京：中华书局，1985年，第59页。

②《李朝宣祖实录》卷19，仁祖六年十一月丁丑条载：“都督毛文龙，遣使通书于奴贼。”

③《承政院日记》，仁祖六年五月十八日，首尔：韩国国史编纂委员会，1970年，第970页。

④ 中国第一历史档案馆、中国社会科学院历史研究所译注：《满文老档》，北京：中华书局，1990年，第897页。

⑤《明清史料·甲编第一册·都督毛文龙致清太宗书》，台北：“中央研究院”历史语言研究所，1972年，第43页。

⑥《李朝仁祖实录》卷19，仁祖六年十月甲辰条载：“（特进官李）曙曰：‘闻译官张礼忠之言’，毛文龙言：‘胡贼欲以渠为刘豫。’事甚不测。上曰：‘文龙与禽兽无异。至如皇帝之尊，亦无所畏，不可以礼责之也。’”

⑦《清太宗实录》卷4，天聪二年四月丙辰，北京：中华书局，1985年，第59页。

天聪四年（1630 年），在永平战役中，皇太极成功地争取了一批明官、明将的归降。是年正月，金军攻永平城时，皇太极下令军中：“敌兵不降者杀之，归顺者毋妄杀。”[①]金军攻下永平城，皇太极又派遣济尔哈朗率文臣达海等宣令：“毋杀城中官员，官民俱令剃发。”[②]于是，城内明知县张养初、户部郎中陈此心、革职太仆寺卿陈王廷、兵备道白养粹、户部主事白养元、知县白珩、游击杨声远、罢职副将孟乔芳、杨文魁等 15 名文武官员及明官兵 400 人归降。[③]皇太极遂命白养粹为巡抚，管理永平所属地方。命张养初为知府，孟乔芳、杨文魁仍为副将，管辖永平城内归附的明军。[④]皇太极率众贝勒大臣进入永平城，大摆庆功宴，亲自以金卮酌酒敬归顺的明军将士。对其云：“朕不似尔明主，凡我臣僚，皆令侍坐，吐衷曲，同饮食也。”[⑤]皇太极所言令归附明军将士深为感动，他们纷纷表示：“感皇上不杀之恩，自当竭力图报。”[⑥]皇太极对明永平文武官员的成功争取，产生了极好的影响，使附近州县的明文武官员皆来归降，如建昌参将马光远率部来降，皇太极赐马光远“貂裘、黑狐帽、玲珑鞓带、玲珑刀、玲珑撒带、貂鞍马”等[⑦]。马光远归降后，积极为金国的政治体制改革建言献策，在征明作战中，多建战功。崇德年间，皇太极建八旗汉军，“分汉军为左右翼”，授马光远为固山额真，辖汉军右翼。[⑧]

天聪五年，大凌河战役中，皇太极又成功争取了“祖家军”的归降。七月，皇太极发动了大凌河围困战。大凌河城为明对后金作战的前哨阵地，战略地位十分重要。明朝为加强锦州防线，重修大、小凌河城，并派辽东总兵祖大寿率重兵坚守。

祖大寿，辽东宁远人，初为明宁远参将。[⑨]天命十年（1625 年），协助袁崇焕守宁远，击败努尔哈赤的进攻，取得“宁远大捷”。天聪三年，任锦州总兵官，时已 60 多岁，在明末辽将中是一位资历最深的将军。大凌河守城

①《清太宗实录》卷 6，天聪四年正月甲申，北京：中华书局，1985 年，第 86 页。
②《清太宗实录》卷 6，天聪四年正月甲申，北京：中华书局，1985 年，第 86 页。
③《清太宗实录》卷 6，天聪四年正月甲申、戊子，北京：中华书局，1985 年，第 86、87 页。
④《清太宗实录》卷 6，天聪四年正月戊子，北京：中华书局，1985 年，第 87 页。
⑤《清史稿》卷 237《孟乔芳传》，北京：中华书局，1977 年，第 9476 页。
⑥《清太宗实录》卷 6，天聪四年正月丙戌，北京：中华书局，1985 年，第 86 页。
⑦《清太宗实录》卷 6，天聪四年正月丙申，北京：中华书局，1985 年，第 88 页。
⑧《清史列传》卷 79《马光远传》，北京：中华书局，1987 年，第 6524 页。
⑨《八旗通志》初集卷 175《祖大寿传》，长春：东北师范大学出版社，1985 年，第 4242 页。

辽军将领多是祖大寿的兄弟子侄和亲信，号称“祖家军”，有“骑步兵及工役、商贾共三万余人”[①]。这支“祖家军”是明末辽东军事集团中最有战斗力和影响力的军事力量。皇太极深知，如能争取到祖大寿就等于争取到“祖家军”，争取到“祖家军”就等于争取到辽东的辽将。因此，皇太极对祖大寿的争取工作早在大凌河战役前就已开始。天聪三年（1629年）十一月，皇太极入关围北京，巧施反间计，使袁崇焕蒙冤下狱，祖大寿率部东奔，皇太极乘机对其进行争取。[②]攻下永平后，皇太极听说祖大寿族人在永平，便立即派人寻找。果然，在永平城外一村庄找到祖大寿一兄及兄子二人和亲戚数人，皇太极“俱给房屋居住，恩养之”[③]，并通过祖大寿亲属几次致书祖大寿，希望其归降金国，共谋大业。翌年三月，皇太极又派祖大寿叔父以镇守永平贝勒阿巴泰的名义致书祖大寿，书云：

> 我汗前两次致书于将军，可曾阅乎？如已见之，将军意下如何？其书中之言，若与尔意不附，不妨以所欲言遣人告知于我。恐前书未达，故致此书。将军莫以为我将弃此地而归。天畀之地，岂有弃之而去之理耶？宜熟计之。[④]

由此可见，在此信之前，皇太极至少已两次致书祖大寿，而祖大寿都未回音。直至大凌河之战前，皇太极仍通过各种方式致书祖大寿，作积极争取让其归顺的工作。

大凌河之战，皇太极改变以往八旗兵架云梯强攻的战术，采取围城打援的新战术。八旗众将士环大凌河城挖沟，筑成四道壕堑，将大凌河城围得水泄不通。[⑤]至九月，大凌河外援断绝，城内粮绝薪尽，兵民相食。皇太极再次遣人致书祖大寿进行劝降。书曰：

> 金国汗致书于祖大将军：兵，乃凶器也。战，乃危事也。岂有不愿太平而愿战争者耶？即便获胜，岂若与妻孥与家安居之乐乎？屡遣使议和，明朝君臣，自视如在天上，而视我如鸟兽，竟

①《清太宗实录》卷10，天聪五年十一月辛未，北京：中华书局，1985年，第143页。

②《清太宗实录》卷5，天聪三年十一月戊申，北京：中华书局，1985年，第81页。

③《八旗通志》初集卷175《祖大寿传》，长春：东北师范大学出版社，1985年，第4242页。

④ 中国第一历史档案馆、中国社会科学院历史研究所译注：《满文老档》，北京：中华书局，1990年，第1013页。《清太宗实录》卷6，天聪四年三月戊申条与《满文老档》记载大致同。

⑤《清太宗实录》卷9，天聪五年八月戊申，北京：中华书局，1985年，第127页。

> 无一言回报。遂忿而兴师焉。自古以来，两国构兵，不出战与和二者。今议和既绝，我遂坚固国家，乃留兵居守，亲率长驱直入。幸遇将军于大凌河，似有宿约。我内心仰慕将军久矣，盖天欲我二人和好，以共谋前程，故欣然遣使致书。我之所以仰慕将军，因我起自东陲，惟知军旅之事。而不知养民抚兵之道，未谙山川地势之险易。战争之事，我自任之。示教之事，求将军任之。休戚与共，富贵同享。此我之愿也。我曾向银柱言，安得闲暇，劝尔主与我同谋等语。将军若不信，问银柱可也。倘将军以我言为是，望速回音。惜哉，士马亡毙殆尽。惟将军熟思而独断之，勿轻信众言。[①]

此时，被困在大凌河的“祖家军”已危在旦夕，但皇太极在信中仍十分诚恳地希望大寿弃明投金，与其共同合作，“休戚与共，富贵同享”。

至十月，大凌河守城官兵及工役商贾由先前的 3 万人，到因战死、饿死，存者只剩 11 682 人。[②]祖大寿在与部下将领商议后，决定投降。他杀死拒降的副将何可刚，遂派四员副将到金军大营商讨归降条件，双方迅速达成协议，并举行盟誓。皇太极保证“祖家军”归降后，“官军人民家口，俱获保全”，祖大寿也保证部下归降后，不叛不逃。[③]当晚，祖大寿亲赴金军御营拜见皇太极，皇太极以抱见礼相见，对其极表尊重之意，然后两人并肩入幄。酒宴上，皇太极捧金卮酌酒敬大寿，并将身着黑狐帽、貂裘、金玲珑、缎靴等物赏给大寿。对大寿言：“出来归我，宜拜天地，以礼相见。因暮夜，不能成礼，且在戎行，携物无多，不能以嘉物相赠也。”大寿十分感激，答曰：“蒙皇上优待若此，夫复何言。我虽至愚，岂木石等耶。”[④]二人遂定取锦州之策。

大凌河战役后，皇太极对城内汉人及归附的“祖家军”均予以妥善安置。天聪六年（1632 年）二月，皇太极谕管户部贝勒德格类：“大凌河汉人，可分隶副将下各五十名，参将下各十五名，游击下各十名，尽令移居沈阳，以

---

① 中国第一历史档案馆、中国社会科学院历史研究所译注：《满文老档》，北京：中华书局，1990 年，第 1150 页。《清太宗实录》卷 9，天聪五年九月己丑条对此书信也有记载，所载内容为后来史臣加工润色，比较两书内容，《满文老档》所载更接近事实。

②《清太宗实录》卷 10，天聪五年十一月辛未，北京：中华书局，1985 年，第 143 页。

③《清太宗实录》卷 10，天聪五年十月戊辰，北京：中华书局，1985 年，第 142 页。

④《清太宗实录》卷 10，天聪五年十月戊辰，北京：中华书局，1985 年，第 142 页。

国中妇女千口分配之。其余令国中诸贝勒大臣，各分四五人，配以妻室，善抚养之。”[①]对大凌河归降的辽将则给予优厚的待遇，按官职赏赐人口、牲畜，如一等副将祖泽洪、张存仁等6人赏男妇20对，牛12头；二等副将陈邦选、裴国珍等5人赏男妇16对，牛8头；参将刘士英、韩栋等8人赏男妇10对，牛6头；游击刘武元、窦承武等11人赏男妇8对，牛4头；都司张可范等14人、守备李世魁等57人赏男妇4对，牛2头；署守备、都司顾昌武等56人赏男妇2对，牛1头。以上各官所赐人口、牲畜，俱编入庄屯，给以房地器用诸物。[②]大凌河之战，明辽东主力“祖家军”中除主帅祖大寿本人外，大多数将领都被皇太极所争取。

随后，皇太极又成功争取了孔有德、耿仲明、尚可喜等辽将的归顺。崇祯二年（1629年）六月，毛文龙为袁崇焕所杀，其势力迅速瓦解。[③]孔有德、耿仲明都是文龙亲信，文龙死后他们转投登州巡抚孙元化部下，被授予参将。[④]有德、仲明出身辽系，至山东后，受当地军官排挤，心中愤愤不平。崇祯五年，有德奉命率兵赴援大凌河城，师至吴桥（今河北省吴桥县），因兵饷不济，哗变叛明。遂还军，连陷山东诸县，攻登州城，仲明内应，内外夹攻，城被攻破。[⑤]后有德称都元帅，仲明为总兵官，攻城略地，一时间山东大乱。[⑥]有德、仲明叛明，举朝震惊。崇祯帝调集重兵前往围剿。六年初，明总兵祖大弼率兵数万包围登州，双方相持五月有余，终因众寡悬殊，有德、仲明无法突破明军的围攻，决计突围投奔金国。[⑦]十一月，有德、仲明携带家眷，率万余将士，分乘数百艘战船，从登州突围，在海上漂流数月，于翌年春，驶向旅顺。驻守旅顺明总兵黄龙严阵以待，率水师截击，有德、仲明等被迫退守双岛龙安暂住。[⑧]时，有德、仲明已派亲信向金国联系投顺。皇太极得报，十分欣喜，立即令济尔哈朗、阿济格、杜度率兵赶赴镇江迎接，并带去2000

①《清太宗实录》卷11，天聪六年二月丁酉，北京：中华书局，1985年，第156页。

② 中国第一历史档案馆：《清初内国史院满文档案译编》，北京：光明日报出版社，1987年，第62页。

③《清太宗实录》卷4，天聪二年四月丙辰，北京：中华书局，1985年，第59页。

④《八旗通志》初集卷175《耿仲明传》，长春：东北师范大学出版社，1985年，第4236页。

⑤ 文秉：《烈皇小识》卷3，上海：神州国光社，1952年；《清太宗实录》卷14，天聪七年五月壬子，北京：中华书局，1985年，第190页。

⑥《清太宗实录》卷14，天聪七年五月壬子，北京：中华书局，1985年，第191页。

⑦《清太宗实录》卷14，天聪七年五月壬子，北京：中华书局，1985年，第191页；《宁完我陈收抚孔耿办法奏》，《天聪朝臣工奏议》，辽宁大学历史系，1980年，第49页。

⑧《清太宗实录》卷14，天聪七年五月壬子，北京：中华书局，1985年，第191页。

匹马，供其上岸乘骑。济尔哈朗等率军到镇江时，正遇明宁远、登州、旅顺口明军乘船从海上尾追而来，朝鲜也派军队助明截击。济尔哈朗率军与明军隔江立营，明军与朝鲜军见金兵势盛不能敌，便慌忙退去。仲明与有德部众顺利登陆。[①]

有德、仲明率部众来降，受到皇太极的隆重欢迎，他们离开镇江时，皇太极调拨马匹接应。他们到达辽阳后，皇太极又派人告知有德、仲明等云："尔等身皆劳顿，宜暂休息，从容来见。"[②]六月，有德、仲明率部抵达沈阳，皇太极率诸贝勒出德胜门十里迎接。皇太极与诸贝勒率有德、仲明部众先拜天，行三跪九叩头礼。然后就座，讨论接见礼节。皇太极欲以满族最隆重的抱见礼接见。诸贝勒云："皇上恐不宜抱见，但以礼相待可耳。"皇太极不允，曰："昔张飞尊上而陵下，关公敬上而爱下，今以恩遇下，岂不善乎。元帅、总兵曾取登州，攻城略地，正当强盛，而纳款输诚，遣使者三，率其兵民，航海冲敌，来归于我，功孰大焉。朕意当行抱见礼，以示优隆之意。"[③]议定后，有德、仲明率各官以次序立，两人先行汉族礼，复至御座前叩头，双手抱皇太极膝。接着与代善及诸贝勒一一抱见。有德、仲明行礼毕，各官上前行三跪九叩头礼。皇太极命有德、仲明坐在御座下。宴会开始，皇太极手捧金卮，向有德、仲明敬酒。结束时，皇太极又各赐蟒袍、貂裘、撒袋、鞍马等物。[④]十三日，皇太极正式册封孔有德为都元帅、耿仲明为总兵官，并赐敕印。[⑤]

同年十月，明广鹿岛副将尚可喜遣人与金国约降。尚可喜先世居山西，后迁至辽东海城（今辽宁省海城市）。文龙为袁崇焕斩杀，皮岛副将沈世魁乘机诱岛兵为乱，可喜闻变，率兵入岛平乱，奉黄龙为帅。不久，黄龙战殁，世魁得以任皮岛主帅。崇祯六年（1633 年），皮岛中诸将受世魁指使，诬告可喜。世魁"即檄调可喜至岛，将加害，可喜不知也"[⑥]。可喜奉命从广鹿岛出发前往皮岛，时海风大作，部队不得行，而世魁却再三传檄，可喜顿生疑心。派亲信侦得实情后，可喜拊膺叹曰："吾世家捐躯殉国，娼嫉者反欲

---

①《清太宗实录》卷 14，天聪七年五月壬子，北京：中华书局，1985 年，第 191 页。

②《清太宗实录》卷 14，天聪七年五月壬子，北京：中华书局，1985 年，第 191 页。

③《清太宗实录》卷 14，天聪七年六月癸亥，北京：中华书局，1985 年，第 192 页。

④《清太宗实录》卷 14，天聪七年六月癸亥，北京：中华书局，1985 年，第 192 页。

⑤《清太宗实录》卷 14，天聪七年六月癸酉，北京：中华书局，1985，第 194 页；昭梿：《啸亭杂录》卷 1《收孔耿二王》，北京：中华书局，1980 年，第 3 页。

⑥《八旗通志》初集卷 183《尚可喜传》，长春：东北师范大学出版社，1985 年，第 4363 页。

挤之死地。大丈夫安能俯首就戮乎？”[①]遂决意投附皇太极。可喜与有德都为毛文龙的部下，彼此交往密切。皇太极对其归附的优礼，对可喜具有感召力。翌年正月，可喜携部下眷属男女老幼3500余人及军器、辎重航海来归。皇太极令“安辑于海城，瞻给糗粮、牲畜”[②]。四月，可喜来朝，皇太极率诸贝勒，满、蒙、汉各官出十里外迎接。皇太极命可喜坐于御座左侧，设宴款待，赐可喜蟒衣、帽靴、玄狐裘、雕鞍等物。[③]并授可喜为总兵官，赐敕印。[④]至此，毛文龙属下孔有德、耿仲明、尚可喜所部都被皇太极成功争取。

三、皇太极对辽官、辽将成功争取的意义

皇太极即位后，迅速调整努尔哈赤时期对辽人的政策，赢得了辽东地区汉人的支持，与此同时，皇太极又成功地争取到了明辽东的辽官、辽将，辽官、辽将的成功争取意义重大而深远。

首先，皇太极对辽官、辽将的成功争取，意味着明廷“以辽人守辽土”的防御战略彻底失败。萨尔浒战役后，明朝对后金的战略由进攻转为防御，防御的重点是构筑一条坚固的宁锦防线，守住辽西，以拱卫京师。关于辽西防御战略，明廷内部曾有过激烈的争执。争执的焦点是依靠谁防守辽西，恢复失地。王化贞等人主张借助蒙古势力以抗金兵，妄言朝廷只要“发帑金百万，亟款西人，则敌（后金兵——笔者）顾忌不敢深入”[⑤]。孙承宗、袁崇焕等坚决反对，坚持依靠土生土长的辽人、辽将守卫家乡故地。[⑥]这是切实可行的战略防御措施，这样可以有效地阻止金兵，使明廷由被动变为主动，收复失去的辽东地区。天命十一年（1626年），努尔哈赤发动宁远之战，袁崇焕率辽军将士，誓与宁远城共存亡，努尔哈赤惨败而归。[⑦]天聪元年（1627年），皇太极即位后发动的宁锦战役又以失败而归，明廷取得“宁锦大捷”[⑧]。金国两次战役的惨败，雄辩地证明，只有生长在这块土地上的辽人、辽将才是防御金兵的有生力量。然而，明廷自万历中叶以后，政治腐败，党争激烈，

---

①《八旗通志》初集卷183《尚可喜传》，长春：东北师范大学出版社，1985年，第4363页。

②《清史列传》卷78《尚可喜传》，北京：中华书局，1987年，第6438页。

③《清太宗实录》卷18，天聪八年四月乙丑，北京：中华书局，1987年，第238页。

④《清太宗实录》卷18，天聪八年四月丁丑，北京：中华书局，1987年，第238页。

⑤《明史》卷259《熊廷弼传》，北京：中华书局，1974年，第6695页。

⑥《明史》卷259《袁崇焕传》，北京：中华书局，1974年，第6713页。

⑦《清太祖高皇帝实录》卷10，天命十一年二月壬午，北京：中华书局，1986年，第134—135页。

⑧《清太宗实录》卷3，天聪元年六月己亥，北京：中华书局，1985年，第49页。

收复失地的孙承宗被阉党高第所取代，敢言战守的袁崇焕遭离间冤死。而皇太极正是从汲取两次战役失败的教训中认识到：金国与明的战争，夺取城池、地土、财富固然重要，但最终决定双方胜负是争取到生于斯、长于斯的辽人、辽将。基于以上认识，皇太极积极争取辽人、辽将，并成功争取祖大寿的“祖家军”，毛文龙部下孔有德、耿仲明、尚可喜所部的归降。至松锦决战祖大寿的归降，标志着辽东的辽人、辽将已被皇太极所争取，而明廷“以辽人守辽土”的防御战略彻底流产。

其次，皇太极对辽官、辽将的成功争取，使金国得以装备火器，组建操纵火器的军种，全面提高了金国的作战能力。金国的军事装备比明朝的落后。努尔哈赤时代金与明作战，其军事装备基本是弓箭、刀枪、云梯小车、皮牌等。努尔哈赤之所以能连克明以火器设防的辽东数城，主要是金兵诱引明军出城野战。野战中，金国的骑兵和弓箭发挥了作战优势，而明军的火器却无法发挥作用。另外，攻城前金国多诱使城内明将叛降，以作为金国内应，从而顺利攻城略地，取得成功。“宁远之战”和“宁锦之战”中，明军凭借先进的武器装备，婴城固守，充分发挥西洋大炮的威力，致使以骑兵、弓箭擅长的金军惨败而归。战后，皇太极汲取两次战役金国缺少火炮攻坚能力的教训，积极寻求先进火器和组建熟练使用火器的军种。天聪五年（1631 年），皇太极依靠归抚的辽人、辽将终于铸成“红衣大将军炮”[①]。同时，积极组建熟悉使用火器的汉人军团。天聪七年，皇太极将分隶满洲各旗的汉人，每十丁抽出一人披甲入伍，共计 1580 人，组成一支新的汉人军团（汉军旗），由永平之战归附的汉将马光远统领[②]，此为汉军八旗创建之始。崇德二年（1637 年），皇太极将这一旗汉军分隶左右翼两旗。左翼旗由汉将石廷柱为固山额真，右翼旗由马光远为固山额真，依满洲八旗编审壮丁牛录。[③]至崇德四年，又将这两旗汉军扩为四旗汉军。崇德七年，由于汉人军兵归附日众，又将四旗汉军扩编为八旗汉军。[④]这次任命的八旗汉军固山额真、梅勒章京中除原四旗汉军首领外，一个十分明显的特点是将大凌河归顺的“祖家军”扩选进来。其中，任固山额真的祖泽润，梅勒章京的祖可法、祖泽洪、祖泽

①《清太宗实录》卷 8，天聪五年正月壬午，北京：中华书局，1985 年，第 109 页。

②《清太宗实录》卷 14，天聪七年七月辛卯，北京：中华书局，1985 年，第 199 页。

③《清太宗实录》卷 37，崇德二年七月乙未，北京：中华书局，1985 年，第 494 页。

④《清太宗实录》卷 61，崇德七年六月甲辰，北京：中华书局，1985 年，第 831 页。

远四人为祖大寿子侄；任梅勒章京的张存仁、裴国珍等是祖大寿部下。[①]此前归顺的、已封王加爵的恭顺王孔有德，怀顺王耿仲明，智顺王尚可喜的部队也归属汉军建置，“一同行走”[②]。由此可见，汉军八旗是以归顺的辽兵、辽将为基础组建而成的。这样，金国的军队在满洲八旗、蒙古八旗的基础上，又组成了汉军八旗。满洲、蒙古八旗擅长骑射、野战，汉军八旗擅长火器，优势互补，全方位提高了金国的作战能力，使金国获得了军事上的优势，而明朝在辽东军事上优势逐渐丧失。

最后，皇太极成功争取的辽官、辽将，在清入关统一全国、建立地方政权过程中发挥了重要作用。在清入关征服各地武装力量中，辽官、辽将发挥了重要作用。以孔有德、耿仲明为例。顺治元年（1644 年），有德、仲明率“天佑军”随多尔衮入山海关征李自成农民军，自成率军败退。[③]顺治二年，有德等随豫亲王多铎追击自成农民军至潼关，自成败走。随后，渡淮河，攻下扬州，下江南。[④]顺治三年，中南地区抗清势力方炽，清廷授有德为平南大将军，与仲明等率所部南下湖广等地征抗清势力。[⑤]翌年二月，有德、仲明率部抵达湖南长沙，连克衡阳、祁阳，阵斩总兵一员、副将一员，马步兵七千。随后，率军围宝庆城（今湖南省邵阳市），克之。[⑥]八月，攻取武冈，俘获明将刘肇基，湖南底定。顺治五年（1648 年）正月，凯旋回师。叙平湖南功，清廷赐有德黄金 250 两，仲明、可喜黄金各 200 两。[⑦]顺治六年五月，顺治帝特授有德、仲明金册、金印，改封有德为定南王，仲明为靖南王。遂命有德、仲明率旧部及新增兵和家眷分赴广西、广东驻防。[⑧]由此可见，清入关之初，清廷对辽将、辽官的依赖程度。这些辽将在征服各地武装力量，统一全国的过程中发挥了重大作用。

这批辽将、辽官在清建立地方政权中也发挥重要作用，如永平之战归降的孟乔芳，于顺治二年被清廷授予陕西总督。史载：“乔芳督陕西十年，破灭群盗，降其胁从，前后十七万六千有奇。奖拔诸将，不限资格”，西北大

①《清太宗实录》卷 61，崇德七年六月甲辰，北京：中华书局，1985 年，第 831 页。
②《清太宗实录》卷 62，崇德七年八月甲子，北京：中华书局，1985 年，第 851 页。
③《八旗通志》初集卷 175《耿仲明传》，长春：东北师范大学出版社，1985 年， 第 4237 页。
④《八旗通志》初集卷 175《耿仲明传》，长春：东北师范大学出版社，1985 年， 第 4237 页。
⑤《清世祖实录》卷 27，顺治三年八月戊子，北京：中华书局，1985 年，第 232 页。
⑥《清世祖实录》卷 35，顺治四年十二月丙戌，北京：中华书局，1985 年，第 287 页。
⑦《清世祖实录》卷 36，顺治五年正月丙午，北京：中华书局，1985 年，第 291 页。
⑧《清世祖实录》卷 44，顺治六年五月丁丑，北京：中华书局，1985 年，第 251 页。

定。[①]大凌河之役归降的张存仁，于顺治初年被任命为闽浙总督，继改隶直隶、山东、河南总督。张存仁在任内卓有政绩，屡遇恩诏。《清史稿·孟乔芳传》赞曰："太宗拔用诸降将，从入关，出领方面，乔芳绩最显，张存仁亚焉。圣祖曾诫汉军官吏，因曰：'祖宗定鼎初，委任汉军诸官吏，与满洲一体。其间颇有宣猷效力，如乔芳、存仁辈，朝廷亦得其用。'"[②]连康熙帝都称赞皇太极时所降辽官、辽将在清初地方政权建设中的作用。

综上所述，皇太极即位后，针对其父对辽东汉人政策的失误所采取的一系列对汉人的调整政策，赢得了辽东汉人的支持与拥戴，与此同时，皇太极对明辽东辽官、辽将的成功争取，使明朝在辽东军事上优势逐渐丧失，而金国则获得明清战争的主动权，"松锦大战"金军彻底摧毁明宁锦防线，从而得以顺利入关，辽官、辽将在清统一全国的过程中发挥了重大作用。这一切不能不归于皇太极对辽人、辽官、辽将争取政策的成功。

第七节　清前期东北流人笔记及其史料价值

清代东北的乡土笔记之中有相当部分为清初因不满清朝统治而处以流放罪发配到东北的文化流人之作。这些笔记，一条一事，所记之事或长或短，多为眼见耳闻、亲身经历之事。这些笔记，对于研究以往史籍中很少记载的东北地区历史具有极其重要的史料价值。

一、清前期东北流人的几种笔记述略

清前期遣戍东北的文化流人笔记，据笔者所见具有代表性的主要有如下几种。

（1）《宁古塔纪略》，吴桭臣撰。桭臣，字南荣，小名苏还，取苏武还乡之意。江苏吴江（今江苏省苏州市吴汇区）人，康熙三年（1664 年），生于宁古塔。其父吴兆骞，字汉槎，为"惊才绝境"的江南名士。顺治十四年（1657 年），因南闱科场案，为仇家所陷，衔冤下狱，翌年流放宁古塔。桭臣自述云："余生长边陲，入关之岁，已为成人。其中风土人情，山川名胜，悉皆谙习，颇能记忆。"康熙六十年，桭臣"年近六旬，须发渐白"，"诚

①《清史稿》卷 237《孟乔芳传》，北京：中华书局，1977 年，第 9479—9480 页。
②《清史稿》卷 237《孟乔芳传》，北京：中华书局，1977 年，第 9481 页。

恐久而遗忘，子孙不复知祖父之阅历艰危如此”，于是他以悲痛的心情追忆三十多年前的往事，写成《宁古塔纪略》一书。[①]友人张尚瑗在该书序中曰：“令嗣南荣以所作《宁古塔纪略》示余，几万言。首尾叙述两尊人出塞入塞始末，己身生产塞外，诸妹、仆从、亲友同患难，流落扶携之状可悲可涕……所属己身居三之一，大半乃多述土风”，“凡草木、鸟兽、被服、饮食、制作、省直、礼俗、事为”，皆“目之所遭，地之所有”。《四库全书总目提要》评价此书：“白山黑水之间，古来舆记，大抵得诸传闻。即近时修志乘者，秉笔之人亦未必亲至其地。”[②]本书以当事人记当地事，对研究东北地区的历史及反映文化流人在东北的生活具有极高的史料价值。

《宁古塔纪略》的版本有道光十年（1830 年），长沙顾氏刊赐砚堂丛书新编（丙集）本；道光间刊吴江沈氏世楷堂刻昭代丛书本；北京图书馆藏清抄本；光绪六年（1880 年）南清河王氏排印小方壶斋丛抄本；光绪十七年上海著易堂铅印小方壶斋舆地丛抄本；光绪十八年顺德龙氏刻知服斋丛书本；光绪中桐庐袁氏刊渐西村舍汇刊本；光绪二十九年金匮浦氏刻皇朝藩属舆地丛书本；民国间上海商务印书馆排印丛书集成初编本；吉林文史出版社 1993 年校勘本等。

（2）《绝域纪略》（又名《宁古塔志》），方拱乾著。拱乾，字肃之，号坦庵，安徽桐城人，生于万历二十四年（1596 年）。崇祯元年（1628 年）进士，入清补弘文院学士。顺治十四年（1667 年），发生“丁酉科场案”，方拱乾已中举人的五子方章钺被人诬陷与主考官方犹，“联宗有素，乃乘机滋弊”，顺治帝下旨，主考官方犹革职，并将方章钺押解京师，“严行详审”[③]。方拱乾为此上疏申辩：“臣籍江南，与主考官方犹从未同宗，故臣子章钺不在回避之列，有丁亥、己丑、甲午三科齿录可据。”[④]翌年，顺治帝亲自复试江南举人，结果其子方章钺仍被革去举人，家产籍没入官，父母兄弟妻子一并流徙宁古塔。顺治十六年三月，方拱乾率全家十余口自京启程前往宁古塔。顺治十八年，方拱乾孙方嘉贞上书讼冤，是年冬，方氏得旨赦归。康熙元年（1662 年）七月，根据其在宁古塔近千日见闻，写成《绝域纪略》。该书分天时、宫室、树畜、风俗、饮食等项，文简意深，弥足珍贵。《绝域

① 吴振臣：《宁古塔纪略》，长春：吉林文史出版社，1993 年，第 96 页。
②《四库全书总目提要》卷 70《史部·地理类三》，同治七年广州书局刻本。
③《清世祖实录》卷 113，顺治十四年十一月壬戌，北京：中华书局，1985 年，第 884 页。
④《清世祖实录》卷 114，顺治十四年十二月乙亥，北京：中华书局，1985 年，第 885 页。

纪略》的版本有：道光间吴江沈氏世楷堂昭代丛书本；道光年间金山钱氏刻指海本；吉林文史出版社 1993 年校勘本。

（3）《龙沙纪略》，方式济撰。式济，字屋源，号沃园，安徽桐城人。少工诗善画，十六岁补诸生，康熙四十八年（1709 年）进士，官内阁中书舍人。康熙五十一年，戴名世《南山集》案起，因其祖父方孝标所著《滇黔纪闻》有关南明史事为戴氏《南山集》书中引用，清廷“以大逆等语”大兴文字狱。时孝标已死，斫棺磔尸，孝标同族人，“不论服之已尽未尽，逐一严查，有职衔者，尽皆革退，除已嫁女外，子女一并即解到部，发与乌拉、宁古塔、伯都讷等处安插”①。方式济随父登峄等再次被流放卜魁（今黑龙江省齐齐哈尔市）。方式济在随父流放期间，据其见闻，考核古迹，写下这部记载黑龙江地区历史的著作。全书分方隅、山川、经制、时令、风俗、饮食、贡赋、物产和屋宇等九门。何秋涛在《考订龙沙纪略序》中云：是书“可订辽金诸史之讹，并可补《盛京通志》之缺”。林传甲在《重刊龙沙纪略序》也云：“方氏遗书，实黑龙江文化之祖。”

《龙沙纪略》的版本主要有乾隆二十年（1755 年）桐城方氏刊述本堂诗集本；嘉庆中刊借月山房汇抄本；道光中金山钱氏刊指海本；道光间刊昭代丛书本；光绪六年（1880 年）清河王氏排印的小方壶斋丛抄本；大正年间日本东京排印的满蒙丛书本；1985 年黑龙江出版社的校勘本等。

（4）《柳边纪略》五卷，杨宾撰。杨宾，字可师，号耕夫，别号大瓢、小铁，浙江山阴人（今浙江省绍兴市）。生于顺治七年（1650 年），卒于康熙五十九年。少聪慧，“稍长，工诗古文，务为有用之学，不乐仕进”。父杨越因“浙中通海案”牵连，于康熙元年携妻遣戍宁古塔。时“宾年十三，上奉祖母，下携弱弟，艰苦备尝”。康熙二十八年，康熙帝南巡至苏州，杨宾与其弟“叩御舟，请代父戍，不得达”。遂于是年初冬，赴宁古塔省亲。他历尽千辛万苦，与离别 28 年的父母相会。时隔四年，其父杨越死于戍所，经杨宾奔走泣请，迎母奉父柩归，时有“杨孝子”之称。②《柳边纪略》记述的是杨宾省亲期间，所过之地，寻访坠闻遗事，“凡道里、城郭、屯堡、民情、土俗、方言、河山之险”悉记之。在戍所，他随父游览名胜，凭吊古迹，在访问故老的基础上于康熙四十六年定稿付梓。全书记述当年柳条边外

①《清圣祖实录》卷 249，康熙五十一年正月丙午，北京：中华书局，1985 年，第 465 页。
②《清史列传》卷 70《杨宾传》，北京：中华书局，1987 年，第 5739 页。

的形势、山川、道里、卫所、官制、兵额、城堡、驿站、部落、寺庙、贡赋、物产、民情、风俗等。“其书网罗巨细，足以订史书之谬，而补版图之阙。”①

《柳边纪略》的版本有康熙刻本；木犀轩藏清抄本；道光间昭代丛书本；上海著易堂排印的小方壶斋舆地丛抄本；民国年间商务印书馆排印的丛书集成初编本；辽海书社排印辽海丛书本，1985 年黑龙江出版社校勘本，1993 年吉林文史出版社校勘本等。

二、笔记中所载东北经济与文化习俗

（一）笔记中所载清前期东北经济

流人笔记中所载东北经济史料多为清代官书、方志书所未载，是研究清前期东北经济的重要史料。

1. 清初吉林、黑龙江两省特殊的土地制度官庄

吉林、黑龙江两省官庄的设立与清初抗击沙俄入侵有密切关系。顺治年间，清廷反击沙俄的几次战役皆因粮饷供给不足，迫使清军撤兵。于是，清廷决定在吉林、黑龙江地区，隶屯垦田，解决军粮问题。吉林官庄的设立，《宁古塔纪略》有如下记载：

> 时逻车国人（指沙俄）造反，到乌龙江（指黑龙江）黑斤诸处抢貂皮，锋甚锐。……将军上疏求救，即奉部檄，凡流人随旗下及年逾六旬者一概当役，选二百名服水性者为水军，习水战，又立三十二官庄，屯积粮草。②

为抗击俄军，宁古塔将军奉命将宁古塔地区的流人，或派往吉林乌拉为水手，或编入官庄充当壮丁。吉林官庄的生产经营管理，该书载：

> 每一庄共十人，一人为庄头，九人为庄丁，非种田即打围烧炭。每人名下责粮十二石，草三百束，猪一百斤，炭一百斤，石

①《清史列传》卷 70《杨宾传》，北京：中华书局，1987 年，第 5739 页。
② 吴振臣：《宁古塔纪略》，长春：吉林文史出版社，1993 年，第 85 页。

> 灰三百斤，芦一百束。凡家中所有，悉为官物。衙门有公费，皆取办官庄，其苦如此。[①]

由此可见，当时官庄的生产是以丁为准，分拨土地，壮丁除了向庄头缴纳 12 石粮食外，还要承担各种繁重负担，壮丁生活之苦于此可见。时，吴桭臣窗友陈昭令就曾充当官庄壮丁。据桭臣所言："余窗友陈昭令者，父钟爱之，因在官庄万无出身之日，我父言于将军，称其精通满汉文理，将军即用为官庄拨什库，总三十二庄。"由于其友陈昭令"办事勤能，不数年，遂得实授八品笔帖式"[②]。黑龙江地区的官庄设立稍晚。清廷为解决在黑龙江地区驻防旗兵的粮饷问题，于康熙中叶先后在卜魁、墨尔根、爱辉设立官庄。方式济的《龙沙纪略》载："卜魁、艾浑（爱辉）官庄各二十，墨尔根官庄十一。庄二十夫，夫输谷十石，草五百束，岁欠则计分以减。"到康熙末年，黑龙江地区官庄仓储"卜魁积十二万石，墨尔根、艾浑各三万石"[③]。

2. 流人对农业耕作技术的改进

清初东北地区，尤其吉林、黑龙江地区，土地肥沃，农产丰富。正如《宁古塔纪略》所载："山川土地，俱极肥饶，故物产之美，鲜食之外，虽山蔬野蔌，无不佳者。"[④]然而，当地以满族为主的各民族主要以渔猎为生，不谙农业。耕作技术较为原始，土地产量很低。方拱乾的《绝域纪略》载："一岁锄之犹荒也，再岁则熟，三四五岁则腴，六七岁则弃之而别锄矣。"[⑤]黑龙江卜魁地方的蒙古族耕种法，《龙沙纪略》有如下记载：

> 岁易其地，待雨而播，不雨则终不破土，故饥岁恒多。雨后，相水坎处，携妇子牛羊以往，毡庐孤立，布种辄去，不复顾。待秋复来，草莠杂获。计一亩所得，不及民田之半。[⑥]

不过，流人的陆续到来，逐渐改变了当地落后的耕作方式。这些流人"黍稷菽麦以及瓜果蔬菜，皆以中土之法治之，其获且倍"[⑦]。耕作技术的改进，

① 吴桭臣：《宁古塔纪略》，长春：吉林文史出版社，1993 年，第 85 页。
② 吴桭臣：《宁古塔纪略》，长春：吉林文史出版社，1993 年，第 85 页。
③ 方式济：《龙沙纪略·经制》，哈尔滨：黑龙江人民出版社，1985 年，第 203 页。
④ 吴桭臣：《宁古塔纪略》，长春：吉林文史出版社，1993 年，第 95 页。
⑤ 方拱乾：《绝域纪略》，长春：吉林文史出版社，1993 年，第 101 页。
⑥ 方式济：《龙沙纪略·饮食》，哈尔滨：黑龙江人民出版社，1985 年，第 215 页。
⑦ 张缙彦：《域外集》，康熙年间刻本。

不仅促进粮食产量的增加，而且也使粮食种类有所增多。由先前只种粟、稗、麦3种，至康熙中叶时已增加至10余种，如杨宾的《柳边纪略》所载：“凡谷十种：曰稗子、曰小麦、曰粟、曰秫、曰黍、曰稷、曰高粱、曰荞麦、曰穬麦，而以稗子为最。”[①]同时，流人又将瓜果蔬菜种植技术加以推广，如吴振臣所说：“予家在东门外，犹茅屋数椽，庭院宽旷，周围皆木墙，沿街留一柴门。近窗牖处俱栽花树，余地种瓜菜，家家如此。因无买处，必须自种。”[②]蔬菜的种类齐全，芹菜、芥菜、菠菜、生菜、茄子、萝卜、葱、蒜、辣椒等，应有尽有。

3. 城镇经济与贸易

历史上的东北地区，尤其吉林、黑龙江两省为极边苦寒之地，经济落后，人烟稀少，交通不便，向为罪犯流放地。清初以对俄备战为契机，拨地责垦，屯积粮秣。伴随农业的开发，在交通要道，建立城镇，城镇经济逐渐繁荣。宁古塔为重镇之首。顺治初，木城颇小，城内外仅300余家。康熙初年，重建新城，“城高地深，人民繁庶，畜产遍野，耕农之地，在城外十里”[③]。康熙二十八年（1690年），到宁古塔省亲的杨宾对当时宁古塔的城镇经济有如下描绘：

> 其在东关者三十有二：土著者十，市布帛杂货；流寓者二十二，市饮食。在西关者四，土著皆市布帛杂货”。[④]

《宁古塔纪略》中也载：宁古塔“内有东西大街，人于此开店贸易。从此人烟稠密，货物客商络绎不绝，居然有华夏风景”[⑤]。省城吉林后来居上。原为船厂，即小乌拉，顺治十五年（1658年），造船于此。康熙十五年春，移宁古塔将军驻此，建木为城，倚江而居。这里既是农业开发区，又是商业重镇。其城南临松花江，东西北各一门。《柳边纪略》载：“中土流人千余家，西门百货辏集，旗亭戏馆，无一不有，亦边外一都会也。”[⑥]黑龙江地

---

① 杨宾：《柳边纪略》卷3，长春：吉林文史出版社，1993年，第46—47页。

② 吴振臣：《宁古塔纪略》，长春：吉林文史出版社，1993年，第84页。

③ 安鼎福：《星湖僿说类选》卷9，《朝鲜群书太系》，续续第19—20辑，汉城：朝鲜古书刊行会，明治四十二至大正五年。

④ 杨宾：《柳边纪略》卷3，长春：吉林文史出版社，1993年，第47页。

⑤ 吴振臣：《宁古塔纪略》，长春：吉林文史出版社，1993年，第84页。

⑥ 杨宾：《柳边纪略》卷1，长春：吉林文史出版社，1993年，第9页。

区在康熙中叶也相继兴起若干城镇，如齐齐哈尔“商贾夹衢而居，市声颇嘈嘈”，城中“商铺为十二排，更番值月，供应官府”。①

在吉林、黑龙江两省的城镇经济中，人参、貂皮贸易极具特色。人参作为吉林、黑龙江两省的特产，《宁古塔纪略》记载：

> 草本方梗，对节生叶，叶似秋海棠。六七月开小白花，八月结子，似天竹子。生于深山草丛中，较他草高尺许。土性松，掘数尺不见泥，若朽烂树叶。以八九月间者为最佳。生者色白，蒸熟辄带红色。红而明亮者，其精神足，为第一等。②

清廷对人参的采挖和贸易控制极其严格，对人参实行官采，不允许民人偷采。但人参获利甚大，因而，民人违禁偷采者大有人在。对此，康熙年间来宁古塔的杨宾《柳边纪略》有详细记载：

> 凡走山者，山东、（山）西人居多，大率皆偷采者也。每岁三四月间往，九十月间归，其死于饥寒者不知凡几。而走山者日益多，岁不下万余人。③

不仅如此，当时私贸人参成风。私贸人参最初始于流放此地的流人。据吴兆骞所云：“流人之善贾者，皆贪贩鬻参貂，累金千百，或有至数千者。”④康熙末年，私贸人参之风更盛。人参属于中药的上品，具有很高的药物疗效和滋补作用，加上其产地有限，采挖困难，因此，其价格一直很昂贵。人参贸易价格与白银几乎同价。据谢肇淛《五杂俎》载：人参于本地，价不甚高，转市其上等参，人求索无穷，其中上等参几与白镪同价。人参价格等同白银的原因是，“富贵膏粱之家，子弟妇人，起居无节，食息不调，而辄恃参术之功，远求贵售，若不可须臾离者”⑤。康熙年间，人参交易价格，杨宾的《柳边纪略》载：

> 己巳（1689 年）、庚午（1690 年）间，足色者斤十五两，八九色者斤十二三两，六七色者斤九十两，对冲者六七两。若一枝重两

① 西清：《黑龙江外纪》卷 5，广雅书局本。

② 吴振臣：《宁古塔纪略》，长春：吉林文史出版社，1993 年，第 87 页。

③ 杨宾：《柳边纪略》卷 3，长春：吉林文史出版社，1993 年，第 43 页。

④ 吴兆骞：《秋笳集》卷 8，乾隆四十年衷白堂刻本。

⑤ 谢肇淛：《五杂俎》卷 11，北京：中华书局，1959 年，第 330 页。

以上，则价倍；一枝重斤以上，价十倍；成人形则无价矣。[①]

由于人参价格昂贵，冒禁偷采者人众。到康熙中叶以后，吉林、宁古塔一带，人参“采取已尽”，官私采参者，必须到“东行数千里”的黑龙江、乌苏里江以外才能采到。[②]

貂皮是东北三宝之一。辽阔的吉林、黑龙江两省大地深山野岭盛产貂，貂形似鼠，但比鼠大。《柳边纪略》载：“貂鼠喜食松子，大抵穴松子中，或土窟，或树孔。捕者以网布穴口，而烟熏之，貂出避，辄入网中。又有纵犬守穴口，伺其出而啮之者。”[③]捕貂的目的是获得貂皮，貂皮很珍贵，它作为朝廷百官取暖御寒穿戴装饰物至少始于明朝。明朝人沈德符曾云：“京师冬月例用貂皮暖耳，每遇沍寒，上普赐内外臣工。次日具戴以廷谢……盖赐貂之日，禁中例费数万缗。”[④]朝廷恩赐臣下貂皮掩耳取暖数量之大由此可知。清廷规定：“貂裘可作常服，三品以上大臣及京堂翰詹官皆得用之。”[⑤]貂皮作为奢侈品，在民间也开始流行。史载：“俗尚奢侈，服饰必有用貂、鼠皮……而年少妇女皆服貂裘，无此则羞与为会。”[⑥]貂皮还可作为一种赏赐品，清廷经常用以分赏有功人员。由此可见，貂皮在清代是一种珍贵物品。乾隆皇帝有诗云：

东瀛物产富难详，美毳尤称貂鼠良。喜食松皮和栗实，色惟重黑乃轻黄。

虱谈被困苏季子，狗盗献嗤齐孟尝。狐白那堪相比拟，名裘黼黻佐朝章。[⑦]

清前期，宁古塔城是东北貂皮贸易的中心。每年春季前后，黑龙江下游各少数民族接踵而至，赴宁古塔缴纳贡貂，同时出售各种皮张，以换取生产生活用品。每年携带贸易的貂皮“二万余”张。[⑧]《宁古塔纪略》载：这些少数民

① 杨宾：《柳边纪略》卷3，长春：吉林文史出版社，1993年，第44页。
② 杨宾：《柳边纪略》卷3，长春：吉林文史出版社，1993年，第43页。
③ 杨宾：《柳边纪略》卷3，长春：吉林文史出版社，1993年，第43页。
④ 沈德符：《万历野获编》卷9，北京：中华书局，1959年，第231页。
⑤《吉林通志》卷6《天章志》，长春：吉林文史出版社，1986年，第97页。
⑥《李朝成宗实录》卷57，成宗六年七月辛酉，东京：学习院东洋文化研究所，1958年，第519页。
⑦ 萨英额：《吉林外纪》卷1，御制诗歌，长春：吉林文史出版社，1993年，第14页。
⑧ 杨宾：《柳边纪略》卷3，长春：吉林文史出版社，1993年，第44页。

族为人颇“有信义”，有的“与店家赊绸缎蟒服者，店主择黑貂一张为样，约来年照样还若干。至次年，必照样还清。有他故，亦必托人寄到”。[①]时，将产于黑龙江上游的貂皮称索伦貂，将产于黑龙江下游的称挹娄貂。关内人常常“贱挹娄而贵索伦，盖以索伦貂毛深而皮大也，然不若挹类之耐久”[②]。宁古塔城吸引各地商人前来进行貂皮贸易。宁古塔本地的“善贾者，皆贩参貂，累金千百，或有至数千百者”[③]。宁古塔城貂皮贸易情况，《柳边纪略》载：

康熙初，易一铁锅，必随锅大小，布貂于内，满乃已。今且以一貂易两锅矣。易一马必数十貂，今不过十貂而已。马良者乃十四五，亦不以上貂易也。上貂皆产鱼皮国[④]。岁至宁古塔交易者二万余，而贡貂不与焉。宁古塔人得之，七八月间，售贩鬻于京师，岁以为常。[⑤]

（二）东北地区的习俗文化

东北地区特殊的地理人文环境及与之相适应的生产、生活方式，从而形成了与南方迥然不同的民族习俗文化，这是流放此地流人感受最深，也是流人着笔最多的。

1. 衣食住行

清初，宁古塔地区满族装束，杨宾的《柳边纪略》中有详细记载：

陈敬尹为余曰：他于顺治十二年流宁古塔，尚无汉人，满洲富者缉麻为寒衣，捣麻为絮，贫者衣袍鹿皮，不知有布帛，有之，自予始。予曾以布匹易稗子谷三石五斗。有拨什库某，得予白布缝衣，元旦服之，人皆羡焉。

这种情况到康熙二十八年（1690年），杨宾到宁古塔探亲时，与先前就大不一样。他说：“今居宁古塔者，衣食粗足，则皆服绸缎矣。天寒披重羊裘，或猞猁狲、狼皮打呼（皮长外套），惟贫者乃服布，而敬尹则至今犹布

① 吴振臣：《宁古塔纪略》，长春：吉林文史出版社，1993年，第89页。
② 杨宾：《柳边纪略》卷3，长春：吉林文史出版社，1993年，第44页。
③ 吴兆骞：《秋笳集》卷8，乾隆四十年衷白堂刻本。
④ 即指窝稽部，以捕貂为业，衣鱼皮。
⑤ 杨宾：《柳边纪略》卷3，长春：吉林文史出版社，1993年，第44页。

袍，或著一羊皮缎套耳。”[①]这些绸缎最初都是流人从关内带来的，其父杨越就曾以自己所带布帛与当地人“易鱼皮之属”，使当地人“知市贾”。[②]后来，当地人所用的大量布帛绸缎都是从贸易中得到的。

清初，东北满族的房屋居室比较简陋，主要以草、泥、木为建筑原料特点。对此，《宁古塔纪略》中有详细记载：

> 房屋大小不等。木料极大，只一进，或三间五间，或有两厢。俱用草盖，草名盖房草，极长细。有白泥，泥墙极滑可观。墙厚几尺，然冬间寒气侵入，视之如霜。屋内南西北接绕三炕，炕上用芦席，席上铺大红毡，炕阔六尺，每一面长二丈五六尺，夜则横卧炕上，必并头而卧，即出外亦然。橱箱被褥之类，俱向西北墙安放。有南窗、西窗，门在南窗之旁。窗户俱从外闭，恐夜间虎来，易于撞进。靠东壁间以板壁隔断，有南北二炕，有南窗即为内房矣。无椅凳，有炕桌，俱盘膝坐。客来，俱座南炕，内眷不避。[③]

这种居室建筑适应东北地理环境与气候特点，即保暖、适用、美观为一体。笔者儿时生长在东北农村，对此记载有亲身感受与体验。

2. 婚丧嫁娶

《柳边纪略》中对当地婚俗礼仪有详细记载：

> 婚姻择门第相当者，先求老者为媒。将允，则男之母径至女家，视其女，与之簪珥布帛。女家无他辞，男之父乃率其子至女家之姻戚家叩头，姻戚家亦无他辞，乃率其子侄群至女嫁叩头。……既允之后，然后下茶请筵席，此男家事也，女家惟陪送耳。[④]

《宁古塔纪略》中也有类似的记载：

> 订婚时，父率子同媒往拜妇之父母，次日女之父亦同媒答拜。行聘，名曰：‘下茶’，俱用高桌，如吾乡之官桌，上铺红毡，茶果、绸缎、布匹仍用盘放桌上，多至数十桌。贫富不等，

① 杨宾：《柳边纪略》卷3，长春：吉林文史出版社，1993年，第47页。
②《吉林通志》卷115《杨越传》，长春：吉林文史出版社，1986年，第1689页。
③ 吴振臣：《宁古塔纪略》，长春：吉林文史出版社，1993年，第91页。
④ 杨宾：《柳边纪略》卷4，长春：吉林文史出版社，1993年，第55页。

> 羊酒必需，嫁时装奁，如箱匣、镜台、被褥之类，亦置高桌上，两人抬之。娶亲用轿车，仍挂红绿绸，妇入门只拜公姑，无交拜礼，如汉人请亲戚扶新人行礼。满洲人家喜筵宴，客饮至半酣时，妇女俱出敬酒，以大碗满斟，跪于地奉劝，俟饮尽乃起。[①]

对满族的丧葬习俗，《宁古塔纪略》载：

> 丧事将入殓，其夕亲友俱集，名曰‘守夜’，终夜不睡，丧家盛设相待，俟殓后方散。七七内必殡，火化而葬。棺盖尖而无底，内垫麻骨、庐柴之类，仍用被褥，以便下火。父母之丧，一季而除，以不剃头为重。[②]

而对女真族的殉葬之风在黑龙江地区的残留，《绝域纪略》中也有记载："男子死，则必有一妾殉，当殉者，即于生前定之，不容辞，不容僭也。当殉不哭，艳妆而坐于炕上，主妇率其下拜而享之，及时以弓弦扣环而殒。倘不肯殉，则群起而缢之死矣。"[③]

3. 节庆习俗与歌舞娱乐

春节为当地人最重视的节日。《柳边纪略》载："岁除必贴红纸春联。联贵四六，岁易新句，或与旧稍同则不乐。"[④]家家门上贴大红纸春联、福字，屋内墙上张贴年画，一如关内。而正月十五元宵节则尤具特色。家家门前悬挂彩灯，并有踩高跷、扭秧歌、跑旱船等歌舞娱乐活动。杨宾对康熙年间宁古塔地区正月十五上元夜的歌舞活动记载云：

> 上元夜，好事者辄扮秧歌。秧歌者，以童子扮三四妇女，又三四人办参军，各持尺许两圆木，戛击相对舞，而扮一持伞灯卖膏药者前导，傍一锣鼓和之，舞毕乃歌，歌毕更舞，达旦乃已"。[⑤]

这种歌舞形式可能就是现在东北二人转的最初表演形式。与此同时，元宵节围绕着冰雪还派生出许多民俗文化。正月十六，满族妇女有出室漫步的

---

① 吴振臣：《宁古塔纪略》，长春：吉林文史出版社，1993 年，第 92 页。
② 吴振臣：《宁古塔纪略》，长春：吉林文史出版社，1993 年，第 92 页。
③ 方拱乾：《绝域纪略》，长春：吉林文史出版社，1993 年，第 104 页。
④ 杨宾：《柳边纪略》卷 4，长春：吉林文史出版社，1993 年，第 55 页。
⑤ 吴振臣：《宁古塔纪略》，长春：吉林文史出版社，1993 年，第 92 页。

习俗，谓之“走百病”。《柳边纪略》载：“十六日，满族妇女，群步平沙，曰走百病，或连袂打滚，曰脱晦气。”这种习俗至今在满族聚集的地方仍然流行，如吉林省辉南县辉发满族乡的满族妇女在正月十五晚饭后，多到井旁或湖泊冰面上轱辘冰，边在冰上轱辘边叨念“轱辘冰，去百病”。

最能体现满族歌舞和音乐特色的是《莽势舞》。《宁古塔纪略》载：

> 满洲人家歌舞名曰莽式，有男莽式、女莽式。两人相对而舞，旁人拍手而歌，每行于新岁或喜庆之时。①

《柳边纪略》也载：“满洲有大宴会，主家男女，必更迭起舞，大家举一袖于额，反一袖于背，盘旋作势，曰莽势。中一人歌，众皆以‘空齐’二字和之，谓之曰‘空齐’，犹之汉人之歌舞，盖以此为寿也。”②

三、笔记中所载文化流人的主要活动

1. 兴办教育

东北的文化教育最先是由流人兴办的。清初，流放东北的文化流人，其学识受当地官员重视。他们到戍所后，多承担当地文化教育诸事。所谓“流人通文墨，类以教书自给”③，如流徙宁古塔的江南名士吴兆骞受聘为宁古塔将军巴海子老师，由于受到将军的器重，当地人都来向他请业问学。《宁古塔纪略》载：

> 所遇将军固山，无不怜其才，待以殊礼，穷边子弟，负耒传经，据鞍弦诵，彬彬乎冰山雪窖之乡，翻成说礼敦诗之国矣。④

稍后流放宁古塔的杨宾父杨越，到配所为改变当地“尚不知礼教”的状况，提议要“授满汉子弟书”。于是，招收生徒，“教之以礼义”，同时，他从关内带来的《五经》《史记》《汉书》《李太白全集》《昭明文选》等书在当地被广泛传阅。⑤杨越在宁古塔居住近30年，在当地享有崇高威信，

---

① 吴振臣：《宁古塔纪略》，长春：吉林文史出版社，1993年，第92页。

② 杨宾：《柳边纪略》卷3，长春：吉林文史出版社，1993年，第52页。

③ 西清：《黑龙江外纪》卷7，《中国边疆研究文库·东北边疆卷（十）》，哈尔滨：黑龙江教育出版社，2014年，第247页。

④ 吴振臣：《宁古塔纪略》，长春：吉林文史出版社，1993年，第95页。

⑤ 杨宾：《柳边纪略》卷4，长春：吉林文史出版社，1993年，第59页。

如唐铸万《奉送可师谊兄出塞省亲序》中所云：当地人“凡有争讼”，只要杨越出面调解，“一言畏服，不复相争”。不仅如此，就连杨越妻子范氏遇节日出门，当地人均争先恐后邀请范氏到其家，扶坐南炕，杀鸡宰猪举酒为寿。他们盛情地接待范氏，充分表明是对杨越“授业、传道、解惑”的一种感激之情。流人大力兴办教育、倡导文化，使东北地方的文墨之风渐盛。

2. 诗社结集

清初，宁古塔是东北边疆重镇，清入关前清廷就于此地设有驻防八旗。宁古塔较沈阳、尚阳堡为远，清初其地人迹罕到，流人皆视为畏途。但自吴兆骞、杨越、方拱乾等大批文化流人流放到此地后，宁古塔便成为继沈阳之后东北文化的又一热点地区，南有函可，北有吴兆骞，南有冰天诗社，北有七子之会。吴兆骞成为继函可之后，东北地区的又一位诗坛领军人物。吴兆骞，字汉槎，吴江人。崇祯四年（1631 年）十一月，生于书香门第之家。兆骞少有才气。当时，士子结社盛极一时。在江南有复社、几社，浙江则有读书、登楼诸社，一时名士，都入社盟。兆骞在吴江也结社盟。顺治十四年（1657 年），兆骞参加了南闱乡试，考中举人，然而不久其在震惊朝野的南闱科场案中为人诬陷，含冤下狱。在狱中“审无情弊”，清廷于翌年十一月二十八日将其遣戍宁古塔。康熙二年（1663 年）二月初五日，他妻子葛氏来到宁古塔戍所，翌年甲辰十月生下一子，小名苏还，取苏武还乡之意，即后来著《宁古塔纪略》的吴桭臣。吴兆骞妻子的到来不仅给家庭带来生机，又“携来二三婢仆，并小有资斧”，使兆骞的生活稍有改观。宁古塔地方虽然寒冷，但山川秀丽，物产丰富，山肴野蔌都很精美。兆骞与那些南方来的流人等，诗酒酬唱，结文字之交，称为七谪之会。“七谪者，缙彦字坦公，兆骞目为河朔英灵，有江左风味；江宁姚琢之，诗如春林翡翠，时炫采色；湖州钱虞仲、方叔丹季兄弟，才笔特妙四人名未详；震泽钱威，字德维，亦举人，与兆骞同谪者。议论雄肆，诗格苍老。此外，山阴杨友声，兆骞谓铁面虬髯，诗甚清丽；泰州陈编修志纪，字雁群，以上书谪戍，与兆骞情致殊深，唱酬亦富。”[①]七谪之会是宁古塔地方第一个诗社，是继顺治七年函可在沈阳发起冰山诗社后东北地区第二个文人诗社。诗社“分题角韵，月凡三集”，使流遣者在“穷悉中，亦饶有佳况，其后以戍役分携，此会遂罢”。七谪之会

①《吉林通志》卷 115《寓贤》，长春：吉林文史出版社，1986 年，第 1692 页。

外，吴兆骞与其他流人多有交往，如与方拱乾“商榷国史，酬唱诗歌”。[①]

3. 戏剧歌舞与宗教活动

文化流人虽遣戍极边苦寒之地，过着艰苦流戍生活，但他们毕竟是缙绅士夫，仍有闲情逸致从事戏剧歌舞活动。《柳边纪略》载：

> 康熙初，宁古塔张坦公有歌姬十人，李兼汝、祁奕喜教优儿十六人，后皆散。今惟有执倒刺[②]而讴者。山东卖解女子，则于己巳年（1689年）一至云。[③]

张坦公即张缙彦，顺治十八年（1661年）四月，被革职谪宁古塔。李兼汝，浙江萧山人。祁奕喜，即祁班孙。由此可知，江浙一带的昆弋名曲，通过文化流人传到“地远苦寒”的东北。后来，这种戏剧活动与民间的各种庙会结合起来获得了更大的发展。正如流放到齐齐哈尔的天津知府张光藻的《北戍草》所云：“塞上优伶皆闽广、江浙流人为之，登场演曲，风雅犹存。”此外，遣戍东北的文化流人中也有许多为僧者，提倡教化，如函可极力弘扬佛法，创立七座寺庙，收徒授法。在宁古塔地区，据《宁古塔纪略》所载：“有僧名净今者，亦江左人，因事戍此，建一观音阁于崖下。夏秋时，迁客骚人多游焉。”[④]《柳边纪略》也载，宁古塔有七庙，“春夏间满汉男女，载酒征歌无虚日，文人多赋诗以纪其盛”[⑤]。

综上所述，清初东北流人的上述笔记著述实为当事人记当时事，他们的所见所闻是研究清初东北社会经济、文化生活与文化流人在东北的主要活动的第一手资料，具有其他史书不可替代的史料价值。

---

① 吴兆骞：《秋笳集》卷8，乾隆四十年衷白堂刻本。

② 清除百戏有倒刺，似顶碗一类的杂耍。

③ 杨宾：《柳边纪略》卷3，长春：吉林文史出版社，1993年，第59页。

④ 吴桭臣：《宁古塔纪略》，长春：吉林文史出版社，1993年，第87页。

⑤ 杨宾：《柳边纪略》卷3，长春：吉林文史出版社，1993年，第48页。